机电商品归类中的300+问

温朝柱 编著

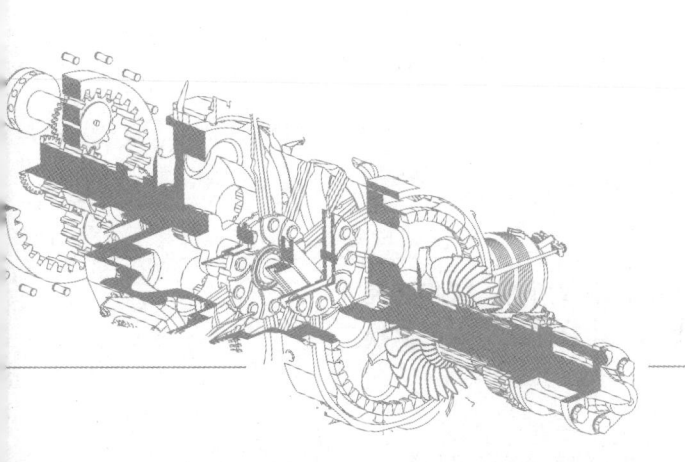

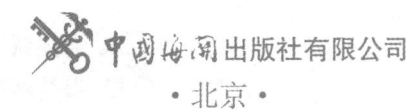

中国海关出版社有限公司
·北京·

图书在版编目（CIP）数据

机电商品归类中的 300+ 问 / 温朝柱编著 .—北京：中国海关出版社有限公司，2023.7
ISBN 978-7-5175-0699-7

Ⅰ.①机… Ⅱ.①温… Ⅲ.①机电设备—进出口商品—分类—问题解答 Ⅳ.①F764.4-44

中国版本图书馆 CIP 数据核字（2023）第 112449 号

机电商品归类中的 300+ 问
JIDIAN SHANGPIN GUILEI ZHONG DE 300+WEN

作　　者：	温朝柱
责任编辑：	熊　芬
助理编辑：	周　爽
出版发行：	中国海关出版社有限公司
社　　址：	北京市朝阳区东四环南路甲 1 号　　邮政编码：100023
编 辑 部：	01065194242-7528（电话）
发 行 部：	01065194221/4238/4246/5127（电话）
社办书店：	01065195616（电话）
	https://weidian.com/?userid=319526934（网址）
印　　刷：	北京天恒嘉业印刷有限公司　　经　　销：新华书店
开　　本：	787mm×1092mm　1/16
印　　张：	28.75　　　　　　　　　　　　字　　数：800 千字
版　　次：	2023 年 7 月第 1 版
印　　次：	2023 年 7 月第 1 次印刷
书　　号：	ISBN 978-7-5175-0699-7
定　　价：	88.00 元

海关版图书，版权所有，侵权必究
海关版图书，印装错误可随时退换

前　言

机电商品是进出口商品类别中贸易量最大和新商品最多的一类，机电商品归类也是实际归类工作中疑难商品较多、归类差错和归类争议较多的一类。

编者认为出现机电商品归类差错和归类争议较多的原因主要有两方面：一方面是对《中华人民共和国进出口税则》（以下简称《税则》）和《进出口税则商品及品目注释》（以下简称《品目注释》）的列目结构与规律理解不深；另一方面是对商品本身没有完全了解（大多是缺乏一定的商品知识造成的）。新出现的商品，大多是在《税则》和《品目注释》中未列名的商品，对这类商品，在确定商品的基本特征（或主要功能）时，由于受专业水平的限制，认识商品的角度不同，会得到不同的归类结果。

基于上述背景和原因，编者结合多年从事商品归类工作的经验和体会编写了本书。本书力图解释分析机电类商品归类常见的一些问题，其中，有些是机电商品归类中必须掌握的基本规律和方法（如机电商品零件的归类原则、机电商品各章的列目结构与规律等）；有些是《品目注释》中有列名，但没有描述或描述过于简单的商品（如什么是感应加热设备、什么是介质损耗加热设备、什么是冷等静压机、什么是热等静压机等）；有些是《税则》中有列名，但却没有本国子目注释的商品（如什么是可控气氛的热处理炉、什么是电子万能试验机、什么是硬度计等）；有些是在进出口中经常遇到，但在《税则》和《品目注释》中均没有列名或没有相关描述的商品（如什么是车辆的稳定系统、什么是燃料电池、什么是自动体外除颤仪等）；有些是在确定子目时有必要了解的商品知识（如什么是气缸容量、什么是蜂窝网络、什么是额定电压，什么是高频放大器、中频放大器，紫外线、可见光、红外线的波长范围是如何划分的等）；有些是商品名称相似却归入不同税号的商品（如LED组件、LED模块、LED灯之间的区别与归类，液晶显示屏、液晶显示器、液晶电视机之间的区别与归类，手术用显微镜与眼科用双目显微镜的区别与归类等）。

本书是在编者《机电商品归类方法与案例点评》一书的基础上重新编写的，吸取了该书的一些知识点，延续了图文并茂的特点，同时还更新、补充了大量的结构图、示意图，删除了过时商品的归类，补充了2022年版《商品名称及编码协调制度》（以下简称《协调制度》）中新增商品的归类（如平板显示模组、半导体基换能器、3D打印机等）。

本书采用《品目注释》和《税则》的列目结构，同时考虑以问题较多的章来编排本书的结构，共分为五部分：机电商品归类的原则与方法；第八十四章机器、机械器具的归类；第八十五章电子、电器设备的归类；第八十七章车辆及其零附件的归类；第九十章仪器、仪表的归类。

书中所有内容和所涉及的编码均采用最新版的《品目注释》（2022年版）和《税则》（2023年版）。

本书具有以下特点：

1. 系统性好，可读性强。本书采用"一问一答"的讲述形式，按相应的章节，分类解答了归类中常遇到的一些问题。

2. 商品图片丰富。本书图文并茂，结构图、示意图、原理图以及实物图共计约550张。图片的突出特点是直观性强，可增强读者对商品的直观认识。特别是对于工作原理较为复杂的商品来说，配有工作原理图，有助于读者更好地理解商品本身。

3. 对《品目注释》和《税则》的补充。本书对部分《品目注释》和本国子目描述不详细、不具体的商品都补充了便于理解和归类的知识点，对一些相似商品的归类也进行了重点分析。

本书可作为从事机电商品归类工作的海关关员、相关企业的关务人员、报关员及进出口相关人员的岗位业务培训用书和实际归类工作中的参考书，亦可作为高等院校报关与国际货运及相关专业机电商品归类的参考书。

编者郑重声明：书中观点仅代表个人观点，书中关于机电商品归类的内容仅作为实际归类工作的参考，不能作为实际归类的依据。

由于编者水平有限，书中难免有不足和疏漏之处，欢迎广大读者批评指正。联系邮箱：wenchaozhu@126.com。

2023年2月

目 录

一 机电商品归类的原则与方法 　001

问题 1　机电商品归类有什么特点？ 　001
问题 2　零件、部件、附件、配件有何区别？ 　004
问题 3　机电商品零件的归类原则有哪些？ 　005
问题 4　什么是组合机器、多功能机器？它们的归类原则有哪些？ 　012
问题 5　什么是功能机组？它的归类原则有哪些？ 　016
问题 6　多功能机器与功能机组有何区别？ 　021
问题 7　什么是多用途机器？它的归类原则有哪些？ 　021
问题 8　多用途机器与多功能机器有何区别？各自的归类依据是什么？ 　022

二 第八十四章机器、机械器具的归类 　024

问题 9　第八十四章的列目结构有何规律？ 　024
问题 10　锅炉与炉有何区别？如何归类？ 　026
问题 11　点燃式内燃机与压燃式内燃机有何区别？如何归类？ 　027
问题 12　内燃机主要由哪些零部件组成？哪些不能按专用零件归入品目 84.09？哪些可以按专用零件归入品目 84.09？ 　027
问题 13　什么是气缸容量？ 　034
问题 14　什么是舷外发动机？如何归类？ 　035
问题 15　液压系统主要由哪些零部件组成？如何归类？ 　035
问题 16　液压缸与液压马达有何区别？如何归类？ 　036
问题 17　什么是排液泵？为何又叫正排量泵？如何归类？ 　037
问题 18　品目 84.13 的列目有何规律？ 　038

问题 19	往复泵主要有哪些类型？如何归类？	038
问题 20	回转泵主要有哪些类型？如何归类？	040
问题 21	容积式泵与离心泵有何区别？如何归类？	041
问题 22	什么是混凝土泵？什么是潜水电泵？什么是蠕动泵？如何归类？	042
问题 23	压缩机、真空泵有何区别？如何归类？	045
问题 24	什么是生物安全柜？如何归类？	047
问题 25	常见的空调器有哪些类型？如何归类？	048
问题 26	普通空调器主要由哪些零部件组成？如何归类？	050
问题 27	空调器的制冷量是如何计算的？	052
问题 28	子目 8415.83 的"未装有制冷装置的"空调器指哪种类型的空调器？	052
问题 29	空调器用的四通换向阀与电子膨胀阀有何不同？如何归类？	053
问题 30	常见的电冰箱主要有哪些类型？冷藏与冷冻有何区别？	055
问题 31	可逆式热泵与不可逆式热泵有何区别？如何归类？	056
问题 32	热水器、消毒器、干燥器分别有哪些类型？如何归类？	056
问题 33	归入子目 8419.5 的"热交换器"要满足哪些条件？	058
问题 34	常见的制氧机有哪些类型？如何归类？	059
问题 35	食品用的加热器主要有哪些类型？如何归类？	060
问题 36	滚压机器有哪些类型？如何归类？	061
问题 37	内燃机用进气过滤器与排气过滤器有何区别？如何归类？	061
问题 38	除尘器与吸尘器有何区别？如何归类？	062
问题 39	包装机器主要有哪些类型？如何归类？	063
问题 40	电子皮带秤、料斗秤、定量包装秤、定量分选秤、配料秤有何区别？如何归类？	063
问题 41	喷枪及类似器具与喷汽机或喷砂机有何区别？如何归类？	065
问题 42	喷涂机器人主要由哪些部分组成？如何归类？	066
问题 43	卷扬机与绞盘有何区别？如何归类？	066
问题 44	常见的起重机主要有哪些类型？如何归类？	067
问题 45	品目 84.26 的"装有起重机的工作车"与品目 84.27 的"其他装有升降或搬运装置的工作车"有何区别？	070
问题 46	装在拖车底盘上的起重机与装在汽车底盘上的起重机有何区别？如何	

	归类？	072
问题 47	龙门式起重机与门座式起重机有何区别？如何归类？	073
问题 48	品目 84.25 的条文中所排除的"倒卸式提升机"与子目 8428.1 的"倒卸式起重机"有何区别？	074
问题 49	连续输送机器中的斗式、带式、辊式、链式输送机有何区别？如何归类？	074
问题 50	推土机、铲运机、挖掘机、装载机有何区别？如何归类？	076
问题 51	什么是隧道掘进机？如何归类？	078
问题 52	什么是免耕直接播种机？如何归类？	079
问题 53	粪肥施肥机与化肥施肥机有何区别？如何归类？	079
问题 54	乳品加工机器主要有哪些类型？如何归类？	080
问题 55	榨汁机有哪些类型？如何归类？	080
问题 56	什么是传统的印刷机器？主要有哪些类型？	081
问题 57	传统的印刷机器与非传统的机器有何区别？如何归类？	083
问题 58	圆网印刷机的印版是圆形的吗？它与平网印刷机有何区别？如何归类？	083
问题 59	常见的打印机有哪些类型？如何归类？	084
问题 60	激光打印机主要由哪些零部件组成？如何归类？	088
问题 61	喷墨打印机主要由哪些零部件组成？如何归类？	091
问题 62	热敏打印机与热转印打印机有何区别？如何归类？	093
问题 63	什么是多功能一体机？如何归类？	094
问题 64	什么是计算机直接制版设备？如何归类？	095
问题 65	什么是喷丝头？如何归类？	096
问题 66	经编机和缝编机有何区别？如何归类？	096
问题 67	干洗机、干燥机、甩干机有何区别？如何归类？	097
问题 68	什么是炉外精炼设备？如何归类？	097
问题 69	什么是轧制？热轧与冷轧有何区别？	098
问题 70	最常用的车削、铣削、刨削、钻削、镗削、磨削有什么特点？	098
问题 71	特种加工机床有哪些类型？如何归类？	100
问题 72	什么是激光加工机床？如何归类？	101
问题 73	什么是超声波加工机床？如何归类？	101
问题 74	什么是放电加工机床？如何归类？	102

问题 75	什么是数控机床？什么是加工中心？两者有何区别？如何归类？	104
问题 76	加工中心与车削中心有何区别？如何归类？	105
问题 77	什么是组合机床？单工位组合机床与多工位组合机床有何区别？如何归类？	106
问题 78	什么是直线移动式动力头机床？如何归类？	108
问题 79	机床中的立式、卧式、龙门式分别是什么含义？	108
问题 80	磨床的定位精度和重复定位精度是如何确定的？	109
问题 81	什么是无心磨床？如何归类？	109
问题 82	珩磨机床与研磨机床有何区别？如何归类？	109
问题 83	刃磨机床与普通磨床有何区别？如何归类？	111
问题 84	铸造与锻造有何区别？	111
问题 85	开式锻造机与闭式锻造机有何区别？	111
问题 86	加工板材的型材成型机、数控折弯机、数控多边折弯机、数控卷板机有何区别？如何归类？	113
问题 87	加工板材的纵剪线与定尺剪切线各有哪些部分组成？它们之间有何区别？如何归类？	117
问题 88	加工金属的液压压力机、机械压力机、伺服压力机有何区别？如何归类？	118
问题 89	机床的零件与附件有何区别？如何归类？	120
问题 90	工具夹具与工件夹具有何区别？如何归类？	121
问题 91	什么是刀库及自动换刀装置？如何归类？	122
问题 92	什么是手提式风动工具？如何归类？	122
问题 93	品目 84.71 的列目结构有何规律？	123
问题 94	归入品目 84.71 的部件必须满足哪些条件？	124
问题 95	自动数据处理设备主要由哪些零部件组成？这些零部件中哪些不能按专用零件归入品目 84.73？哪些可以按专用零件归入品目 84.73？	125
问题 96	分类、分选的机器有哪些类型？如何归类？	127
问题 97	玻璃的热加工机器与冷加工机器有何区别？如何归类？	127
问题 98	常见的塑料成型机有哪些类型？	128
问题 99	工业机器人主要有哪些种类？如何归类？	132
问题 100	什么是协作机器人？它与传统工业机器人有何区别？如何归类？	133

问题 101	什么是蒸发式空气冷却器？如何归类？	134
问题 102	什么是空气增湿器？什么是空气减湿器？如何归类？	135
问题 103	什么是等静压设备？冷等静压设备与热等静压设备有何区别？如何归类？	136
问题 104	在印刷电路板上装配元器件的自动插件机与自动贴片机有何区别？如何归类？	137
问题 105	什么是金属铸造用型箱、型模底板、阳模、型模？如何归类？	138
问题 106	什么是模具？品目84.80的模具与品目82.07的模具有何区别？如何归类？	140
问题 107	阀门有哪些类型？品目84.81的列目结构有何特点？如何归类？	141
问题 108	什么是油压或气压传动阀？如何归类？	146
问题 109	轴承有哪些类型？如何归类？	146
问题 110	深沟球轴承、角接触轴承、推力球轴承、调心球轴承有何区别？	148
问题 111	传动装置主要有哪些类型？如何归类？	149
问题 112	什么是滚珠螺杆传动装置？如何归类？	150
问题 113	变速装置主要有哪些类型？如何归类？	151
问题 114	什么是扭矩变换器？如何归类？	152
问题 115	离合器与联轴器有何区别？如何归类？	153
问题 116	归入品目84.84的密封垫必须满足哪些条件？	154
问题 117	3D打印机属于打印机吗？3D打印机与普通打印机有何区别？如何归类？	155
问题 118	制造集成电路主要用到哪些设备？如何归类？	157
问题 119	制造TFT-LCD液晶显示屏主要用到哪些设备？如何归类？	162
问题 120	制造有机发光二极管（OLED）显示屏主要用到哪些设备？如何归类？	166

三 第八十五章电子、电器设备的归类　　169

问题 121	第八十五章的列目结构有何规律？	169
问题 122	电动机与发电机有何区别？如何归类？	171
问题 123	发电机、发电机组、旋转式变流机之间有何区别？如何归类？	172
问题 124	风力发电机组主要由哪些零部件组成？如何归类？	173

问题 125	单相交流电与多相交流电有何区别？	175
问题 126	光伏发电机与普通发电机有何区别？如何归类？	176
问题 127	光伏直流发电机与光伏交流发电机有何区别？如何归类？	176
问题 128	光伏发电机与已装配的光电池有何区别？如何归类？	177
问题 129	旋转式变流机与静止式变流器有何区别？如何归类？	177
问题 130	功率的单位为何有的用瓦、有的用伏安、有的用乏？	178
问题 131	什么是液体介质变压器？如何归类？	179
问题 132	什么是稳压电源？什么是不间断电源？如何归类？	180
问题 133	什么是整流器、逆变器、变频器？如何归类？	181
问题 134	原电池与蓄电池有何区别？如何归类？	182
问题 135	锂离子电池与锂电池有何区别？如何归类？	183
问题 136	什么是燃料电池？如何归类？	184
问题 137	品目 85.09 的家用电动器具必须满足哪些条件？	185
问题 138	内燃发动机与车辆用电气设备有哪些？如何归类？	185
问题 139	什么是感应加热设备？什么是介质损耗加热设备？如何归类？	186
问题 140	品目 85.14 的炉及烘箱必须满足哪些条件？	188
问题 141	什么是可控气氛热处理炉？如何归类？	188
问题 142	什么是电子束炉、等离子电弧炉、真空电弧炉？如何归类？	188
问题 143	焊接主要有哪些种类？常用的焊接设备有哪些？如何归类？	190
问题 144	钎焊主要包括哪些机器或装置？如何归类？	194
问题 145	波峰焊机与回流焊炉有何区别？如何归类？	195
问题 146	什么是电阻焊机？什么是电弧焊机？如何归类？	197
问题 147	什么是 TIG 弧焊机、MIG 弧焊机、MAG 弧焊机？如何归类？	198
问题 148	什么是电阻焊接机器人、电弧焊接机器人、激光焊接机器人？它们有何区别？如何归类？	200
问题 149	电热水器与电热饮水机有何区别？如何归类？	201
问题 150	什么是电气空间加热器？辐射式空间加热器与对流式空间加热器有何区别？如何归类？	203
问题 151	工业用微波炉与家用微波炉有何区别？如何归类？	204
问题 152	滴液式咖啡机、蒸馏渗滤式咖啡机、泵压式咖啡机之间有何区别？如何	

归类？	204
问题 153	家用自动面包机与片式烤面包机有何区别？如何归类？	206
问题 154	什么是蜂窝网络？蜂窝移动通信系统由哪些部分组成？如何归类？	207
问题 155	什么是基站？由哪些部分组成？如何归类？	208
问题 156	什么是无绳电话机？智能手机属于无绳电话机吗？如何归类？	209
问题 157	智能手机主要由哪些零部件组成？如何归类？	209
问题 158	子目 8517.62 的通信设备必须满足哪些条件？	212
问题 159	光纤通信系统由哪些部分组成？如何归类？	212
问题 160	什么是光发射机？什么是光接收机？如何归类？	214
问题 161	光纤与光缆的结构有何区别？如何归类？	215
问题 162	什么是单模光纤？什么是多模光纤？	216
问题 163	什么是波分复用技术？波分复用光传输设备如何归类？	217
问题 164	光纤通信常用的光器件有哪些？如何归类？	218
问题 165	有线耳机与无线耳机有何区别？如何归类？	221
问题 166	常用的记录媒体有哪些种类？如何归类？	221
问题 167	什么是固态非易失性存储器件？什么是智能卡？如何归类？	223
问题 168	电视摄像机、摄录一体机、数码相机有何区别？如何归类？	224
问题 169	如何界定高速、抗辐射、夜视三种特殊用途的摄像机？	226
问题 170	高速摄像机的帧速率是什么含义？抗辐射摄像机的辐射剂量单位 Gy 是什么含义？	226
问题 171	数码相机主要包括哪些部件？子目 8529.9042 的"非特种用途的取像模块"主要包括哪些部件？	227
问题 172	无线电遥控器与红外遥控器有何区别？如何归类？	228
问题 173	什么是平板显示模组？常见的平板显示模组有哪些种类？如何归类？	229
问题 174	子目 8524.1 条文"不含驱动器或控制电路"中的"驱动器或控制电路"指什么含义？	231
问题 175	液晶显示屏、液晶显示器、液晶电视机有何区别？如何归类？	231
问题 176	OLED 属于 LED 吗？什么是 OLED？	236
问题 177	液晶显示模组与有机发光二极管模组有何区别？如何归类？	236
问题 178	发光二极管显示屏与有机发光二极管模组有何区别？如何归类？	238

问题 179　显示器常见的接口类型有哪些? ……………………………………… 238
问题 180　液晶显示模组主要由哪些部分组成? 能归入子目 8529.9020 的"平板显示模组"的零件主要包括哪些商品? ……………………………… 242
问题 181　品目 85.18 的喇叭与品目 85.31 的蜂鸣器有何区别? ……………… 243
问题 182　常见的特殊电阻有哪些种类? 如何归类? ………………………… 244
问题 183　品目 85.34 项下印刷电路的层数是什么含义? …………………… 247
问题 184　熔断器与自动断路器有何区别? 如何归类? ……………………… 248
问题 185　什么是继电器? 继电器与开关有何区别? 如何归类? …………… 248
问题 186　什么是行程开关? 如何归类? ……………………………………… 249
问题 187　什么是接近开关? 接近开关与接近传感器有何区别? 如何归类? … 250
问题 188　什么是接插件? 如何归类? ………………………………………… 252
问题 189　什么是额定电压? …………………………………………………… 252
问题 190　品目 85.37 的控制装置与品目 90.32 的控制装置有何区别? …… 252
问题 191　什么是数控装置? 如何归类? ……………………………………… 255
问题 192　什么是可编程控制器? 如何归类? ………………………………… 256
问题 193　LED 组件、LED 模块、LED 灯有何区别? 如何归类? ………… 257
问题 194　什么是紧凑型荧光灯? 什么是封闭式聚光灯? 什么是卤钨灯? 如何归类? … 259
问题 195　什么是电子元器件? 什么是无源元件? 什么是有源元件? ……… 260
问题 196　什么是分立元件? 什么是集成元件? ……………………………… 261
问题 197　半导体器件主要有哪些类型? 如何归类? ………………………… 261
问题 198　光敏半导体器件与发光二极管有何区别? 如何归类? …………… 264
问题 199　什么是半导体基换能器? 主要有哪些类型? 如何归类? ………… 265
问题 200　集成电路主要有哪些类型? 如何归类? …………………………… 268
问题 201　什么是多元件集成电路? 如何归类? ……………………………… 270
问题 202　《协调制度》第八十五章注释十二(一)1(3)"半导体基传感器"与第八十五章注释十二(二)4(3)①"硅基传感器"有何区别? …… 272
问题 203　什么是信号发生器? 如何归类? …………………………………… 273
问题 204　什么是高频放大器、中频放大器、低频放大器? 如何归类? …… 274
问题 205　什么是绕组电线、同轴电缆、布线组? 如何归类? ……………… 275
问题 206　电缆与电线有何区别? ……………………………………………… 277

问题 207　品目 85.44 的光缆与品目 90.01 的光缆有何区别？ 277
问题 208　哪些属于电子废弃物的范围？如何归类？ 278

四　第八十七章车辆及其零件、附件的归类　279

问题 209　第八十七章的列目结构有何规律？ 279
问题 210　机动车辆的零件与附件有何区别？ 280
问题 211　机动车辆零件与附件的归类原则有哪些？ 284
问题 212　什么是单轴拖拉机？如何归类？ 284
问题 213　什么是高尔夫球车？什么是全地形车？如何归类？ 285
问题 214　品目 87.03 项下的小轿车与越野车各自要满足哪些条件？ 286
问题 215　插电式混合动力车、不可插电式混合动力车以及纯电动车有何区别？如何归类？ 288
问题 216　什么是燃料电池车？如何归类？ 289
问题 217　什么是非公路用自卸车？什么是电动轮货运自卸车？如何归类？ 290
问题 218　普通车辆与特种车辆有何区别？特种车辆主要包括哪些种类？如何归类？ 292
问题 219　起重车与轮胎式起重机有何区别？如何归类？ 293
问题 220　起重车与装有起重机的卡车有何区别？如何归类？ 294
问题 221　什么是医疗车？救护车属于医疗车吗？ 295
问题 222　混凝土搅拌车与混凝土泵车有何区别？如何归类？ 295
问题 223　汽车主要由哪些部分组成？各部分的功能如何？ 297
问题 224　归入品目 87.06 的车辆底盘有何要求？ 298
问题 225　品目 87.08 的列目结构有何规律？ 299
问题 226　子目 8708.22 的玻璃车窗与品目 70.07 的车辆用安全玻璃有何区别？ 300
问题 227　子目 8708.2 的"脚踏板"与子目 8302.3 的"脚踏板"有何区别？ 301
问题 228　车身上的覆盖件主要包括哪些部件？如何归类？ 302
问题 229　鼓式制动器和盘式制动器有何区别？ 303
问题 230　已装配的制动摩擦片与未装配的制动摩擦片有何区别？如何归类？ 304
问题 231　防抱死制动系统由哪些部件组成？如何归类？ 305

问题 232	什么是车辆稳定系统？如何归类？	306
问题 233	什么是真空助力器？如何归类？	308
问题 234	汽车用的传动系统主要由哪些部件构成？如何归类？	309
问题 235	变速箱有哪些种类？如何归类？	310
问题 236	什么是液力变矩器？如何归类？	316
问题 237	差速器安装在车辆的哪个部位？如何归类？	317
问题 238	驱动桥与非驱动桥有何区别？如何归类？	318
问题 239	车轮由哪些部分组成？如何归类？	319
问题 240	悬架有哪些类型？如何归类？	320
问题 241	电控悬架系统主要有哪些种类？如何归类？	321
问题 242	什么是麦弗逊独立悬架？如何归类？	325
问题 243	离合器由哪些部分组成？如何归类？	326
问题 244	转向系统由哪些部分组成？如何归类？	327
问题 245	什么是安全气囊？如何归类？	329
问题 246	汽车电子控制系统由哪些部分组成？汽车上的电控单元有哪些种类？如何归类？	330
问题 247	汽车轮速传感器主要有哪些种类？如何归类？	332
问题 248	轿车涡轮增压器的功用是什么？如何归类？	335
问题 249	汽车上主要包括哪些把手、扶手？如何归类？	336
问题 250	汽车座椅滑轨由哪些部分组成？如何归类？	337
问题 251	品目 87.09 的"短距离运输货物的机动车辆"与品目 87.04 的货车有何区别？	337
问题 252	摩托车主要由哪些部件组成？如何归类？	338
问题 253	电动自行车与普通自行车有何区别？儿童自行车主要有哪些种类？如何归类？	338

五 第九十章仪器、仪表的归类 340

问题 254	第九十章的列目结构有何规律？	340
问题 255	仪器仪表零件的归类原则有哪些？	341

问题 256	未经过光学加工的光学元件与已经过光学加工的光学元件有何区别？如何归类？	344
问题 257	未装配的光学元件与已装配的光学元件有何区别？如何归类？	345
问题 258	什么是偏振材料？偏振材料与偏光片有何区别？如何归类？	346
问题 259	品目 90.06 的照相机与品目 85.25 的数码照相机有何区别？	347
问题 260	影像投影仪与投影机有何区别？如何归类？	347
问题 261	子目 9010.1 的照相洗印设备与子目 9010.5 的照相洗印设备有何区别？	348
问题 262	复式光学显微镜与电子显微镜有何区别？如何归类？	348
问题 263	什么是透射式电子显微镜？什么是扫描式电子显微镜？如何归类？	350
问题 264	什么是立体显微镜？什么是显微照相用显微镜？如何归类？	352
问题 265	手术用的显微镜与眼科用双目显微镜有何区别？如何归类？	353
问题 266	激光器主要由哪些部分组成？主要类型有哪些？如何归类？	355
问题 267	什么是激光雷达？如何归类？	357
问题 268	激光器与激光二极管有何区别？如何归类？	358
问题 269	天平的感量是什么类型的指标？品目 84.23 的天平与品目 90.16 的天平有何区别？	359
问题 270	医疗器械主要包括哪些种类？	359
问题 271	医疗仪器的列目结构有何规律？	361
问题 272	B 超、核磁共振成像装置、CT 均属于通过图像进行诊断的医疗仪器，为何归入不同的品目？	362
问题 273	B 型超声波诊断仪与彩色超声波诊断仪有何区别？如何归类？	362
问题 274	核磁共振成像装置主要由哪些部分组成？如何归类？	364
问题 275	CT 主要由哪些部分组成？如何归类？	366
问题 276	什么是闪烁摄影装置？如何归类？	368
问题 277	γ 照相机、单光子发射型计算机断层装置与正电子发射型计算机断层装置有何区别？如何归类？	369
问题 278	什么是心电图记录仪？什么是脑电图记录仪？什么是肌电图记录仪？如何归类？	371
问题 279	什么是自动体外除颤仪（AED）？如何归类？	374
问题 280	什么是肾脏透析设备？什么是人工心肺机？如何归类？	375

问题 281	什么是麻醉机？什么是呼吸机？如何归类？	378
问题 282	内窥镜主要有哪些种类？如何归类？	380
问题 283	什么是手术机器人？如何归类？	384
问题 284	品目 90.19 的呼吸器具与品目 90.20 的呼吸器具有何区别？	385
问题 285	弥补人体生理缺陷的器具主要包括哪些商品？如何归类？	386
问题 286	什么是血管支架？什么是医用可解脱弹簧圈？什么是人造心脏瓣膜？如何归类？	386
问题 287	人工耳蜗与助听器有何区别？如何归类？	388
问题 288	什么是钴 60 远距离治疗机？什么是医用电子直线加速器？什么是重离子射线设备？如何归类？	390
问题 289	什么是 γ 刀系统？如何归类？	393
问题 290	什么是低剂量 X 射线安全检查设备？如何归类？	394
问题 291	什么是教习头？如何归类？	394
问题 292	什么是机械性能试验机？什么是电子万能试验机？如何归类？	395
问题 293	什么是硬度计？如何归类？	396
问题 294	热电偶与热电偶温度计有何区别？如何归类？	398
问题 295	品目 90.26 的列目结构有何规律？	400
问题 296	什么是压力 / 差压变送器？如何归类？	400
问题 297	液体流量计与液量计有何区别？如何归类？	401
问题 298	转数计与速度计有何区别？如何归类？	401
问题 299	什么是色谱仪？由哪些部件组成？如何归类？	402
问题 300	什么是电泳仪？如何归类？	406
问题 301	什么是光谱仪？由哪些部件组成？如何归类？	408
问题 302	分光仪与分光光度计有何区别？如何归类？	412
问题 303	紫外线、可见光、红外线的波长范围是如何划分的？	412
问题 304	什么是质谱仪？什么是质谱联用仪？如何归类？	413
问题 305	什么是热重分析仪？什么是差示扫描量热仪？如何归类？	415
问题 306	什么是旋光仪？如何归类？	418
问题 307	什么是流式细胞仪？什么是基因测序仪？什么是酶免疫分析仪？如何归类？	419

问题 308	什么是比表面积分析仪？如何归类？	422
问题 309	什么是血糖仪？如何归类？	423
问题 310	电量测量仪器或装置所测量的参量主要有哪些？	423
问题 311	电子测量的方法主要有哪些？与测量方法对应的相关测量仪器有哪些？	424
问题 312	检测电量常用的仪器有哪些？如何归类？	425
问题 313	通信专用检测电量的仪器主要有哪些？如何归类？	430
问题 314	测试集成电路的电量检测设备主要有哪些？如何归类？	430
问题 315	什么是集成电路的检测分选编带机？如何归类？	433
问题 316	子目 9031.1 的机械零件平衡试验机与子目 9031.2 的试验台有何区别？	434
问题 317	什么是轮廓投影仪？什么是光栅测量装置？什么是坐标测量仪？如何归类？	435
问题 318	常见的无损探伤检测仪有哪些种类？如何归类？	436
问题 319	品目 90.32 的自动调节或控制装置应满足哪些条件？	438
问题 320	子目 9032.1 的恒温器主要由哪些部分组成？子目 9032.2 的恒压器主要由哪些部分组成？	439
问题 321	子目 9032.81 的"液压或气压的"是什么含义？	440

参考文献 **441**

一 机电商品归类的原则与方法

问题1：机电商品归类有什么特点？

机电类商品不同于其他类别的商品，在归类方面具有其独有的特点。

特点一：机电商品的功能、结构、工作原理、用途是决定其归类的主要因素

机电类商品的归类不同于材质类商品的归类（材质类商品主要根据商品的成分、加工程度等因素确定归类），机电商品主要根据商品的功能、结构、工作原理、用途确定归类。有时看似是同一类商品，因为功能不同、结构不同或用途不同而归入不同的品目。

例如，同为"耳机"，因其工作原理不同而归入不同的品目。目前手机常用的耳机有两种：有线耳机（如图1.1所示）、无线耳机（如图1.2所示）。

图 1.1　有线耳机 　　　　　　图 1.2　无线耳机

两种都属于耳机的范围，但由于组成结构不同、传输信号的方式不同（一个通过有线方式，另一个通过无线方式），导致归类不同，有线耳机按耳机归入品目85.18项下，而无线耳机则按通信设备归入品目85.17项下。

又如扫地机器人（如图1.3所示），其商品名称中包含"机器人"，但其与工业机器人、家庭用陪护机器人等有很大的区别。从其主要功能、原理和组成结构上判断，主要还是吸尘器的功能，符合品目85.08的条文，所以应按吸尘器归入品目85.08项下，而不能按多功能的工业机器人归入品目84.79项下，或按陪护机器人归入品目85.43项下。这一实例说明，商品名称不能作为归类的依据，而要依据品目条文、子目条文及相关注释来确定归类。

图 1.3　扫地机器人

再如，同为草坪用割草机，因其组成结构和工作原理不同而归入不同的品目。割草机属于品目 84.33 的品目条文中列名的商品，但并非所有的割草机都归入该品目。只有符合品目 84.33 注释中所描述的割草机的组成结构和工作原理时才归入该品目。品目 84.33 的注释中规定：通常装有一个平卧式刀杆及一些部件，可利用钉齿在刀杆指头之间振动而进行切割；或者装有外缘带刀片的转盘或滚筒。

手扶式割草机（如图 1.4 所示）的结构是装有水平旋转刀片，以切割贴近平卧刀片的青草，工作时用手推行前进，工作效率较高，主要适用于大面积的草坪割草。它符合品目 84.33 注释中描述的"割草机"，应归入品目 84.33 项下。

线式割草机（如图 1.5 所示）是通过高速旋转的带有尼龙绳的圆盘进行割草的，工作时手提着操作，主要适用于修剪沿墙壁、路缘及凸凹不平的小面积的草坪。从其结构判断，属于装有动力装置的手提式工具，应归入品目 84.67 项下。

图 1.4　手扶式割草机　　　图 1.5　线式割草机

其实，上述两种商品只有在中文环境中才会出现归类错误，而在英文环境中则不会出现类似的错误。两种商品在中文环境中均称为"割草机"，但在英文环境中的名称却不同，品目 84.33 的"割草机"对应的英文是"mower"，品目 84.67 的"割草机"对应的英文是"portable machine for trimming lawns"。或者说，在英文中只有图1.4所示的商品才称为"mower"，图1.5所示的商品根本就不能称为"mower"。这一点说明中、英文语言环境存在差异，进行商品归类时需要区别对待。

特点二：机电商品的准确归类需要更多的知识储备

机电商品在《协调制度》列目中所占用的章数虽然并不多，但每章所列的品目数较多。其中，第八十四章多达87个品目（是《协调制度》中品目数最多的一章），第八十五章多达49个品目。此外，这两章的章注释数目也较多，其中第八十四章有11个章注释、4个子目注释，第八十五章有12个章注释、5个子目注释。

在《协调制度》列目中以机电商品涉及的专业门类最多，第八十四章主要涉及机械类专业，第八十五章主要涉及电气类（含自动化类）及通信类专业，第八十七章主要涉及汽车类专业，第九十章主要涉及光学、测量及精密仪器类专业等。

若要准确理解这些章注释和列目条文的基本含义并掌握所列商品的范围，必须具有丰富的专业知识储备，才能准确地进行归类。

特点三：机电商品更新换代快、新产品多、归类决定多

随着科技的飞速发展，机电商品更新换代较快，新产品的种类也较多，而在《协调制度》或本国的《税则》中列目难以做到与新产品同步更新，只有当新产品的贸易量达到一定数量时才将其列目，所以说《协调制度》和《税则》列目总是滞后于科技的发展。对于多数新产品而言，由于未在《协调制度》和《税则》中列目，刚出现时其工作原理、组成结构和功能未被完全了解，所以在实际归类时产生的疑难商品就比较多。世界海关组织或成员方海关的归类部门做出的归类决定中属于机电类商品的多于其他类别商品的。在我国，据不完全统计，机电类商品的归类决定占全国商品归类决定数量的60%以上。

例如，《协调制度》2022年版新增"增材制造设备（即3D打印机）"的列目。在未增列之前，这类商品在不同的国家归类的结果不同，在我国也因为打印的材料不同，而归入不同的品目，如打印塑料的3D打印机归入品目84.77项下，打印陶瓷的3D打印机归入品目84.74项下，打印金属的3D打印机归入品目84.79项下。在增列增材制造设备之后，这类商品统一归入新增的品目84.85项下，从而解决了之前存在的归类争议。

又如，《协调制度》2007年版新增"具有打印、传真、复印功能的多功能一体"的列目。在2007年增列之前，具有打印功能的打印机按自动数据处理设备的输出部件归入品目84.71项下；传真机按通信设备归入品目85.17项下；复印机按光学设备归入品目90.09项下。后来发展为将三者组合起来，构成一个整体，即多功能一体机，属于多功能机器，依据《协调制度》

第十六类注释三，应按其主要功能归类，在确定其主要功能时存在较大分歧：有的国家认为其打印功能是主要功能，所以将其归入品目 84.71 项下；有的国家（包括我国）认为不能确定其主要功能，依据《协调制度》归类总规则三（三）从后归入品目 90.09 项下。最后世界海关组织决定在《协调制度》品目 84.43 项下增列子目"8443.32--- 具有印刷（打印）、复印或传真中两种及以上功能的机器"，从而统一了此类商品的归类，并解决了存在的归类争议。

问题 2：零件、部件、附件、配件有何区别？

在实际归类时经常遇到零件、部件、附件、配件几个概念，它们的共性都是机器的组成部分，但是相互之间有区别。

（1）零件、部件

零件通常是指制造的单元，例如，机器用的一个壳体、一个齿轮、一根轴都属于零件。

部件是由若干零件装配而成的，是机器中一个相对独立的组成部分，例如，压缩机是电冰箱的一个部件，扬声器是手机的一个部件。

在《协调制度》中主要是零件的列名，并没有部件的列名（品目 84.71 除外）。《协调制度》中所指的"零件（Part）"是指机器、设备或装置必不可少的组成部分。或者说，只要是机器、设备或装置的一个组成部分，就视为机器、设备或装置的"零件"，此处的"零件"包括上述所称的零件和部件。

品目 84.71 所指的部件（Unit）主要包括计算机的一些部件，但是它们也必须符合《协调制度》第八十四章注释六（三）的条件。

（2）附件

附件（Accessory）是组成机器、设备或装置的附属零件或部件，并不是机器、设备或装置必不可少的组成部分，机器缺少了这部分仍能正常工作；机器装上这部分则可以增强机器的功能，或改善机器的性能，或扩大机器的使用范围等。但是，有些商品并不安装在机器上，或者即使装在机器上，也不符合"增强机器的功能，或改善机器的性能，或扩大机器的使用范围"，此时，不能将其视为机器的附件。

《协调制度》第十六类的品目条文中列名有"附件"的主要品目有 84.43、84.48、84.66、84.73、84.86、85.22 等。

【实例 1】自动给纸机、分页器——是印刷机的附件

自动给纸机、分页器是印刷机器中使用的，但并不是印刷机器的组成部分，它们是为了

增强印刷机器的功能，所以应按印刷机的附件归入子目 8443.91 项下。

【实例 2】鼠标垫——**不是计算机的附件**

计算机用的鼠标垫并不符合"增强机器的功能，或改善机器的性能，或扩大机器的使用范围"，所以不能将其视为计算机的附件，即不能按附件归入品目 84.73 项下，应按其材质归入相应品目。

【实例 3】平板电脑用屏幕保护盖——**不是计算机的附件**

平板电脑用屏幕保护盖为塑料制，如图 1.6 所示，它只是起保护电脑屏幕的功能，不符合"增强机器的功能，或改善机器的性能，或扩大机器的使用范围"，与电脑本身的功能没有任何关系，所以不能将其视为平板电脑的附件，即不能将该保护盖归入品目 84.73 项下，应按其材质归入相应品目。

图 1.6　平板电脑屏幕保护盖

（3）配件

配件是指装配机器时所用的零件或部件，或是指机器上经常损坏而需要重新更换的零件或部件。配件只是行业上的一种叫法，在《协调制度》中并没有配件这一名称。例如，在空调器中的某个控制模块容易损坏，属于易损件，在维修行业认为其是空调器的配件，而在《协调制度》中则视其为控制装置，应按其功能和用途归入品目 85.37 项下。

问题 3：机电商品零件的归类原则有哪些？

机电商品是由许多零件或部件组成的，在进出口报验时，有时以整机的形式报验，有时以零件或部件的形式报验。当以零件或部件的形式报验时，就需要了解零件或部件的归类原则。

机电商品零、部件的归类原则是《协调制度》第十六类的注释二，其条文如下：

二、除本类注释一、第八十四章注释一及第八十五章注释一另有规定的以外，机器零件（不属于品目 84.84、85.44、85.45、85.46 或 85.47 所列物品的零件）应按下列规定归类：

（一）凡在第八十四章、第八十五章的品目（品目84.09、84.31、84.48、84.66、84.73、84.87、85.03、85.22、85.29、85.38及85.48除外）列名的货品，均应归入该两章的相应品目；

（二）专用于或主要用于某一种机器或同一品目的多种机器（包括品目84.79或85.43的机器）的其他零件，应与该种机器一并归类，或酌情归入品目84.09、84.31、84.48、84.66、84.73、85.03、85.22、85.29或85.38。但能同时主要用于品目85.17和85.25至85.28所列货品的零件，应归入品目85.17，专用于或主要用于品目85.24所列货品的零件应归入品目85.29；

（三）所有其他零件应酌情归入品目84.09、84.31、84.48、84.66、84.73、85.03、85.22、85.29或85.38，如不能归入上述品目，则应归入品目84.87或85.48。

条文解析

第一自然段明确了运用第十六类注释二确定归类的前提条件。或者说，在第十六类注释一或第八十四章注释一及第八十五章注释一中已排除的商品不能再运用第十六类注释二确定零件的归类，不能再归入第十六类，因为它们已从第十六类中排除，排除到哪一章或哪个品目就要归入哪一章或哪个品目。

这一条属于排除条款，要求我们必须了解第十六类注释一或第八十四章注释一及第八十五章注释一排除了哪些商品，哪些商品是未排除的商品。

【实例1】固定洗衣机后盖用的铝制螺钉，如图1.7所示

图1.7 铝制螺钉

该螺钉属于洗衣机的组成部分，洗衣机整机归入品目84.50项下，但螺钉同时也属于第十五类注释二所规定的贱金属制通用零件的范围，依据第十六类注释一（七）不能归入第十六类，而应归入第十五类。第十六类注释一（七）的条文如下：

一、本类不包括：

……

（七）第十五类注释二所规定的贱金属制通用零件（第十五类）及塑料制的类似品（第三十九章）；

……

【实例2】阀门用陶瓷阀芯，如图1.8所示

图1.8 陶瓷阀芯

陶瓷阀芯属于阀门的零件，阀门归入品目84.81项下；同时，陶瓷阀芯属于陶瓷制品，依据第八十四章注释一（二）不能将阀芯归入第十六类，应归入第六十九章。第八十四章注释一（二）的条文如下：

一、本章不包括：

……

（二）陶瓷材料制的机器或器具（例如，泵）及供任何材料制的机器或器具用的陶瓷零件（第六十九章）；

……

（1）类注释二（一）

类注释二（一）规定了第八十四章、八十五章列名的货品[①]按列名归类。其中品目84.09、84.31、84.48、84.66、84.73、84.87、85.03、85.22、85.29、85.38及85.48为专用的零件品目，这一部分除外。

这一条要求我们必须熟悉第八十四章、八十五章的列目结构，了解这两章中哪些商品是具体列名的，哪些商品是未列名的。

---

① 此处的"货品"对应英文Part，说明它是机器的组成部分之一。

【实例3】电风扇用选择风量大小的按键开关，如图1.9所示

该按键开关，属于电风扇的组成部分，电风扇整机归入品目84.14项下；但是，按键开关属于开关的范围，在品目85.36项下已有具体列名，所以依据第十六类注释二（一），应按具体列名（开关）归入品目85.36项下，不能按电风扇的零件归入品目84.14项下。

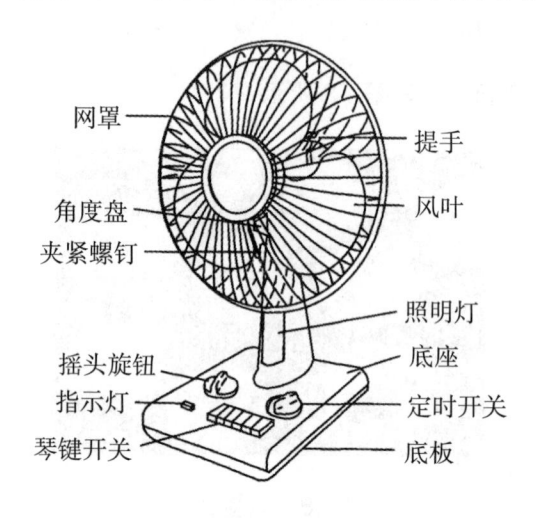

图1.9 电风扇的组成结构

【实例4】手机用扬声器

手机用扬声器属于手机的组成部分，手机按通信设备归入品目85.17项下，但扬声器属于品目85.18项下已具体列名的商品，所以依据第十六类注释二（一），应将手机用扬声器归入品目85.18项下，不能按手机的零件归入品目85.17项下。

【实例5】打印机用塑料齿轮，如图1.10所示

图1.10 打印机用塑料齿轮

打印机用塑料齿轮是用于传递旋转动力的，是打印机的组成部分，属于打印机的零件，

但同时齿轮也是品目 84.83 已列名的商品。一般我们常见的齿轮大多是用金属制成的，归入品目 84.83 项下，那么对于塑料制的齿轮是否也可归入品目 84.83 项下？还是按塑料制品归入第三十九章呢？对此我们不能妄下定论。在第十六类注释一和第八十四章注释一中并未将塑料制的齿轮排除在外，品目 84.83 的条文及《品目注释》中并没有规定该品目只包括金属制的齿轮，而不包括塑料制的齿轮，所以该商品仍属于 84.83 项下的商品，最终根据第十六类注释二（一）按具体列名的货品将其归入品目 84.83 项下，不能按打印机的零件归入品目 84.43 项下。

【点评】初学者经常会错误地将此零件按打印机的专用零件归入品目 84.43。归类错误的原因是他们不知道齿轮是品目 84.83 具体列名的商品。根据第十六类注释二（一）的规定，只有在第八十四章、八十五章无具体列名的条件下，才能运用类注释二（二）按打印机的专用零件归类，既然品目 84.83 已具体列名，就不能再按专用零件归入品目 84.43。

（2）类注释二（二）

类注释二（二）规定了专用零件的归类方法，具体包含了四层含义：

含义一："专用于或主要用于"——明确了零件的属性，即要具有专用性；

含义二："其他零件"——明确了零件的范围，即要求是除"列名零件"以外的零件；

含义三：与机器一并归类，或酌情归入指定零件品目——明确了归类方法；

含义四：主要用于品目 85.17 和 85.25～85.28 所列机器的零件应优先归入品目 85.17，品目 85.24 的平板显示模组的专用零件优先归入品目 85.29——明确了两类零件优先归类的品目。

依据这一条规定按专用零件归类也是有前提条件的：即必须是不属于第十六类注释一或第八十四章注释一及第八十五章注释一已排除的商品；又必须是不属于第八十四章或第八十五章已列名的商品。

【实例 6】电风扇用塑料底座

该商品属于电风扇的组成部分，详见图 1.9。塑料底座在第十六类注释一及第八十五章注释一中并未排除，也不属于第八十四章或第八十五章已具体列名的商品，从其外观结构上判断，只能用于电风扇，属于电风扇的专用零件，所以依据第十六类注释二（二），将该商品按电风扇的专用零件归入子目 8414.9 项下。

【实例 7】手机用 SIM 卡托

它可同时安装两张 SIM 卡或一张 SIM 卡与一张存储卡，材质为铝制，使用数控机床铣削加工而成，如图 1.11 所示。

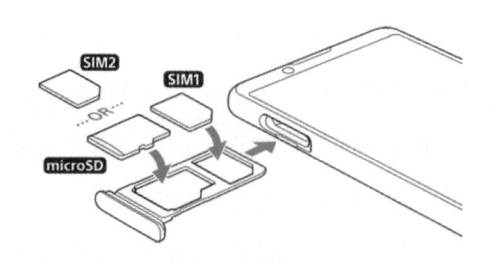

图 1.11　SIM 卡托

该手机用 SIM 卡托属于手机的组成部分，在第十六类注释一及第八十五章注释一中并未排除，也不属于第八十四章或第八十五章已具体列名的商品，从其外观结构、尺寸上判断，只能用于手机上，属于手机的专用零件，所以依据第十六类注释二（二），将该商品按手机的专用零件归入子目 8517.7930 项下。

【实例 8】石油钻探机用钻头

该钻头带有人造金刚石制的工作部件，专用于石油钻探，如图 1.12 所示。

图 1.12　石油钻探机用钻头

石油钻探机属于钻探机器，应归入品目 84.30 项下，石油钻探机专用的零件归入品目 84.31 项下。该钻头是专用于石油钻探机的，如果依据第十六类注释二（二）按专用零件归入品目 84.31 项下，必须满足下列条件：不属于第十六类注释一及第八十四章注释一中已排除的，也不属于第八十四章或第八十五章已具体列名的商品。从商品的功能和用途上分析，不同的地质结构或不同的钻探要求，应使用不同规格、尺寸的钻头，该钻头属于可换性工具，而可换性工具属于品目 82.07 条文中具体列名的商品，并且在第十六类注释一（十）中已将第八十二章的物品排除掉。既然第十六类注释一（十）已将该物品从第十六类中排除掉，就不能再依据第十六类注释二（二）按石油钻探机的专用零件归入品目 84.31 项下。第十六类注释一（十）的条文如下：

一、本类不包括：

　　⋯⋯⋯⋯⋯

　　（十）第八十二章或第八十三章的物品；

　　⋯⋯⋯⋯⋯

依据第十六类注释一（十）及品目 82.07 的条文应将石油钻探机用钻头归入子目 8207.1910 项下，不能按钻探机的零件归入品目 84.31 项下。

（3）类注释二（三）

类注释二（三）规定了对于多个品目所列机器的零件归入指定的专用零件品目或兜底的品目 84.87 或 85.48。

【实例 9】手轮

该手轮通用于各种机器上（例如，机床、印刷机器、纺织机器等），如图 1.13 所示。

图 1.13　手轮

该手轮可用于品目 84.56 至 84.65 的机床上，也可用于品目 84.43 的印刷机器上，还可用于品目 84.46 的纺织机器上，由于它通用于多个品目的机器，依据第十六类注释二（三），将该手轮按其他品目未列名的通用机器零件归入子目 8487.9000 项下。

机电类商品零件的归类流程如图 1.14 所示。

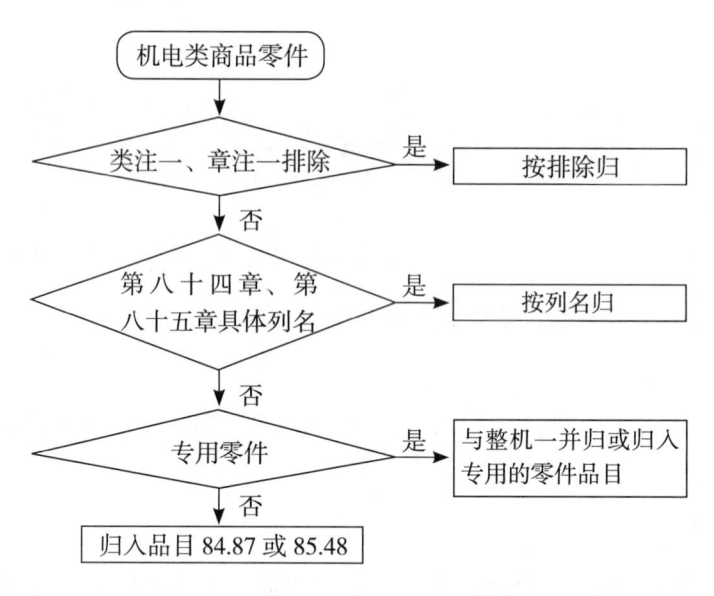

```
              ┌──────────────┐
              │ 机电类商品零件 │
              └──────┬───────┘
                     ▼
           ◇ 类注一、章注一排除 ◇ ──是──▶ [按排除归]
                     │否
                     ▼
           ◇ 第八十四章、第    ◇ ──是──▶ [按列名归]
             八十五章具体列名
                     │否
                     ▼
              ◇ 专用零件 ◇ ──是──▶ [与整机一并归或归入
                     │            专用的零件品目]
                     │否
                     ▼
           [归入品目 84.87 或 85.48]
```

图 1.14　机电类商品零件的归类流程

问题 4：什么是组合机器、多功能机器？它们的归类原则有哪些？

组合机器（Composite machine）是指由两部及两部以上机器装配在一起形成的组合式机器。例如，超市内使用的带有打印功能的电子计价秤就是由秤（用来称量）和打印模块（用来打印商品信息与金额等）构成的组合机器，如图 1.15 所示。

图 1.15　带有打印功能的电子计价秤

多功能机器（Multi-function machine）是指具有两种及两种以上互补或交替功能的机器。例如，智能手机具有通信、浏览网页、文字处理、拍照、辅助导航、照明等多项功能，它属于多功能机器。

组合机器与多功能机器的归类原则参考第十六类注释三，其条文如下：

三、由两部及两部以上机器装配在一起形成的组合式机器，或具有两种及两种以上互补或交替功能的机器，除条文另有规定的以外，应按具有主要功能的机器归类。

条文解析

该条文有三层含义：

含义一：定义了组合机器和多功能机器——组合机器是指由两部及两部以上机器装配在一起形成的机器；多功能机器是指具有两种及两种以上互补或交替功能的机器。

含义二：明确了组合机器和多功能机器的归类原则——按主要功能归类。即归类前首先要判断其主要功能，判断商品的主要功能时，要综合考虑机器的功能、结构、用途、价格等各项因素后再确定其主要功能；不能只考虑其价格因素，或只考虑其中一个功能因素来确定其主要功能。

含义三：规定了运用本条注释确定归类的前提条件——条文另有规定的除外。也就是说，在注释或品目条文中已明确了的商品，不再适用这条规定。例如，具有打印、复印、传真功能的多功能一体机属于多功能机器，但是，在品目84.43的条文中已明确包含这些功能，即品目条文已有规定，该商品直接归入品目84.43项下即可，不必在归类时判断哪个功能是它们的主要功能；又如，带有过滤装置的通风柜（具有通风功能、过滤功能）属于多功能机器，但是，在品目84.14的条文中已明确："……装有风扇的通风罩或循环气罩，不论是否装有过滤器……"因此该商品直接归入品目84.14项下即可，不必在归类时判断通风与过滤功能中的哪个功能是其主要功能。

对于组合机器、多功能机器，当不能确定其主要功能时，依据归类总规则三（三）从后归类。

从外观结构上判断，组合机器和多功能机器都是一个整体，都可实现多个功能。例如，双筒洗衣机主要由洗涤筒和漂洗与甩干筒构成，两部分装于同一机壳内，属于组合机器；全自动滚筒洗衣机，只有一个滚筒，它可完成洗涤、漂洗、甩干等多个功能，属于多功能机器。

组合机器常见的组合形式有多种，常见的主要包括一台机器装在另一台机器的内部或上面（One in the other or mounted one on the other），或者两者装在同一个底座、支架之上或同一个机壳之内（Mounted on a common base or frame or in a common housing）。如图1.16所示。

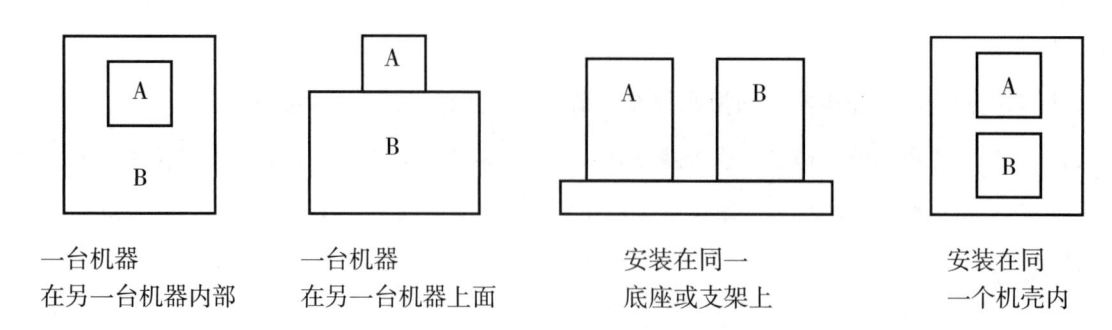

一台机器 在另一台机器内部	一台机器 在另一台机器上面	安装在同一 底座或支架上	安装在同 一个机壳内

图1.16　组合机器常见的结构形式

图1.17所示的水泵由水泵与电动机两部机器装在同一底座上，属于组合机器的范围。

图1.17　带有动力装置的水泵

但是，下列两种情况不属于组合机器：

第一，各台机器不是永久性地连在一起，而是临时组合而成的机器组合体。这些机器不能视为组合机器。

第二，安装在地板、混凝土底座、墙面、隔板、天花板上的不同机器不能视为组合机器。

总之，从外观结构上判断，组合机器或多功能机器必须是一个整体，而下文将要介绍的"功能机组"就不是一个整体，而是由相互独立的几部分构成。因此，"多功能机器"与"功能机组"的最大不同可以从外观结构上判断。

【实例1】带有照明功能的收音机

从该商品外观结构上看，它是由收音机和便携式照明装置构成的组合商品，如图1.18所示。单独报验的收音机归入品目85.27项下，单独报验的便携式照明装置归入品目85.13项下，两者构成的组合机器归类时，就涉及第十六类注释三关于组合机器的归类原则，即按其主要功能归类。

图 1.18　带有照明功能的收音机

从商品的组成结构、使用环境、销售渠道等多方面分析，其主要功能仍为收音机，所以按收音机归入品目 85.27 项下。

【实例 2】即热式水龙头

即热式水龙头（Instant hot water tap）又称即热式电加热水龙头，由水龙头和电加热器两部分构成，如图 1.19 所示。单独报验的水龙头归入品目 84.81 项下，单独报验的电加热器归入品目 85.16 项下；两者构成的组合机器归类时，就涉及第十六类注释三关于组合机器的归类原则，即按其主要功能归类。

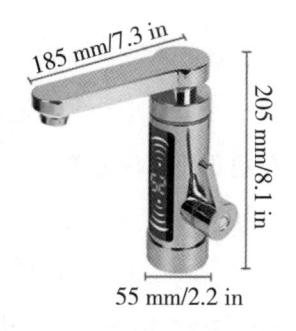

图 1.19　即热式水龙头

从商品的组成结构、使用环境、销售渠道等多方面分析，其主要功能仍为水龙头，所以按水龙头归入品目 84.81 项下。

【实例 3】水泵

水泵由水泵与电动机构成，详见图 1.17。单独报验的水泵归入品目 84.13 项下，单独报验的电动机归入品目 85.01 项下，两者构成的组合机器主要功能仍是水泵的功能，所以依据第十六类注释三按液体泵归入品目 84.13 项下。

【实例 4】智能手机

智能手机具有通信、拍摄、导航等功能，其中通信功能属于品目 85.17 所列商品的功能，拍摄功能属于品目 85.25 所列商品的功能，导航功能属于品目 85.26 所列商品的功能，比较这些功能，智能手机的通信功能仍是其主要功能，所以依据第十六类注释三按通信功能将其归入品目85.17项下。

【实例5】家用面包机

家用面包机尺寸约为36厘米×22厘米×27厘米，重量约为5.9千克（如图1.20所示）。由一个整体机箱和一个可抽出的容器（面包盘）构成，面包团的原料可在面包盘中被搅拌和烘焙。该设备具有揉面功能和烘焙（加热）功能。

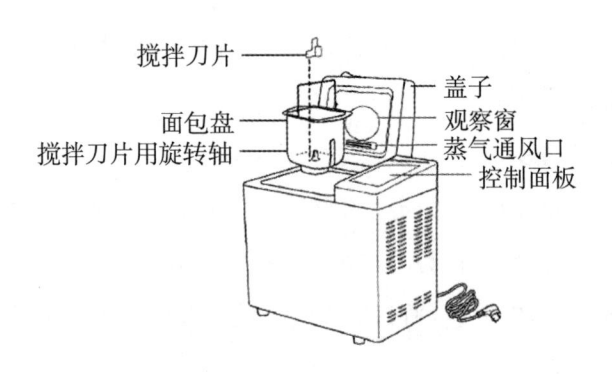

图1.20　家用面包机

该商品具有揉面和烘焙两种功能，属于多功能机器，从商品的结构和功能上分析，揉面和烘焙两种功能是互补的功能，无论缺少哪一项功能，最终都不能得到可食用的面包，所以很难确定揉面和烘焙两种功能哪一种更重要。根据第十六类注释三不能确定其归类，所以应依据归类总规则三（三）从后归类，其中的揉面功能属于品目85.09（家用电动器具）所列商品的功能，烘焙功能属于品目85.16（家用电加热器具）所列商品的功能，从后归入品目85.16项下，然后按烘焙设备归入子目8516.7项下。

问题5：什么是功能机组？它的归类原则有哪些？

功能机组（Functional units）是指相互独立的（或者用电线或管道相连，或者没有任何连接）机器、部件构成的组合。提出功能机组概念的目的是为了简化归类，但是按功能机组归类必须满足一定的条件，即通常所称的功能机组的归类原则。

功能机组的归类原则参考第十六类注释四。

第十六类注释四的条文如下：

四、由不同独立部件（不论是否分开或由管道、传动装置、电缆或其他装置连接）组成的机器（包括机组），如果组合后明显具有一种第八十四章或第八十五章某个品目所列功能，则全部机器应按其功能归入有关品目。

条文解析

这条注释的宗旨就是为了简化归类，将相互独立的一些机器、部件一并归类，主要包括三层含义。

含义一：功能机组的组成结构——由相互独立的部件组成，各部分用管道、传动装置、电缆等连接或没有任何连接。

从外观上看，功能机组由相互独立的部件（Individual componets）组成，在结构上明显不同于组合机器与多功能机器（组合机器与多功能机器从外观上看是一个整体）。功能机组常见的两种形式是：通过管道或电缆相连，通过无线方式连接，如图1.21所示。

```
        管道或电缆        管道或电缆
   机器1 ————— 机器2 —········— 机器n

        形式一：通过管道或电缆相连


   机器1         机器2    ·········     机器n

        形式二：通过无线方式连接
```

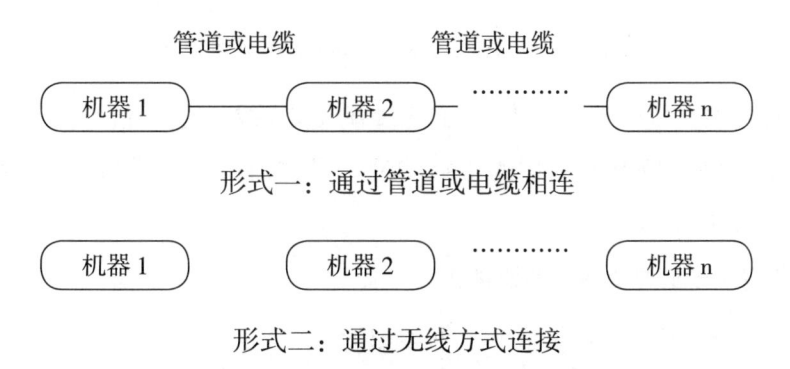

图 1.21　功能机组常见的两种形式

含义二：功能机组的归类原则——如果相互独立的各部件视为一个整体后所具有的功能属于第八十四章或八十五章某个品目所列的功能，则它们一并归入该品目。其中，"视为一个整体"的言外之意是指它们实际上不是一个整体，是由相互独立的几部分组成。

含义三：分别归类——如果相互独立的各部件视为一个整体后所具有的功能不属于第八十四章或八十五章某个品目所列的功能，则它们应分别归类，或者说，它们不符合功能机组的条件。这一层含义是隐藏的含义。

功能机组归类时还需要注意，依据第十六类的总注释，功能机组中仅包括起基本功能（Essential function）的机器或机组，不包括执行辅助功能（Auxiliary function）的机器或机组。

【实例1】园林灌溉系统

该系统主要由水泵、控制器、施肥器、过滤器、电磁阀、压力调节器、喷头、管道和电线等组成，如图1.22所示。

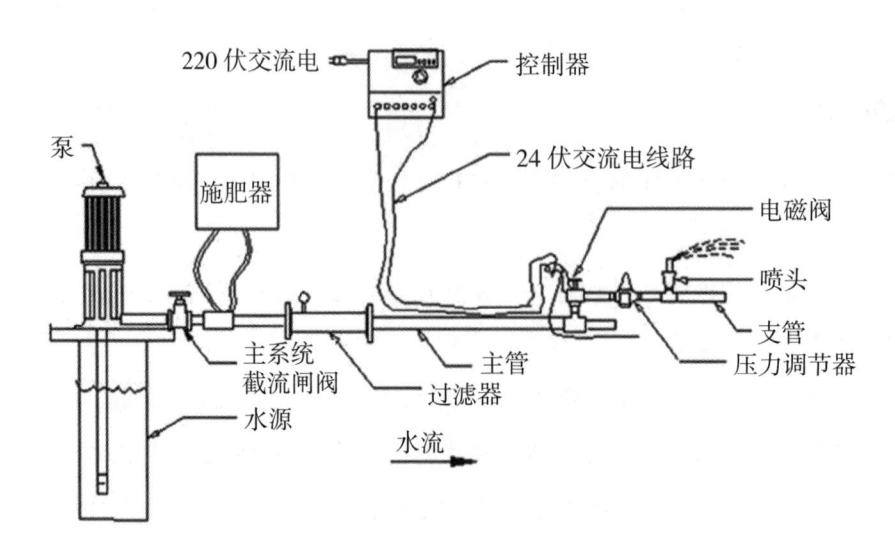

图 1.22　园林灌溉系统的基本组成示意图

该系统由相互独立的几部分构成，它们通过管道或电线相连，将它们视为一个整体后，明显具有品目 84.24 所列的喷射机器的功能，所以，依据第十六类注释四，将整个系统一并按功能机组归入品目 84.24 项下。

【实例2】用于专业熨烫操作的熨烫机

用于专业熨烫操作的熨烫机主要由三部分组成：

第一，一个矩形电热熨烫台（尺寸约为 125 厘米 ×75 厘米 ×87 厘米，重量约为 58 千克），包含熨袖板和内置吸风器，表层由电子加热元件进行供热，表面温度依靠自动调节器调节，如图 1.23 所示；

图 1.23　电热熨烫台

第二，一个蒸汽发生器（重量约为15.5 千克），装有一个硅钢制熨烫架、一个蒸汽压力表、一个可视发光水位计、一个含自动调温器的加热组件、一个用于盛放蒸馏水的容器和泵；

第三，电力蒸汽熨斗（800 瓦），通过蒸汽软管和电缆与蒸汽发生器连接。

其中，电热熨烫台与蒸汽发生器经一条软管相连，利用熨烫台边的脚踏板控制，将蒸汽吸入熨烫台内。

上述三部分相互独立,通过电线或输送蒸汽的软管相连,将它们视为一个整体后,共同实现衣服的熨烫功能,该功能属于品目84.51已列名的功能,所以,依据第十六类注释四,上述三部分一并按功能机组归入品目84.51项下,并根据归类总规则六归入子目8451.30项下［参见《中华人民共和国海关总署商品归类决定》（W2010–021）］。

上述电热熨烫台若单独报验,则应按熨烫机的零件归入子目8451.90项下［参见《中华人民共和国海关总署商品归类决定》（W2010–022）］。

【实例3】无线鼠标成套装置

无线鼠标成套装置由无线鼠标器和无线接收器两部分构成,如图1.24所示。

图1.24　无线鼠标器与无线接收器

无线鼠标成套装置中的无线鼠标器和无线接收器两部分之间没有电线相连,而是通过无线方式相连,它们共同完成信息输入的功能,与有线鼠标具有相同的功能,符合第十六类注释四功能机组的条件,两者可一并按鼠标器归入子目8471.6072。

【实例4】胶囊内窥镜系统

胶囊内窥镜系统由体内和体外两部分构成,体内部分是胶囊内窥镜,如图1.25所示;体外部分是数据记录仪和电脑工作站。

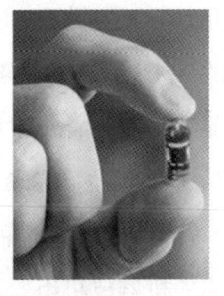

图1.25　胶囊内窥镜

胶囊内窥镜用来拍摄人体内的影像,并将影像以无线方式传输到体外的数据记录仪上;数据记录仪用来接收胶囊内窥镜传来的图像并存储在设备内;电脑工作站用来完成对影像的诊断。

上述胶囊内窥镜与数据记录仪之间无任何连接，将它们视为一个整体后，所具有的功能就是内窥镜的诊断功能，符合第九十章注释三所指的功能机组的条件，可以一并按内窥镜归入子目 9018.9030。

这个实例表明，第九十章的仪器仪表如果符合功能机组的条件也可以一并归类。

【实例 5】金属板材纵剪生产线

纵剪线是一条加工金属扁平材的生产线，它使用两个或多个分别带有环形凸起和凹槽的圆柱辊剪刀轮，将大卷金属板材切割成多个较窄的卷材或将板材两边切整齐后再卷绕成卷材。纵剪线的基本组成包括开卷机、矫平机、纵剪机和收卷机。剪切时，板材从开卷机送入，首先矫平，然后送入两个剪刀轮系（一个在上面，另一个在下面）之间进行剪切，剪切后的板材由生产线末端的多个收卷机收卷。

该生产线由相互独立的开卷机、矫平机、纵剪机和收卷机组成，将它们视为一个整体后，其主要功能就是对金属板材进行剪切，属于品目 84.62 所列的功能，所以，依据第十六类注释四，一并按功能机组归入子目 8462.32 项下。

【实例 6】汽车总装生产线

汽车总装生产线由输送设备、发动机装配工位、前桥装配工位、后桥装配工位、驾驶室装配工位、车轮装配工位、各种搬运机械手、吊装设备等组成，各部件相互独立。

将它们视为一个整体后，汽车装配的功能并不属于第八十四章或八十五章所列名的功能，说明它们不符合功能机组的条件，因此上述各部件不能一并归类，而是应分别归类。

【实例 7】番茄酱生产线

番茄酱生产线主要包括：番茄破碎装置、番茄汁精制装置、番茄汁浓缩装置、番茄汁杀菌装置、番茄酱自动灌装机、电气控制柜。该生产线主要用于生产番茄酱。

该生产线由相互独立的多个装置、机器组成，但是完成番茄酱生产加工基本功能的设备只包括番茄破碎装置、番茄汁精制装置、番茄汁浓缩装置、番茄汁杀菌装置和电气控制柜，将这些设备视为一个整体后，具有品目 84.38 项下所列蔬菜加工的功能。而番茄酱自动化灌装机在番茄酱生产过程中，只起到辅助功能的作用，并不起基本功能。依据第十六类总注释，功能机组仅包括起基本功能的机器或机组，不包括执行辅助功能的机器或器具。因此，上述设备中完成基本功能的番茄破碎装置、番茄汁精制装置、番茄汁浓缩装置、番茄汁杀菌装置和电气控制柜一并按功能机组归入子目 8438.6000，而执行辅助功能的番茄酱自动灌装机按包装机器归入子目 8422.3030，如图 1.26 所示。

一 机电商品归类的原则与方法

```
┌─────────┐  ┌─────────┐  ┌─────────┐  ┌─────────┐  ┌─────────┐  ┌─────────┐
│ 番茄破碎 │  │ 番茄汁   │  │ 番茄汁   │  │ 番茄汁   │  │ 电气     │  │ 番茄酱   │
│ 装置     │  │ 精制装置 │  │ 浓缩装置 │  │ 杀菌装置 │  │ 控制柜   │  │ 自动灌装机│
└─────────┘  └─────────┘  └─────────┘  └─────────┘  └─────────┘  └─────────┘
```

         基本功能   辅助功能
       归入子目 8438.6000   归入子目 8422.3030

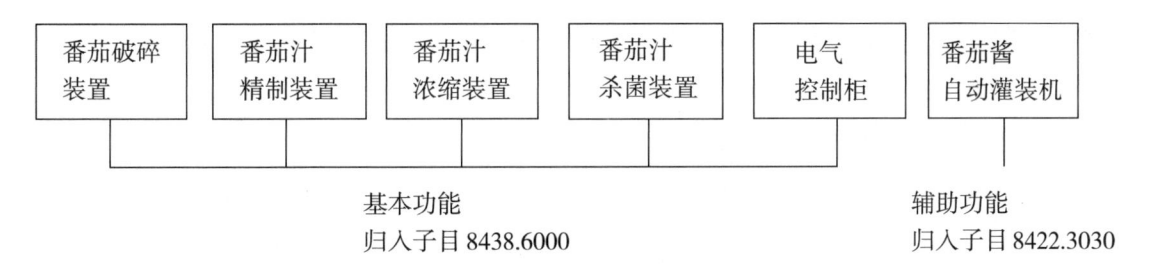

图 1.26　番茄酱生产线的归类

问题 6：多功能机器与功能机组有何区别？

  功能机组与多功能机器是两个不同的概念，两者不能混淆。

  从外观结构上分析，功能机组由几个相互独立的部件（或机器）组成，并不是一个整体；多功能机器是一个整体，就是一台机器（Machine），它所具有的多个功能都是在这一台机器上实现的。

  从功能上分析，功能机组的每个部件或机器都有一定的功能，将它们视为一个整体后，对外体现的只有一种功能，所以不属于多功能机器；多功能机器则具有多个功能。

  功能机组与多功能机器的区别见表1.1。

表 1.1　功能机组与多功能机器的比较

比较项目	类型	
	功能机组	多功能机器
外观结构	由几个相互独立的部件（或机器）组成，不是一个整体	是一个整体
功能	当功能机组视为一个整体后，对外体现一种功能	具有多个功能
归类	按对外体现的那种功能一并归入相应的品目	按主要功能归类或从后归类
归类依据	第十六类注释四	第十六类注释三或归类总规则三（三）

问题 7：什么是多用途机器？它的归类原则有哪些？

  多用途机器（Multi-purpose machine）是指可以加工多种材料的机器。

  第八十四章的第二部分（品目 84.25～84.79）主要是按用途列目的，对于只有一个用途

的机器直接进行归类,但是,有时一部机器具有多个用途,此时归类的依据就是第八十四章注释八,其条文如下:

八、具有一种以上用途的机器在归类时,其主要用途可作为唯一的用途对待。

除本章注释二、第十六类注释三另有规定的以外,凡任何品目都未列明其主要用途的机器,以及没有哪一种用途是主要用途的机器,均应归入品目84.79。品目84.79还包括将金属丝、纺织纱线或其他各种材料以及它们的混合材料制成绳、缆的机器(例如,捻股机、绞扭机、制缆机)。

条文解析

上述条文包含三层含义。

含义一:多用途机器按其主要用途归类。

含义二:当无法确定主要用途或在任何品目都未列明其主要用途时,应归入品目84.79。

含义三:具体列名的机器(制成绳、缆的机器)归入品目84.79。

【实例1】切纸机

切纸机既可切割纸张,也可切割某些较薄的塑料片、塑料带、塑料膜或金属薄片(如铝箔、铜箔等),属于多用途机器。由于这台机器在正常情况下主要用于切割纸张或纸板制品,所以依据第八十四章注释八,该切纸机应按其主要用途(切纸)归入品目84.41项下。

【实例2】适用多种材料的打孔机

该打孔机可在多种材料(如纸张、纺织物、皮革、塑料等)上打孔,从结构和使用角度分析,很难区别哪种用途更为重要,所以依据第八十四章注释八,将该打孔机归入品目84.79项下。

问题8:多用途机器与多功能机器有何区别?各自的归类依据是什么?

多用途机器是指具有多个用途的机器,一般从加工材料方面考虑,即适用于多种加工材料的机器。

多功能机器(Multi-function machine)是指具有两种及两种以上互补或交替功能的机器,一般从加工方式方面考虑,即具有多种加工方式的机器。

例如,对于某一机床来说,如果它既可进行车削加工又可进行铣削加工,那么它属于多功能机器;如果它既可加工金属材料又可加工塑料,那么它属于多用途机器。

多用途机器的归类依据是第八十四章注释八,即按其主要用途归类,当不能确定其主要用途时，归入品目 84.79 项下；多功能机器的归类依据是第十六类注释三，即按其主要功能归类，当不能确定其主要功能时，依据归类总规则三（三）从后归类。

多用途机器与多功能机器的区别见表 1.2。

表 1.2　多用途机器与多功能机器的比较

比较项目	机器类型			
	多用途机器		多功能机器	
条件	能确定主要用途	不能确定主要用途	能确定主要功能	不能确定主要功能
归类	按主要用途归类	品目 84.79	按主要功能归类	从后归类
依据	第八十四章注释八	第八十四章注释八	第十六类注释三	归类总规则三（三）

二　第八十四章机器、机械器具的归类

问题 9：第八十四章的列目结构有何规律？

第八十四章是整个《协调制度》品目数最多的一章，共有 87 个品目，列目结构如下：

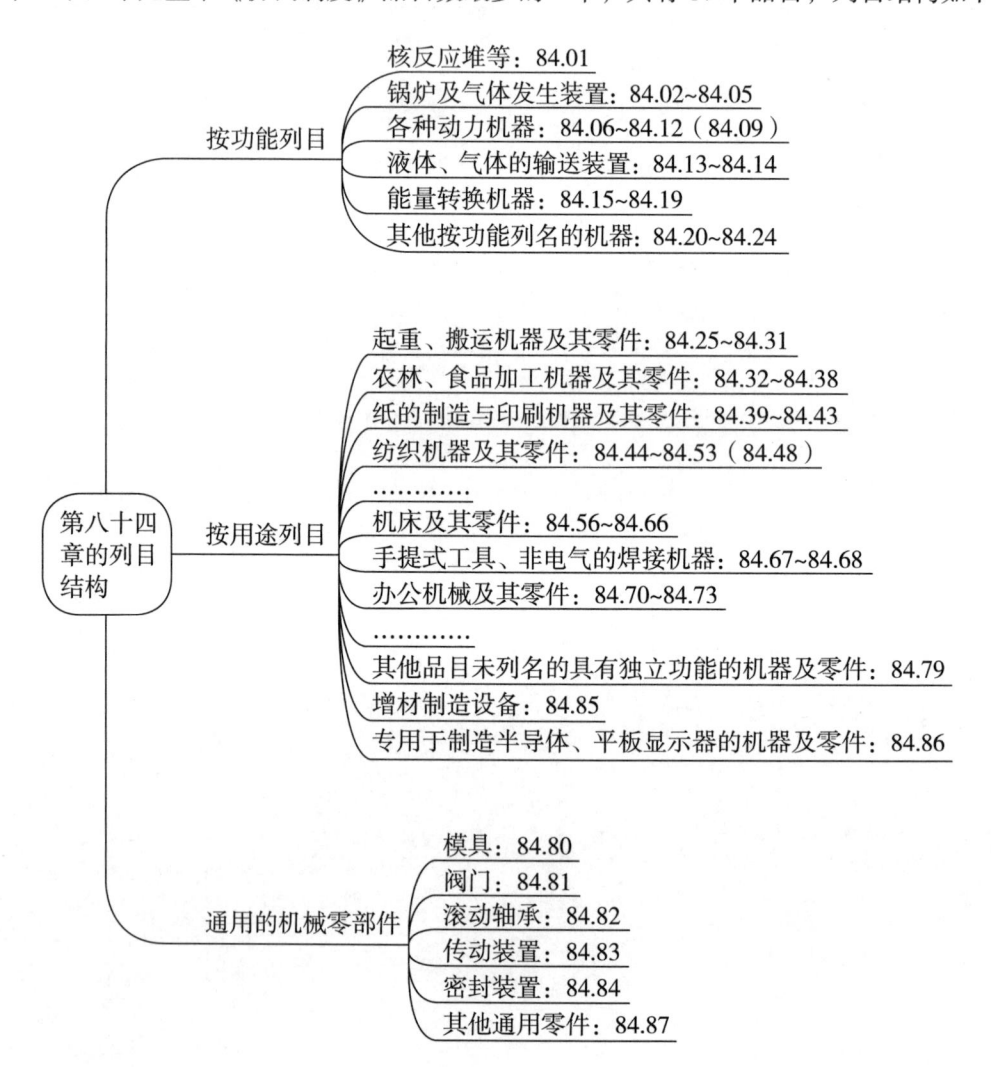

第八十四章的列目结构
- 按功能列目
  - 核反应堆等：84.01
  - 锅炉及气体发生装置：84.02~84.05
  - 各种动力机器：84.06~84.12（84.09）
  - 液体、气体的输送装置：84.13~84.14
  - 能量转换机器：84.15~84.19
  - 其他按功能列名的机器：84.20~84.24
- 按用途列目
  - 起重、搬运机器及其零件：84.25~84.31
  - 农林、食品加工机器及其零件：84.32~84.38
  - 纸的制造与印刷机器及其零件：84.39~84.43
  - 纺织机器及其零件：84.44~84.53（84.48）
  - ……
  - 机床及其零件：84.56~84.66
  - 手提式工具、非电气的焊接机器：84.67~84.68
  - 办公机械及其零件：84.70~84.73
  - ……
  - 其他品目未列名的具有独立功能的机器及零件：84.79
  - 增材制造设备：84.85
  - 专用于制造半导体、平板显示器的机器及零件：84.86
- 通用的机械零部件
  - 模具：84.80
  - 阀门：84.81
  - 滚动轴承：84.82
  - 传动装置：84.83
  - 密封装置：84.84
  - 其他通用零件：84.87

这些品目主要分成三部分：

第一部分：品目 84.01～84.24。

第二部分：品目 84.25～84.79 及品目 84.85 和 84.86。

第三部分：品目 84.80～84.84 及品目 84.87。

它们的列目规律如下：

第一部分（品目 84.01～84.24）主要根据机器或装置的功能列目，不论其用于何种行业或部门。例如，只要是内燃机，不管其用于汽车，还是船舶、航空器或农用灌溉机器，一律按其功能归入品目 84.07 或 84.08 项下，只有在确定相应的子目时才考虑其用途。其中，品目 84.06～84.12 包括除电动机外的所有动力装置（主要包括内燃机、汽轮机、燃气轮机、水轮机、液压传动装置等），品目 84.13～84.14 包括液体或气体的输送装置（主要包括液体泵、气体泵、压缩机、真空泵等），品目 84.15～84.19 包括各种实现能量转换的机器（主要包括空调器、电冰箱、利用温度变化处理材料的设备等。例如，空调器在制冷时将室内的热量转移至室外，在制热时则将室外的热量转移至室内），品目 84.20～84.24 包括其他功能的机器（主要包括滚压机器、液体或气体的过滤装置、包装机器、喷射机器等）。

第二部分（品目 84.25～84.79 及品目 84.85 和品目 84.86）主要根据机器或装置所应用的行业（即用途）列目，不论其功能如何。其中，品目 84.25～84.31 包括起重、搬运和工程机器（例如，起重机、挖掘机等）；品目 84.32～84.38 包括农业、林业、园艺、食品加工机器（例如，播种机、收割机、糕点加工机器等）；品目 84.39～84.43 包括造纸机器、印刷机器等；品目 84.44～84.53 包括纺织机器、缝纫机器、皮革加工机器等；品目 84.54～84.55 包括金属的冶炼、铸造与轧制机器；品目 84.56～84.66 包括各种机床（例如，特种加工机床、各种金属切削机床、金属压力加工机床、其他材质的加工机床等）；品目 84.67～84.68 包括装有动力装置的手提式工具、非电气的焊接设备；品目 84.70～84.73 包括各种办公机器（例如，计算器、自动数据处理设备、其他办公室用机器等）；品目 84.74～84.75 包括加工矿物材料的机器（例如，分类、筛选、分离、洗涤、破碎、混合、搅拌的机器，成型机器等）和玻璃的热加工机器；品目 84.76 为自动售货机和钱币兑换机；品目 84.77～84.78 包括其他品目未列名的塑料或橡胶加工机器以及烟草加工机器；品目 84.85 包括增材制造设备（该品目在整个《协调制度》内优先归类）；品目 84.86 包括专用于制造半导体、集成电路和平板显示器的机器及与之相关的设备（该品目在整个《协调制度》内优先归类）；品目 84.79 包括本章其他品目未列名的具有独立功能的机器（该品目作为本章机器及设备的兜底品目）。

第三部分主要包括模具及具有通用性的部件、机器零件等。这部分商品的特点是具有"通用性"，而不是专用于某种机器，此处的"通用性"零件不包括第十五类注释二规定的"通用零件"的范围，两者不能混淆。其中，品目84.80包括金属铸造用模具和玻璃、矿物材料、橡胶、塑料用模具等（该品目不包括品目82.07的金属锻造和冲压、拉拔用模具）；品目84.81包括各种阀门、龙头、旋塞等；品目84.82包括各种滚动轴承；品目84.83包括各种传动装置（例如，传动轴、变速箱、滑动轴承、离合器及联轴器、齿轮、飞轮、滑轮等）；品目84.84包括各种由金属片与其他材料制成或用双层或多层金属片制成的密封垫、机械密封件等（该品目不包括由单一材质制成的密封垫）；品目84.87包括本章其他品目未列名的机器零件（一般情况下，当确定某零件不是专用于某个机器或某类机器且不能归入其他品目的条件下才归入该品目，该品目作为本章机器零件的兜底品目）。

在确定归入第八十四章后，首先要确定预归类的商品大致属于哪个小范围，然后再在这个小范围内确定具体的品目。例如，点燃式内燃机在确定归类时，首先确定它属于动力机器的范围，动力机器在品目84.06~84.12的小范围内，然后再按内燃机的类型（点燃式）归入品目84.07；播种机在确定归类时，首先确定它属于农林、食品机器的范围，农林、食品机器在品目84.32~84.38的小范围内，然后再按耕作机器归入品目84.32。

问题10：锅炉与炉有何区别？如何归类？

锅炉（Boiler）是一种利用燃料燃烧放出的热，将装在容器内的水加热的设备，其功能是把燃料的化学能转变为热能。

锅炉由锅和炉两大部分组成。锅是装水的容器，由锅筒或许多钢管组成；炉是燃料燃烧的场所。燃料在炉内燃烧产生的高温烟气，借由导热、对流和辐射三种换热的形式，将烟气的热量传给锅中的水。

炉（Furnace and oven）是燃料燃烧的场所，不包括装水的容器（即锅）。

根据上述分析，将产生蒸汽和过热水的蒸汽锅炉和过热水锅炉归入品目84.02项下；将集中供暖用的热水锅炉归入品目84.03项下；将家用的炉子归入品目73.21项下；将非家用的炉子归入品目84.17项下。

问题 11：点燃式内燃机与压燃式内燃机有何区别？如何归类？

内燃机是通过燃料在机器内部燃烧，并将其放出的热能直接转换为动力的热力发动机。按点火方式不同内燃机分为点燃式内燃机和压燃式内燃机。

点燃式内燃机（Spark-ignition internal combustion piston engine）是指燃料燃烧时通过火花塞放电点火的内燃机，其所使用的燃料有汽油、天然气、沼气等，但由于汽油是最常用的燃料，所以又称汽油机。

压燃式内燃机（Compression-ignition internal combustion piston engine）是指燃料燃烧时通过压缩自行燃烧的内燃机，这种内燃机不需要火花塞点火，其所使用的燃料主要是柴油，所以又称柴油机。

两种内燃机的比较见表2.1。

表2.1　点燃式内燃机与压燃式内燃机的比较

比较项目	内燃机类型	
	点燃式内燃机	压燃式内燃机
构　造	气缸顶部装有火花塞	气缸顶部无火花塞，只装有喷油嘴
点火方式	火花塞放电点火	压缩自燃
燃　料	汽油、液化石油气或沼气等	柴油
归　类	品目84.07	品目84.08

通过上述分析比较，将点燃式内燃机先归入品目84.07项下，然后再按用途（航空器用、船舶用、车辆用等）、气缸容量、输出功率等归入不同的子目；将压燃式内燃机先归入品目84.08项下，然后再按用途（船舶用、车辆用、机车用等）、输出功率归入不同的子目。

问题 12：内燃机主要由哪些零部件组成？哪些不能按专用零件归入品目84.09？哪些可以按专用零件归入品目84.09？

点燃式内燃机由机体（气缸体、气缸盖、油底壳）、曲柄连杆机构、配气机构、燃料供给系统、冷却系统、润滑系统、点火系统和起动系统组成。或者说，内燃机由两大机构和五大系统组成。现代电子控制内燃发动机还包括电控系统、进气系统、排气系统等。

压燃式内燃机的燃料油为柴油，柴油燃烧时是通过压缩自燃的，所以无点火系统，其他构造与点燃式活塞内燃机相似。

下面以轿车用点燃式内燃机为例介绍点燃式活塞内燃机的构造。

（1）曲柄连杆机构

曲柄连杆机构的作用是提供燃烧场所，把燃料燃烧后的能量转换为曲轴的旋转运动。曲柄连杆机构由机体组、活塞连杆组和曲轴飞轮组三部分组成，如图2.1所示。

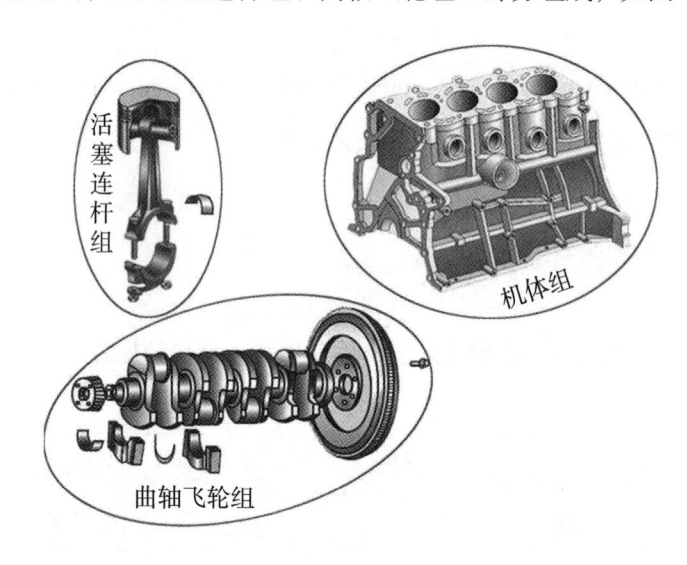

图2.1　曲柄连杆机构

其中，机体组由缸体、缸盖等组成；活塞连杆组由活塞、活塞环、活塞销、连杆等组成；曲轴飞轮组由曲轴、飞轮等组成。

（2）配气机构

配气机构的作用是配合发动机各缸工作顺序和工作循环的要求，定时开启和关闭进气门与排气门，在进气行程使空气或可燃混合气进入气缸，在排气行程将燃烧后的废气排出气缸，实现发动机气缸的换气补给。这一套动作相当于人的吸气与呼气过程。

配气机构由气门组和气门传动组两部分组成，如图2.2所示。气门组包括进气门、排气门、气门导管、气门座及气门弹簧等；气门传动组包括凸轮轴、摇臂轴、摇臂、推杆、挺柱和正时齿轮等。凸轮轴的作用是按规定时刻开启和关闭气门。

图2.2 配气机构

（3）燃料供给系统

燃料供给系统的作用是向发动机及时供给各种工况下所需的燃油量。它主要由燃油箱、燃油泵、输油管、燃油压力调节器、燃油导轨和喷油器等组成，如图2.3所示。

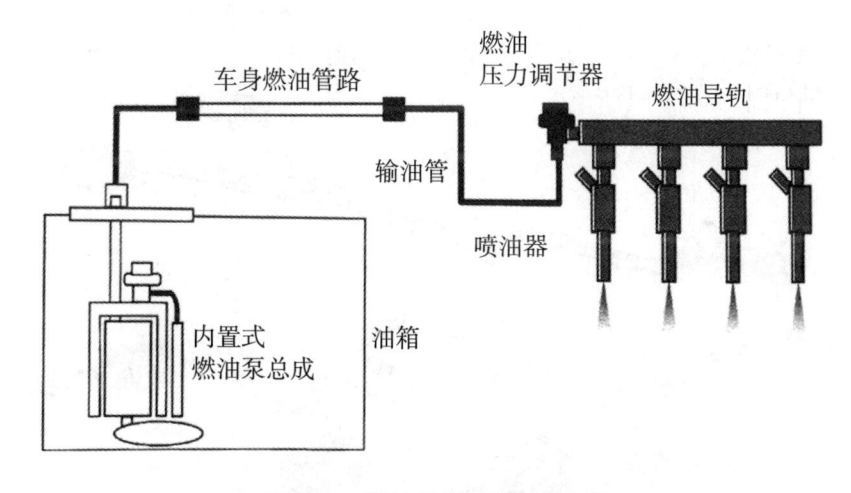

图2.3 燃油供给系统的组成

其工作原理为燃油泵从燃油箱中抽出燃油，经过燃油滤清器过滤后输送至燃油导轨，喷油器安装在发动机和导轨之间，由发动机ECU（电控单元）驱动其定时、定量喷射雾状燃油，与空气混合后进入气缸进行燃烧。压力调节器用来调节压力，多余的燃油从回油管返回至油箱。

（4）进气系统与排气系统

进气系统的作用是向发动机提供其所需要的清洁空气，由进气总管、空气滤清器、节气门体、进气歧管等组成，如图2.4所示。

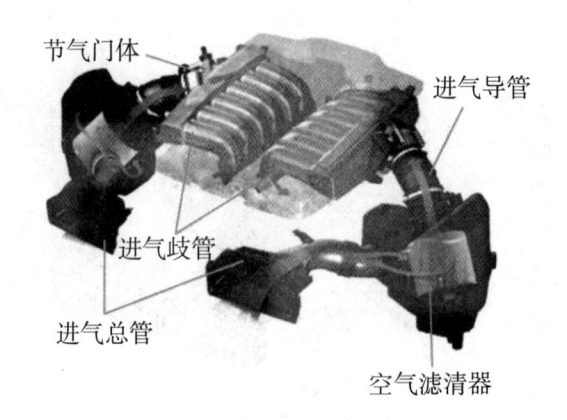

图 2.4　发动机进气系统

排气系统用来收集和排放发动机气缸中燃烧产生的废气，主要由排气歧管、排气管、三元催化转化器、消声器等组成，如图 2.5 所示。

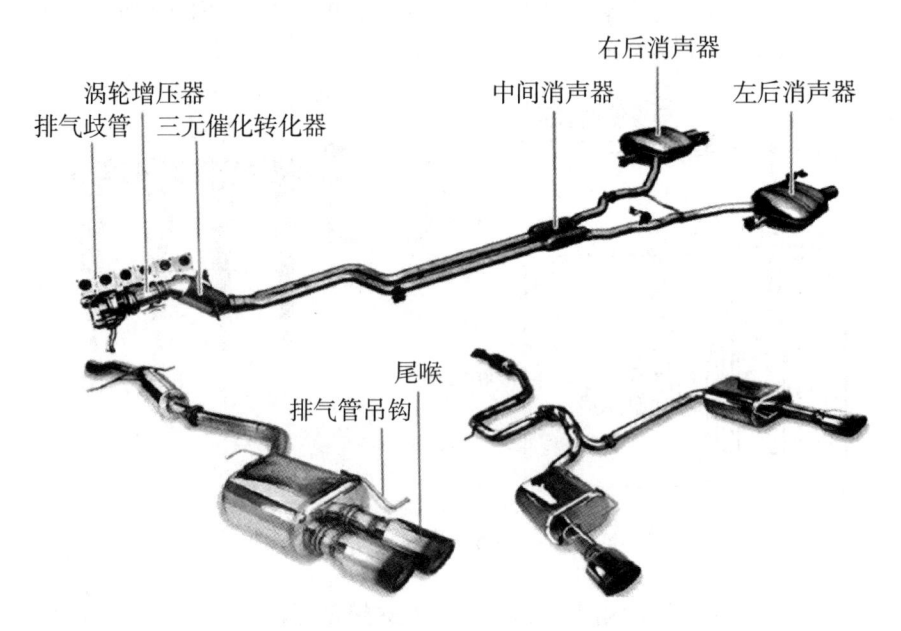

图 2.5　发动机排气系统

（5）润滑系统

润滑系统起着润滑发动机运动零部件，清洗、冷却、密封与防锈的作用，从而保证发动机正常工作并延长使用寿命。

润滑系由油底壳、集滤器、机油泵、机油滤清器、油管和发动机机体上加工出的油道组成，大功率的发动机还有机油散热器，如图 2.6 所示。

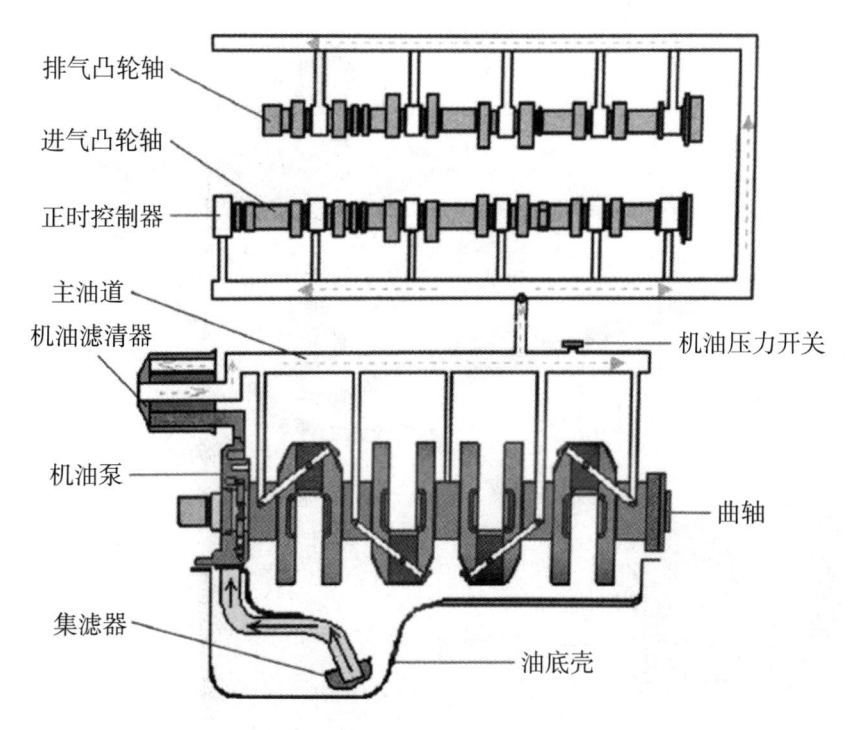

图 2.6 润滑系统的组成与工作原理示意图

发动机工作时，机油从油底壳经集滤器被机油泵送入机油滤清器，经过过滤后的压力机油再送入需要润滑的部位，供运动零部件润滑。

（6）冷却系统

冷却系统的作用是对发动机进行适当冷却，保证发动机在最适宜的温度条件下工作。

冷却系统主要由水泵、散热器、冷却风扇、储液罐、节温器、水套，以及附属装置等组成，如图 2.7 所示。

其工作原理是水泵将冷却液从气缸体外吸入并加压，使之从进水管流入发动机缸体水套。在此处，冷却液从气缸壁吸收热量，温度升高，继而流到气缸盖的水套，继续吸收热量，受热升温后的冷却液经过出水阀座沿出水管流到散热器内。

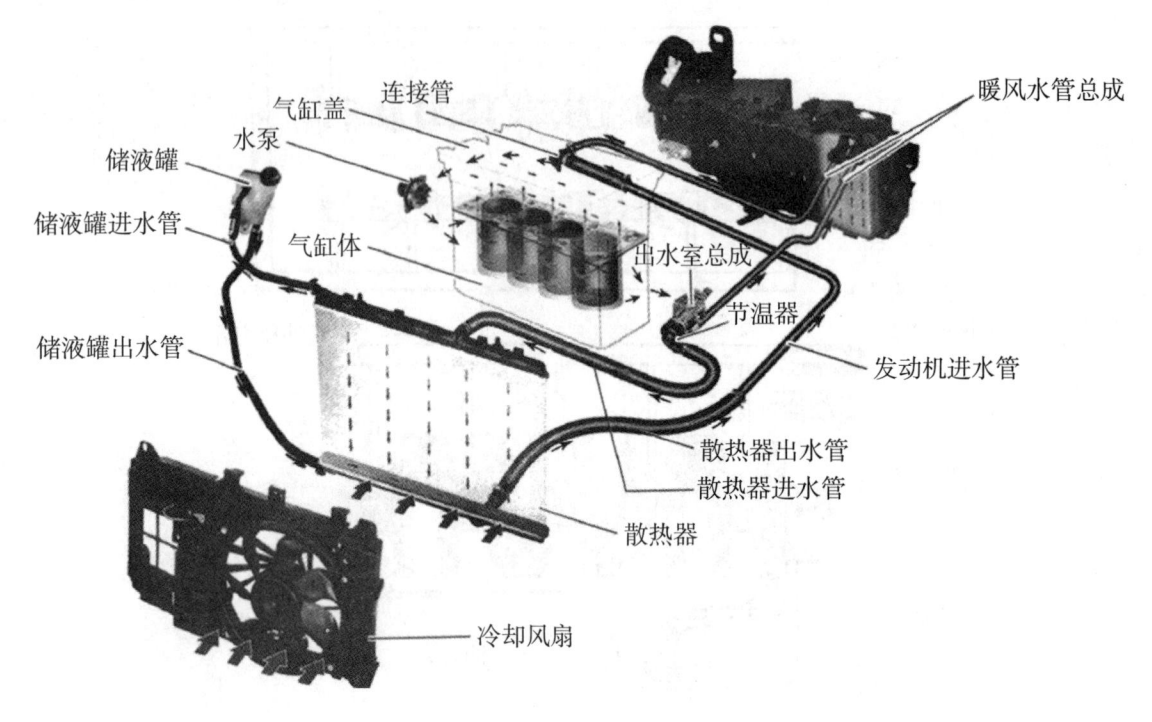

图 2.7　冷却系统的组成

（7）点火系统

点火系统的作用是点燃进入气缸中的可燃混合气体，使发动机能及时、迅速地做功。

目前应用较广的电控发动机的点火系统主要由蓄电池、ECU（电控单元）、点火线圈、高压导线、火花塞、点火器等组成，如图 2.8 所示。

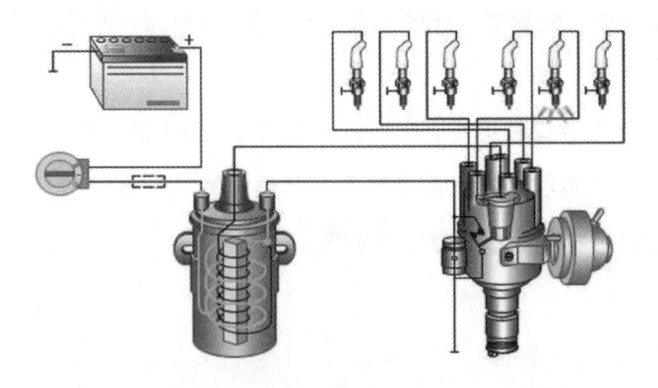

图 2.8　点火系统

（8）起动系统

起动系统的作用就是起动发动机，使发动机由静止状态过渡到工作状态，主要包括起动机。当发动机起动之后，起动机便立即停止工作，如图 2.9 所示。

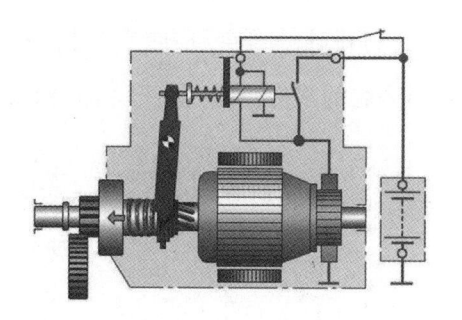

图 2.9 起动系统

（9）电控系统

发动机电控系统的功用是对发动机工作时吸入的空气量、喷油量和点火提前角进行控制。电控系统通常由传感器、ECU（电控单元）和执行器三部分组成，如图 2.10 所示。

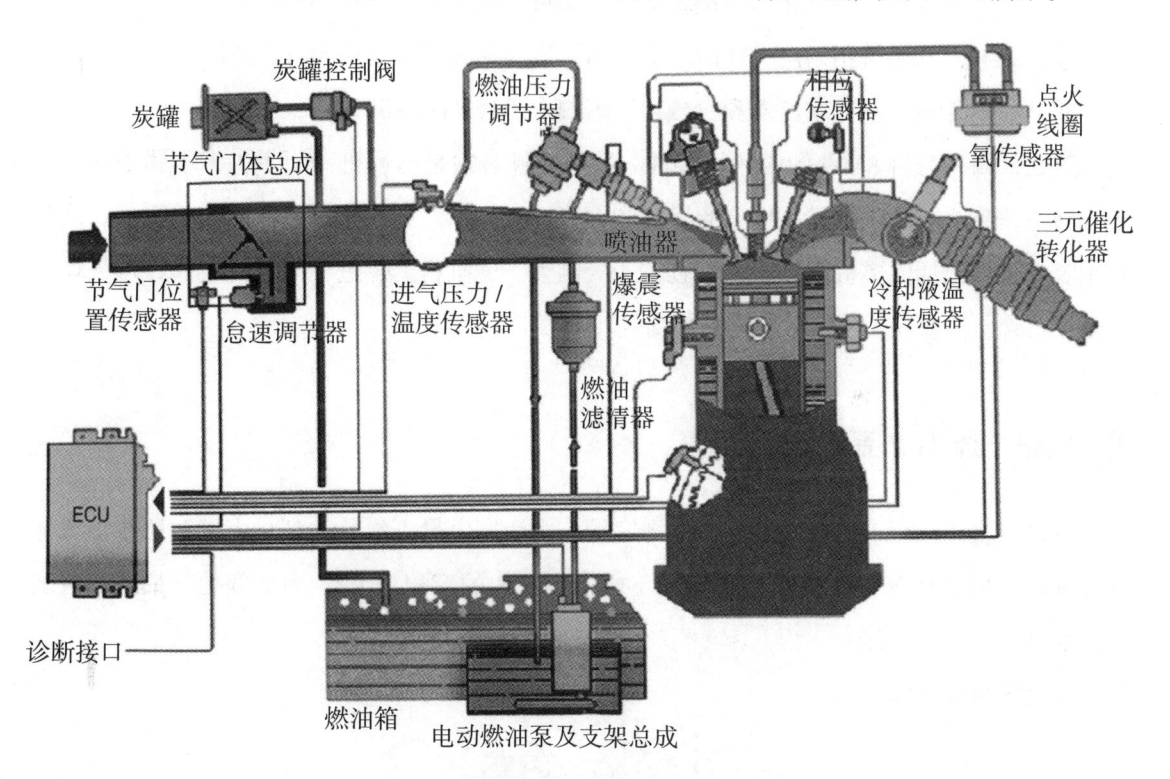

图 2.10 发动机电控系统示意图

其中，传感器主要包括曲轴位置传感器、凸轮轴位置传感器、节气门位置传感器、进气压力/温度传感器、冷却液温度传感器、爆震传感器、氧传感器。

通常内燃机零件的归类可分为两大类：

第一，不归入品目 84.09 的内燃机零件。这一类零件属于第十六类注释一和第八十四章注释一中已排除的零件或是在第八十四章、第八十五章已列名的零件。例如，内燃机用的"气门弹簧"属于第十六类注释一（七）排除的零件，应归入第十五类；内燃机用的"曲轴"和"凸轮轴"属于品目84.83中已具体列名的零件，所以应归入品目84.83项下。类似的不归入品目84.09的内燃机零件如下所列：

① 内燃机冷却系统用的水泵、燃料供给系统用的燃油泵、润滑系统用的机油泵属于液体泵归入品目84.13项下；

② 内燃机用过滤燃油的滤油器属于液体的过滤装置归入子目8421.2300；

③ 内燃机进气用过滤空气的过滤器和排气用过滤及净化装置属于气体的过滤装置应归入品目84.21项下，其中进气过滤器（行业上又称空气滤清器）归入子目8421.3100项下，排气过滤及净化装置（例如，三元催化转化器）归入子目8421.3200；

④ 内燃机用气缸衬垫属于密封垫，应归入品目84.84项下；

⑤ 内燃机点火系统用的点火线圈、分电器、火花塞等归入品目85.11项下；

⑥ 内燃机用废气涡轮增压器和机械增压器归入子目8414.8030。

第二，归入品目84.09的内燃机零件。这类零件必须是内燃机专用零件，不属于第十六类注释一、第八十四章注释一排除的零件和在第八十四章、第八十五章已列名的零件。这些专用零件主要包括内燃机用活塞、气缸体、气缸盖、气缸衬套、进气阀和排气阀、进气歧管和排气歧管、活塞环、连杆、燃料油喷嘴等。

问题13：什么是气缸容量？

气缸容量（Cylinder capacity）又称排气量，指活塞由最下端移动到最上端时所排出气体的体积。如图2.11所示，当活塞处于最下端时气缸内的容积为V_1，当活塞处于最上端时气缸内的容积为V_2，那么

气缸容量 = $V_1 - V_2$

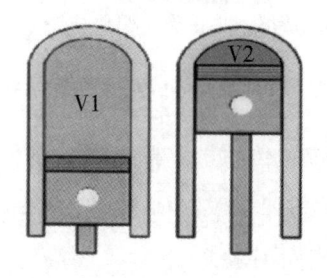

图2.11 气缸排气量计算示意图

对于具有多个气缸的内燃机，其气缸容量等于单个气缸的气缸容量乘以气缸个数。例如，

某内燃机的铭牌中标明其排量为 1.8 L，说明它的气缸容量是 1.8 升。

问题 14：什么是舷外发动机？如何归类？

舷外发动机（Outboard motor）指专用于驱动小型船舶的发动机。一般由发动机、螺旋桨及操舵装置组成，如图 2.12 所示。

图 2.12　舷外发动机

舷外发动机（通常为点燃式内燃机）归入子目 8407.2100。

问题 15：液压系统主要由哪些零部件组成？如何归类？

液压系统的全称为液压传动系统，一般由动力装置、执行装置、控制调节装置、辅助装置和工作介质组成，如图 2.13 所示。

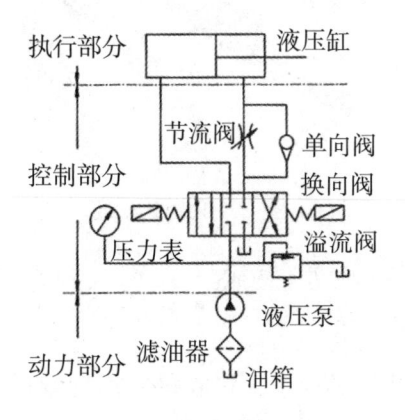

图 2.13　液压传动系统

（1）动力装置，将机械能转换成液体压力能。常见的动力装置为液压泵，它是一种能量转换装置，可把电动机的旋转机械能转换为液压能输出。

（2）执行装置，将液体压力能转换成机械能。执行装置根据其输出运动形式的不同分为液压缸与液压马达两类。液压缸是将液压能转换成直线运动机械能的执行装置；液压马达是将液压能转换成旋转运动机械能的执行装置。

（3）控制调节装置，用来调节液体传动过程中的压力、流量和方向。其中，压力阀用来控制力量，流量阀用来控制速度，方向阀用来控制运动方向。

（4）辅助装置，包括用来储存液压油的油箱、去除油内杂质的过滤器、冷却器及蓄能器等。

（5）工作介质，液压传动系统中所用的工作介质一般为液压油。

液压传动系统（主要由液压泵、液压缸或液压马达、液压阀、油箱、过滤器、管路等构成）符合第十六类注释四的条件，一并按功能机组归入子目 8412.21 或 8412.29 项下。

单独报验的液压泵归入品目 84.13 项下的相关子目，液压缸归入子目 8412.2100，液压马达归入子目 8412.2910，液压传动阀归入子目 8481.2010，过滤器归入子目 8421.2 项下的相关子目，油箱等按液压系统的专用零件归入子目 8412.9090。

问题 16：液压缸与液压马达有何区别？如何归类？

液压缸（Cylinder）是将液体压力能转换成直线运动机械能的装置，如图 2.14 所示。

图 2.14　液压缸

液压缸一般由缸体和活塞（柱塞）构成。

下面是液压缸在实际中的应用。

图 2.15 是液压缸在挖掘机中的应用，它依靠四个液压缸的运动实现挖掘机挖斗的挖掘动作；图 2.16 是液压缸在翻斗车中的应用，它依靠液压缸的运动实现翻斗车翻斗的倾卸动作。

图 2.15　液压缸在挖掘机中的应用 　　图 2.16　液压缸在翻斗车中的应用

液压马达（Hydraulic motor）是将液体压力能转换成旋转运动机械能的装置（如图 2.17 所示）。液压马达的外观类似于电动机，与电动机一样可输出旋转的机械能，但它的工作原理不同于电动机，液压马达非直接采用电能转换为机械能，而是只要输入液压油就可输出旋转的机械能。

图 2.17　液压马达

液压马达一般由马达壳体、转子、滚动轴承等构成。

液压缸归入子目 8412.2100，单独报验的缸体和活塞（柱塞）按液压缸的专用零件归入 8412.9090。

液压马达归入子目 8412.2910，单独报验的马达壳体、转子按液压马达的专用零件归入 8412.9090，滚动轴承按列名的商品归入品目 84.82 项下的相关子目。

问题 17：什么是排液泵？为何又叫正排量泵？如何归类？

排液泵又称为正排量泵（Positive displacement pump[①]）、容积式泵，是指依靠工作元件

---

① "Positive displacement pump" 在子目 8413.5 与 8413.6 的条文中翻译为"排液泵"，在《品目注释》品目 84.13 中翻译为"正排量泵"，也就是说，"排液泵"与"正排量泵"指的是同一种商品，只是叫法不同而已。

在泵缸内做往复或回转运动,使工作容积交替地增大和缩小以实现液体的吸入和排出的泵。由于所排出液体的流量与容积变化的频率成正比,所以称为正排量泵。

按运动部件的工作方式不同可分为往复泵和回转泵。往复泵和回转泵的描述详见"问题 19"和"问题 20"。

排液泵归入品目 84.13 项下的相关子目。

问题 18:品目 84.13 的列目有何规律?

品目 84.13 的列目结构如下:

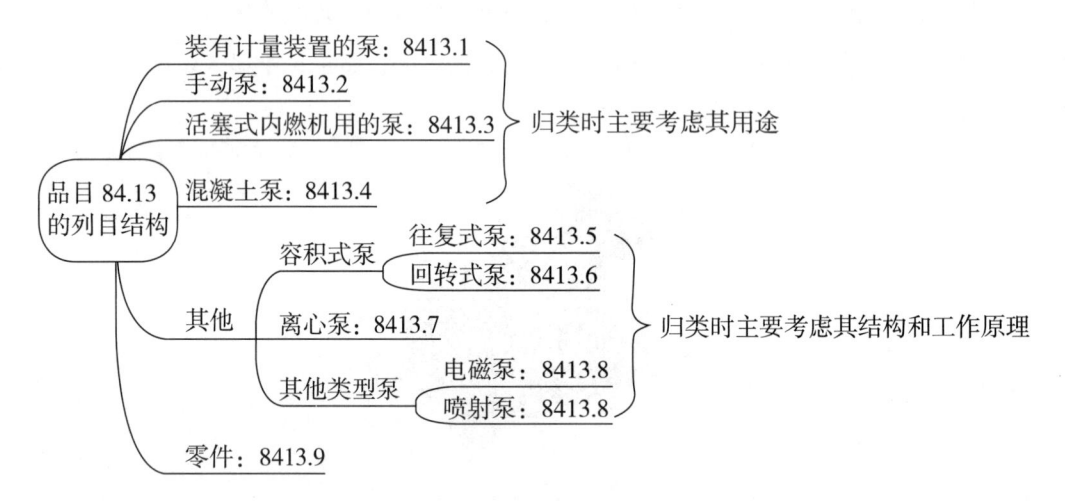

```
                    ┌ 装有计量装置的泵:8413.1 ┐
                    │ 手动泵:8413.2         │ 归类时主要考虑其用途
                    │ 活塞式内燃机用的泵:8413.3 │
品目 84.13          │ 混凝土泵:8413.4       ┘
的列目结构          │         ┌ 往复式泵:8413.5 ┐
                    │  容积式泵└ 回转式泵:8413.6 │
                    │ 其他    离心泵:8413.7      │ 归类时主要考虑其结构和工作原理
                    │         ┌ 电磁泵:8413.8 │
                    │  其他类型泵└ 喷射泵:8413.8 ┘
                    └ 零件:8413.9
```

从上述列目结构可以看出品目 84.13 的列目规律是:子目 8413.1 ~ 8413.4 是按用途(如计量用、活塞式内燃机用、混凝土用)列目;子目 8413.5 ~ 8413.8 是按结构、工作原理(容积式泵、离心泵、其他类型的泵)列目,而且这些子目条文前面均含有"其他",即归入子目 8413.5 ~ 8413.8 的液体泵必须是除子目 8413.1 ~ 8413.4 外的液体泵。因此,在对液体泵归类时,首先考虑其用途,符合前面用途的液体泵,应按用途归入子目 8413.1 ~ 8413.4 的相应子目,只有在不符合前面所列用途的条件下,再根据其工作原理(往复式、回转式、离心式等)归入子目 8413.5 ~ 8413.8 项下的不同子目。

问题 19:往复泵主要有哪些类型?如何归类?

往复泵(Reciprocating pump)指工作元件做往复运动的容积式泵。常见的有活塞泵和柱塞泵。

（1）活塞泵

活塞泵（Piston pump）是以活塞作为移动元件的往复式容积泵，是靠活塞在缸体中做往复运动产生密封容积的变化来实现吸入与排出液体的泵。它一般由缸体、活塞、单向吸入阀、单向排出阀组成，如图2.18所示。其工作原理是：当活塞向右运动时，密封容积逐渐增大，压力逐渐减小，单向吸入阀打开，实现吸入液体的功能；当活塞向左运动时，密封容积逐渐减小，压力逐渐增大，单向排出阀打开，实现排出液体的功能。

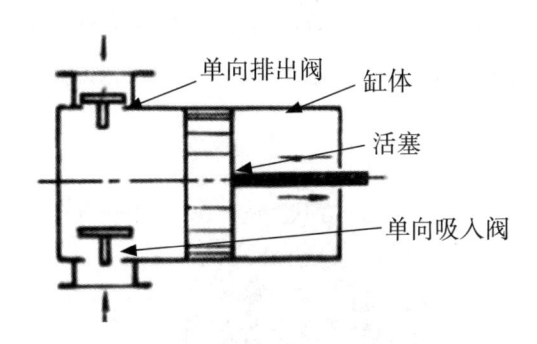

图2.18　活塞泵示意图

（2）柱塞泵

柱塞泵（Plunger pump）是以柱塞作为移动元件的往复式容积泵，是靠柱塞在缸体中做往复运动产生密封容积的变化来实现吸入与排出液体的泵。它一般由缸体、柱塞、单向阀、弹簧等组成，如图2.19所示。

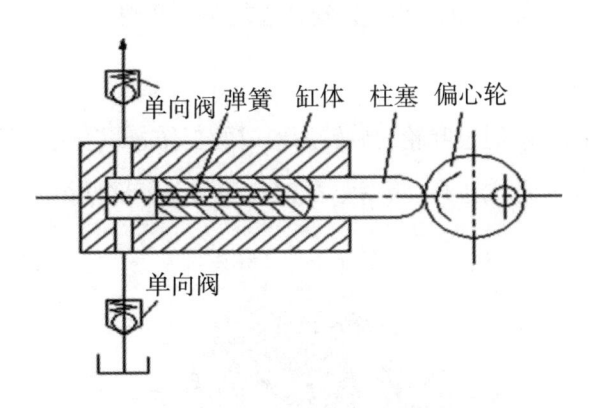

图2.19　柱塞泵示意图

往复泵在归类时，首先考虑是否符合子目8413.1～8413.4所列的用途，如果符合其中的用途，应首先按其用途归入相应的子目；如果不符合子目8413.1～8413.4所列的用途，则应按其工作原理归入子目8413.5项下，其中本国子目的"气动式""电动式""液压式"是指液体泵的驱动方式，例如，"电动式"是指由电动机驱动的液体泵。

问题 20：回转泵主要有哪些类型？如何归类？

回转泵（Rotary pump）指工作部件作回转运动的泵。常见的有齿轮泵、叶片泵和螺杆泵。

（1）齿轮泵

齿轮泵（Gear pump）指依靠泵缸与啮合齿轮间所形成的工作容积变化来输送液体的回转泵。齿轮泵按结构不同可分为外啮合齿轮泵和内啮合齿轮泵。图 2.20 为外啮合齿轮泵示意图。

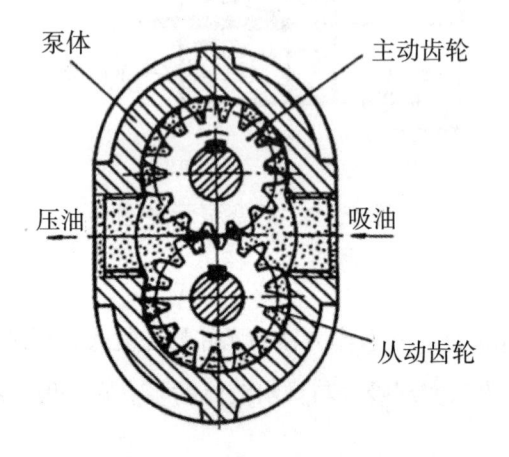

图 2.20 外啮合齿轮泵示意图

（2）叶片泵

叶片泵（Vane pump）指通过叶轮的旋转所形成的工作容积变化来输送液体的回转泵，如图 2.21 所示。叶片泵由转子、定子、叶片、配油盘和端盖等部件组成。

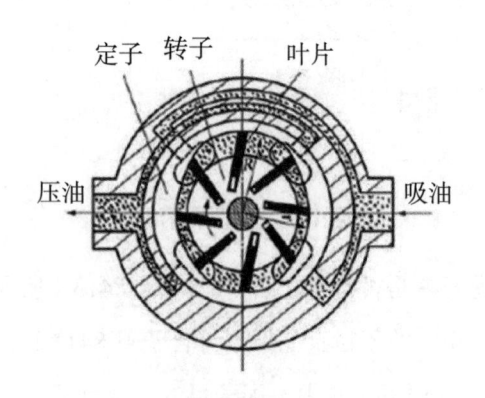

图 2.21 叶片泵示意图

叶片泵转子旋转时，叶片在离心力和压力油的作用下，尖部紧贴在定子内表面上。这样两个叶片与转子和定子内表面所构成的工作容积，由小到大时完成吸油，由大到小时完成压油。叶片旋转一周时，完成两次吸油与压油。

（3）螺杆泵

螺杆泵（Screw pump）在《品目注释》中又翻译为"螺旋泵[①]"，指具有单个或多个啮合的螺杆，可以在壳体中转动以实现吸入、压出液体的泵。按螺杆数量可分为单螺杆泵、双螺杆泵和多螺杆泵。

单螺杆泵指只有单根螺杆在泵体的内螺纹槽中啮合转动来输送液体的泵，一般适用于吸排黏稠液体。

双螺杆泵指有两个螺杆相互啮合来输送液体的泵，如图2.22所示。

多螺杆泵指有多个螺杆相互啮合来输送液体的泵。

图 2.22 双螺杆泵

回转泵在归类时，首先考虑是否符合子目8413.1～8413.4所列的用途，如果符合其中的用途，应首先按其用途归入相应的子目；如果不符合子目8413.1～8413.4所列的用途，则应按其工作原理归入子目8413.6项下，其中本国子目的"电动式""液压式"是指液体泵的驱动方式，例如，"电动式"是指由电动机驱动的液体泵。

问题21：容积式泵与离心泵有何区别？如何归类？

容积式泵（Positive displacement pump）是依靠工作元件在泵缸内做往复或回转运动，使工作容积交替地增大和缩小以实现液体的吸入和排出的泵。

容积式泵按其用途、结构和工作原理（装有计量装置的、手动的、内燃机用的、混凝土用的、往复式、回转式等）归入子目8413.1～8413.6项下的相应子目。

---

① 行内更多称之为"螺杆泵"。

离心泵（Centrifugal pump）是依靠叶轮旋转时产生的离心力来输送液体的泵，如图2.23所示。

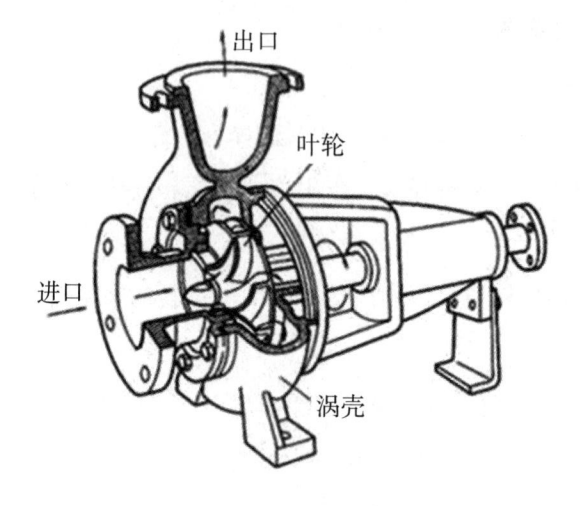

图 2.23　离心泵

离心泵在归类时，首先考虑是否符合子目 8413.1 ~ 8413.4 所列的用途，如果符合其中的用途，应首先按其用途归入相应的子目；如果不符合子目 8413.1 ~ 8413.4 所列的用途，则应按其工作原理归入子目 8413.7 项下的相应子目。

问题 22：什么是混凝土泵？什么是潜水电泵？什么是蠕动泵？如何归类？

（1）混凝土泵

混凝土泵（Concrete pump）又称混凝土输送泵，是一种利用泵的压力输送混凝土的机械，由泵体和输送管组构成。主要应用于房建、桥梁及隧道的施工。如果将这种泵体安装在汽车底盘上，再装备上可伸缩或屈折的布料杆，就构成了混凝土泵车。

混凝土泵由两个液压驱动的液压缸带动活塞泵的活塞将料斗内的混凝土加压输送出去，两个活塞泵通过出料分配阀交替进行输出。混凝土泵的工作原理如图 2.24 所示，实物图如图 2.25 所示。

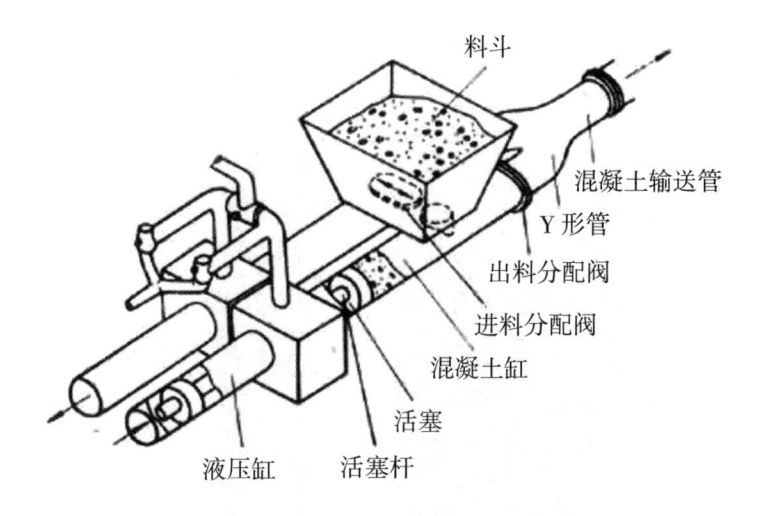

图2.24 混凝土泵的工作原理

图2.25 混凝土泵

混凝土泵归入子目8413.4000项下。

（2）潜水电泵

潜水电泵（Submersible pump）属于离心泵的范围，是将泵与电动机（驱动泵的动力装置）做成一体的离心泵。因工作时要将泵潜入水中，所以称为潜水电泵，如图2.26所示。潜水电泵主要由外壳、电动机（泵头）、主轴、叶轮、滚动轴承等构成。

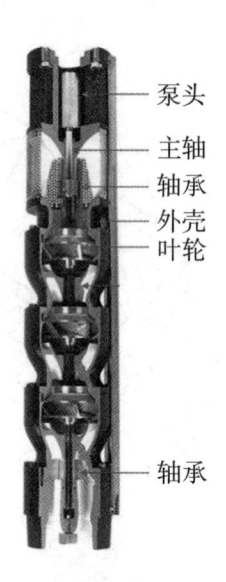

图 2.26　潜水电泵实物（左）与内部结构（右）

潜水电泵转速一般不超过 10000 转 / 分，所以归入子目 8413.7091。

（3）蠕动泵

蠕动泵（Peristaltic pump）是指通过滚轴的旋转对安装在圆形泵壳内的挠性管施加压力将管内的流体连续不断地排出的泵。

蠕动泵由圆形内腔泵壳、辊轮、弹性软管三部分组成，弹性软管安装在泵壳内，如图 2.27 所示。软管受辊轮挤压形成闭合截止点，当辊轮转动时，闭合点跟随滚子移动。弹性软管在滚子离开后会恢复到自然状态，软管内就会形成真空，从而吸入流体，并被下一个滚子挤出。蠕动泵管工作中处于一种蠕动的状态，因此叫蠕动泵。蠕动泵软管被辊轮挤压闭合完全截止，流体不会回流，所以蠕动泵是一种正排量泵或正位移泵（转速和流量成正比）。蠕动泵的流体只经过蠕动泵软管，没有阀门和密封件，不会接触泵的任何其他部件，能很好地保证输送液体的卫生条件。

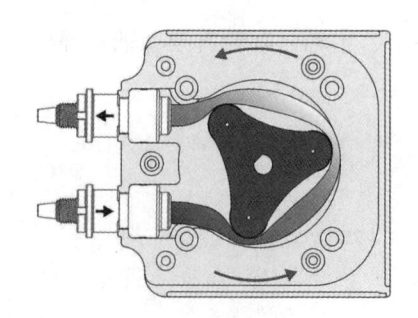

图 2.27　蠕动泵

蠕动泵属于回转式泵的范围，应归入子目 8413.6090。

问题 23：压缩机、真空泵有何区别？如何归类？

压缩机（Gas compressor）、真空泵（Vacuum pump）的工作原理与液体泵相同，它们的结构也大体与液体泵相似，只是输送的介质不同，即气体泵、压缩机、真空泵的输送介质是气体，液体泵的输送介质是液体。

压缩机又称为气体泵，是同一种商品的不同叫法，它是将原动机（通常是电动机）的机械能转换成气体压力能的装置，是输送气体和提高气体压力的机器。

真空泵又称抽气泵，是指从某一封闭空间中抽出气体使其内部达到真空的设备。

它们的结构相似，不同之处在于泵的输入口与输出口中哪一个与密闭容器连接。图 2.28 为气体泵。

当泵的输出口与密闭容器相连时，即将压缩的气体输送至这个密闭容器，此时就是压缩机；当泵的输入口与密闭容器相连时，即对这个密闭的容器抽真空，此时就是真空泵。

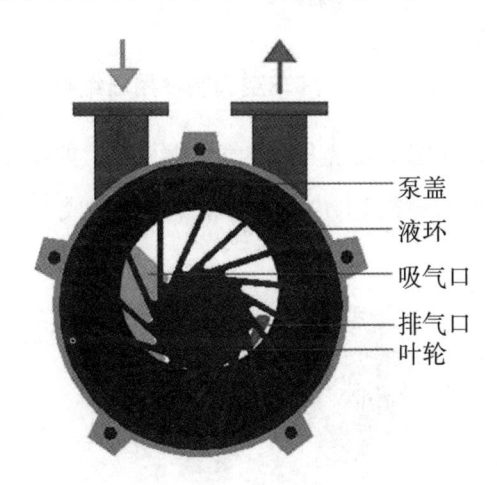

图 2.28　气体泵

真空泵归入子目 8414.1 项下，分子泵、扩散泵、抽气泵都属于真空泵的范围，不要误按其他泵归入子目 8414.8 项下。

压缩机、气体泵归类时主要考虑的因素包括用途（是否用于制冷设备）、是否安装在拖车底盘上。

对于制冷设备用压缩机要区分是否属于电动机驱动的压缩机。通常电冰箱用压缩机属于电动机驱动的压缩机，而汽车空调用压缩机通常直接由汽车本身的内燃机驱动，不属于电动机驱动的压缩机。

图 2.29 为电冰箱用压缩机，它由压缩机和电动机构成，属于电动机驱动的压缩机。

图 2.29 电冰箱用压缩机

图 2.30 为汽车空调制冷用压缩机，它本身不含动力装置，通常由内燃机驱动，属于非电动机驱动的压缩机。

图 2.30 汽车空调制冷用压缩机

子目 8414.4 项下的"装在拖车底盘上的空气压缩机"，如图 2.31 所示。该设备本身装有动力装置（内燃机），主要由压缩机、内燃机、拖车底盘组成。

图 2.31 装在拖车底盘上的空气压缩机

子目 8414.804 项下的空气压缩机是压缩空气的机器，如图 2.32 所示，它由压缩机、电动机和储气筒三部分组成。

图 2.32 空气压缩机

问题 24：什么是生物安全柜？如何归类？

生物安全柜（Biosafety cabinet, Biological safety cabinet, BSC），是生物安全实验室常见的重要设备。它不同于化学实验室内的通风柜（Fume hood），或者是层流柜（Laminar flow cabinet）。它主要借助柜体内的高效滤网（High efficiency particulate air filter, HEPA filter）过滤进、排气并在柜体内产生向下气流的方式来避免感染性生物材料污染环境与感染实验操作人员，或是实验操作材料间的交叉污染。

生物安全柜按风险等级，通常分为三级：Ⅰ级、Ⅱ级和Ⅲ级。

Ⅰ级生物安全柜只提供对操作者的保护（不对产品进行保护），生物安全水平1、2级，气流从操作员处流入柜体，高效滤网过滤的尾气排放到环境中，如图2.33所示。

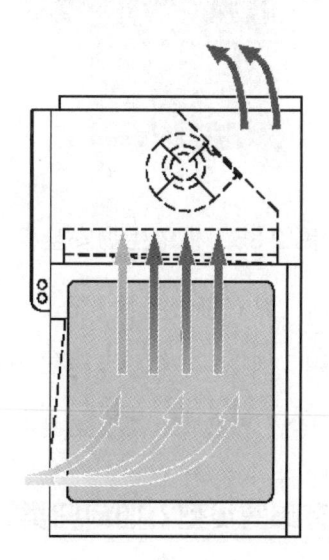

图 2.33 Ⅰ级生物安全柜

Ⅱ级生物安全柜对操作员和产品进行保护，生物安全水平1、2、3级，气流从操作人员处流入安全柜中，高效滤网过滤后的尾气排放到环境中，高效滤网过滤后的向下层流可安装尾气排放系统，如图2.34所示。

图2.34　Ⅱ级生物安全柜

Ⅲ级生物安全柜是具有全封闭、不泄漏结构的生物安全柜。人员通过与柜体密闭连接的手套在生物安全柜操作区内实施操作。生物安全柜内对实验室的负压应不低于120帕。它适用于病毒、细菌、寄生虫等病原和重组遗传基因等危险度高的实验操作。如图2.35所示。

图2.35　Ⅲ级生物安全柜

从安全柜的类型和结构上判断，只有Ⅲ级生物安全柜才是气密性的生物安全柜，符合子目8414.7的条文，可归入子目8414.7项下；Ⅰ级、Ⅱ级生物安全柜并不属于气密生物安全柜，所以Ⅰ级、Ⅱ级生物安全柜不能归入子目8414.7项下，应归入子目8414.8项下。

问题25：常见的空调器有哪些类型？如何归类？

（1）窗式空调

窗式空调，又称独立式的一体空调，不分室内机和室外机，它的压缩机、蒸发器、冷凝器、轴流风扇和离心风扇等安装在同一机壳内，如图2.36所示。

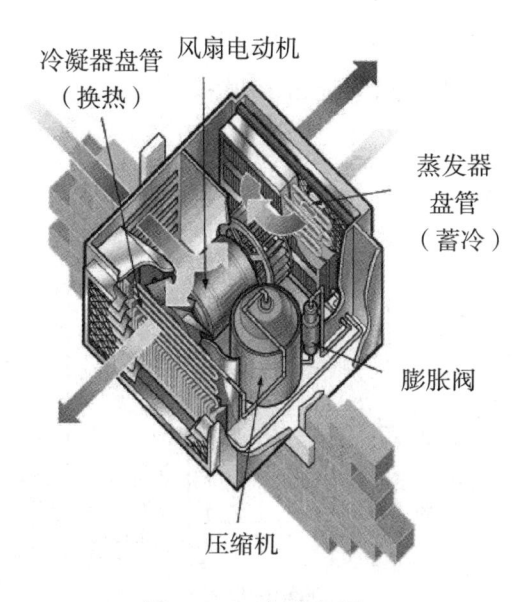

图2.36　窗式空调

（2）分体式空调

分体式空调就是由室内机和室外机构成的空调，由于压缩机的噪声较大，所以将压缩机、冷凝器等装在室外机上，而将蒸发器等装在室内机上，室内机与室外机通过管路和电线相连，分体式空调常见的形式有壁挂式和立式分体空调。图2.37为安装于墙壁上的壁挂式分体空调，图2.38为置于地板上的立式分体空调（又称柜式分体空调）。

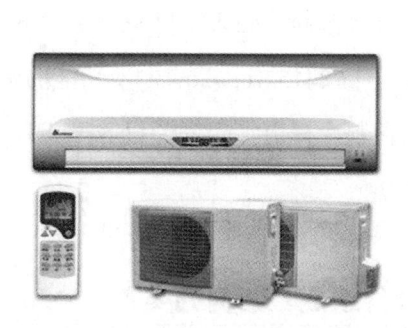

图2.37　壁挂式分体空调　　图2.38　立式分体空调

（3）中央空调

中央空调是由一台主机通过风道或冷热水管或冷媒管线连接多个末端的方式来控制不同的房间以实现调节室内空气的空调。

中央空调冷热负荷的输送介质主要有三种：空气、水及制冷剂，不同输送介质对应的设备不同，它们分别为风管系统、冷热水系统和制冷剂系统。图 2.39 所示中央空调的输送介质为水，所用的输送设备为冷热水系统。这种类型的中央空调系统主要由制冷机组、冷却水循环系统、冷冻水循环系统、风机盘管系统和冷却塔等组成。

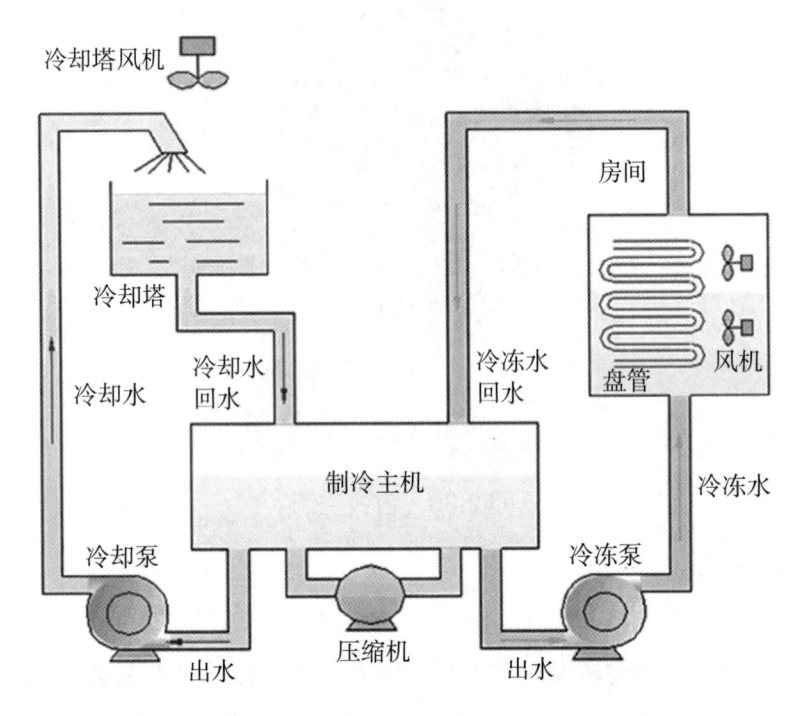

图 2.39 输送介质为水的中央空调结构

窗式空调、壁挂式分体空调、置于天花板或地板上的分体空调均归入子目 8415.1。

中央空调属于装有制冷装置的其他空调，根据其制冷量归入子目 8415.8 项下不同的子目。其中，具有制冷功能和制热功能的中央空调归入子目 8415.81，只有制冷功能的中央空调归入子目 8415.82，未装制冷装置的中央空调（如不含制冷机组）归入子目 8415.83。当中央空调用的制冷机组单独报验时，应归入子目 8418.6920。

问题 26：普通空调器主要由哪些零部件组成？如何归类？

普通空调器（以图 2.36 所示的最基本的窗式空调器为例）主要由以下四部分组成：

（1）制冷系统

制冷系统是空调器制冷降温的部分，由压缩机、蒸发器、冷凝器和节流器件等组成。此外，还包括一些辅助性元器件，如干燥过滤器、气液分离器（储液器）、电磁换向阀等。

（2）空气循环系统

空气循环系统的作用是强制对流通风，促使空调器的制冷（制热）空气在房间内流动，以达到房间各处均匀降温（升温）的目的。空气循环系统主要由空气过滤器、风道、风扇和电动机等组成。

（3）电气系统

电气系统是空调器内促使压缩机、风扇安全运行和温度控制的部分，用以控制、调节空调器的运行状态，保护空调器的安全运行，由电动机、继电器、温控器、电容器、熔断器及开关、导线和电子元器件等组成。

（4）箱体与面板

这部分是空调器的框架、各组成部件的支座和气流的导向部分，由箱体、面板和百叶栅等组成。

空调器的组成结构如下：

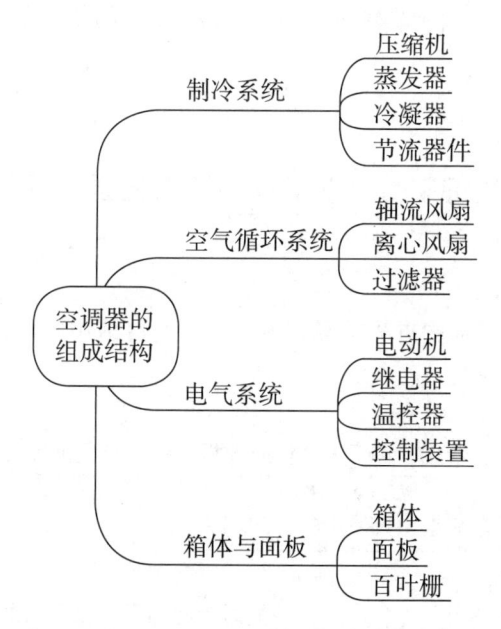

```
                    ┌ 压缩机
          制冷系统   ├ 蒸发器
                    ├ 冷凝器
                    └ 节流器件

                    ┌ 轴流风扇
          空气循环系统├ 离心风扇
                    └ 过滤器
空调器的
组成结构            ┌ 电动机
          电气系统   ├ 继电器
                    ├ 温控器
                    └ 控制装置

                    ┌ 箱体
          箱体与面板 ├ 面板
                    └ 百叶栅
```

空调器中的压缩机归入子目8414.301项下的相应子目；轴流风扇与离心风扇归入子目8414.59项下的相应子目；冷凝器与蒸发器按空调器的专用零件归入8415.9项下的相应子目；控制装置归入子目8537.1090；继电器归入子目8536.4项下的相应子目；温控器归入子目9032.1000；箱体、面板及百叶栅等按空调器的专用零件归入8415.9项下的相应子目。

单独报验的室内机或室外机均应按空调器的专用零件归入子目8415.9项下。

问题 27：空调器的制冷量是如何计算的？

空调器的制冷量是指单位时间内空调在名义制冷工况下从空间区域或房间内排出的热量。制冷量是空调制冷能力的单位，以"瓦（W）"或"大卡/时（kcal/h）"表示。大卡又称千卡，1 大卡 =1000 卡。

它们之间的换算关系如下：

1 大卡/时 =1.163 瓦

1 瓦 =0.86 大卡/时

另外，有时空调的制冷量也用"匹（HP）"表示。它与瓦、大卡/时的换算关系如下：

1 匹 =735.5 瓦

1 匹 =632.53 大卡/时

例如，某品牌冷暖空调，其制冷输入功率为 1470 瓦（约 2 匹），制冷量为 4100 瓦（约 3526 大卡/时）。

问题 28：子目 8415.83 的"未装有制冷装置的"空调器指哪种类型的空调器？

分析子目 8415.83 的商品范围首先从品目 84.15 的列目结构开始，品目 84.15 的列目结构如下：

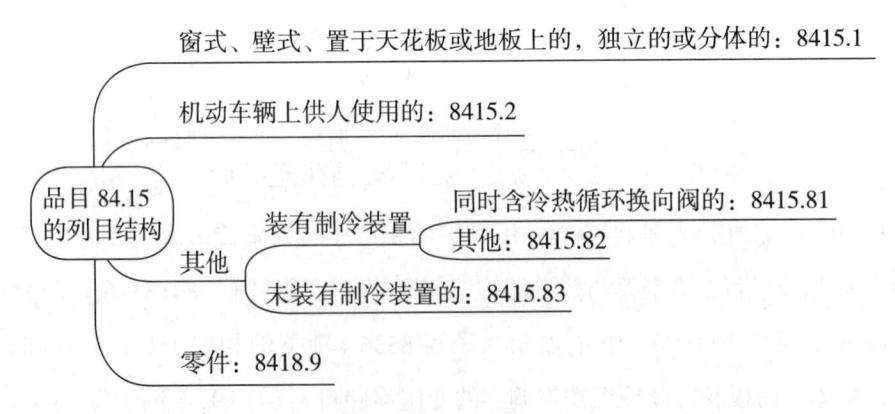

```
品目 84.15    ┬── 窗式、壁式、置于天花板或地板上的，独立的或分体的：8415.1
的列目结构    ├── 机动车辆上供人使用的：8415.2
              ├── 其他 ┬── 装有制冷装置 ┬── 同时含冷热循环换向阀的：8415.81
              │        │                └── 其他：8415.82
              │        └── 未装有制冷装置的：8415.83
              └── 零件：8418.9
```

子目 8415.1 包括早期使用的独立（或称整体）窗式空调，分体（即分为室内机和室外机）的壁挂式、立式（又称为柜式）、天花板式（又称为吊顶式）空调器；子目 8415.2 包括机动车辆上供人使用的空调器；子目 8415.8 的其他空调器主要包括中央空调。

以水冷循环的中央空调系统为例，主要由制冷机组、冷却水循环系统、冷冻水循环系统、风机盘管系统和冷却塔等组成，如图 2.39 所示。其中的制冷机组是用于制造（产生）冷水的设备（包括压缩机、蒸发器、冷凝器等），属于制冷装置。

子目 8415.81 ~ 8415.82 的"装有制冷装置"的空调是指完整的中央空调。其中，子目 8415.81 的"装有制冷装置及冷热循环换向阀（可逆式热泵）的"表示既可制冷又可制热的中央空调；子目 8415.82 的"其他，装有制冷装置的"包括只有制冷功能的中央空调。

子目 8415.83 的"未装有制冷装置"的空调是指不含制冷机组的中央空调，它仍具有空调的基本特征，属于具有空调基本特征的不完整品。

问题 29：空调器用的四通换向阀与电子膨胀阀有何不同？如何归类？

（1）四通换向阀

四通换向阀主要用于冷暖两用型空调器，用来改变制冷管路中制冷剂的流向，实现制冷或制热模式的转换。该阀门的实物与结构原理如图 2.40 所示。

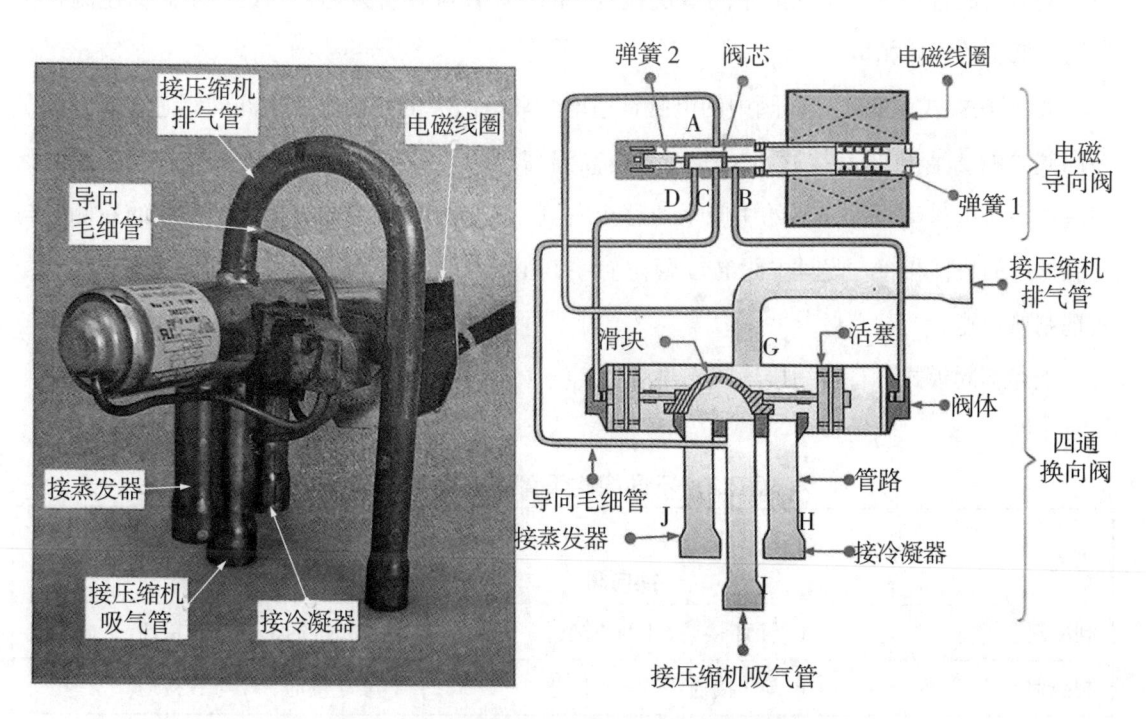

图 2.40　四通换向阀的实物与结构原理

从上图可以看出，这个阀门由两部分构成：四通换向阀和电磁导向阀。

其中，四通换向阀（以下简称主阀）的功能是通过中间滑块的左移、右移来改变制冷剂的流动方向。主阀由阀体、滑块、活塞等构成；电磁导向阀（以下简称导向阀）的功能是控制主阀中间滑块的移动。主阀中间滑块的移动是通过滑块左右两侧的活塞实现的。导向阀由阀芯、弹簧和电磁线圈等构成。

主阀中的"四通"是指它有四个通路，分别是图中的 G 管、I 管、J 管、H 管。其中的 G 管与压缩机的排气管相连，说明 G 管内流动的制冷剂始终是高温、高压的气体；导向阀的 A 管与 G 管相连，说明 A 管内始终也是高温、高压的气体；I 管与压缩机的吸气管相连，说明 I 管内流动的制冷剂始终是低温、低压的气体；导向阀的 C 管与 I 管相连，说明 C 管内始终也是低温、低压的气体。

其工作原理分为制冷模式和制热模式。

① 制冷模式。图 2.40 为制冷模式，此时主阀的 G 管与 H 管接通，压缩机所排出的高温高压的制冷剂流入冷凝器内；J 管与 I 管接通，蒸发器内低温低压的制冷剂流入压缩机的吸气管内。此时导向阀中的电磁铁未通电，靠弹簧（即压缩弹簧）压力的作用力使中间的阀芯推向左侧，图中的 A 管与 B 管接通，使得 A 管内高温、高压的气体通过 B 管流入主阀的右侧腔内，在右侧活塞的推动下，主阀的中间滑块移至左侧；C 管与 D 管接通，保证了主阀的左侧腔与低温、低压的气体相接。

② 制热模式。此时导向阀中的电磁铁通电，靠电磁力的作用，使中间的阀芯移向右侧，导向阀中的 A 管与 D 管接通，使得 A 管内高温高压的气体通过 D 管流入主阀的左侧腔内，在左侧活塞的推动下，主阀的中间滑块移至右侧；C 管与 B 管接通，保证了主阀的右侧腔与低温低压的气体相接。此时主阀的 G 管与 J 管接通，I 管与 H 管接通，使制冷剂反方向流动，实现制热功能。

上述不同模式下管路的接通状态见表 2.2。

表 2.2　不同模式下管路的接通状态

模式	阀门类型	
	换向阀	导向阀
制冷时	G 与 H 接通，I 与 J 接通	A 与 B 接通，C 与 D 接通
制热时	G 与 J 接通，I 与 H 接通	A 与 D 接通，C 与 B 接通

四通换向阀属于电磁换向阀，应归入子目 8481.8021。

（2）电子膨胀阀

膨胀阀是制冷系统中一个重要的节流降压部件，其作用是把来自冷凝器的高温、高压液态制冷剂降温、降压后，再供给蒸发器并能调节制冷剂的循环量。

电子膨胀阀是由步进电机驱动的流量控制阀，用于变频空调制冷系统。它采用微电脑预先设定的程序进行流量调节，工作时，先由微处理器根据室温和传感器检测温度的差值进行精确运算，而后控制膨胀阀的开度与压缩机变频调速相适应，使蒸发器内的液态制冷剂完全汽化，制冷效率得到充分发挥，实现对系统制冷流量的自动调节，使系统始终保持在最佳的工况下运行。图2.41为电子膨胀阀实物，图2.42为电子膨胀阀内部结构。

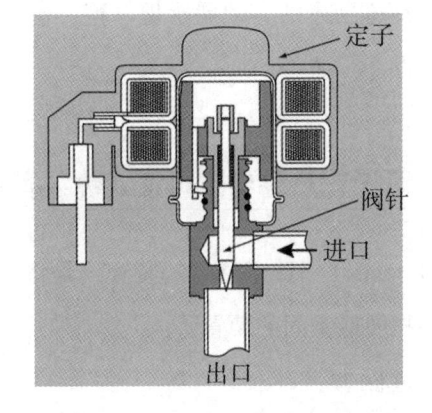

图2.41　电子膨胀阀实物　　图2.42　电子膨胀阀内部结构

从图2.42可知，电子膨胀阀是由阀门与步进电机构成的。从结构上分析，电子膨胀阀本身并不包含电子元器件，而是由于它采用了电子方式控制，所以才称为电子膨胀阀。完整的控制系统包括控制器、执行器和传感器（温度传感器、压力传感器），而电子膨胀阀就是其中的执行器。

工作原理是阀门内的阀针上下移动时可调节阀针与阀座间的空隙，从而调节流体的流量。工作时，步进电机根据接收到的控制信号进行转动，并转化为阀针精确的线性位移，即阀针的上下移动。

电子膨胀阀属于流量阀的范围，应归入子目8481.8031。

问题30：常见的电冰箱主要有哪些类型？冷藏与冷冻有何区别？

电冰箱按用途可分为冷藏箱（Refrigerator）、冷冻箱（Freezer）和冷藏冷冻箱（Combined refrigerator-freezer）三类。

冷藏箱的箱内大部分空间温度保持在 0℃ ~ 10 ℃之间，常用于冷藏食品、药品等。

冷冻箱又称冷柜或冰柜，箱内温度一般在 –18 ℃或以下，用来贮藏、冻结食品等，从结构上看，既有卧式上开门结构，也有立式侧开门结构。

冷藏冷冻箱由温度在 0 ℃以上的冷藏室和温度在 –18 ℃或以下的冷冻室组成，这种类型一般为双门或多门。

同时具有冷藏与冷冻功能的冷藏—冷冻组合机归入子目 8418.1。

只有冷藏功能且用途必须是家用的冷藏箱归入子目 8418.2。

只有冷冻功能的冷冻箱根据柜式或立式，以及相应的容积归入子目 8418.3 和 8418.4。

装有冷藏或冷冻装置的其他展示柜、箱、台（用于储存及展示），例如，商店销售冷饮的冰柜，归入子目 8418.5。

问题 31：可逆式热泵与不可逆式热泵有何区别？如何归类？

热泵（Heat pump）指输送能量的装置，是将热量从较低温度下的物质或空间传递到更高温度下的另一种物质或空间的装置。

热能传递的过程如下：

热源甲 → 热泵 → 热源乙

热泵主要用于向楼房供热或为家庭提供热水。

热泵按热能的传递方向可分为可逆式热泵和不可逆式热泵。

可逆式热泵是指热能既可从热源甲传递给热源乙又可从热源乙传递给热源甲，可以双向传递热能的热泵；不可逆式热泵是只能单向传递热能的热泵。

不可逆式热泵归入子目 8418.61。

可逆式热泵属于空调的范围，应按空调归入品目 84.15 的相关子目。

问题 32：热水器、消毒器、干燥器分别有哪些类型？如何归类？

（1）热水器

热水器（Water heater）按使用的热源不同，可分为太阳能热水器、燃气热水器、电热水器。

太阳能热水器和燃气热水器属于非电热的热水器，归入子目 8419.1 项下；

电热水器属于电加热的热水器，归入子目 8516.1 项下。其中，储存式电热水器归入子目

8516.1010，即热式电热水器归入子目 8516.1020。

热水器的归类如下：

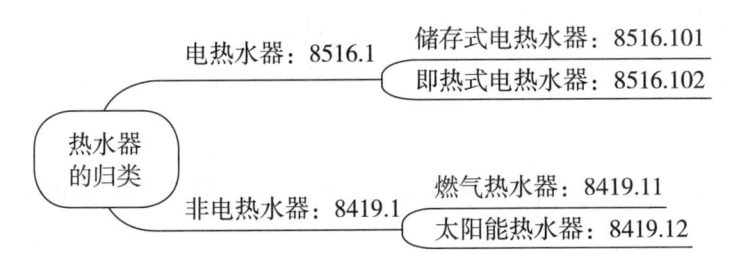

```
                          ┌─ 储存式电热水器：8516.101
            ┌─ 电热水器：8516.1 ─┤
热水器的归类 ─┤                   └─ 即热式电热水器：8516.102
            │                   ┌─ 燃气热水器：8419.11
            └─ 非电热水器：8419.1 ─┤
                                └─ 太阳能热水器：8419.12
```

（2）消毒器具

消毒器具按消毒的原理不同，可分为利用高温加热的消毒器具、利用紫外线的消毒器具、利用等离子的消毒器具。

利用高温加热的消毒器具，一般用蒸汽或沸水（有时用热空气）加热，需要消毒的物品或材料在高温下存放一段时间以杀灭细菌等，但并不改变物品或材料本身的组织或物理状态。这些设备主要由消毒容器或消毒室组成，通常为医用或实验室用，属于利用温度变化处理材料的设备，应归入子目 8419.2000。

利用紫外线的消毒器具是一种利用紫外线（紫外线消毒灯向外辐射波长为 253.7 纳米）的杀菌作用进行灭菌消毒的器具，它属于其他品目未列名的具有独立功能的电气设备，应归入子目 8543.7099。

利用等离子的消毒器具是利用特定的电压，使空气中的微粒原子的电子转换成带电的离子，然后在空气中形成数以百万计的正离子与负离子，这些离子可以有效除掉空气中的气味、尘埃、细菌，从而达到净化空气的目的。从商品的功能上判断，其主要功能是净化空气，所以应按气体的净化装置归入子目 8421.39 项下的相关子目。

（3）干燥器

干燥器依据其干燥的原理不同，主要分为蒸发干燥和冷冻干燥。

蒸发（Evaporating）干燥，是通过加热使物料中的湿分（一般指水分或其他可挥发性液体成分）汽化逸出，以获得规定湿含量的固体物料的干燥方法。

冷冻干燥（Freeze-drying, lyophilization），简称冻干，是将待干燥物快速冻结后，再在高真空条件下将其中的冰升华为水蒸气而去除水分的干燥方法。冷冻干燥一般在温度 -40℃ ~ -10℃（水的冰点以下）、真空度 13 ~ 40 帕的系统中进行。在低温、低压的条件下，冰很容易升华为水蒸气，而且几乎所有的液态物质都可挥发掉，而生物大分子及无机盐类则形成疏松的固体。由此得到的固体样品可以长期保存，有些甚至可以保存多年而不失活性。在冷冻干燥过程中，物料不存在表面硬化问题，而且内部会呈多孔的海绵状，具有优异的复水性，可在短时间内恢复干燥前的状态。冷冻干燥过程分为冻结、升华和再干燥三个步骤。

冷冻干燥设备按其用途归入子目 8419.33 项下的相应子目。

蒸发干燥设备按其用途归入子目 8419.34 ~ 8419.39 项下的相应子目。

问题 33：归入子目 8419.5 的"热交换器"要满足哪些条件？

归入子目 8419.5 的"热交换器（Heat exchange unit）"必须满足下列条件：

装置内有一股热流体（热的气体、蒸汽或液体）与一股冷流体在两条并行或交叉的通路中流过，两股流体的流向通常相反，也可以相同，并进行热量交换。这样既可使热流体冷却，同时又将冷流体加热。

热交换器广泛用于发电站、化工厂、石油化工厂、炼油厂、天然气加工厂和污水处理厂等。

从外观结构看，这类交换器共有四个接口。因为每股流体有进口和出口两个接口，故两股流体共有四个接口，如图 2.43 所示。

图 2.43　带有四个接口的热交换器

从内部结构看，这类热交换器常有下列三种形式：同心管道结构（一种流体从中央的管道内流过，而另一种流体在同心管道内的环形间隙中流过）；槽管结构（一种流体在管内流过，而另一种流体在装有管道的槽内流过）；相互平行的狭窄空间结构（由隔板形成两个相互独立的平行狭窄空间，两种流体分别流过不同的狭窄空间）。如图 2.44 所示。

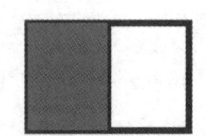

同心管道结构　　　槽管结构　　　狭窄空间结构

图 2.44　热交换器的内部（横截面）结构示意图

从管道的分布形式上看，热交换器又分为顺流式、逆流式、交叉式、混合式（交叉/逆流），如图 2.45 所示。

顺流式

逆流式

交叉式

混合式（交叉/逆流）

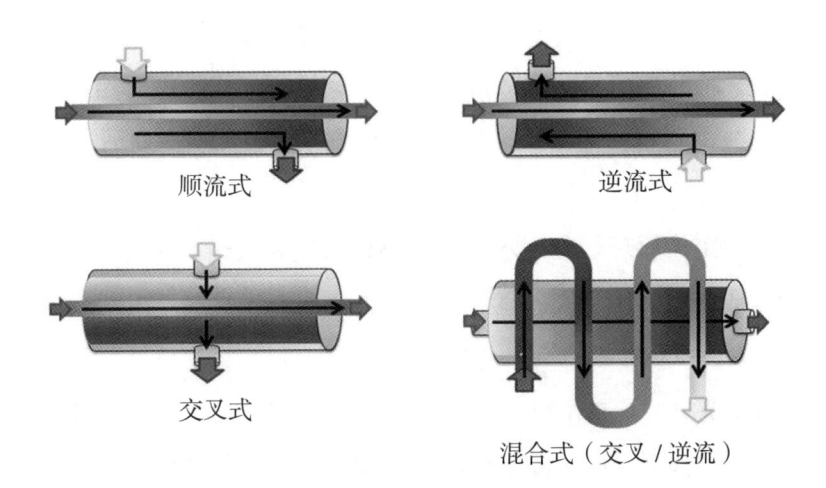

图 2.45　热交换器管路的分布形式

对于只有两个接口的热交换器来说，如图 2.46 所示的管片式冷凝器，由于它只是与周围空气进行热量交换，不符合子目 8419.5000 的"一股热流体与一股冷流体相互交换热量"的条件，所以不能归入子目 8419.5000。

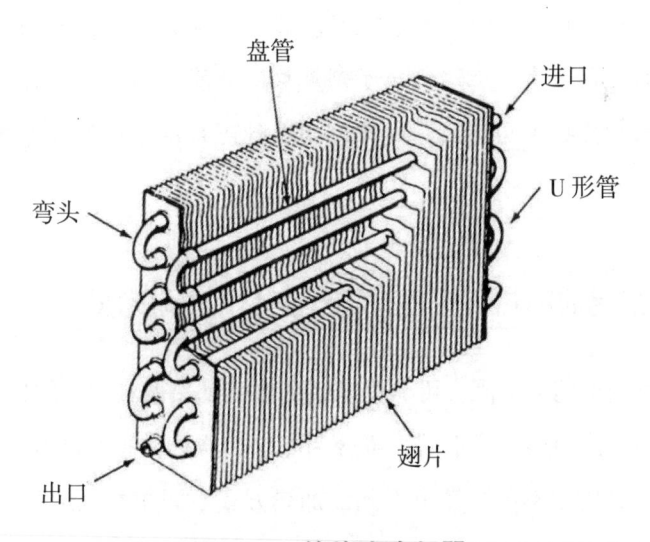

图 2.46　管片式冷凝器

问题 34：常见的制氧机有哪些类型？如何归类？

常见的制氧机类型有液化空气制氧机、电解水制氧机、变压吸附制氧设备和膜分离法制氧设备。

液化空气制氧机，又称深冷分离制氧设备，其工作原理是将空气压缩后液化，利用液氮和液氧的冷凝点不同，实现氧氮分离，如果再进一步精馏，可制得高纯度氧气。这类设备主要由空气压缩机、净化塔、换热器、冷凝塔、精馏塔等组成，主要用于工业。液化空气制氧机属于液化空气的设备，应归入子目 8419.6011（制氧量 ≥ 15000 立方米 / 时）或子目 8419.6019（其他）。

电解水制氧机的工作原理是利用水电解法制得氧气和氢气。这类设备结构简单，主要由电极、电解槽构成，主要用于实验室和医院。电解水制氧机属于电解设备，应归入子目 8543.3000。

变压吸附制氧设备的工作原理是将空气压缩，利用沸石分子筛做吸附剂，通过加压和减压相结合的方法，将氮气吸附，并将氧气排出至平衡罐。该设备主要由空压机、冷却器、缓冲罐、切换阀、吸附塔和氧气平衡罐等组成。这类设备主要用于工业，也用于医疗行业。变压吸附制氧设备属于气体的过滤装置，应归入子目 8421.39 项下的相应子目。

膜分离法制氧设备的工作原理是借助压力驱动，利用空气中各组分在高分子膜的渗透特性差异，对空气组分过滤，达到在出口富集氧气的目的，其核心部件是高分子膜。这类设备主要用于工业。膜分离法制氧设备属于气体的过滤装置，应归入子目 8421.39 项下的相应子目。

【点评】从大的范围来看，上述都属于制氧机的范围，但由于它们的组成结构不同，工作原理不同，各自的归类也不尽相同。因此，在进行商品归类前了解其组成结构和工作原理非常重要。

问题 35：食品用的加热器主要有哪些类型？如何归类？

食品用的加热器具按用途不同，可分为家用的食品加热器具和非家用的食品加热器具。

加热食品用的器具按加热方式不同，可分为电加热器具和非电热器具。

加热食品用的器具用途不同归类也不同，加热方式不同归类也不同，所以这类器具在归类时，要区别是家用的还是非家用的，是电加热的还是非电热的。

依据品目 84.19 的条文"不论是否电热的"和"但家用的除外"，既可以是电加热的，也可以是非电加热的，但必须是非家用的，"加工热饮料或烹调、加热食品用的器具"归入子目 8419.8100，主要包括餐馆、食堂等用的柜台式咖啡渗滤壶、茶壶及奶壶、蒸汽壶等，以及蒸汽加热锅、加热板、加温橱、干燥箱、油炸锅等。

家用且必须是电加热的食品加热器具应归入品目 85.16 项下的相应子目。

所谓"家用的"指通常供家庭使用（normally used in the household）的。

问题 36：滚压机器有哪些类型？如何归类？

滚压机器（Calendering or rolling machine）指主要由两个或多个平行的滚筒或轧辊组成的机器，如图 2.47 所示。

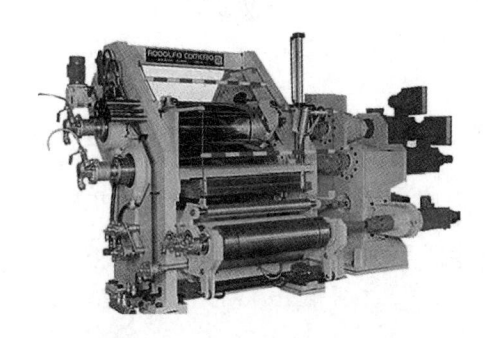

图 2.47　多个平行轧辊组成的滚压机器

滚压机器按加工对象不同，可分为滚压食品、纺织品、纸张、塑料、橡胶的机器，滚压金属的机器，滚压玻璃的机器。

滚压机器一般归入品目 84.20 项下，但是，对滚压的材料有一定的限制。

归入品目 84.20 的滚压机器除了在结构形式（由两个或多个平行的滚筒或轧辊组成）上要满足要求外，对滚压的材料还有具体的要求，即加工金属和玻璃的滚压机器不能归入品目 84.20。所以，上述滚压机器中，滚压加工食品、纺织品、纸张、塑料、橡胶的机器可以归入品目 84.20 项下；用于滚轧金属的滚压机器（在行业上又称为轧机）应归入品目 84.55 项下的相应子目；用于金属薄板校平、弯曲的滚压机器应归入品目 84.62 项下；制造平板玻璃的滚压机器应归入品目 84.75 项下的相应子目。

问题 37：内燃机用进气过滤器与排气过滤器有何区别？如何归类？

内燃机用进气过滤器又称空气滤清器，其作用是为内燃机提供清洁的空气，以防内燃机在工作中吸入带有杂质颗粒的空气而增加磨蚀和损坏的概率，如图 2.48 所示。图 2.49 为空气滤清器的滤芯。

内燃机用的进气过滤器归入子目 8421.3100。空气滤清器的滤芯按空气滤清器的专用零件归入子目 8421.9990。

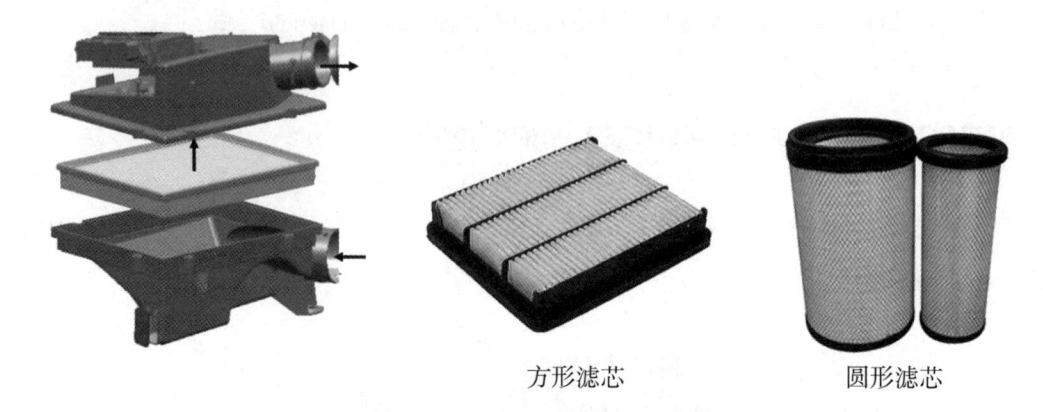

方形滤芯　　　　　　圆形滤芯

图 2.48　空气滤清器　　　　图 2.49　空气滤清器的滤芯

内燃机用排气过滤器的作用是过滤排放到大气中的汽车尾气，以达到符合国家规定的排放标准，目前使用的排气过滤器主要是三元催化器，如图 2.50 所示。

图 2.50　三元催化器

内燃机用的排气过滤器归入子目 8421.3200。

问题 38：除尘器与吸尘器有何区别？如何归类？

通常所说的除尘器一般都用在工业除尘系统中，主要应用于一些粉尘较为严重的生产环境，例如，在水泥的生产过程中，选粉环节就会用到除尘器。吸尘器则不同，它一般指的是小型家用的吸尘设备，例如，对一些物体表面的灰尘吸收。因此，虽然两者本质上都是除尘，但是使用环境和用途是完全不同的。

除尘器（Dust collector）属于气体的过滤装置，主要功能是除去气体中的灰尘。除尘器按其功能归入子目 8421.39 项下的相关子目。

吸尘器（Vacuum cleaner）是利用电动机驱动风机而产生负压进行工作的清洁机器，主要功能是清扫。吸尘器归入品目 85.08 项下的相关子目。

问题 39：包装机器主要有哪些类型？如何归类？

包装机器（Packing machine）指进行包装作业的各种机器，它是一个大的范围。常见的包装机器按其功能主要包括：充填机、灌装机、封口机、贴标机、裹包机和捆扎机等。

充填机是指将一定数量的包装品装入各种容器内的机器。

灌装机是指将液体灌注到包装容器内的机器。

封口机是指将包装容器密封封口的机器。

贴标机是采用黏合剂将标签贴在包装件或产品规定部位上的机器。

裹包机是指用挠性包装材料全部或局部裹包产品的机器。

捆扎机是指使用捆扎带缠绕产品或包装件，然后收紧并将两端通过热效应熔融或使用包装扣等材料连接的机器。

容器的充填机、灌装机、封口机和贴标机归入子目 8422.3 项下的相关子目。其中子目 8422.3030 的"其他包装机"必须是容器的包装，若是非容器的包装机，通常归入子目 8422.4000。

裹包机和捆扎机属于其他包装或打包机器，应归入子目 8422.4000。

问题 40：电子皮带秤、料斗秤、定量包装秤、定量分选秤、配料秤有何区别？如何归类？

（1）电子皮带秤

电子皮带秤（Electronic belt scale），是指安装在皮带输送机上能对皮带输送机输送的散状（如颗粒、粉状）物料进行连续累计称重的自动衡器。皮带秤的外形很像一小段皮带输送机机架，安装在普通皮带输送机的输送带之下。称重传感器安装在一组或多组托辊下的支架上，这些托辊称为称重托辊。当输送带上的物料通过称重托辊时，物料的重量被计量。电子皮带秤中还装有测量输送带运动速度的测速传感器，通过对即时重量和带速的计算就可得到皮带输送机已输送的物料总量，如图 2.51 所示。

063

图 2.51　电子皮带秤

电子皮带秤归入子目 8423.2010。

（2）料斗秤

料斗秤（Hopper scale）是指承载物料的容器呈罐状或斗状（简称料斗）的自动衡器，专用于散状（如小颗粒、粉状）或液态物料的称重，如图 2.52 所示。英文"hopper scale"在《品目注释》中翻译为"料斗秤"，而在子目 8423.3 的条文中翻译为"库秤"，两种不同的中文名称其实是指同一种商品。

图 2.52　料斗秤

料斗秤归入子目 8423.3 项下的相关子目。

（3）定量包装秤

定量包装秤（Rationed packaging scale）是指物料由储料仓（罐）进入承载料斗，再由承载料斗将设定重量的物料装入已准备好的容器（袋、包、瓶）内的衡器，如图 2.53 所示。当定量包装秤进入自动运行状态后，称重控制系统打开给料门开始加料，当物料重量达到最终设定值时，自动关闭给料门，完成动态称重过程。

图 2.53 定量包装秤

定量包装秤归入子目 8423.3010。

（4）定量分选秤

定量分选秤（Rationed sorting scale）是指在重量称量的基础上增加分选装置，不但能对称重的结果作出判断，还能将不同重量的物品送向各自的预定位置。它通常用在包装生产线上，将包装重量不符合要求的物品分选出来。

定量分选秤归入子目 8423.3020。

（5）配料秤

配料秤（Proporating scale）是指预先给定不同物料的重量比例，对被称量的几种物料进行配料计量的衡器。从外观看，它由多个料斗组成，如图 2.54 所示。

图 2.54 配料秤

配料秤归入子目 8423.3030。

问题 41：喷枪及类似器具与喷汽机或喷砂机有何区别？如何归类？

喷枪及类似器具是指通常装在压缩空气管线上并直接或通过导管与喷射材料的储槽相连

065

接进行喷射的手持式器具。这些类似器具一般为手持式操作，装有扳机或阀门来控制喷射流体。常用于喷射油漆或涂料、水泥、金属粉等，也可通过强大气流清洁在建筑、雕塑中的石料。图 2.55 为清洗用喷枪，图 2.56 为带有容器的喷枪。

图 2.55　清洗用喷枪　　　　图 2.56　带有容器的喷枪

喷汽机或喷砂机（Steam or sand blasting machine）是指可高压喷出蒸汽或细砂、金属研磨料等用于对金属和玻璃、石料等表面进行除锈、去毛刺、清洗、去除表面油漆或涂料的设备。喷砂机一般配有集尘器，用以清除残留的砂及灰尘。这类设备通常是非手持式的重型设备。

喷枪及类似器具归入子目 8424.2000。装有电动机、泵、喷射材料贮存液容器的手持式喷枪也归入该子目。

喷汽机或喷砂机及其类似的喷射机器归入子目 8424.3000。

问题 42：喷涂机器人主要由哪些部分组成？如何归类？

喷涂机器人（Spraying robot）是可进行自动喷漆或喷涂其他涂料的工业机器人。喷涂机器人主要包含三部分：机器人本体、雾化喷涂系统、喷涂控制系统。

雾化喷涂系统包括流量控制器、雾化器和空气压力调节器等。

喷涂控制系统包括空气压力模拟量控制、流量输出模拟量控制和开枪信号控制等。

喷涂机器人归入子目 8424.8920。

问题 43：卷扬机与绞盘有何区别？如何归类？

卷扬机（Winch）有一个动力驱动的卷筒，利用绳索或钢索缠绕在卷筒上来提升货物，如图 2.57 所示。该商品由电动机、减速器和缠绕绳索的卷筒三部分组成。

图 2.57　卷扬机

绞盘（Capstan）具有缠绕绳索的转鼓，用于帮助拉动绳索、钢缆或链条，转鼓通常是直立的。绞盘通常在船舶上用于提升锚索，如图 2.58 所示。

图 2.58　绞盘示意图

卷扬机与绞盘均归入子目 8425.3 项下的相关子目。

问题 44：常见的起重机主要有哪些类型？如何归类？

常见的起重设备主要包括塔式起重机、桥式起重机、龙门式起重机、门座式起重机和升降机及其他升降、搬运设备。

（1）桥式起重机

桥式起重机（Overhead travelling crane）是指桥架两端通过运行装置直接支撑在高架轨道上的桥架型起重机，如图 2.59 所示。

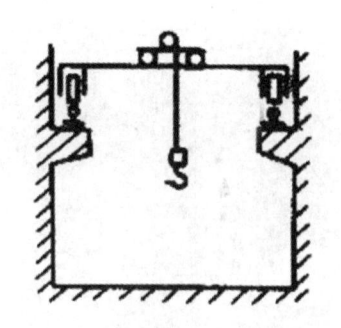

图 2.59　桥式起重机示意图

桥式起重机属于固定支架的高架移动式起重机，应归入子目 8426.11。

（2）门式起重机

门式起重机又称龙门起重机（Gantry crane），是指桥架通过两侧支腿支承在地面轨道或地基上的桥架型起重机，如图 2.60 所示。

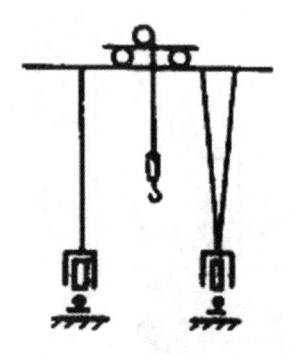

图 2.60　门式起重机示意图

门式起重机应归入子目 8426.1930。

（3）门座起重机

门座起重机（Portal jib crane）是指具有沿地面轨道运行、下方可通过铁路车辆或其他地面车辆的门形座架、上方可回转臂架型的起重机，如图 2.61 所示。

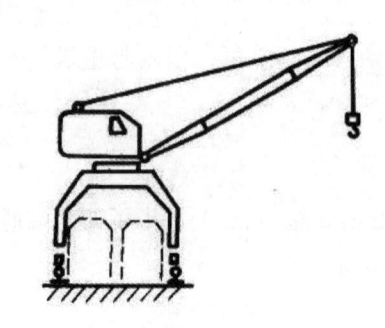

图 2.61　门座起重机示意图

门座起重机归入子目8426.3000。

（4）桅杆式起重机

桅杆式起重机（Derrick crane）是指臂架下端与桅杆下部铰接，上端通过钢丝绳与桅顶相连，桅杆本身依靠顶部和底部支撑保持直立状态的可回转臂架型起重机，如图2.62所示。

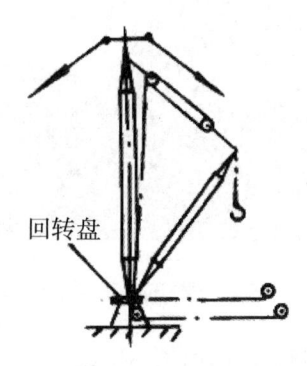

图2.62 桅杆式起重机示意图

桅杆式起重机归入子目8426.9900。

（5）塔式起重机

塔式起重机（Tower crane）指机身为塔架式结构的全回转动臂架式起重机，如图2.63所示。它主要由塔身、起重臂、回转装置、平衡重等组成。

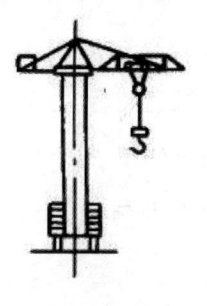

图2.63 塔式起重机示意图

塔式起重机归入子目8426.2000。

（6）升降机及其他升降、搬运设备

升降机（Lifts）及其他升降、搬运设备主要包括建筑施工用的升降机、垂直升降的载客电梯、连续输送人员的自动扶梯、连续输送物料的搬运设备等。图2.64为建筑施工时运输物料的升降机。

图 2.64　建筑施工用的升降机

垂直升降的载客电梯归入子目 8428.1010；连续输送人员的自动扶梯归入子目 8428.4000；建筑施工用的升降机应归入子目 8428.1090。

问题 45：品目 84.26 的"装有起重机的工作车"与品目 84.27 的"其他装有升降或搬运装置的工作车"有何区别？

品目 84.26 的"装有起重机的工作车"（Works trucks fitted with a crane）是指装配有起重机的工作车，可移动的起重机。

品目 84.27 的"其他装有升降或搬运装置的工作车"（Other works trucks fitted with lifting or handling equipment）是指除"装有起重机的工作车"外的其他装有升降或搬运装置的工作车。

下面从两个归类决定来区分这两个商品。

（1）集装箱正面吊

集装箱正面吊（Reach stacker）为自推进式设备，如图 2.65 所示，配有一台柴油发动机、带有绞盘和扩张器的伸缩臂或带钩滑车的升降系统。它特别设计了各种工业和货物装卸附件，如扩张器（用于国际标准集装箱）、背负式工具（用于非标准集装箱）、带钩滑车和绞盘、固定钩、抓钩臂、抓斗（用于木材、管材等）和叉，可提升和搬运重量达 60 吨的货物。集装箱正面吊是利用液压系统来实现提升功能的。

图 2.65 集装箱正面吊

集装箱正面吊为自推进设备,从其结构上判断,属于装有起重装置的工作车,所以根据归类总规则一及六归入子目 8426.41[参见《中华人民共和国海关总署商品归类决定》(W2008-062)]。

(2)自推进集装箱堆垛机

自推进集装箱堆垛机(Self-propelled container handlers)包括一个以柴油机为动力的6轮底盘、一个固定在底盘上的驾驶室、一个安装在底盘前部的垂直伸缩升降柱和一个安装在升降柱上的皮带驱动的扩张器,如图 2.66 所示。伸缩柱外部可从伸缩柱内部垂直伸出或缩进,以升降扩张器,另外,扩张器也可借助皮带驱动升降。借助该模式,这种集装箱堆垛机可举起 36 吨重物,并能将集装箱堆至 13 米高。其最高行驶速度为 23~24 千米/时,提升速度为 0.30~0.40 米/秒,转弯半径为 7.6 米。

图 2.66 自推进集装箱堆垛机

自推进集装箱堆垛机从工作车的结构上判断,其属于装有升降装置的工作车,所以根据归类总规则一及六归入子目 8427.20[参见《中华人民共和国海关总署商品归类决定》(W2008-063)]。

【点评】 自推进集装箱堆垛机属于装有升降装置的工作车，从结构上判断，它明显不同于前面的集装箱正面吊，所以对类似的工作车归类时，要判断工作车上安装的是起重装置还是升降装置或搬运装置，安装的装置不同，归类不同。

问题 46：装在拖车型底盘上的起重机与装在汽车底盘上的起重机有何区别？如何归类？

（1）装在拖车型底盘上的起重机

装在拖车型底盘上的起重机（Crane mounted on tractor type bases）是指将起重机安装在拖车型底盘上，主要目的是便于供其他牵引车拖动。这类机器如果是自推进式（Self-propelled）的，其推进底座、控制装置、起重部件及其操纵设备必须组装在一起，构成一套完整的机械设备。这类底盘不能含有汽车底盘所具有的机械装备：推进发动机、齿轮箱及换挡控制器、驾驶及制动装置等。

其组成结构：起重机 + 拖车型底盘。

从其外观结构上判断，它只有一个操作起重机械的驾驶室，如图 2.67 所示。

图 2.67 装在拖车型底盘上的起重机

装在拖车型底盘上的起重机的基本特征是起重机，所以应按起重设备归入品目 84.26 项下的相应子目。

（2）装在汽车底盘上的起重机

装在汽车底盘上的起重机（Crane mounted on automobile chassis or lorries）是指将起重机装在汽车底盘上。这些汽车底盘上至少具有以下机械装备：推进发动机、齿轮箱及换挡控制器、驾驶及制动装置。

其组成结构：起重机 + 汽车底盘。

从其外观结构判断，它通常有两个驾驶室：一个是操作起重机械的驾驶室；另一个是车辆行驶的驾驶室，如图 2.68 所示。

图 2.68 装在汽车底盘上的起重机

装在汽车底盘上的起重机的基本特征是车辆，而不是起重机，所以应按特种车辆归入子目 8705.1 项下的相应子目。

问题 47：龙门式起重机与门座式起重机有何区别？如何归类？

龙门式起重机（Gantry crane）又称门式起重机，是一种安装在龙门架上的起重机，龙门架是一种跨越物体或工作空间的结构，门式起重机既有重型的，也有轻型的，如图 2.69 所示。该龙门架只能移动，不能旋转。

重型　　　　　　　　　　　　　　轻型

图 2.69 门式起重机

龙门式起重机归入子目 8426.1930。

门座式起重机（Portal jib crane）最大特点是其起重臂架可绕着门形座架回转，其门形座架可跨过较大的距离，如图 2.70 所示。

图 2.70　门座式起重机

门座式起重机归入子目 8426.3000。

问题 48：品目 84.25 的条文中所排除的"倒卸式提升机"与子目 8428.1 的"倒卸式起重机"有何区别？

品目 84.25 的条文中所排除的"倒卸式提升机"与子目 8428.1 的"倒卸式起重机"两者对应的英文均为"Skip hoist"，即两者所指的是同一商品，只是中文译名不同。

问题 49：连续输送机器中的斗式、带式、辊式、链式输送机有何区别？如何归类？

连续输送机是供输送货物的机器，常见的有斗式输送机、带式输送机、辊式输送机和链式输送机。它们广泛应用于电站、矿山、冶金、煤炭、化工、建材等行业的各种散装物料的输送。

斗式输送机（Bucket conveyor）是用沿轨道运行的料斗水平或倾斜地输送物料的连续输送设备，如图 2.71 所示。

斗式输送机归入子目 8428.3200。

图 2.71　斗式输送机

带式输送机（Belt conveyor）是以输送带作为牵引和承载构件，通过输送带的运动来输送物料的连续输送设备，如图 2.72 所示。

带式输送机归入子目 8428.3300。

图 2.72　带式输送机

辊式输送机（Roller conveyor）是由一系列支撑在框架内的滚筒构成并由滚筒的滚动来连续输送货物的输送设备，如图 2.73 所示。

辊式输送机归入子目 8428.3920。

图 2.73　辊式输送机

链式输送机（Chain conveyor）是利用链条牵引、承载，或由链条上安装的板条、金属网带和辊道等承载物料的连续输送设备，如图 2.74 所示。

链式输送机归入子目 8428.3910。

图 2.74　链式输送机

问题 50：推土机、铲运机、挖掘机、装载机有何区别？如何归类？

（1）推土机

推土机（Bulldozer）是一种前方装有大型金属推土刀，可向前铲削并推送泥、沙以及石块等的工程机械。其推土刀位置和角度可以调整，以适应铲土、填土等工作，亦可用以清除障碍物。

推土机归入子目 8429.1 项下的相应子目，履带式推土机（如图 2.75 所示）应归入子目 8429.11 项下，轮胎式推土机应归入子目 8429.19 项下。

图 2.75　履带式推土机

（2）铲运机

铲运机（Scraper）是一种兼具挖土和运土功能的机械设备，它可在一个工作循环中独立完成挖土、装土、运输和卸土等工作，还兼有一定的压实和平地的作用。铲运机有自推进式和非自推进式。其中，自推进式铲运机又称为机动的铲运机[①]。

自推进式铲运机归入子目 8429.3 项下的相应子目；非自推进式铲运机归入子目 8430.6920。图 2.76 为非自推进式铲运机工作过程示意图。

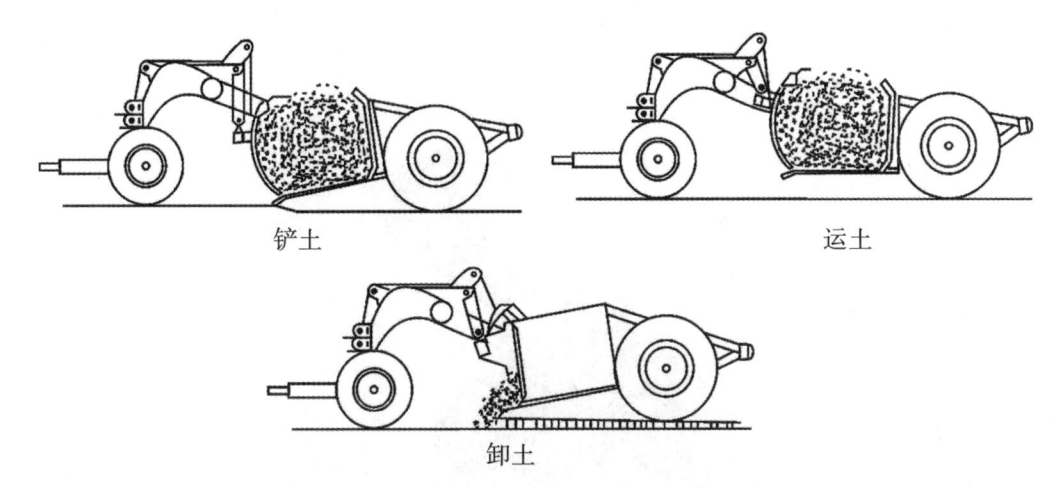

铲土　　　　　　　　运土

卸土

图 2.76　非自推进式铲运机工作过程示意图

（3）挖掘机

挖掘机（Excavator）又称挖土机，是用铲斗挖掘高于或低于承机面的物料，并装入运输车辆或卸至堆料场的土方机械。

挖掘机归入子目 8429.521 项下。图 2.77 所示的履带式挖掘机归入子目 8429.5212。

图 2.77　履带式挖掘机

---

① "自推进的"对应的英文是"Self-propelled"，该英文在品目 84.29 的条文中翻译为"机动的"，而在子目 8430.31、8430.41 等条文中翻译为"自推进的"，即"机动的"与"自推进的"是同一含义。

（4）装载机

装载机（Shovel loader）是用铲斗装载高于承机面的物料并装入运输车辆或卸至堆料场的土方机械，如图 2.78 所示。它主要用于铲装土壤、砂石、石灰、煤炭等散状物料，也可对矿石、硬土等做轻度铲挖作业。

装载机归入子目 8429.5100。

图 2.78　装载机

上述工程机器在归类时，要特别注意区别是机动的（即自推进式）还是非机动的。

问题 51：什么是隧道掘进机？如何归类？

隧道掘进机（Tunnel boring machine，TBM）又称盾构机，是一种利用回转刀具开挖，同时破碎洞内围岩及掘进，形成整个隧道断面的一种新型、先进的隧道施工机械，如图 2.79 所示。它的主要部件包括：刀盘（刀片和刀齿）、圆筒形保护盾壳、纵向推力千斤顶等。其中，圆筒形保护盾壳包含了机器的所有主要组件。前盾部分由隔板密封，保证了将装有刀盘的（加压）开挖舱室与包含机器部件的区域（无压）之间隔开。

隧道掘进机归入子目 8430.3130。

图 2.79　隧道掘进机

问题 52：什么是免耕直接播种机？如何归类？

免耕直接播种机（No-till direct seeders）是一种可完成开沟、播种、施肥、施药、覆土镇压等复式作业的播种机，如图 2.80 所示。这些机器通过穿透地表覆盖物和植物残渣将适量的种子放在未耕种的土壤里，或开一道狭槽或打个洞将种子放在预先设定的位置和深度，可简化工序、减少机具的进地次数，降低成本。

免耕播种机由三部分组成：旋耕部分，施肥、播种部分，镇压部分。旋耕部分在最前面，有两种作用，切碎秸秆，旋耕土壤；中间是施肥、播种部分，用于施肥和播种，且播种深度、施肥深度可调；后面是镇压部分，起到覆土保墒作用。

免耕直接播种机归入子目 8432.31。

图 2.80　免耕直接播种机

问题 53：粪肥施肥机与化肥施肥机有何区别？如何归类？

粪肥施肥机（Manure spreader）主要是有机肥和粪肥的抛撒机械，它可将粪肥（粪便）或动物废料中的可循环植物养料撒布在土地上，如图 2.81 所示。

粪肥施肥机归入子目 8432.4100。

图 2.81　粪肥施肥机

化肥施肥机（Fertiliser distributors）可将合成肥或其他合成固体肥料均匀地施放在土壤里，主要适用于化肥播撒，如图 2.82 所示。

化肥施肥机归入子目 8432.4200。

图 2.82　化肥施肥机

问题 54：乳品加工机器主要有哪些类型？如何归类？

乳品加工机器主要包括乳品的均化器（既可把脂肪打碎成为细微的颗粒以便于消化，又能使其较长时间保持乳状而不结成奶油）、奶油分离器、黄油加工机、奶酪加工机等。

其中，均化器、黄油加工机、奶酪加工机归入子目 8434.2000；奶油分离器归入子目 8421.1100 项下。

问题 55：榨汁机有哪些类型？如何归类？

榨汁机是指从水果或蔬菜中挤压出液汁的机器或器具。

（1）榨汁机的类型

榨汁机按工作动力不同可分为手动榨汁机和电动榨汁机；按用途不同可分为家用榨汁机和非家用榨汁机；按功能分可分为单一功能榨汁机和多功能榨汁机。

单一功能榨汁机只能榨果汁或蔬菜汁，而没有其他的功能；多功能榨汁机除榨汁功能外，还有搅拌、干磨以及碎肉等功能。

（2）榨汁机的归类

榨汁机在归类时，主要考虑动力、用途等因素。

重量不超过 10 千克的手动榨汁机（或称榨汁器具）归入子目 8210.0000；家用的电动

榨汁机归入子目 8509.4010；制酒、制果汁或制类似饮料用（非家用）的榨汁机归入子目 8435.1000 项下；从甘蔗中榨取蔗汁的机器和从甜菜中榨取糖汁的机器应按制糖用的机器归入子目 8438.3000。

问题 56：什么是传统的印刷机器？主要有哪些类型？

传统的印刷机器是指在印刷前先要制版（即制造印版），然后通过印版进行印刷得到印刷制品的印刷机。传统印刷机器根据不同的分类方式分为不同的类型。

（1）按印版类型分类

按印版类型分为凸版印刷机、凹版印刷机、平版印刷机、苯胺印刷机、网版印刷机等。

① 凸版印刷机。凸版印刷机（Letterpress printing machinery）是指使用图文部位凸起、空白部位凹下的印版进行印刷的机器。图 2.83 为凸版印刷示意图与凸起的字符。

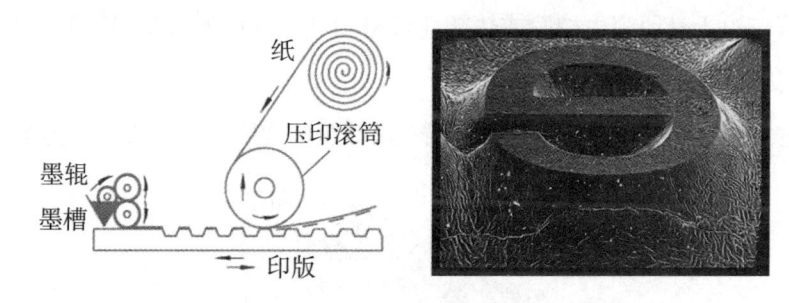

图 2.83　凸版印刷示意图与凸起的字符

② 凹版印刷机。凹版印刷机（Gravure printing machinery）是指使用图文部位凹下、空白部位平整的印版，在压力作用下凹处的印墨被转印到承印物上进行印刷的机器。图 2.84 为凹版印刷示意图与凹下的字符。

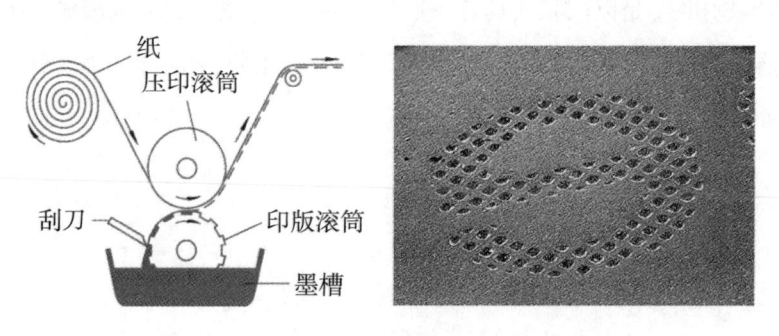

图 2.84　凹版印刷示意图与凹下的字符

③ 平版印刷机。平版印刷机（Offset printing machinery）是指使用图文部位与空白部位处

于同一平面的印版，其图文部分既不凸起也不凹进，利用油、水分子相互拒斥的原理进行印刷的机器。印版通过橡皮转印滚筒将图文转印在承印物上进行印刷的平版印刷机又称为胶印机。图 2.85 为平版印刷示意图。

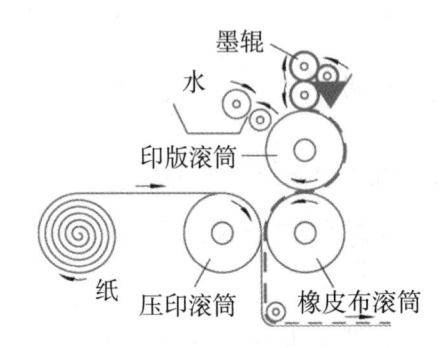

图 2.85　平版印刷示意图

④ 苯胺印刷机。苯胺印刷机（Flexographic printing machinery）是指采用活版印刷方式进行印刷的机器。由于其印版由橡胶或热塑性材料制成并直接裹卷在印版滚筒上，在行业内又称为柔性印刷机。

柔性印刷是指使用柔性版，通过网纹辊传递油墨的印刷方式，图 2.86 为柔性印刷示意图。

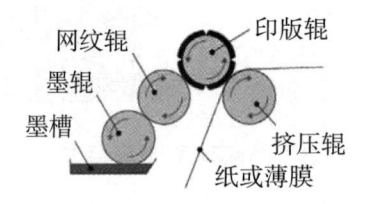

图 2.86　柔性印刷示意图

⑤ 丝网印刷机。丝网印刷机（Screen printing machinery）又称为孔板印刷机（在《税则》中又称为网式印刷机），是以网状或具有一定弹性的薄层，使图文部位透墨为印版，将印墨（或色浆）透印到承印物上进行印刷的机器。丝网印刷所使用的印版为誊写版、镂空版、丝网版等。图 2.87 为丝网印刷示意图与丝网印版。

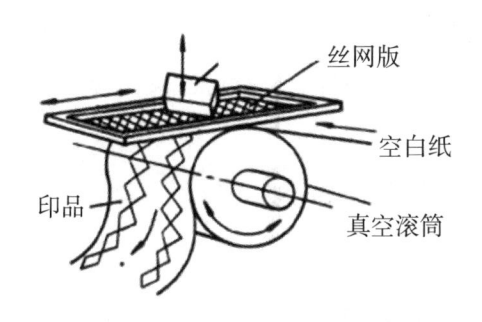

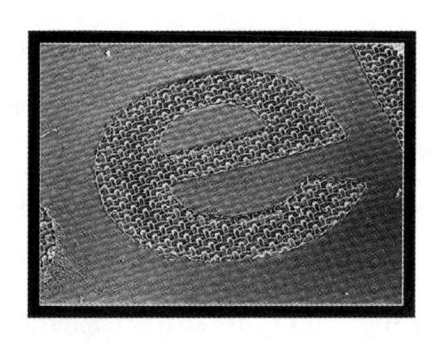

图 2.87　丝网印刷示意图与丝网印版

丝网印刷机按印版的形状分为圆网印刷机和平网印刷机。圆网印刷机是指印版呈圆筒形的丝网印刷机；平网印刷机是指印版呈平面状的丝网印刷机。

（2）按印刷纸张的形状分类

按印刷纸张形状分为单张纸印刷机和卷筒纸印刷机。单张纸印刷机（Sheet-fed printing machinery）在《协调制度》中又称平张纸进料式印刷机；卷筒纸印刷机（Reel-fed printing machinery）在《协调制度》中又称为卷取进料式印刷机。

（3）按印刷颜色数目分类

按印刷颜色数目分为单色印刷机、多色（双色、四色、五色、六色、八色）印刷机。

问题 57：传统的印刷机器与非传统的机器有何区别？如何归类？

传统的印刷机器是指在印刷前先要制版（即制造印版），然后通过印版进行印刷得到印刷制品的印刷机；非传统的（即现代的）机器，如打印机、复印机等不需要制版，可直接通过电脑打印或复印。

传统的印刷机器归入子目 8443.1 项下的相应子目。

非传统的机器，如打印机、复印机等应归入子目 8443.3 项下的相应子目。

问题 58：圆网印刷机的印版是圆形的吗？它与平网印刷机有何区别？如何归类？

圆网印刷机的印版不是圆形的，而是圆筒形的。

丝网印刷（Screen printing）按印版的形状分为圆网印刷机和平网印刷机。

圆网印刷机是指印版呈圆筒形的丝网印刷机（注意：并不是呈圆形）。印刷时，圆筒版做连续旋转运动，可连续印刷，印刷效率高。

平网印刷机是指印版呈平面状的丝网印刷机。印刷时，只能单张印刷，无法连续印刷，印刷效率低。

圆网印刷机归入子目 8443.1921；平网印刷机归入子目 8443.1922。

问题 59：常见的打印机有哪些类型？如何归类？

打印机（Printer）是自动数据处理设备的输出设备之一，是在介质（主要是纸）上打印图文的机器。目前常见打印机的类型包括针式打印机、喷墨打印机、激光打印机和热敏打印机。

（1）针式打印机

针式打印机（Dot matrix printer, Stylus printer）是一种典型的击打式点阵打印机。其工作原理是在联机状态下，通过接口接收主机发送的打印控制命令、字符打印命令或图形打印命令，通过控制电路和检测电路，间歇驱动送纸运动（纵向）和打印头运动（横向）同时激励打印针间歇瞬间冲击打印色带，在纸上打印出所需内容。图 2.88 是由不同点阵组成的字母 b，左图点阵较为稀疏，右图点阵较为密集。

图 2.88　由不同点阵组成的字母 b

图 2.89 显示了打印字母 P 的过程，该字母从左到右逐列打印，最后形成完整的字母 P。

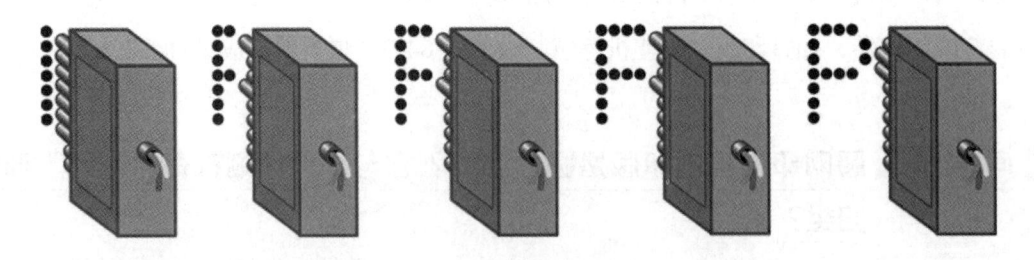

图 2.89　字母 P 的打印过程

针式打印机归入子目 8443.3211。

(2)喷墨打印机

喷墨打印机（Ink-jet printer）是一种把墨水喷到纸张上形成点阵字符或图像的打印机。根据其喷墨方式的不同，可以分为热泡式喷墨打印机和压电式喷墨打印机两种。惠普（HP）、佳能（Canon）和利盟（Lexmark）公司采用的是热泡式技术，爱普生（EPSON）使用的是压电喷墨式技术。这两种技术的工作原理不同。

① 热泡式技术。热泡式（Thermal bubble）技术是让墨水通过细喷嘴，在加热电阻的作用下，将喷头管道中的一部分墨汁气化，形成一个气泡，并将喷嘴处的墨水顶出喷到输出介质表面，形成图案或字符，如图 2.90 所示。这种喷墨打印机又被称为气泡打印机。采用这种技术的打印喷头通常都与墨盒做在一起（独立颜色的墨盒则是墨盒与喷头分离），更换墨盒时即同时更新打印头。

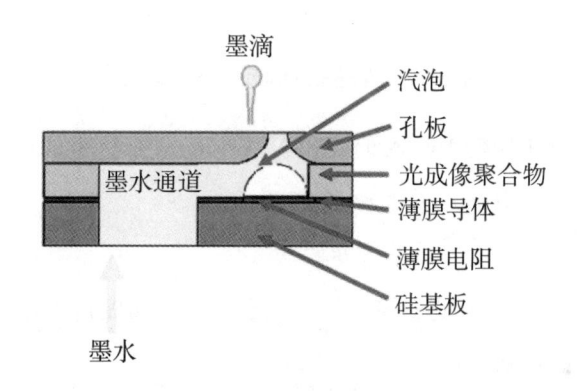

图 2.90　热泡式喷墨打印示意图

② 压电式技术。压电式（Piezoelectric）技术是将许多小的压电陶瓷放置到喷墨打印机的打印头喷嘴附近，利用它在电压作用下会发生形变的原理，适时地把电压加到它的上面，压电陶瓷随之产生伸缩使喷嘴中的墨水喷出，在输出介质表面形成图案，如图 2.91 所示。为了降低使用成本，一般都将打印喷头和墨盒做成分离式的结构，更换墨水时不必更换打印头。

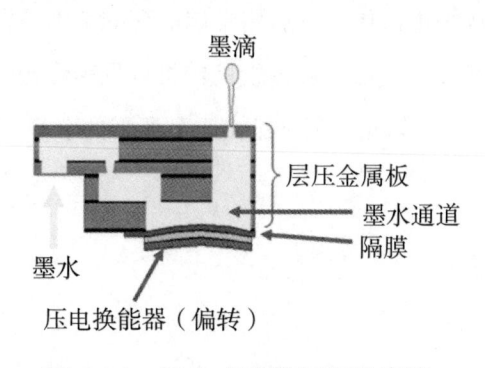

图 2.91　压电式喷墨打印示意图

喷墨打印机的打印原理如图 2.92 所示。

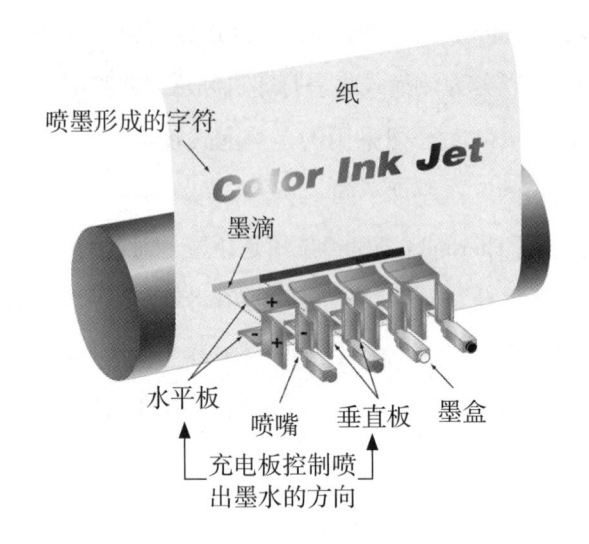

图 2.92 喷墨打印机的打印原理

喷墨打印机（只有打印功能）归入子目 8443.3213。具有打印、复印、传真中两种及以上功能的喷墨多功能一体机，应归入子目 8443.3190。

（3）激光打印机

激光打印机（Laser printer）是一种光、机、电一体且高度自动化的输出设备，是采用了激光技术和照相技术的打印机。

激光打印机和复印机原理基本相同，采用了与复印机相似的静电照相技术，首先将要打印的内容转换到感光鼓上，并形成以像素点为单位的位图图像，再通过静电墨粉成像后将图文转印到纸上，所以激光打印机属于静电感光式打印机。

激光打印机的打印原理是当计算机输出信息时，控制系统通过接口接收来自计算机的印字信息。对其进行处理后，由激光扫描系统进行扫描，将需要输出的文字、图形以及图像在感光鼓（又称硒鼓）上形成静电潜像。然后用带有电荷的微细墨粉（即碳粉）进行显影，因为墨粉的极性与潜像极性相反。最后通过输纸机构将可见影像转印到普通纸上，并将文字、图像等信息加以固定（定影）后输出，便在纸上得到所需的字符或图像。（如图 2.93 所示）

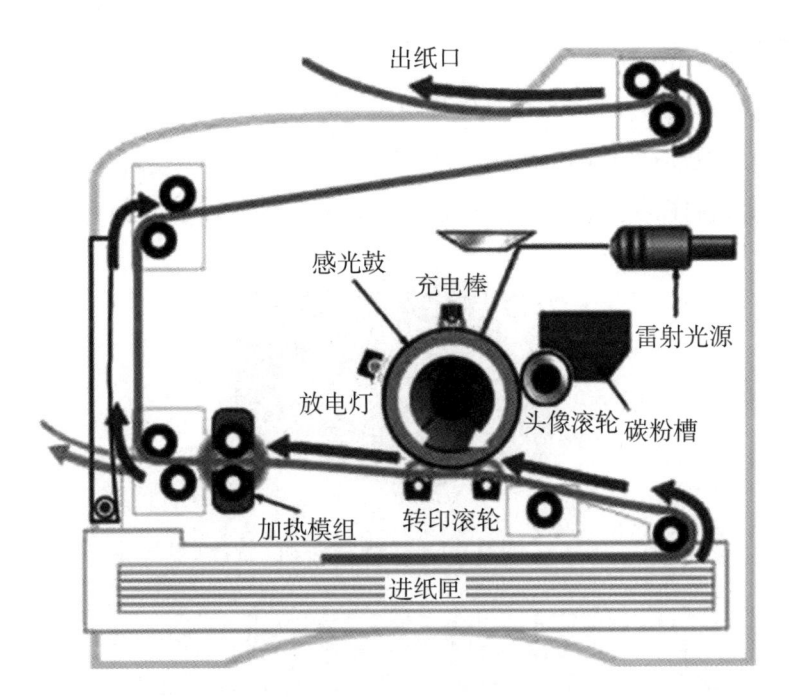

图 2.93　激光打印机的打印原理

通常激光打印机的工作过程分为六步：

① 充电：恒定的电流通过充电滚轴给感光鼓表面均匀地充上负电荷，同时将感光鼓表面残留的电荷擦去，充电环节保证了感光鼓表面均匀地带上同一种电荷，为下一步的曝光阶段做好准备。

② 曝光：激光束照射感光鼓，感光鼓表面是一层光导体，照射到激光的地方就会导通，充上正电荷，形成带正电荷的"潜影"。

③ 显影：显影辊表面吸附一层薄而均匀的带负电荷的碳粉，由于异性相吸，带负电荷的碳粉会被吸附到感光鼓表面带正电荷的位置，感光鼓表面的潜影就转化成带碳粉的图像。

④ 转印：纸张被转印辊充电并紧压在感光鼓表面，感光鼓上的碳粉就会被吸附到纸上。纸带着碳粉就被送往加热组件。

⑤ 定影：纸带着碳粉经过定影器，定影器高温熔化碳粉，使碳粉熔化并固定在纸上，就得到了最终的打印结果。

⑥ 清洁：感光鼓经过转印后继续转动，鼓表面会有少量剩余碳粉，经过废粉仓时，废粉仓的清洁刮片会把剩余的碳粉清理干净。废粉仓是密封的，可以有效防止废粉泄漏。

激光打印机（只有打印功能）归入子目 8443.3212。具有打印、复印、传真中两种及以上功能的激光多功能一体机，属于静电感光式的一体机，应归入子目 8443.3110。

（4）热敏打印机

热敏打印机（Thermal printer）指利用打印头上的半导体加热元件对热敏打印纸上的热敏物质加热后发生化学反应而打印出图文的打印机，如图 2.94 所示。它主要由主控器件、步进电机驱动模块、热敏打印头、过热保护模块、缺纸检测模块和供电模块等组成。

图 2.94　热敏打印机

热敏打印机归入子目 8443.3214。

（5）热升华打印机

热升华打印机（Dye-sublimation printer）是一种利用热量将固体染料转移到纸张、塑料或织物等打印介质上的打印机。其工作原理是将四种颜色（青色、品红色、黄色和黑色，简称 CMYK）的固体颜料（称为色卷）设置在一个转鼓上，转鼓上面安装有数以万计的半导体加热元件，当这些加热元件的温度升高到一定程度时，就可以将固体颜料直接转化为气态（即为升华过程），然后将气态颜料喷射到打印介质上。每种颜色的浓淡由打印头的温度变化控制，因为每个半导体加热元件可调节出 256 种温度，所以颜色变化最大可有 256 级。（如图 2.95 所示）

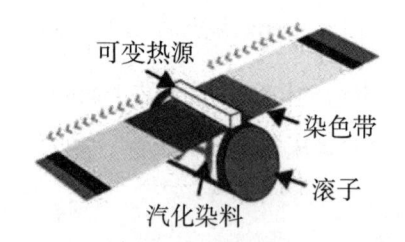

图 2.95　热升华打印机的工作原理

热升华打印机归入子目 8443.3219。

问题 60：激光打印机主要由哪些零部件组成？如何归类？

激光打印机的主要部件包括激光扫描器、反射棱镜、感光鼓、碳粉盒、转印单元、定影单元、走纸机构和控制单元等。

(1) 激光扫描器

激光（Laser）扫描器是将来自激光二极管的光穿过一系列镜子，并将激光反射到感光鼓单元上，形成静电潜影。图2.96为激光器。

图2.96　激光器

(2) 反射棱镜

反射棱镜（Reflecting prism）用于将激光器发射的光照射在感光鼓上。

(3) 感光鼓

感光鼓（Drum unit）又称为硒鼓，是具有特殊涂层（绿色）的金属圆柱体，用来接收来自激光器的静态正负电荷，如图2.97所示。硒鼓基本结构一般由铝制成的基本基材，以及基材上涂上的感光材料所组成。打印机的硒鼓通常内置在碳粉盒中，而不是一个独立的单元，以防止其对环境造成污染。

图2.97　感光鼓

(4) 碳粉盒

碳粉盒（Toner cartridge）内包含感光鼓和碳粉，当盒内的碳粉使用完毕后，应更换新的碳粉盒，它是一种易耗品，如图2.98所示。

图 2.98　碳粉盒

（5）转印单元

转印单元（如图 2.99 所示）主要由转印辊构成，转印辊上带有正电荷，当纸张在转印辊上运行时，会带上强大的正电荷，能吸附感光鼓上带负电荷的碳粉，形成真正的图像，从而将感光鼓上的碳粉转移到纸张上。

图 2.99　转印单元

（6）定影单元

定影单元（Fuser unit）又称为加热模组（如图 2.100 所示），是一个加热辊，可在纸张通过时将墨粉颗粒熔化并固定到纸张上，使墨粉不再呈粉末形式，并确保碳粉从打印机中出来时不会掉落弄脏纸张。

图 2.100　定影单元

（7）走纸机构

走纸机构（Transfer）又称为纸张输送单元（如图 2.101 所示），通过传送带或具有与传送带作用相同的一系列辊子将纸张从纸盒中传送到感光鼓的下方，完成转印后送到定影单元，定影后再从打印机内输出。

图 2.101　走纸机构

（8）控制单元

控制单元（Control unit）通过接口接收来自计算机的印字信息，经过处理后输送给激光扫描器，同时控制整个打印机的运行。

碳粉盒、感光鼓、转印单元、定影单元、走纸机构、控制单元等按激光打印机的专用零件归入子目 8443.9990。激光二极管（激光扫描器）归入子目 8541.4100；反射棱镜归入品目 90.01（未装配的）或品目 90.02（已装配的）。

问题 61：喷墨打印机主要由哪些零部件组成？如何归类？

喷墨打印机由机械和电气两部分组成。机械部分主要由墨盒、打印头（喷嘴）、清洗部分、运转机械部分和输纸机构等组成；电气部分主要由主控制电路、驱动电路、传感器、传感器检测电路、接口电路和电源等组成。图 2.102 只显示了喷墨打印机中机械部分的主要组成结构。

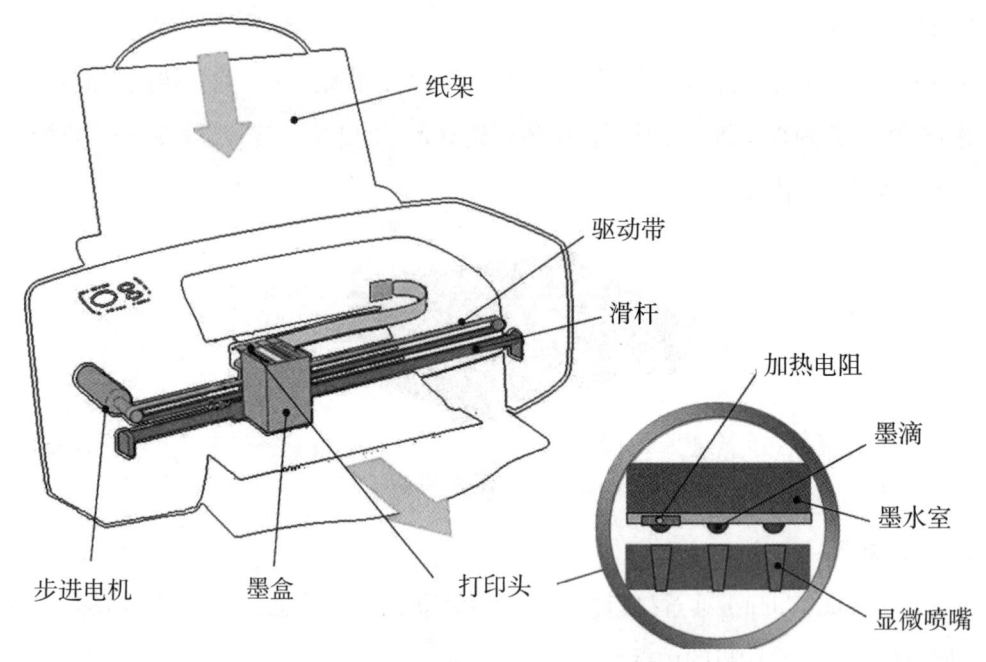

图 2.102 喷墨打印机的主要组成结构

下面只介绍喷墨打印机的主要组成部分。

（1）墨盒

墨盒是用于盛装墨水的容器。

（2）打印头

打印头又称喷头，是喷墨的装置，包括热泡式打印头或压电式打印头。以压电式打印头为例，它主要由压电电子元件、存墨腔、喷嘴板、芯片电极、过滤器等组成。

（3）运转机械部分

运转机械部分又称字车，用于实现打印位置定位，主要包括步进电机、驱动带、滑杆等。

（4）输纸机构

输纸机构用于打印过程中提供纸张的输送功能，主要包括进纸电机、进纸辊、出纸辊、星形轮辊、输纸电机、导纸板等。

（5）传感器

传感器用于检查打印机各部件的工作状况。如字车初始位置传感器主要用来检测字车是否在初始位置；纸张检测传感器用于检测是否有打印纸放在进纸器托盘上，使进纸器能够正确地进纸。

机械部分中的打印头、清洗部分、运转机械部分和输纸机构等按喷墨打印机的专用零件归入子目 8443.9990，带有驱动电路的墨盒按喷墨打印机的专用零件归入子目 8443.9990，不带驱动电路的墨盒（不含墨水）按塑料制的容器归入子目3926.9090，不带驱动电路的墨盒（内含墨水）按墨水归入子目3215.9项下。

电气部分中的主控制电路、驱动电路按喷墨打印机的专用零件归入8443.9990，传感器、接口电路和电源等根据其功能归入相应品目。

问题62：热敏打印机与热转印打印机有何区别？如何归类？

热敏打印机是指使用经过化学处理的热敏介质的打印机。当热敏介质从热敏打印头下通过时变黑，如图2.103所示。热敏打印不使用油墨、墨粉或色带，节约成本，而且简单的设计使热敏打印机耐久和易用。

热敏打印机归入子目8443.3214。

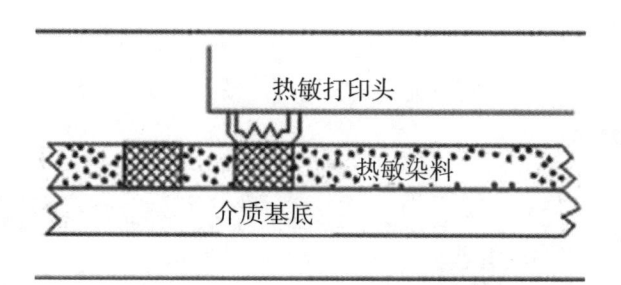

图2.103 热敏打印示意图

热转印打印机是指通过热敏打印头给色带加热，油墨熔化在打印介质上以形成图案的打印机。色带材料被介质吸收，图案构成了介质的一部分，如图2.104所示。与热敏打印相比，热转印打印可接受更多品种的介质，包括纸、聚酯和聚丙烯材料，而且打印的图案、文本保存时间更久。

热转印打印机归入子目8443.3219。

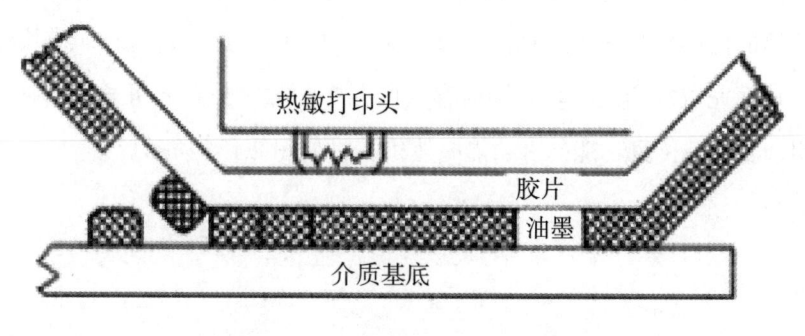

图2.104 热转印打印示意图

问题 63：什么是多功能一体机？如何归类？

多功能一体机（Multifunction peripheral）指具备打印、传真、复印等多功能的一体机。其相应的英文解释为：A multifunction peripheral is a single device that servers several functions, including printing，Scanner，Fax machine，Copier。

目前常见的多功能一体机有激光多功能一体机和喷墨多功能一体机。

激光多功能一体机是具有扫描、打印、复印或传真等多功能的机器，一般由打印模块、扫描模块和相关的控制电路三部分组成。多功能一体机与打印机的成像过程比较如图 2.105 所示。

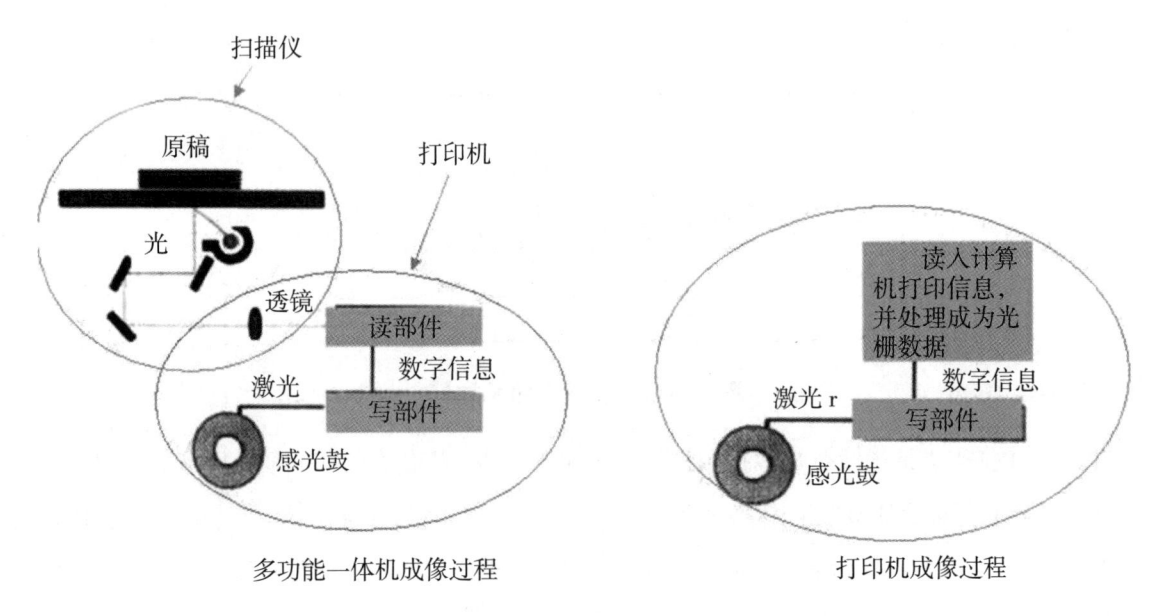

图 2.105　多功能一体机与打印机的成像过程比较

激光多功能一体机的复印功能是通过先扫描、后打印的方式实现的。其详细过程为通过扫描模块将原稿的内容转化为数字信息，并记录在内存中，然后通过打印模块将这些数字信息打印出来，从而完成复印的过程。同时存入内存中的数字信息还可通过电脑进行编辑、修改。具有打印、复印、传真功能的多功能一体机实物如图 2.106 所示。

图 2.106　多功能一体机

多功能一体机归入子目 8443.31 项下，其中，激光多功能一体机同属于静电感光式的，应归入子目 8443.3110，喷墨多功能一体机应按其他类型的一体机归入子目 8443.3190。

问题 64：什么是计算机直接制版设备？如何归类？

计算机直接制版（Computer to plate，CTP）就是印前处理技术向后工序的延伸，它将处理好的图文合一的版面信息不是输出在感光胶片上，而是直接输出在印版上。直接制版省去了传统制版工艺中的输出分色片、修版、拼版、晒版等环节，以及所需的各种设备和化学药品，因此提高了生产的自动化程度，缩短了作业时间和生产周期，也便于进行数据化、规范化的工艺管理，印刷质量能得到较好地控制。印前图像处理流程如图 2.107 所示。

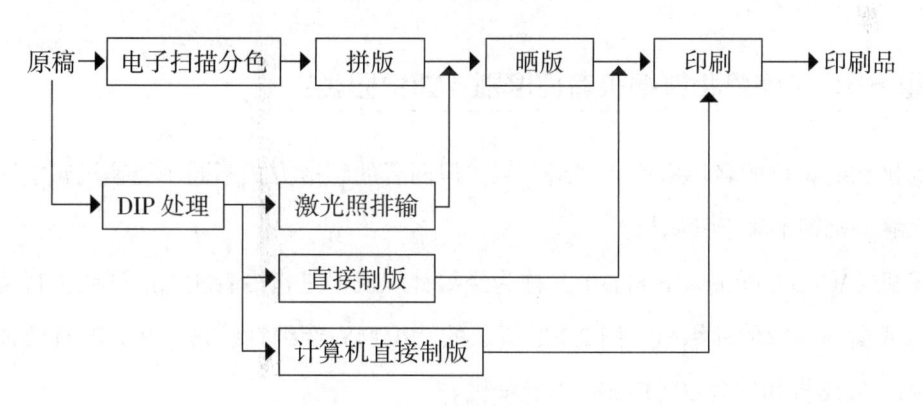

图 2.107　印前图像处理流程

DTP（Desktop publishing）为桌面出版。

计算机直接制版设备就是利用计算机直接制版技术进行直接制版的设备，主要由精确而复杂的光学系统、电路系统，以及机械系统三大部分构成。

CTP 的工作原理为由激光器产生的单束原始激光，经多路光学纤维或复杂的高速旋转光学裂束系统分裂成多束（通常是 200～500 束）极细的激光束，每束光分别经声光调制器按计算机中图像信息的亮暗等特征，对激光束的亮暗变化加以调制后，变成受控光束，再经聚焦后，几百束微激光直接射到印版表面进行刻版工作，通过扫描刻版后，在印版上形成图像的潜影，经显影后，计算机屏幕上的图像信息就还原在印版上，供胶印机直接印刷。

计算机直接制版设备归入子目 8442.3021。

问题 65：什么是喷丝头？如何归类？

喷丝头又称为喷丝板，如图 2.108 所示，其上面有许多毛细孔（又称喷丝孔），纺丝熔体或溶液（例如，聚合物）从喷丝孔中挤出后在特定环境下固化成纤维。

图 2.108　喷丝板

喷丝头属于制造化学纤维机器的零件，所以归入子目 8448.2020。

问题 66：经编机和缝编机有何区别？如何归类？

经编机和缝编机的名称中均有"编"字，但两者的织造方式不同，经编机属于针织机的范围，而缝编机则不属于针织机。

经编机（Warp knitting machine）又称为经编针织机，是指沿着相邻的列或纵行编织，而不是单行或横列编织的针织机。图 2.109 所示的针织物为经编针织物。常见的有两种：特里科（Tricot）经编机和拉舍尔（Raschel）经编机。

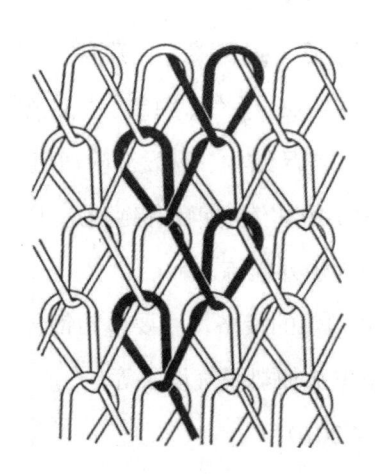

图 2.109　经编针织物

特里科经编机的特征是其坯布牵拉方向与织针平面之间的夹角在 90°～115° 这一范围，织物张力由织针承担。特里科经编机归入子目 8447.2011。

拉舍尔经编机的特征是其坯布牵拉方向与织针平面之间的夹角在 130°～170° 这一范围，织物张力对织针不大起作用。拉舍尔经编机归入子目 8447.2012。

缝编机（Stitch-bonding machine）是利用经编线圈结构把由纱线层或纤维网构成的衬料或地布缝编成坯布的机器。缝编机归入子目 8447.2030。

问题 67：干洗机、干燥机、甩干机有何区别？如何归类？

干洗机（Dry cleaning machine）是指用汽油、四氯化碳等液体进行清洁，而不用水清洗的机器。它们的结构比较复杂，例如，配有使液体在被洗纺织品周围循环的洗涤器、离心脱液机、过滤器、澄清池、贮存槽等。干洗机归入子目 8451.1000。

干燥机（Drying machine）又称为烘干机，是专用于干燥纺织纱线、织物或纺织制品的机器。有两种干燥方式：一种是纺织品在封闭腔室内受热空气作用而干燥；另一种是纺织品在热滚筒上经过而干燥。干燥机归入子目 8451.2 项下的相应子目。

甩干机（Clothes-dryer, Centrifugal dryer）又称干衣机、离心干燥机，是通过高速旋转时产生的离心力来使衣物干燥的机器。甩干机归入子目 8421.12 项下的相应子目。

问题 68：什么是炉外精炼设备？如何归类？

炼钢的过程通常分为初炼和精炼。初炼是将炉料（铁水、废钢）在氧化性气氛下（吹入纯氧），进行熔化、脱碳、去除杂质（硫、磷）、升温等。精炼是将初炼的钢水在真空、惰性气体或可控气氛的条件下进行深脱碳、去气、脱氧、去夹杂物和夹杂物变性处理，调整成分，控制钢水温度等，从而优化工艺和产品结构、开发高附加值产品、节能降耗、降低成本。

炉外精炼是将转炉（或电炉）中初炼的钢水移到另一反应器中进行精炼的过程。由于是在转炉以外进行的精炼，所以称为炉外精炼。

炉外精炼设备就是进行炉外精炼的设备，主要包括钢包真空吹氩设备、钢包喷粉处理设备、真空吹氩氧脱碳设备、真空电弧加热脱气设备等。

炉外精炼设备归入子目 8454.2010。

问题 69：什么是轧制？热轧与冷轧有何区别？

金属轧机由一系列轧辊组成，金属从轧辊中通过时将其压平或压成各种形状，同时改变金属结构，改善金属质量。图 2.110 为钢铁的轧制示意图。

图 2.110 钢铁的轧制示意图

轧制分为热轧和冷轧。热轧是将材料加热到再结晶温度以上进行的轧制。热轧变形抗力小、变形量大，适合轧制断面较厚、塑性较差的材料。冷轧则是在室温下对材料进行的轧制。冷轧变形抗力大、变形量小，适于轧制塑性好、尺寸小的线材或薄板材等。冷轧产品尺寸精确，表面光洁度高。

问题 70：最常用的车削、铣削、刨削、钻削、镗削、磨削有什么特点？

车削、铣削、刨削、钻削、镗削、磨削均是常见的切削方式。

切削加工是指用切削刀具（包括砂轮等磨具），将工件上多余的料层去除，从而获得合格零件的加工方法。在切削加工过程中有切屑产生，所以切削加工属于减材制造，与减材制造相对应的是增材制造（即3D打印）。切削加工必须具备的三个要素：工件、刀具、切削运动。工件，即被加工的对象。刀具，对工件进行切削加工所用的工具，常用的有车刀、铣刀、钻头、砂轮等。

切削运动，指在刀具和工件相互作用的过程中刀具相对于工件的运动。切削运动按作用方式不同可分为主运动和进给运动。

主运动是指切除多余金属以形成已加工表面的基本运动。

进给运动是指保证刀具连续不断地进行切削，从而切出工件全部加工表面所需要的运动。例如，我们平常使用转笔刀削铅笔的过程就是切削加工的过程，铅笔相当于工件，转笔刀相当于刀具，转动铅笔或转动转笔刀的运动相当于主运动，要想把铅笔削尖，还要沿铅笔轴线方向有一个直线移动，这个运动相当于进给运动。

常见加工方式就是依据其主运动与进给运动的不同来划分的，详见表2.3。

表2.3 常见加工方式的主运动与进给运动对照

加工方式	主运动	进给运动	示意图
车削	工件的旋转运动	车刀的直线移动	
铣削	铣刀的旋转运动	工件的直线移动	

续表

加工方式	主运动	进给运动	示意图
刨削	刨刀或工件的往复直线运动	工件或刨刀的间歇直线运动	
钻削	钻头的旋转运动	钻头的轴向移动	
镗削	镗刀的旋转运动	镗刀或工件的移动	
磨削	砂轮的旋转运动	工件旋转同时沿其轴线方向往复直线运动	

有了上面的知识储备后，我们就可判断一台机床是车床还是铣床。例如，进行车削加工的机床就是车床，进行铣削加工的机床就是铣床。

问题 71：特种加工机床有哪些类型？如何归类？

特种加工机床是指用激光、其他光、光子束、超声波、放电、电化学法、电子束、离子束或等离子弧处理各种材料的加工机床。

特种加工机床按其工作原理归入品目84.56项下的相应子目。品目84.56的列目结构如下：

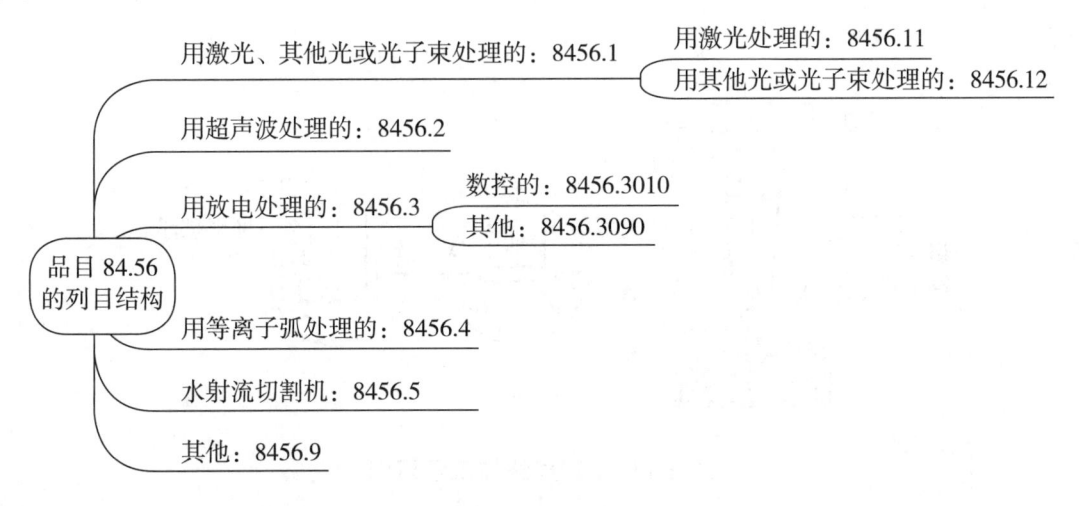

```
              ┌─ 用激光、其他光或光子束处理的：8456.1 ─┬─ 用激光处理的：8456.11
              │                                      └─ 用其他光或光子束处理的：8456.12
              ├─ 用超声波处理的：8456.2
品目84.56     ├─ 用放电处理的：8456.3 ─┬─ 数控的：8456.3010
的列目结构    │                        └─ 其他：8456.3090
              ├─ 用等离子弧处理的：8456.4
              ├─ 水射流切割机：8456.5
              └─ 其他：8456.9
```

问题72：什么是激光加工机床？如何归类？

激光加工机床是利用激光对工件进行加工的机床。激光加工（Laser-beam machining）是利用高能量密度的激光束照射到工件表面，导致光斑处的材料瞬间熔化、气化、膨胀，使熔融物爆炸式喷射出来，如图2.111所示。激光加工机床由激光器、电源、光学系统和机械系统等组成。

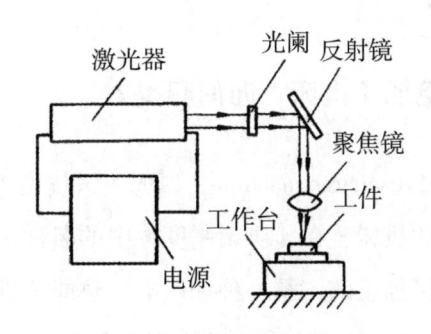

图2.111 激光加工示意图

激光加工机床归入子目8456.1100。

问题73：什么是超声波加工机床？如何归类？

超声波加工机床是利用超声波对工件进行加工的机床。超声波加工（Ultrasonic machining,

USM）是一种通过工具头高频、低振幅的振动并利用工具头周围的细磨粒从工件表面去除材料的加工方法，如图2.112所示。超声波加工机床主要由超声波发生器、换能器、变幅杆等组成。

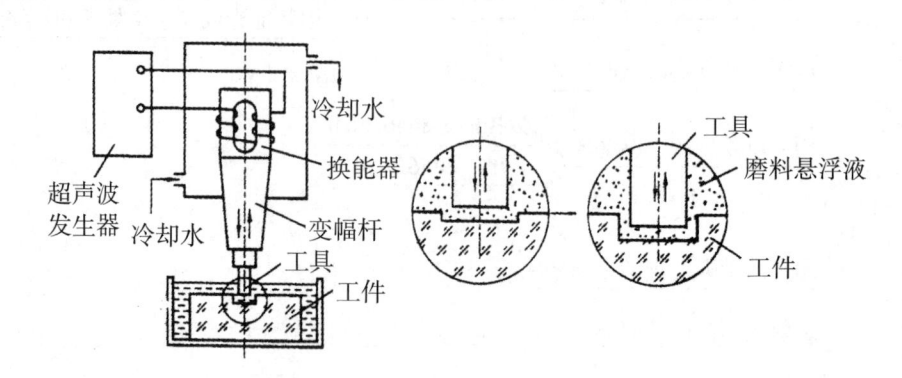

图 2.112　超声波加工示意图

超声波发生器又称超声频电振荡发生器，其作用是将工频交流电转变为有一定功率输出的超声频振荡，以提供工具端面往复振动和去除被加工材料的能量。换能器的作用是将高频电振荡转换成机械振动，目前实现这一目的可利用压电效应和磁致伸缩效应两种方法。

超声波加工不仅能加工硬质合金、淬火钢，而且更适合加工玻璃、陶瓷和硅片等不导电的非金属脆硬材料，同时还应用于清洗、焊接和探伤等。

超声波加工机床归入子目8456.2000。

问题 74：什么是放电加工机床？如何归类？

放电加工机床（Electrical discharge machine，EDM）又称电火花加工机床（因放电过程中可见到火花）、用放电处理的机床（在《协调制度》中的名称），是基于正负电极间脉冲放电时的电腐蚀现象对材料进行加工的，是一种利用电、热能量进行加工的方法。放电加工机床常用于加工各种高熔点、高强度、高韧性的金属导电材料。

放电加工机床常见的类型有两种：电火花成型加工机床和电火花线切割机床。

（1）电火花成型加工机床

电火花成型加工机床（Die electrical discharge machine，DEDM）是指根据工具电极的形状对工件进行加工的放电加工机床。这类机床常用于加工各种模具。图2.113为电火花成型加工示意图。

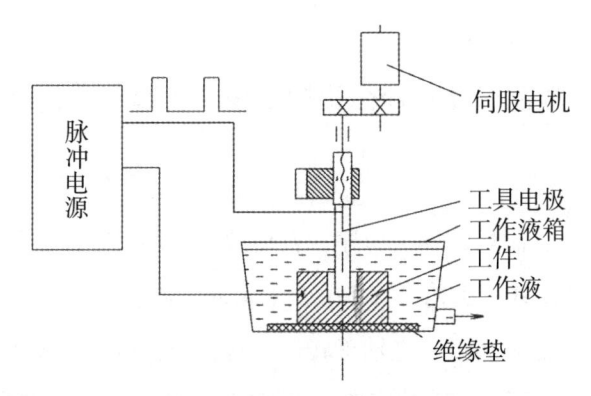

图 2.113　电火花成型加工示意图

电火花成型加工机床主要由主机、脉冲电源、自动进给调节系统等组成。

主机由床身、立柱、主轴头、工作台等组成，用于支承工具电极及工件，保证它们之间的相对位置，并实现电极在加工过程中稳定的进给运动。

脉冲电源的作用是将工频交流电转变成一定频率的定向脉冲电流，提供电火花成型加工所需要的能量。

自动进给调节系统是通过改变、调节主轴头进给速度，使进给速度接近并等于蚀除速度，以维持一定的"平均"放电间隙，保证电火花加工正常而稳定进行，以获得较好的加工效果。

（2）电火花线切割加工机床

电火花线切割加工机床（Wire cut electrical discharge machine，WEDM）又称线切割机床，加工时利用移动的细金属丝（又称为电极丝，通常为铜丝或钼丝）作为工具电极，工件按照预定的轨迹运动，"切割"出所需的各种尺寸和形状。这种电火花加工不需要制造复杂的成型电极。图 2.114 为电火花线切割加工机床的切割加工示意图。

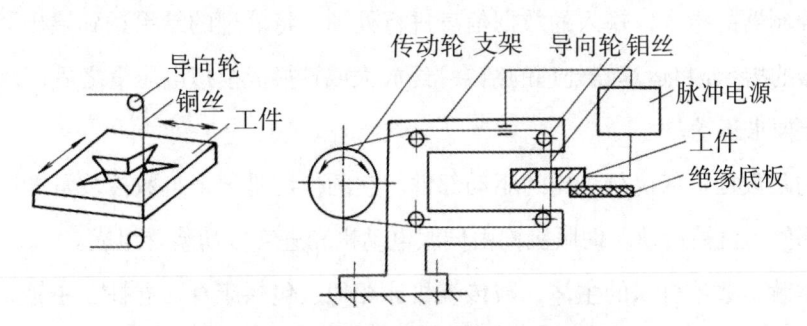

图 2.114　电火花线切割加工示意图

电火花成型加工机床和电火花线切割加工机床均归入子目 8456.3010（数控的）或子目 8456.3090（其他）。

问题 75：什么是数控机床？什么是加工中心？两者有何区别？如何归类？

（1）数控机床

数控机床是按照事先编制好的加工程序，自动地对被加工零件进行加工的机床。工程技术人员把零件的加工工艺路线、工艺参数、刀具的运动轨迹、位移量、切削参数（主轴转数、进给量等），以及辅助功能（换刀、主轴正转、反转、切削液开、关等）。按照数控机床规定的指令代码及程序格式编写成加工程序单，再把这个程序单输入数控装置中的存储介质内，数控机床即可按指令进行加工。

数控机床可精确加工复杂型面，适合于加工中小批量、精度要求高、形状又较复杂的工件。

数控机床通常由信息载体、数控装置、伺服机构和机床本体四部分组成，如图 2.115 所示。

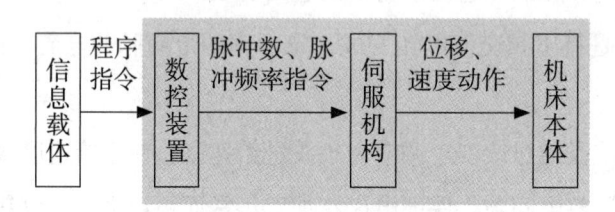

图 2.115　数控机床的组成框架

信息载体或称输入介质、控制介质，是在人和机床之间的媒介物。

数控装置是数控机床的核心。通常由输入装置、控制器、运算器和输出装置四部分组成。输入装置接受来自信息载体的各种指令，经译码后将控制指令送入控制器，数据送到运算器。控制器接受输入装置送来的控制指令，控制运算器与输出装置实现对机床各种操作的控制。运算器接受控制器的指令，输入的数据信息进行处理，将处理的结果送到输出装置。输出装置根据控制器的指令，将运算器处理的结果，经放大或转换成模拟电压量之后，送到伺服机构，使机床按规定要求运动。

伺服机构是数控机床执行机构的驱动部件。它的作用是把来自数控装置的脉冲信号转换为机床相应部件的机械运动。伺服机构由伺服电动机和进给传动装置组成。

机床本体就是数控机床的主体，与传统机床相似，包括床身、立柱、主轴、进给机构等机械部件。

数控机床是在普通机床的基础上发展而来的。两者的最大区别是数控机床包括数控装置和伺服机构，而普通机床没有。

(2) 加工中心

加工中心是在数控机床的基础上发展而来的，装备有刀具库并能自动更换刀具。或者说，数控机床＋刀具库＋自动换刀装置就构成了加工中心。

(3) 两者的区别

虽然两者都是按预先编好的指令程序对工件进行加工，但两者还是有较大区别的。

① 两者的组成不同。加工中心备有刀具库，并能自动更换刀具；数控机床则没有刀具库，一般不能自动更换刀具。

② 两者的加工方式不同。加工中心可进行多种加工方式，所以加工中心属于多功能的机床；数控机床一般只有一种加工方式或以一种加工方式为主。例如，数控钻床只有钻削一种加工方式，数控车床具有车削和钻削两种加工方式，但仍以车削为主要加工方式。

③ 两者的归类不同。加工中心归入品目 84.57 项下，而数控机床按机床的类型归入不同的品目。

加工中心在确定子目时要区分其结构：立式、卧式、龙门式，以及其他结构。立式加工中心指机床回转主轴为竖直布置的加工中心。卧式加工中心指机床回转主轴为水平布置的加工中心。龙门式加工中心指由两立柱、横梁和床身构成的"龙门"框架式加工中心。

数控机床在归类时，要判断它属于什么类型的机床，例如，数控车床属于车床的范围，所以按车床归入品目 84.58 项下，数控铣床按铣床归入品目 84.59 项下。在确定子目时，再考虑是数控的还是非数控的。

问题 76：加工中心与车削中心有何区别？如何归类？

加工中心是在数控机床的基础上发展而来的，装备有刀具库并能自动更换刀具。图 2.116 为加工中心所用不同类型的刀具库。

图 2.116 加工中心所用不同类型的刀具库

车削中心不具有刀具库，更不能实现从刀具库中自动更换刀具，所以它不属于加工中心，仍按数控车床归入品目 84.58 项下。车削中心装有可回转刀盘，有时会错误地将回转刀盘认为是刀具库，它虽然也能通过回转刀盘来自动更换刀具，但不是通过机械手换刀装置来更换刀具的，回转刀盘上的各种刀具在加工前要预先安装于刀盘上。图 2.117 为车削中心的回转刀盘。

图 2.117　车削中心的回转刀盘

两者的归类也不同：加工中心归入品目 84.57 项下；车削中心按数控机床归入品目 84.58 项下。

问题 77：什么是组合机床？单工位组合机床与多工位组合机床有何区别？如何归类？

组合机床是以通用部件为基础，配以少量按工件特定形状和加工工艺设计的专用部件和夹具而组成的半自动或自动专用机床。组合机床一般采用多轴、多刀、多工序、多面或多工位同时加工的方式，其生产效率比通用机床高几倍至几十倍。其中的通用部件已标准化和系列化，可以根据需要灵活配置，所以在大批量生产中得到广泛应用，并可用以组成自动生产线。组合机床多用于箱体类零件的加工。

组合机床一般由底座（又称床身）、动力箱与主轴箱和刀具（又称动力头）、滑台、夹具等组成，如图 2.118 所示。

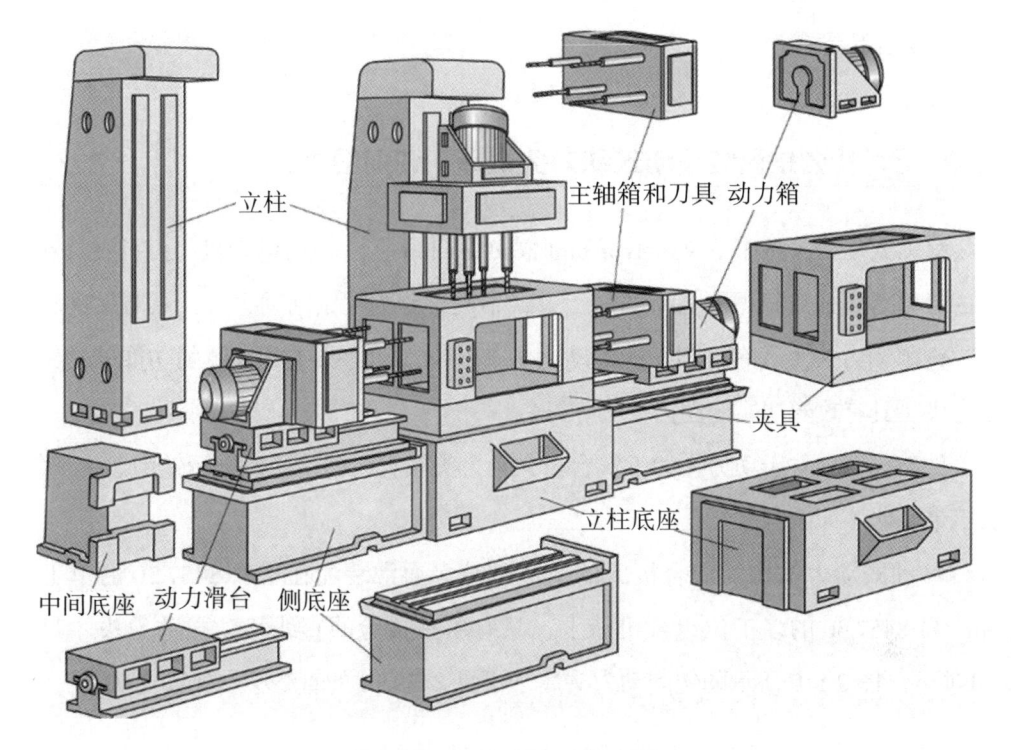

图 2.118　组合机床的结构

组合机床一般用于加工箱体类或特殊形状的零件。加工时工件一般不旋转，由刀具的旋转运动和刀具与工件的相对进给运动来实现钻孔、扩孔、锪孔、镗孔、铣削平面、切削内外螺纹，以及加工外圆和端面等。组合机床按工位数可分为单工位组合机床和多工位组合机床。

工位是指工件一次安装后，工件在机床上所占的每一个位置。

（1）单工位组合机床

单工位组合机床的工件固定在工作台后不再移动，或者说工作台是固定不动的，多个动力头可同时或顺序地对其进行加工，这种机床只有一个加工工位，所以称单工位组合机床。

（2）多工位组合机床

多工位组合机床的工件固定在工作台后，同时有多个动力头对工件进行加工。当在一个工位完成切削加工后，工作台带动工件通过旋转或直线移动的方式从一个工位到另一个工位（在切削加工时工作台是固定不动的），继续进行其他方式的切削加工，直至完成所有的切削加工。由于这种机床有多个加工工位，所以称为多工位组合机床。

组合机床归入品目84.57项下，其中，单工位组合机床归入子目8457.2000，多工位组合机床归入子目8457.3000。

组合机床上的动力头如果单独报验，应归入子目8459.1项下，不能错误地按专用零件归入品目 84.66 项下。

问题 78：什么是直线移动式动力头机床？如何归类？

直线移动式动力头机床（Way-type unit head machine）一般由电动机、刀具夹具和在床身上移动的导轨等组成，根据所具备的加工方式不同可分为：钻削动力头（具有钻削功能的动力头）、铣削动力头（具有铣削功能的动力头）、镗削动力头（具有镗削功能的动力头）、攻丝动力头（具有攻丝功能的动力头）。

当工件装夹在独立于动力头的工作台时，动力头做直线移动，以进行钻削、镗削等加工，动力头不带底座（即床身）。

直线移动式动力头作为组合机床的组成部分，通常装配在子目 8457.20 的单工位组合机床和子目 8457.30 的多工位组合机床上，只有单独报验的直线移动式动力头才归入子目 8459.10 项下。图 2.119 所示的铣削动力头属于子目 8459.10 的直线移动式动力头。

图 2.119　铣削动力头

将 "Way-type unit head machine" 翻译为 "直线移动式动力头机床" 不妥，该商品并没有床身，不属于机床的范围，建议翻译为 "直线移动式动力头"。

问题 79：机床中的立式、卧式、龙门式分别是什么含义？

机床中的立式、卧式、龙门式是指它们的结构形式。
立式是指机床回转主轴为竖直布置的机床。
卧式是指机床回转主轴为水平布置的机床。
龙门式是指由两立柱、横梁和床身构成的 "龙门" 框架的机床。

问题 80：磨床的定位精度和重复定位精度是如何确定的？

定位精度是指机床移动到指定位置（通常为原点）的精确度。

重复定位精度是指机床反复移动到指定位置的定位精度的变化量。

问题 81：什么是无心磨床？如何归类？

无心磨床（Centerless grinding machine）是磨削外圆的一种磨床，磨削时，无须装夹固定工件，而是直接将工件放在砂轮和导轮之间，并用托板支承着，砂轮的旋转为主运动，导轮的旋转和移动为进给运动。图 2.120 为无心磨削示意图。

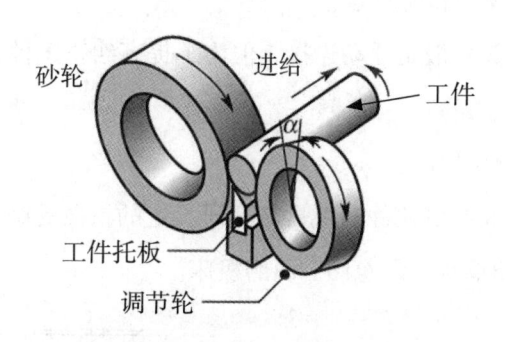

图 2.120　无心磨削示意图

数控无心磨床归入子目 8460.22 项下。

问题 82：珩磨机床与研磨机床有何区别？如何归类？

珩磨（Honing）机床是用镶嵌在珩磨头上的油石（又称珩磨条）对精加工表面进行精整加工的机床。在珩磨加工时，珩磨头既做旋转运动又做轴向的直线往复运动。图 2.121 为珩磨加工示意图。

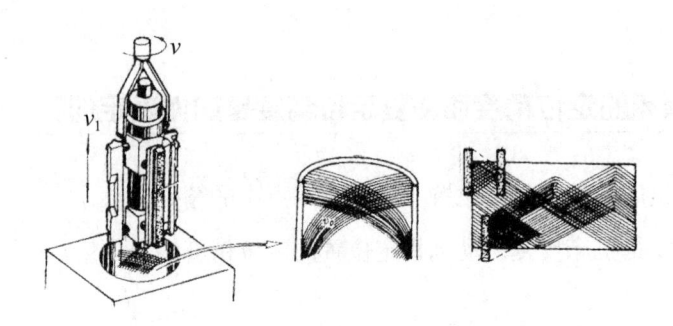

图 2.121　珩磨加工示意图

珩磨机床磨削工件时，主要通过珩磨头的旋转运动实现磨削功能，而不是通过砂轮，所以珩磨机床不属于带有普通砂轮的磨床。

珩磨主要用于加工各种圆柱孔，如缸筒、阀孔、连杆孔和箱体孔等。在一定条件下，珩磨也能加工外圆、平面、球面和齿面等。

珩磨机床主轴与珩磨头一般是浮动连接，但为了提高纠正工件几何形状的能力，也可以用刚性连接。

珩磨机床归入子目 8460.4010。

研磨（Lapping）机床是指利用涂敷或压嵌在研具上的松散的磨料颗粒对工件表面进行精加工的机床。图 2.122 为研磨加工示意图与研磨机床。

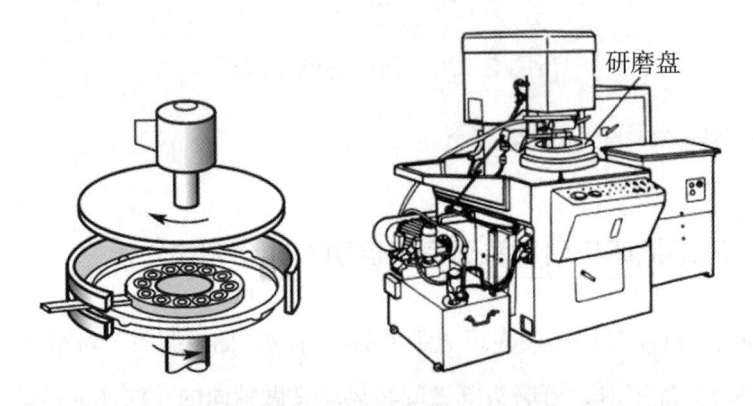

图 2.122　研磨加工示意图与研磨机床

研磨机床磨削工件时，主要通过研具带动磨料颗粒的运动实现磨削功能，而不是通过砂轮，所以研磨机床不属于带有普通砂轮的磨床。

研磨是最常用的光整加工和精密加工方法之一，可用于加工各种金属和非金属材料。

研磨机床归入子目 8460.4020。

问题 83：刃磨机床与普通磨床有何区别？如何归类？

刃磨机床（Sharpening machine）又称为工具磨床（Tool grinding machine）或刀具磨床，是用来加工品目 82.07 的可换性工具（如车刀、铣刀、钻头、铰刀等）的磨床。图 2.123 为万能工具磨床。

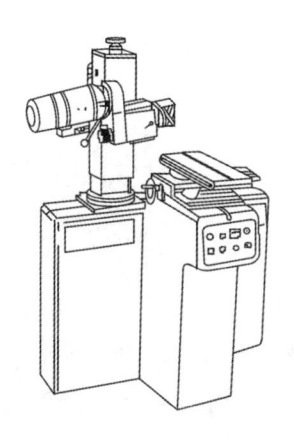

图 2.123　万能工具磨床

刃磨机床归入子目 8460.3 项下。

普通磨床是用来加工工件的磨床，如外圆磨床、内圆磨床、平面磨床、齿轮磨床等。

普通磨床（除齿轮磨床外）根据其功能、定位精度、用途等要素归入品目 84.60 项下的相应子目，齿轮磨床归入子目 8461.4011（数控的）或子目 8461.4090（非数控的）。

问题 84：铸造与锻造有何区别？

铸造（Casting）是将熔融的金属浇铸到模型中获得铸件的过程。铸造侧重的是金属熔炼过程，以及浇铸过程中工艺的控制。

锻造（Forging）是固态下的塑性成型过程，有热锻造和冷锻造之分，挤压、拉拔、墩粗、冲孔等都属于锻造。

问题 85：开式锻造机与闭式锻造机有何区别？

开式锻造机（Open die forging machine）又称为自由锻设备。自由锻是指用简单的通用性工具，在锻造设备的上、下砧铁之间直接对坯料施加外力，使坯料产生变形而获得所需几何形状及内部质量锻件的加工方法。

自由锻的模具简单且廉价，被加工工件的尺寸范围大，但只限于加工形状简单的锻件，锻件的尺寸精度低，生产效率低，对操作工人的技术要求高。自由锻大多用于小批量锻件的生产，自由锻主要采用锻锤、液压机等锻造设备对坯料进行成型加工。图 2.124 为自由锻常用的三种锻造方式。

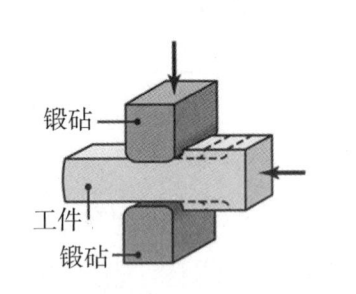

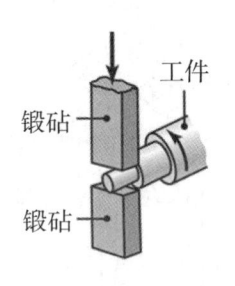

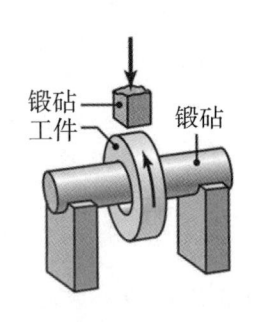

通过自由锻减薄矩形条杆的厚度　　通过自由锻缩减条杆的直径　　通过自由锻减薄圆环的厚度

图 2.124　自由锻常用的三种锻造方式示意图

闭式锻造机（Closed die forging machine）又称为模锻设备。模锻是指利用模具使毛坯成型而获得锻件的锻造方法。模锻的模具复杂且价格高。模锻可加工形状复杂的工件，如齿轮的毛坯、连杆的毛坯等，模锻加工出的锻件尺寸精度高。模锻生产效率高，但对于小批量的工件用模锻是不经济的（因为在进行锻造前，要设计成本较高的模具）。图 2.125 为模锻加工示意图。

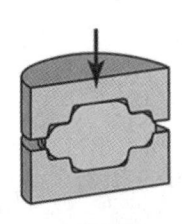

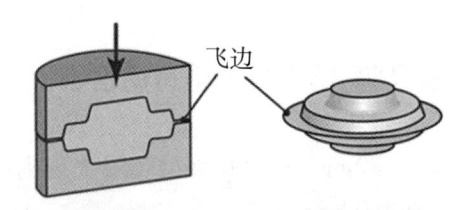

将毛坯放入模具　　加压锻造　　成型，成型后产生飞边　　经锻造加工后的工件

图 2.125　模锻的加工示意图

问题 86：加工板材的型材成型机、数控折弯机、数控多边折弯机、数控卷板机有何区别？如何归类？

（1）型材成型机

型材成型机（Profile forming machine）是用金属扁平材加工成型材的机器。加工时，金属板材穿过安装在连续机架上的多个滚轴组。该板材逐渐通过每组相互啮合的辊轴系统，直到获得所需的截面轮廓。型材成型机只改变板材横截面的形状，在纵轴方向仍呈线性状态。图 2.126 为型材成型示意图，从该图可以看出板材横截面的形状是逐渐发生变化的。图 2.127 为彩钢瓦加工成型机。

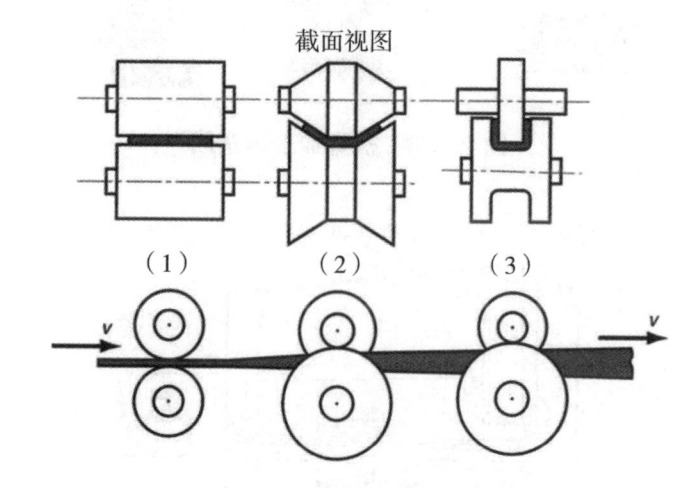

图 2.126 型材成型示意图

图 2.127 彩钢瓦加工成型机

型材成型机归入子目 8462.2210（数控的）或 8462.2290（其他）。

（2）数控折弯机

数控折弯机（Numerically controlled press brake）是对金属扁平材以自动和可编程方式进行折弯加工的机器，它只能从单方向对板材折弯。通常情况下，C 形弯臂构成折弯机的侧面，其底部与工作台相连，顶部与可移动的臂连接。模具中的下模具安装在工作台上，上模具安装在移动臂上。通过上模具的移动将板材压入下面的 V 形模具中使板材折弯，所以折弯又称为 V 形弯曲（V-Bending）。图 2.128 为折弯加工示意图，图 2.129 为数控折弯机。从图 2.129 中可以看到数控折弯机的 C 形弯臂。

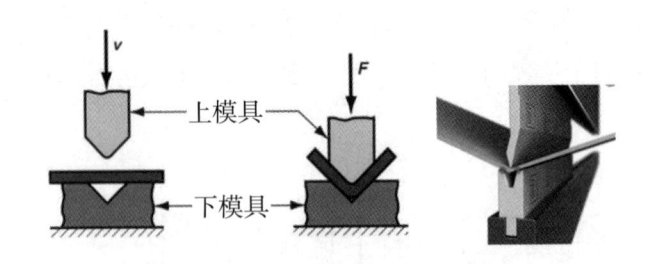

图 2.128　折弯加工示意图

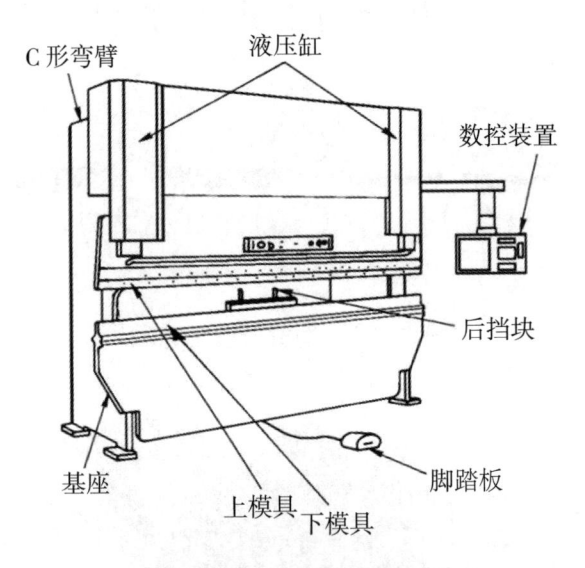

图 2.129　数控折弯机

数控折弯机归入子目 8462.2300。

（3）数控多边折弯机

数控多边折弯机（Numerically controlled panel bender）是一种对金属扁平材以自动和可编程的方式从正、反两面进行折弯加工的冷成型机器。数控多边折弯机和数控折弯机大致相似，但不同之处在于多边折弯机可以从正、反两面弯曲板材，而折弯机只能在其中一面折弯，若要向另一面折弯，则必须翻转被加工的板材。图 2.130 为板材向上折边与向下折边示意图，上面两个小图是向上弯曲的过程，下面两个小图是向下弯曲的过程。图 2.131 为数控多边折弯机。图 2.132 为多边折弯机加工好的样品，包括不锈钢家具、照明用具外壳和金属幕墙及天花板。

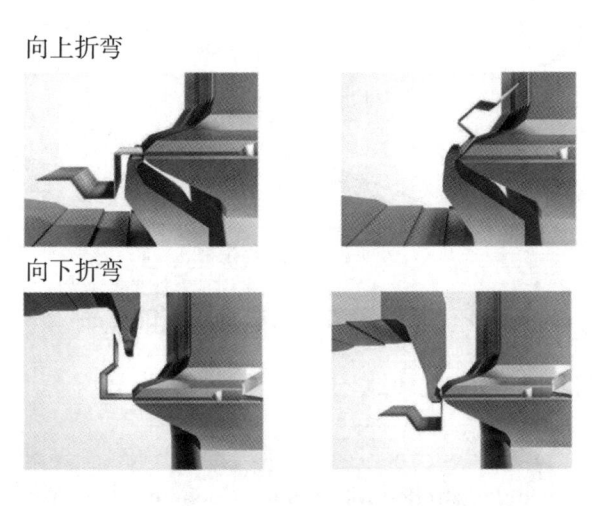

向上折弯

向下折弯

图 2.130　板材向上折边与向下折边示意图

图 2.131　数控多边折弯机

不锈钢家具

照明用具外壳

金属幕墙及天花板

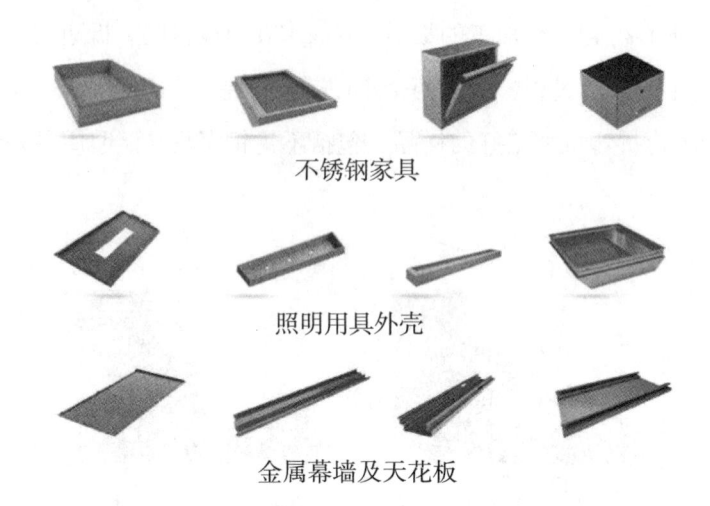

图 2.132　多边折弯机加工好的样品

数控多边折弯机归入子目 8462.2400。

（4）数控卷板机

数控卷板机（Numerically controlled roll forming machine）是对金属扁平材以自动和可编程的方式进行滚压加工的机床。加工时，板材穿过三辊或更多辊，只在沿进料的纵轴方向上改变金属板的曲率，滚压成所需的曲线形状（弧形、圆形、椭圆形），而板材的横截面形状保持不变。图 2.133 为三辊卷板成型加工板材的示意图，通过调节上辊与下辊的间距来得到不同曲率的圆弧，上辊与下辊间距大时卷曲板材的半径大，上、下辊间距小时卷曲板材的半径小。图 2.134 为加工过程中的数控卷板机。

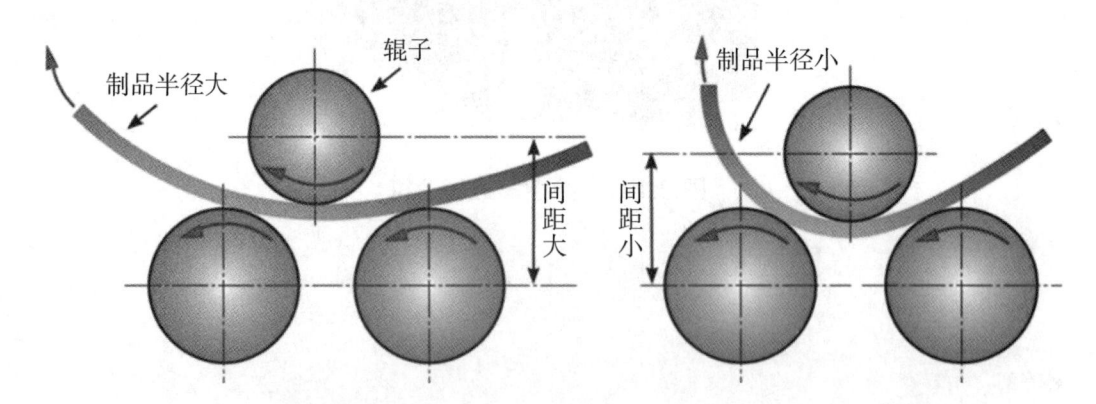

图 2.133　三辊卷板成型加工板材示意图（两种不同曲率圆弧的比较）

图 2.134 加工过程中的数控卷板机

数控卷板机归入子目 8462.2500。

问题 87：加工板材的纵剪线与定尺剪切线各由哪些部分组成？它们之间有何区别？如何归类？

纵剪生产线（Slitting line）是一条加工金属扁平材的生产线，将宽卷材切割成窄卷材的生产线。

纵剪生产线主要由开卷机、卷材矫平机、纵剪机和收卷机组成。工作时，卷状板材从开卷机送入，首先被矫平，然后通过两个分别带有环形凸起和凹槽的圆柱辊（一个在上面，另一个在下面）完成分切，在生产线的末端，分切的板材由收卷机再次卷绕成卷状。图 2.135 是纵剪生产线。

图 2.135 纵剪生产线

定尺剪切生产线（Cut-to-length line）也是一条加工金属扁平材的生产线，是将卷材分段剪切成张型板材的生产线。

定尺剪切生产线主要由开卷机、卷材矫平机和剪切机三部分组成。加工时，成卷的扁平材架在开卷机上开卷，通过卷材矫平机送入剪切机，剪切机将其切成多片特定长度的板材。

117

图 2.136 为定尺剪切生产线，图 2.137 为定尺剪切生产线剪切后得到的产品。

图 2.136　定尺剪切生产线　　图 2.137　定尺剪切生产线剪切后得到的产品

纵剪生产线与定尺剪切生产线的区别是：前者纵剪后还要经过收卷工序；后者的剪切是横切，即切成特定长度的片状板材，不再有收卷工序。

纵剪生产线与定尺剪切生产线均归入子目 8462.32 项下。

问题 88：加工金属的液压压力机、机械压力机、伺服压力机有何区别？如何归类？

（1）液压压力机

液压压力机（Hydraulic press）使用高压流体通过活塞驱动机器的移动部件，使压力机滑块移动，通过安装在滑块上的模具改变材料的形状，如图 2.138 所示。与机械压力机或伺服压力机相比，液压压力机的行程可自由调节，滑块可以停在任意的行程位置，且无须改变液压压力机原有的动力特性。

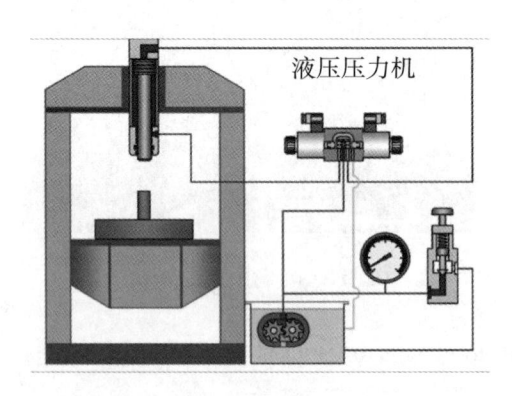

图 2.138　液压压力机示意图

（2）机械压力机

机械压力机（Mechanical press）是使用电动机通过机械传动链产生压力来改变金属工件

形状的机器。通过施加在金属工件上的较大压力而改变工件的形状。图2.139为机械压力机的工作原理。机械压力机要使用离合器把电动机的机械能传递到工作部件，该离合器将传递的扭矩从主动轮传到从动轮。机械压力机通常使用三相电动机，并通过离合器、齿轮传动带动曲轴旋转，曲轴的旋转再转化为冲头的上、下运动。

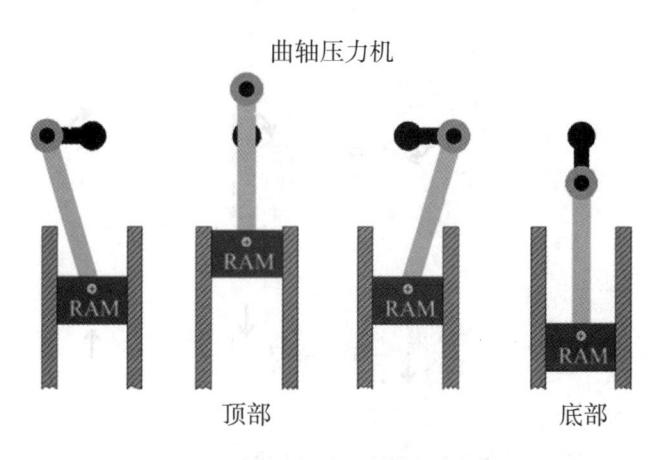

图2.139　机械压力机的工作原理

图2.140为机械压力机实物。从图中可以看出机械压力机带有离合器（Clutch），电动机的机械能通过皮带、离合器、齿轮传递给带动工作部件运动的曲轴。

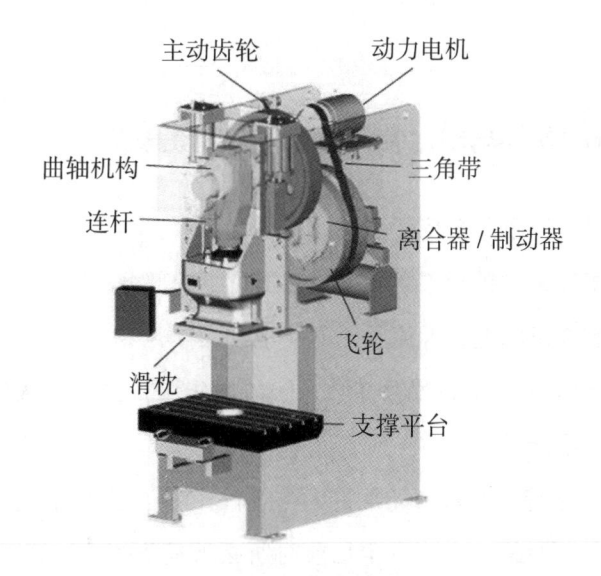

图2.140　机械压力机

（3）伺服压力机

伺服压力机（Servo-press）是一种由伺服电动机驱动并产生压力来改变金属工件形状的机器，是一种特殊的机械压力机，如图2.141所示。从图中可以看出，伺服压力机不含离合器，而是采用电控无刷的伺服电动机来直接驱动压力机,通过伺服系统将电动机的机械能直接通过齿轮传递给曲轴,曲轴的旋转再转化为工作部件(冲头)的上、下运动。

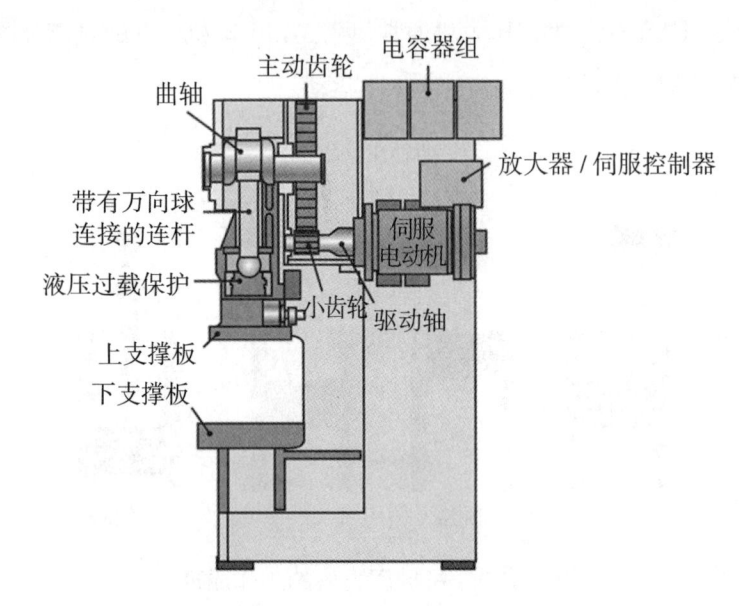

图 2.141 伺服压力机示意图

液压压力机归入子目 8462.61;机械压力机归入子目 8462.62;伺服压力机归入子目 8462.63。

问题 89:机床的零件与附件有何区别?如何归类?

机床的零件一般具有以下几个特征:

特征一:专用于机床,是机床正常加工时必不可少的部分;

特征二:一旦安装在机床上,拆掉后便不能正常操作;

特征三:对安全操作是必不可少的,例如机床的防护罩,虽然机床少了它也可进行加工;

特征四:机床的标准配置。

机床的附件一般不是基本配置,经常视为可选件,除了起从属的作用外,主要是扩大机床的加工范围,附件必须是机床完成一定功能时所必须具备的。例如,用以改进机床,扩大其工作范围的车削凹槽或球面的装置、仿形装置、分度头;用以提高精确度的装置;对机床主要功能起某种伺服作用的装置。这些均可视为机床的附件。

机床的零件、附件在归类时,要严格依据第十六类注释二的要求,只有在第十六类注释一、第八十四章注释一未排除,以及未在第八十四章或第八十五章列名的专用零件、附件才归入品目 84.66 项下。例如，车床上使用的硫化橡胶制传动带属于第十六类注释一（一）已排除的商品，不能误归入本章，应归入品目 40.10 项下。激光加工机床上使用的激光器属于第九十章品目 90.13 项下的商品，第十六类注释一（十二）已将第九十章的商品排除，所以激光器不能误归入本章。钻床上使用的钻头属于可互换性工具，该商品在品目 82.07 的条文中已有列名，且第十六类注释一（十）已将第八十二章的商品排除，所以钻头不能误归入本章。

品目 84.66 的列目结构如下：

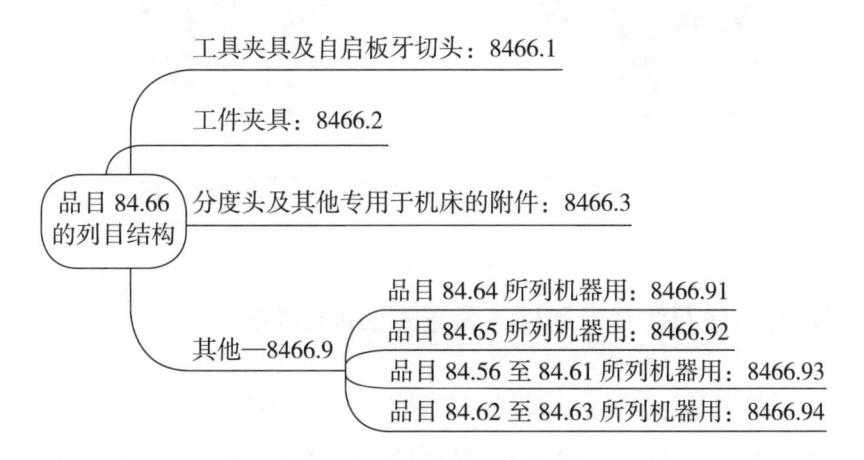

```
                  ┌─ 工具夹具及自启板牙切头：8466.1
                  │
                  ├─ 工件夹具：8466.2
                  │
品目 84.66 ───────┼─ 分度头及其他专用于机床的附件：8466.3
的列目结构        │
                  │                    ┌─ 品目 84.64 所列机器用：8466.91
                  │                    ├─ 品目 84.65 所列机器用：8466.92
                  └─ 其他—8466.9 ─────┤
                                       ├─ 品目 84.56 至 84.61 所列机器用：8466.93
                                       └─ 品目 84.62 至 84.63 所列机器用：8466.94
```

分度头是用于将圆分成相等的份数或度数的装置，是机床的重要附件之一。

在品目 84.66 的列目中，子目 8466.1 ~ 8466.3 是根据功能、用途列名的商品和未列名的机床附件，而其他未列名的专用零件则根据其所属的机床类型归入子目 8466.9 项下不同的子目。也就是说，在确定相应的二级子目前，要首先确定该零件所属的整机在哪个品目。

问题 90：工具夹具与工件夹具有何区别？如何归类？

工具夹具是指用来固定、夹持刀具的夹具，如车床上用于夹持车刀的刀架，钻床上用于固定钻头的夹头（如图 2.142 所示）等均属于工具夹具的范围。它们均归入子目 8466.1000。

图 2.142　钻头夹持工具

工件夹具是指用来固定、夹持工件的夹具，如车床上用于夹持工件的三爪卡盘（如图 2.143 所示）、固定长轴类零件的顶尖（如图 2.144 所示），铣床上固定工件的夹具均属于工件夹具的范围。它们均归入子目 8466.2000。

图 2.143　三爪卡盘图　　2.144　固定长轴类零件的顶尖

问题 91：什么是刀库及自动换刀装置？如何归类？

刀库是存放待换刀具的装置，自动换刀装置（又称自动换刀机构）是能自动更换加工中所用刀具的装置，它们都是加工中心的重要组成部分。刀库系统是提供自动化加工过程中所需之存储刀具及更换刀具需求的一种系统，由自动换刀装置和能储存多把刀具的刀库构成。该系统由电脑程序控制，可完成各种不同的加工需求，如铣削、钻孔、镗孔、攻丝等，可大幅缩短加工时程，降低生产成本。

刀库可分为斗笠式、圆盘式、链条式，详见图 2.116。自动换刀装置则可分为油压机构、气压机构、电气凸轮机构三类。

刀库及自动换刀装置均归入子目 8466.9310。

问题 92：什么是手提式风动工具？如何归类？

手提式风动工具是指采用压缩的气体（通常为空气）作为动力的手提式工具，如图 2.145 所示。"风动的"对应的英文是"pneumatic"，所以又称为"气动的"。

该气动工具可依靠压缩空气带动旋转的主轴，主轴上安装不同的工作头，可实现钻孔、切割、打磨、锯切、拧螺丝等工作。

手提式风动工具归入子目 8467.1100（旋转式）或子目 8467.1900（其他）。图 2.145 所示的手提式风动工具属于旋转式的，所以归入子目 8467.1100。

图 2.145　手提式风动工具

问题 93：品目 84.71 的列目结构有何规律？

品目 84.71 的列目结构如下：

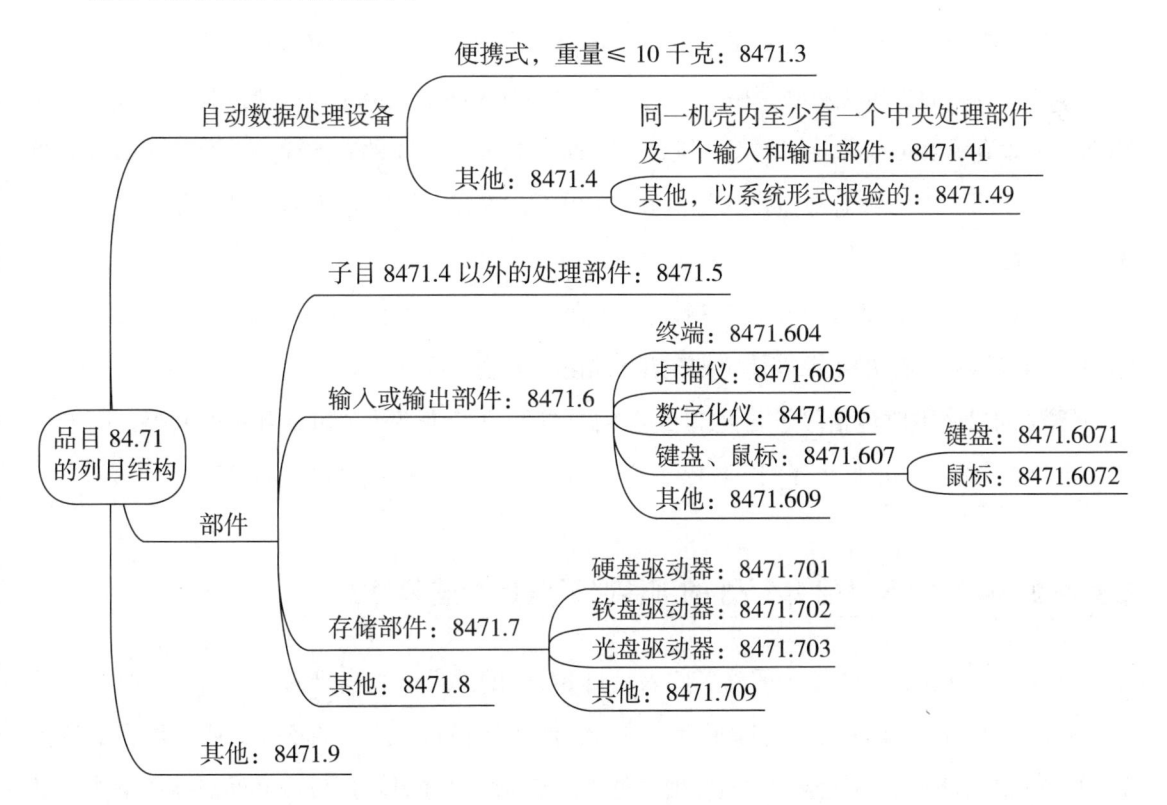

```
品目 84.71 的列目结构
├── 自动数据处理设备
│   ├── 便携式，重量 ≤ 10 千克：8471.3
│   └── 其他：8471.4
│       ├── 同一机壳内至少有一个中央处理部件及一个输入和输出部件：8471.41
│       └── 其他，以系统形式报验的：8471.49
├── 部件
│   ├── 子目 8471.4 以外的处理部件：8471.5
│   ├── 输入或输出部件：8471.6
│   │   ├── 终端：8471.604
│   │   ├── 扫描仪：8471.605
│   │   ├── 数字化仪：8471.606
│   │   ├── 键盘、鼠标：8471.607
│   │   │   ├── 键盘：8471.6071
│   │   │   └── 鼠标：8471.6072
│   │   └── 其他：8471.609
│   ├── 存储部件：8471.7
│   │   ├── 硬盘驱动器：8471.701
│   │   ├── 软盘驱动器：8471.702
│   │   ├── 光盘驱动器：8471.703
│   │   └── 其他：8471.709
│   └── 其他：8471.8
└── 其他：8471.9
```

自动数据处理设备即我们熟悉的计算机、电脑，是同一种商品不同的叫法。自动数据处理设备是计算机在《协调制度》中的叫法。

品目 84.71 主要分成三大块：自动数据处理设备、部件和其他。自动数据处理设备根据是否为便携式、是否在同一机壳内、是否以系统形式报验来列目，部件则根据其功能来列目。

从上述列目结构可以看出，自动数据处理设备归入子目 8471.3 ~ 8471.4 项下，自动数据处理设备的部件归入子目 8471.5～8471.8 项下，其他品目未列名的磁性或光学阅读机、将数据以代码形式转录到数据记录媒体的机器及处理这些数据的机器归入子目 8471.9 项下。也就是说，品目 84.71 的品目条文中分号前面的商品归入子目 8471.3～8471.8 项下，而分号后面的商品在子目中并未列名，应归入子目 8471.9 项下。

部分子目的商品范围如下：

子目 8471.3 主要包括便携式的笔记本电脑、平板电脑等。

子目 8471.41 主要包括除便携式电脑外的同一机壳内包括中央处理器、输入与输出设备的一体机。

子目 8471.49 主要包括除便携式电脑、一体机外的以系统形式报验的电脑，如办公室用或家用的台式电脑（包括主机、显示器、键盘、鼠标等）。

子目 8471.5 主要包括除便携式电脑、一体机、台式电脑（以系统形式报验）外的处理部件，如台式电脑的主机（单独报验）应归入子目 8471.5 项下，但是，单独报验的台式电脑其他部件，如显示器（或称监视器）、键盘、鼠标不能归入子目 8471.5 项下，由于在第八十四章注释六（四）中已将监视器排入品目 85.28 项下，键盘、鼠标作为输入设备在子目 8471.6 项下已有列名。

子目 8471.7 的存储部件主要包括硬盘驱动器、光盘驱动器，不包括内存条（归入子目 8473.3）和品目 85.23 的记录媒体（如磁盘、光盘、U 盘等）。

子目 8471.8 主要包括除子目 8471.5～8471.7 外的其他部件，如显卡和声卡等。网卡、路由器和集线器等不能归入子目 8471.8，应作为通信设备归入品目 85.17 项下。

问题 94：归入品目 84.71 的部件必须满足哪些条件？

第八十四章注释六（三）明确了归入品目 84.71 的部件必须满足的三个条件，但在实际归类中，归入品目 84.71 的部件除了满足第八十四章注释六（三）的条件，还必须满足品目 84.71 在《品目注释》中规定的"执行数据处理的功能"的条件，所以按部件归类的条件可以归纳如下：

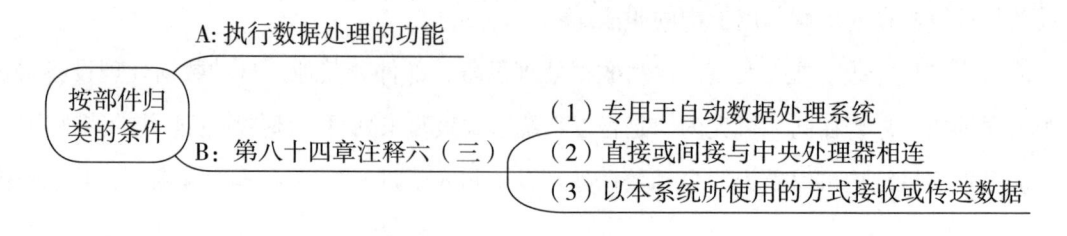

按部件归类的条件
- A: 执行数据处理的功能
- B: 第八十四章注释六（三）
  - （1）专用于自动数据处理系统
  - （2）直接或间接与中央处理器相连
  - （3）以本系统所使用的方式接收或传送数据

例如，电脑用的主板符合注释六（三）中的三个条件，但是，在自动数据处理设备中它并不执行"数据处理的功能"，只起连接作用，不符合上述条件，所以不能按"部件"归入品目84.71，而应按自动数据处理设备的零件归入品目84.73。显卡和声卡则除了符合注释六（三）中的三个条件，还具有执行"数据处理的功能"（即显卡对显示信号进行处理、声卡对音频信号进行处理），所以可按自动数据处理设备的部件归入品目84.71，而不是按自动数据处理设备的零件归入品目84.73。另外，对于键盘、X—Y坐标输入装置及盘（片）式存储部件，即使不满足注释六（三）中的条件（1），不是专用于或主要用于自动数据处理系统，仍可按"部件"归入品目84.71项下。

问题 95：自动数据处理设备主要由哪些零部件组成？这些零部件中哪些不能按专用零件归入品目84.73？哪些可以按专用零件归入品目84.73？

自动数据处理设备主要包括的零部件有主板、中央处理器、内存条、显卡、声卡、硬盘驱动器、光盘驱动器、网卡等。

（1）主板

主板（Main board）又称为母板，是安装在主机箱内的多层印刷电路板。主板上集成了组成计算机的主要电路系统，主要有BIOS芯片、Cache、I/O控制芯片、键盘和面板控制开关接口、指示灯插接件、内存插槽、6～8个扩展插槽、主板，以及插卡的直流电源供电接插件等元件，如图2.146所示。

图2.146　主板

（2）中央处理器

中央处理器（Central processing unit，CPU），主要功能是解释计算机指令和处理计算机软件中的数据。

（3）内存条

内存（Memory）通常做成条状，所以称为内存条，是计算机主板上的主要存储部件，连接中央处理器和其他设备的通道，起到缓冲和数据交换作用。一般只用于暂时存放程序和数据，一旦关闭电源或发生断电，内存条中的程序和数据就会丢失，图2.147为内存条的实物图。

图2.147　内存条

（4）显卡

显卡（Video card，Graphics card）又称为视频卡、视频适配器、图形适配器和显示适配器等，是主机与显示器之间连接的"桥梁"，作用是控制电脑的图形输出，负责将中央处理器送来的影像数据处理成显示器认识的格式，再送到显示器形成图像，图2.148为显卡的实物图。

图2.148　显卡

（5）声卡

声卡（Sound card）又叫音频卡，是实现声波/数字信号相互转换的部件。其基本功能是提供音频信号的输入、输出功能并对其进行处理。

（6）硬盘驱动器

硬盘驱动器（Hard disk drive）简称硬盘，是一种主要的电脑存储介质，由一个或者多个铝制或玻璃制的碟片组成，这些碟片外覆盖有铁磁性材料。

（7）光盘驱动器

光盘驱动器（Optical disc drive）简称光驱，是一种读取光盘信息的设备。光驱内部结构可分为底部结构和机芯结构两大部分。

（8）网卡

网络接口卡（Network interface card）简称网卡，又称网络适配器，是插入主机箱内的计算机与外界局域网连接通信用的一块网络接口板。

自动数据处理设备的零、部件中在其他品目中已列名的商品不能再归入品目84.73项下，例如，显卡和声卡属于部件的范围，应归入子目8471.8000，中央处理器按集成电路归入子目8542.31项下，硬盘驱动器、光盘驱动器按存储部件归入子目8471.7项下，网卡按通信设备归入子目8517.62项下。

自动数据处理设备的零件中的主板、内存条、外壳等按专用零件归入子目8473.3项下。

其中，内存条不能误按"半导体记录媒体"归入品目85.23项下，因为它是专用于自动数据处理设备的，在品目84.73的《品目注释》中已明确此商品归入品目84.73项下。

问题96：分类、分选的机器有哪些类型？如何归类？

分类、分选的机器包括农产品的分类、分选机器，矿产品的分类、分选机器和集成电路等工业产品的分选机器。由于它们的分选对象不同，决定了它们的组成结构、分选原理也不同。

用于种子、谷物或干豆等农产品的分选或分级机器应归入品目84.37项下。例如，用于种子及谷物的光学色差颗粒选别机归入子目8437.1010。

用于泥土、石料、矿石或其他固体矿物质的分类、筛选的机器归入品目84.74项下。

用于集成电路等工业产品的分选机器归入品目84.79项下。

问题97：玻璃的热加工机器与冷加工机器有何区别？如何归类？

玻璃的热加工机器是指对玻璃加热成为液态或使其具有塑性时加工的设备。这类机器主要是用浇铸、拉伸、滚压、纺丝、吹制、仿形、模制等加工方法进行操作。

玻璃的冷加工机器是指对玻璃进行抛光、钻孔、磨边、刻花的机器。由于它们的分选对象不同，决定了它们的组成结构、分选原理也不同。

玻璃的热加工机器归入品目 84.75 项下。

玻璃的冷加工机器归入品目 84.64 项下。品目 84.64 只包括使用普通刀具进行刻花的机器，如果是利用激光在玻璃上进行刻花的机器，应按特种加工机床归入品目 84.56 项下。

问题 98：常见的塑料成型机有哪些类型？如何归类？

常见的塑料成型机包括注射成型机、挤出成型机、吹塑成型机、吸塑成型机、挤出吹塑机和注射吹塑机。

（1）注射成型机

注射成型机（Injection-moulding machine）又称注塑成型机，是将粒状或粉状的原料加入注射机的料斗里，原料经加热熔化呈流动状态，在注射机的螺杆或活塞推动下，经喷嘴和模具的浇注系统进入模具型腔，在模具型腔内硬化定型的成型机，如图 2.149 所示。

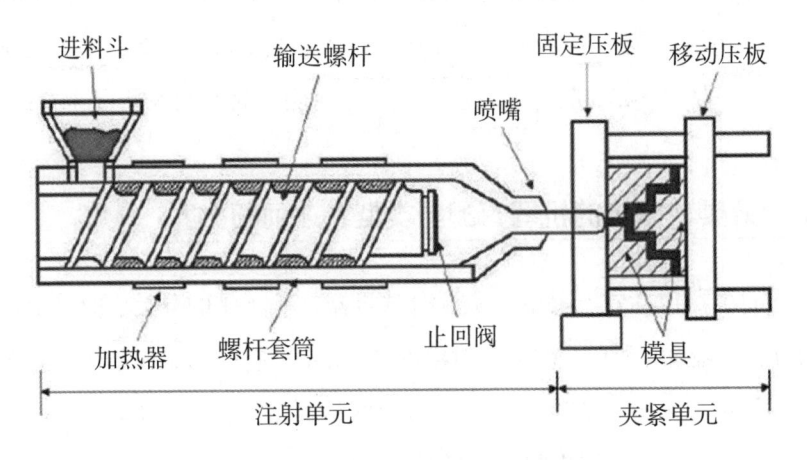

图 2.149 注射成型机结构

注射成型机的制品有厨房用品（如各种餐具等）、电器设备外壳（如电吹风机、吸尘器等）、塑料玩具，以及汽车工业用的各种塑料制品等。

注射成型机归入子目 8477.1 项下的相关子目。

（2）挤出成型机

挤出成型机（Extruder）又称挤塑成型机，是利用转动的螺杆，将被加热熔融的热塑性原料，从具有所需截面形状的机头挤出，然后由定型器定型，再通过冷却器使其冷硬固化，成为所需截面产品的成型机，如图 2.150 所示。

挤出成型机的制品有管材、棒材、单丝、扁带、塑料门窗、板材、电缆包层、单丝，以及其他异型材等。

挤出成型机归入子目 8477.2 项下的相关子目。

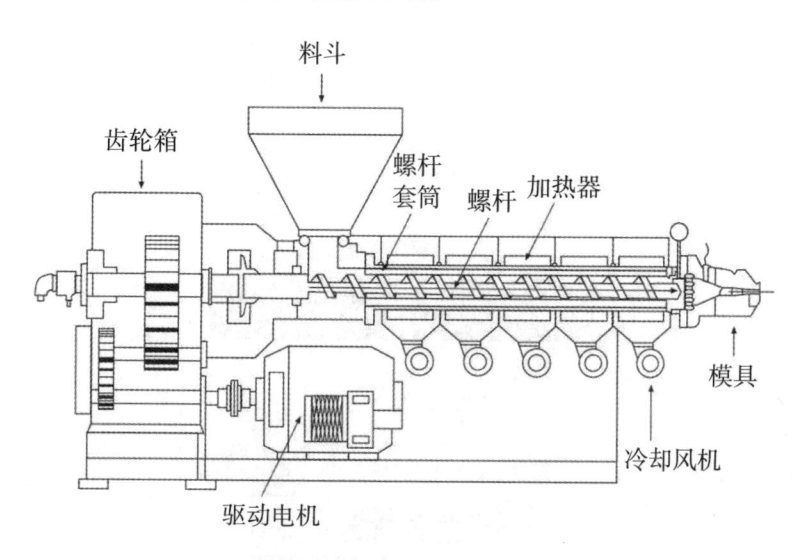

图 2.150 挤出成型机结构

（3）吹塑成型机

吹塑成型机（Blow moulding machine）是将从挤出机挤出的熔融热塑性中空的原料，夹入模具内，然后向原料内吹入空气，熔融的原料在空气压力的作用下膨胀，向模具型腔壁面贴合，最后冷却固化成为所需产品形状的成型机，如图 2.151 所示。

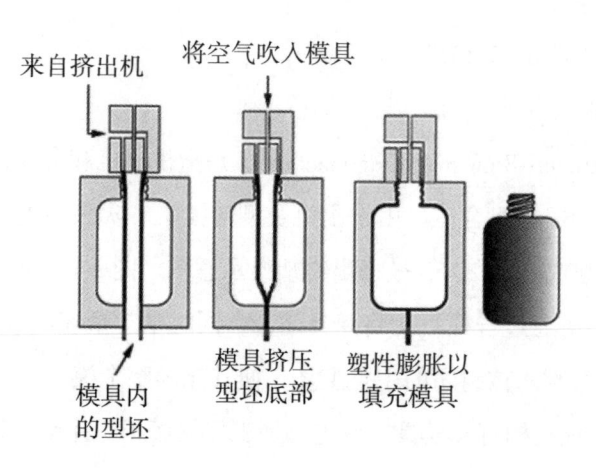

图 2.151 吹塑成型机加工示意图

吹塑成型机的制品主要是各种塑料容器（如矿泉水瓶、塑料油壶等）。

吹塑成型机归入子目 8477.3090。

（4）吸塑成型机

吸塑成型机（Vacuum moulding machine）又称中空成型机、真空成型机，是将平展的塑料硬片材加热变软后，采用真空吸附于模具表面，冷却后成型的成型机，如图 2.152 所示。

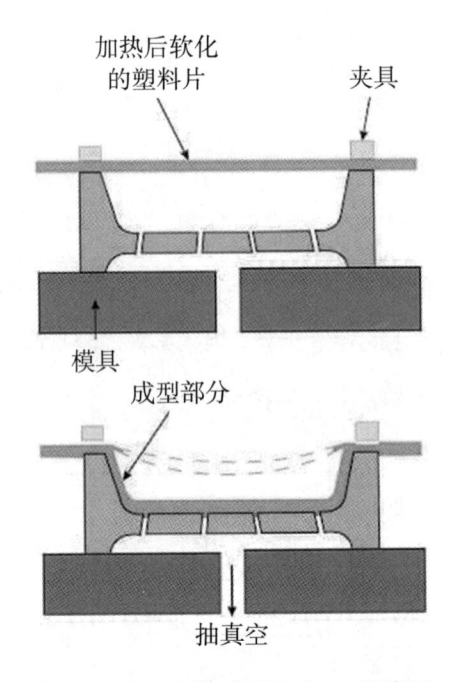

图 2.152 吸塑成型机加工示意图

吸塑成型机的制品主要包括包装外壳或包装盒（如灯泡的包装外壳、盛装鸡蛋的塑料盒等）、一次性水杯、餐盒等。

吸塑成型机归入子目 8477.4010。

（5）挤出吹塑机

挤出吹塑机（Extruder-Blow moulding machine）是指挤出机和合模机构的组合体，或者说是由挤出机和吹塑机构成的组合体，由挤出机及型坯模头、吹胀装置、合模机构、型坯厚度控制系统和传动机构组成。图 2.153 是挤出吹塑机示意图。图中（1）是由挤出机通过型坯模头挤出中空型坯；（2）通过合模机构将模具闭合，同时中空型坯的底部也被封闭；（3）通过吹胀装置将压缩空气吹入被封闭的中空型坯，使其充满整个模具，同时挤出机形成新的中空型坯；（4）通过合模机构打开模具，取走已加工好的瓶子，并修剪其瓶口及底部，完成整个工艺过程。

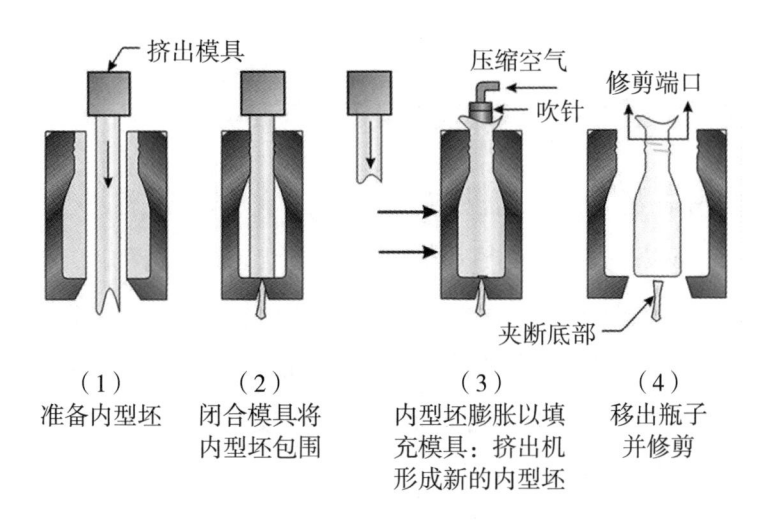

（1）准备内型坯　（2）闭合模具将内型坯包围　（3）内型坯膨胀以填充模具：挤出机形成新的内型坯　（4）移出瓶子并修剪

图 2.153　挤出吹塑机示意图

挤出吹塑机归入子目 8477.3010。

（6）注射吹塑机

注射吹塑机（Injection-Blow moulding machine）是注塑机与吹塑机构的组合体，包括塑化机构、液压系统、控制电器及其他机械部件。图 2.154 是注射吹塑机的示意图。图中（1）是注射机部分，通过液压系统将熔融的热塑性原料注射入注射模具内；（2）~（4）是吹塑机部分，其中（2）是将已注射成型的瓶坯放入吹塑模具内，（3）将空气吹入瓶坯，使其充满整个模具，（4）是打开模具，将瓶子取出，完成整个工艺过程。

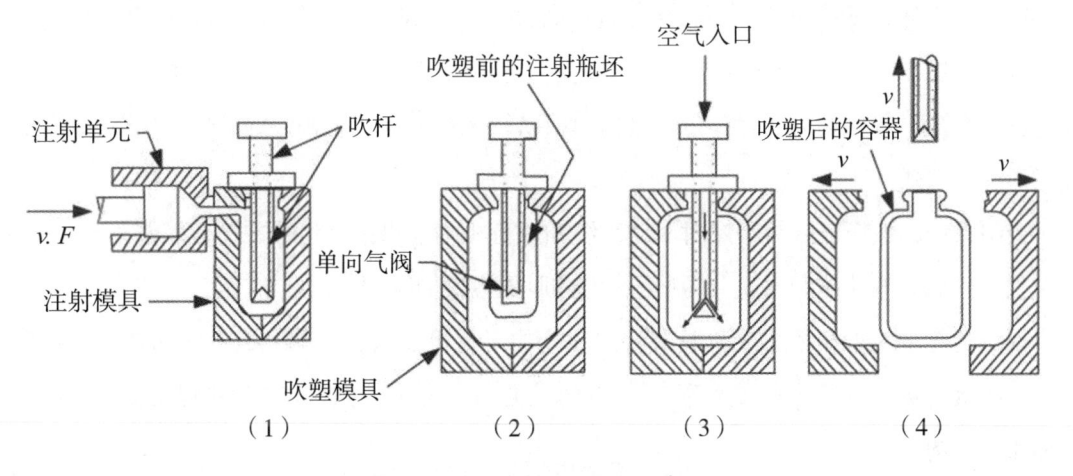

图 2.154　注射吹塑机示意图

注射吹塑机归入子目 8477.3020。

问题 99：工业机器人主要有哪些种类？如何归类？

工业机器人（Industrial robot）是能模仿人类某些器官功能（主要是动作功能）的机器，有独立的控制系统，可以改变工作程序和编程的多用途自动操作装置。工业机器人配有工具夹具和特制工具（例如，钳、抓爪、焊头等），以便进行各种操作。工业机器人在工业生产中能替代人做某些单调、频繁和重复的长时间作业，或是危险作业、恶劣环境下的作业（例如，用在冲压、压力铸造、热处理、焊接、涂装、简单装配等工序上，以及完成对人体有害物料的搬运或工艺操作），如图 2.155 所示。

图 2.155 工业机器人

工业机器人由机器人主体、驱动系统、控制系统三部分组成：

机器人主体，即机座和执行机构，包括臂部、腕部和手部，有的机器人还有行走机构。大多数工业机器人有 3~6 个运动自由度，其中腕部还带有 1~3 个运动自由度。

驱动系统，包括动力装置和传动机构，用以使执行机构产生相应的动作，一般采用电动、液压和气动方式。

控制系统，按照输入的程序对驱动系统和执行机构发出指令信号并进行控制。

工业机器人按功能和用途分为单一功能和多功能的机器人。

单一功能的工业机器人又称具有特定功能的工业机器人，只能完成一项功能，如喷涂机器人、搬运机器人、焊接机器人等。图 2.156 为点焊机器人，图 2.157 为弧焊机器人（由机器人和弧焊机构成）。

图 2.156　点焊机器人　　　　　图 2.157　弧焊机器人

多功能工业机器人是指具有一种以上功能或具有两种及以上互补或交替功能的工业机器人，简单更换不同工具即可执行各种功能的工业机器人。

多功能工业机器人归入子目 8479.5011（协作机器人）或子目 8479.5019（其他）。

具有特定功能的工业机器人应按其基本功能归类，例如，具有喷射功能的机器人归入子目 8424.8920，具有搬运功能的机器人归入子目 8428.7000，具有焊接功能的机器人归入品目 85.15 项下的相关子目。图 2.156 所示的点焊机器人属于全自动电阻焊接机器人，应归入子目 8515.2120；图 2.157 所示的弧焊机器人属于全自动电弧焊接机器人，应归入子目 8515.3120。

问题 100：什么是协作机器人？它与传统工业机器人有何区别？如何归类？

协作机器人（Collaborative robots, Cooperative robots）是指能和人类在共同工作空间中协同工作的机器人，由执行机构、一体化关节和控制系统组成。其中，一体化关节又由伺服电机、减速器、编码器、驱动器和通信总线等组成。

协作机器人可以安全地与人类进行直接交互（Direct interaction）或接触（Physical contact），所以不需要用安全围栏或光栅包围将机器人与人类隔离开来，如图 2.158 所示。协作机器人与传统机器人之间的具体区别见表 2.4。

图 2.158　协作机器人

协作机器人归入子目 8479.5011。

表 2.4　协作机器人与传统机器人的区别

比较项目	机器人类型	
	协作机器人	传统机器人
驱动方式与结构	通常为直驱机构，体积小、重量轻、零部件少	通常为齿轮机构驱动，体积大、重量大、零部件多
编程与维护	图形化编程，重新编程快，维护简单	复杂指令编程，编程时间长，专门人员维护
切换与活动空间	生产切换方便、重新部署灵活、活动空间小	生产切换不方便、部署不灵活、活动空间大
是否需要围栏	不需要围栏	必须使用围栏，工作空间受限

问题 101：什么是蒸发式空气冷却器？如何归类？

蒸发式空气冷却器（Evaporative air cooler）是一种通过水的简单蒸发来冷却空气的设备。该商品在我国又称为空调扇，但是它不同于传统的空调器，不需要压缩式或吸收式的制冷循环。图 2.159 为蒸发式空气冷却器示意图，图 2.160 为蒸发式空气冷却器。

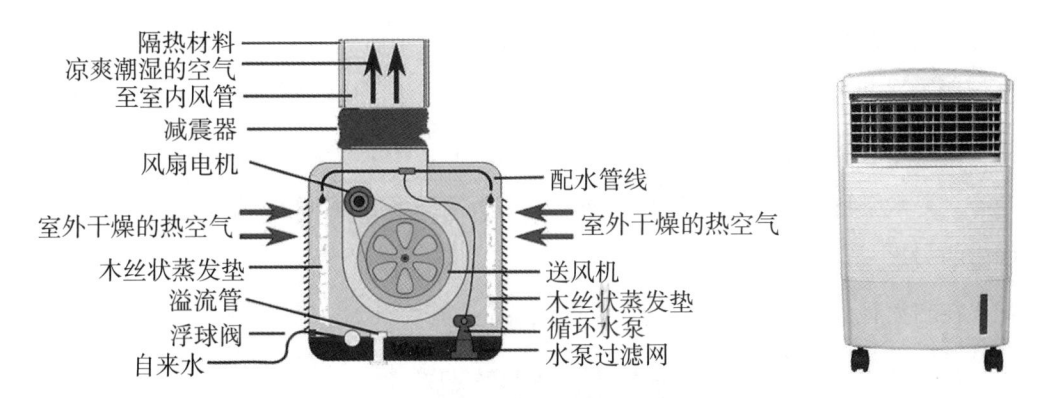

图 2.159　蒸发式空气冷却器示意图　　图 2.160　蒸发式空气冷却器

蒸发式空气冷却器归入子目 8479.6000。

蒸发式空气冷却器不能误按空调器归入品目 84.15 项下，因为它不符合品目 84.15 空调器的条件。

问题 102：什么是空气增湿器？什么是空气减湿器？如何归类？

（1）空气增湿器

空气增湿器（Air humidifier）又称为加湿器，是利用超声波、加热等方式使水分变为小分子以增加空气湿度的器具。常见的有超声波型加湿器、直接蒸发型加湿器和热蒸发型加湿器。

空气增湿器在归类时，要区别是家用的还是非家用的，图 2.161 为家用的加湿器。

图 2.161　家用的加湿器

家用的加湿器按家用的电动器具归入子目 8509.8090。

非家用的加湿器按其他品目未列名的机械器具归入子目 8479.8920。

（2）空气减湿器

空气减湿器（Air dehumidifier）又称为除湿机，是一种是从空气中吸走水分，从而降低空气中湿度的电器装置。它通常用于家庭湿度高的区域，污染物、过敏原和细菌经常生长和繁殖的地方。一般潮湿的空气会助长霉菌的增生，引发许多健康问题，所以使用除湿器主要是为了健康的因素。

除湿机在归类时，要区别是家用的还是非家用的，图 2.162 为家用除湿机。

图 2.162　家用除湿机

家用的除湿机按家用的电动器具归入子目 8509.8090。

非家用的除湿机按其他品目未列名的机械器具归入子目 8479.8920。

问题 103：什么是等静压设备？冷等静压设备与热等静压设备有何区别？如何归类？

等静压（Isostatic pressing）就是使用加压流体在各个方向均等地对粉末进行压缩，并使被压缩的粉末成为与模具相同形状坯体的一种加工方式。按静压时温度的不同分为冷等静压和热等静压。

冷等静压（Cold isostatic pressing）设备是在室温条件下进行等静压缩的设备。

冷等静压的加工过程如图 2.163 所示，冷等静压机（设备）的实物如图 2.164 所示。

热等静压（Hot isostatic pressing）设备是将粉末加热成高温后再进行等静压缩的设备。

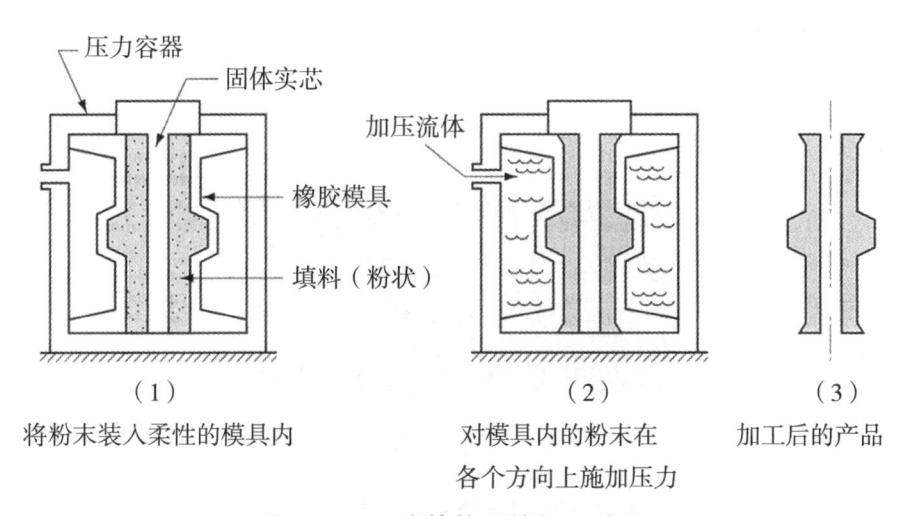

二　第八十四章　机器、机械器具的归类

（1）将粉末装入柔性的模具内　　（2）对模具内的粉末在各个方向上施加压力　　（3）加工后的产品

图2.163　冷等静压的加工过程

图2.164　冷等静压机

冷等静压设备属于其他品目未列名的具有独立功能的设备，归入子目8479.83项下；热等静压设备按工业或实验室用的电加热设备归入子目8514.11项下。

问题104：在印刷电路板上装配元器件的自动插件机与自动贴片机有何区别？如何归类？

目前电子元器件的组装主要包括两大技术：通孔安装技术与表面贴装技术。

（1）通孔安装技术

通孔安装技术（Through hole technology，THT）是将元器件插入印刷电路板的通孔后在另一面焊接固定的技术，如图2.165所示。

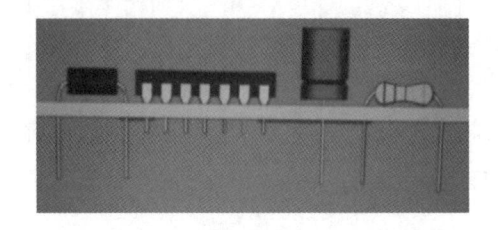

图2.165　THT方式的元器件

用这种技术安装前必须在印刷电路板上打孔，然后插装元器件，最后焊接，焊接方法通常用手工焊或波峰焊。它的安装流程为：制作印刷电路板 → 钻孔 → 插装元器件 → 焊接。

通孔安装技术插装元器件所用的设备是自动插件机，归入子目8479.8961。

（2）表面贴装技术

表面贴装技术（Surface mount technology，SMT）是直接将片式元器件贴在印刷电路板表面的技术，如图2.166所示。

图2.166　SMT方式的元器件

用这种技术安装时，不需要在电路板上打孔，而是用焊锡膏将片状元器件粘贴在电路板上，然后放入加热炉加热达到焊接的目的，焊接方法通常用回流焊方式。它的安装流程为：制作印刷电路板→印刷焊锡膏→贴装元器件→焊接。

贴装的元器件一般属于片状元器件，体积小。表面贴装技术贴装元器件所用的设备是自动贴片机，归入子目8479.8962。

问题105：什么是金属铸造用型箱、型模底板、阳模、型模？如何归类？

金属铸造通常分为普通砂型铸造和特种铸造。

普通砂型铸造是将液态金属浇铸入已制做好的砂型中来生产铸件的方法。型箱、型模底板、阳模主要用于普通砂型铸造。

特种铸造是指除砂型铸造以外的铸造方法，如金属型铸造、压力铸造、离心铸造等。型模主要用于特种铸造。

金属铸造用型箱（Moulding boxes for metal foundry）是指铸造时用来盛装型砂的箱子，如图2.167所示。图2.168为金属铸造用已制作好砂型的型箱。

图2.167　金属铸造用型箱　　图2.168　金属铸造用已制好砂型的型箱

型模底板（Mould bases）是指用于放置型箱的底板。

阳模（Moulding patterns）是指将要铸造工件的复制品。阳模用于制备砂型中的空腔，以便在铸造过程中将熔融材料倒入其中的空腔。阳模所使用的材料由木材、金属、塑料或其他材料制成。图2.169是木制铸造齿轮用的阳模，它只用于制作砂型中的空腔，并不能作为机器零件使用。

图2.169　铸造齿轮用的阳模

型模（Mould）是指金属特种铸造时所用的模具。这些模具大多由金属制成，可以反复使用多次（几百次到几千次），而砂型铸造只能使用一次，这是型模最大的特点。

金属铸造用型箱归入子目8480.1000，型模底板归入子目8480.2000，阳模型模归入子目8480.3000，金属铸造用的型模归入子目8480.4项下的相关子目。

问题 106：什么是模具？品目 84.80 的模具与品目 82.07 的模具有何区别？

模具是指将某种材料模制成型的工具。不同形状的工件所用的模具不同。

模具根据所模制成毛坯的材料不同可分为金属用模具、玻璃用模具、矿物材料用模具、橡胶或塑料用模具。金属用模具按用途不同可分为铸造用模具、冲压用模具、锻造用模具、拉拔用模具、挤压用模具。

模具在《协调制度》中的列目结构如下：

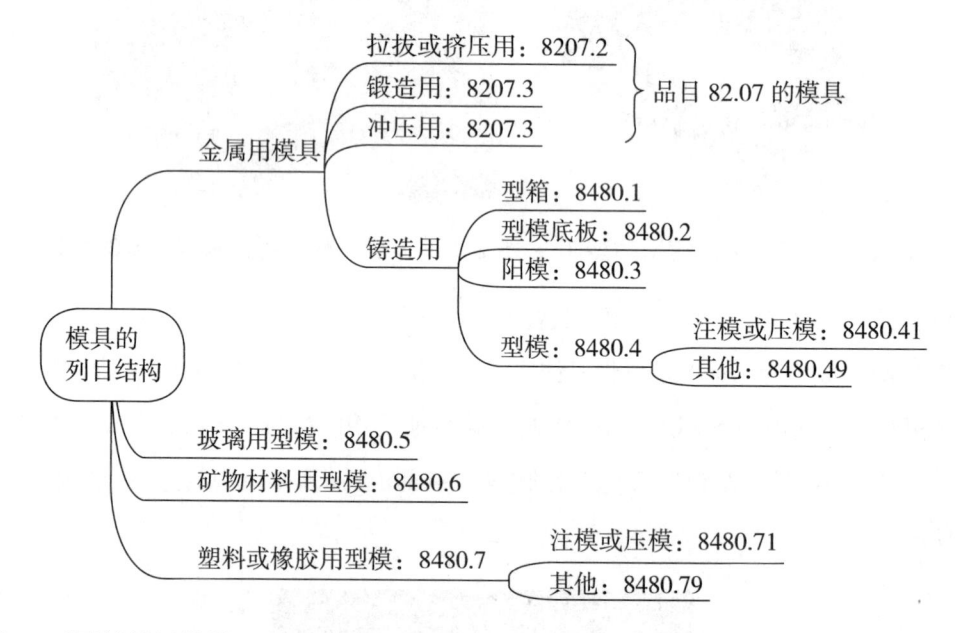

```
                          ┌ 拉拔或挤压用：8207.2  ┐
            ┌ 金属用模具 ─┤ 锻造用：8207.3        ├ 品目 82.07 的模具
            │             │ 冲压用：8207.3        ┘
            │             │           ┌ 型箱：8480.1
            │             │           │ 型模底板：8480.2
            │             └ 铸造用 ───┤ 阳模：8480.3
            │                         │           ┌ 注模或压模：8480.41
模具的      │                         └ 型模：8480.4
列目结构 ───┤                                     └ 其他：8480.49
            │ 玻璃用型模：8480.5
            │ 矿物材料用型模：8480.6
            │                                 ┌ 注模或压模：8480.71
            └ 塑料或橡胶用型模：8480.7 ───────┤
                                              └ 其他：8480.79
```

由于不同材料用的模具在归类上不同，因此模具在归类时首先要明确模制成型的是什么材料，而不去考虑模具本身是什么材料制成的。

归入品目 84.80 的模具只能用于品目条文所列材料（金属、玻璃、矿物材料、塑料或橡胶）的模制成型。对于模制品目 84.80 所列材料以外的材料用模具一般按相关的机器零件归类，例如，餐巾纸压花用的模具，因为纸不属于品目 84.80 所列的材料，所以不能归品目 84.80，压花用模具应按压花机器的零件归入子目 8441.9 项下。

对于金属用模具来说，还要区分是铸造用还是其他用途的模具，因为只有金属铸造用的模具才归入品目 84.80，而金属锻造用模具、冲压用模具、拉拔或挤压用模具应归入品目 82.07 项下，图 2.170 的轿车车身冲压用模具和图 2.171 的结构件冲压用模具均应归入子目 8207.3000。

140

图 2.170　轿车车身冲压用模具　　图 2.171　结构件冲压用模具

子目 8480.1～8480.4 所包含的商品都是金属铸造用的模具和用具。子目 8480.3 的阳模一般是用木材、金属或其他材料制成的用来形成铸型型腔的模型，但若是陶瓷或玻璃制的阳模则不能归入该子目，根据第八十四章注释一（二）和（三）应归入第六十九章或第七十章。

子目 8480.71 的注模或压模是指塑料注射或挤压（Injection or compression type）用的模具，该子目不包括真空吸塑（Vacuum moulding type）或吹塑（Blowing moulding type）用的模具，真空吸塑或吹塑用的模具应归入子目 8480.79 项下。图 2.172 中的吹塑用模具归入子目 8480.7900，注塑用模具归入子目 8480.7190，挤塑用模具归入子目 8480.7190。

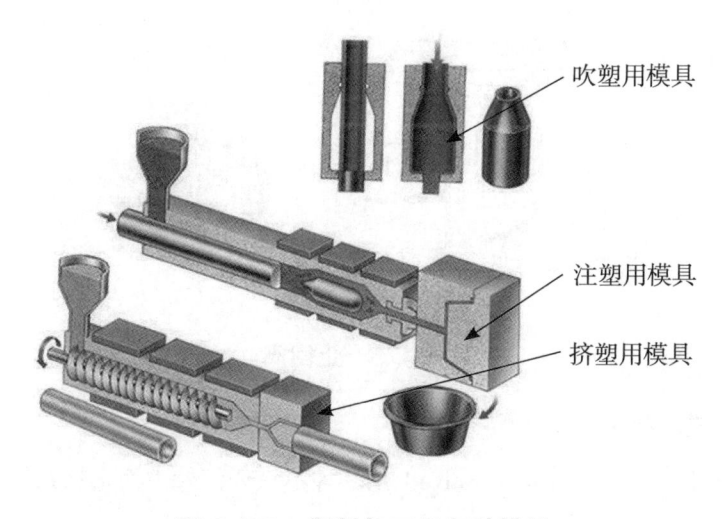

图 2.172　塑料加工用各种模具

问题 107：阀门有哪些类型？品目 84.81 的列目结构有何特点？如何归类？

阀门（Valve）是控制流体（液体、气体、浆状半流体）的流量、压力、流动方向等的机械装置。阀门根据其工作原理、作用和结构可分为减压阀、止回阀、安全阀或溢流阀、蝶阀、球阀、截止阀等。

（1）减压阀

减压阀（Pressure-reducing valve）是一种通过启闭件的节流将进口压力降至某一要求的出口压力的阀门。图2.173为氧气瓶用减压阀，图2.174为液化气瓶用减压阀。

图 2.173　氧气瓶用减压阀　　图 2.174　液化气瓶用减压阀

（2）止回阀

止回阀（Check valve, Nonreturn valve）又称单向阀或逆止阀，其作用是防止管路中的介质倒流，如图2.175所示。从图中可以看到，阀内绕铰链旋转的启闭圆盘保证流体只能从右流向左，而无法从左流向右。

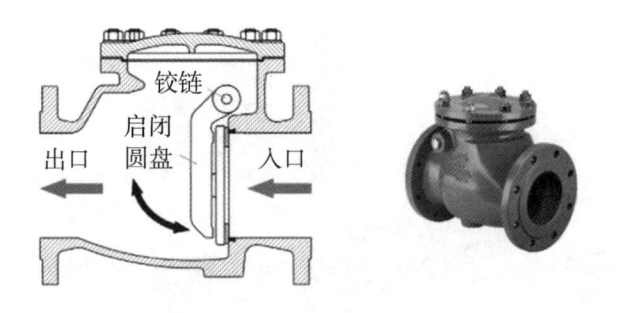

图 2.175　止回阀

（3）安全阀或溢流阀

安全阀或溢流阀（Safety or relief valve）是一种不借任何外力而根据系统本身的工作压力自动打开或关闭的阀门。正常情况下，安全阀或溢流阀总是处于关闭状态，只有压力超过一定值时，阀门才会打开，以降低系统中的压力。如图2.176所示。

图 2.176　安全阀

（4）油压或气压传动阀

油压或气压传动阀（Valve for oleohydraulic or pneumatic transmission）是指用在油压或气压传动系统中的阀门，通常又称为液压（或气压）传动阀。液压传动阀中最常见的是电磁换向阀。图 2.177 为电磁换向阀及其工作原理示意图。由图中可以看出，电磁线圈断电时，由于弹簧的作用，阀芯移动到左侧，此时 A 口与 P 口相连，B 口截止；当电磁线圈通电后，在电磁力的作用下，阀芯移动到右侧，此时 B 口与 P 口相连，A 口截止，从而改变流体的流动方向。

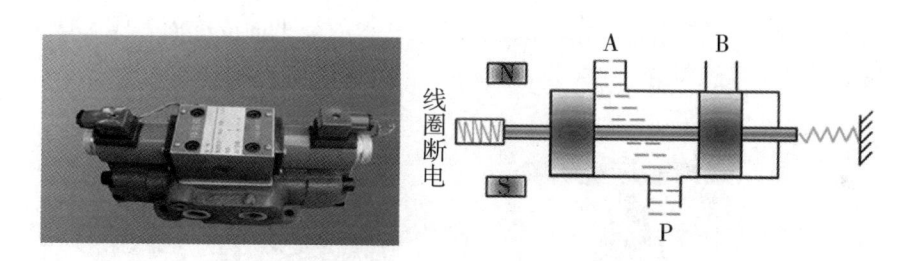

图 2.177　电磁换向阀及其工作原理示意图

（5）蝶阀

蝶阀（Butterfly valve）的启闭件是一个圆盘形的蝶板，在阀体内绕其自身的轴线旋转，从而达到启闭或调节阀门，如图 2.178 所示。

图 2.178　蝶阀

（6）球阀

球阀（Ball valve）是用带有圆形通道的球体作启闭件，球体随阀杆转动实现启闭动作，图 2.179 为球阀内部结构及其实物。从图中可以看到，阀中的球体中有一个圆孔，通过旋转该球体可开、闭阀门或调节阀门的流量。

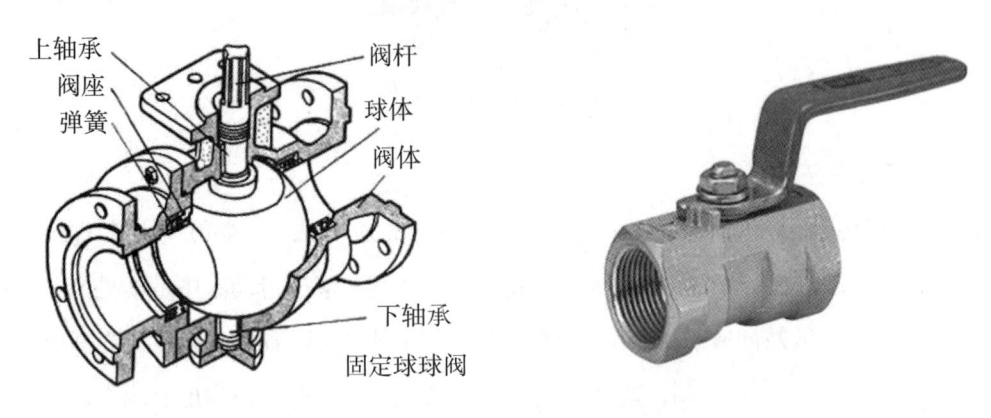

图 2.179　球阀内部结构及其实物

（7）截止阀

截止阀（Stop valve）的启闭件是塞形的阀芯，密封面呈平面或锥面，阀芯做上、下运动可打开或关闭阀门，如图 2.180 所示。

图 2.180　截止阀

截止阀与止回阀是两种不同类型的阀门，不能将两者混淆。截止阀只是截断阀门两端的流体，并未限定流体的流动方向，而止回阀只能允许流体向一个方向流动。

阀门通常归入品目 84.81，该品目的列目结构如下：

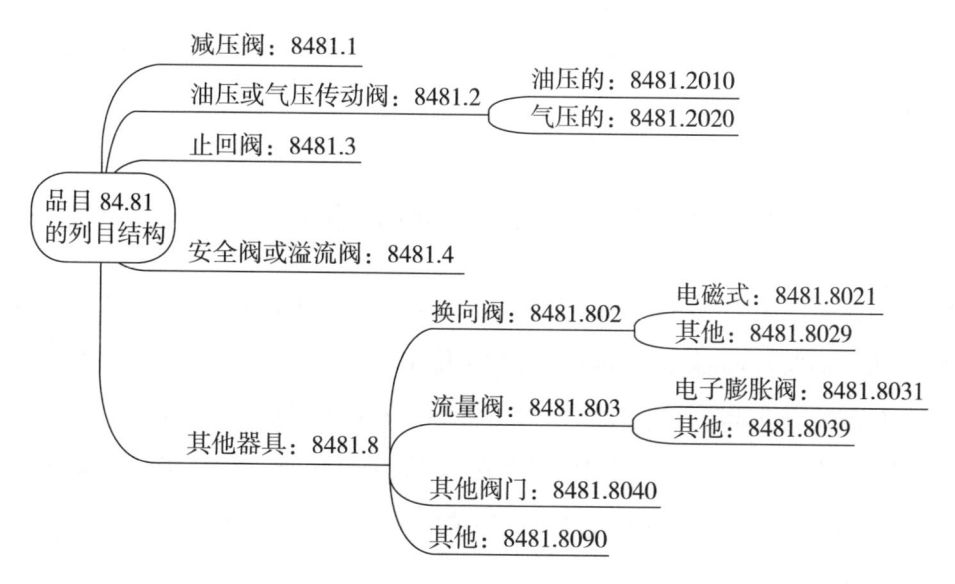

```
                                减压阀：8481.1
                                    油压或气压传动阀：8481.2 ── 油压的：8481.2010
                                                              气压的：8481.2020
                                    止回阀：8481.3
品目 84.81
的列目结构
                                    安全阀或溢流阀：8481.4
                                                              换向阀：8481.802 ── 电磁式：8481.8021
                                                                                其他：8481.8029
                                    其他器具：8481.8         流量阀：8481.803 ── 电子膨胀阀：8481.8031
                                                                                其他：8481.8039
                                                              其他阀门：8481.8040
                                                              其他：8481.8090
```

品目 84.81 的列目规律是：子目 8481.1、8481.3、8481.4 是按阀门的结构和功能来列目的，而子目 8481.2 是按用途（液压传动或气压传动用的）来列目的，所以两种列目方式可能存在交叉现象，为避免交叉，在 2017 年修订版增列了子目注释三，具体条文如下：

三、子目 8481.20 所称"油压或气压传动阀"，是指在液压或气压系统中专用于传递"流体动力"的阀门，其能源以加压流体（液体或气体）的形式供给。这些阀门可以是各种形式（例如减压阀、止回阀）。子目 8481.20 优先于品目 84.81 的其他子目。

该子目注释明确了子目 8481.2 优先于其他子目。也就是说用在液压传动系统中的减压阀、止回阀、安全阀等，依据子目注释三应优先归入子目 8481.2 项下，而不能归入其他子目。

减压阀归入子目 8481.1 项下，用于液压传动系统中的减压阀应归入子目 8481.2 项下。

蝶阀、球阀、截止阀等按其他阀门归入子目 8481.8040。

子目 8481.802 的换向阀必须是除子目 8481.2 的"用于液压传动或气压传动的阀门"外的其他换向阀，例如，制冷／制热两用空调器内的电磁换向阀应归入子目 8481.802 项下。

子目 8481.803 的"流量阀"必须满足"在阀的进出口压差变化的情况下，仍维持通过的流量恒定，从而维持与之串联的被控对象的流量恒定"的条件。该子目不包括液压传动系统中的流量阀（应归入子目 8481.2 项下）。

子目 8481.8031 的"电子膨胀阀"采用步进电机驱动的电力驱动阀门，主要用于变频空调中，实现对系统制冷流量的自动调节，使系统始终保持在最佳的工况下运行。电子膨胀阀由阀体和线圈两部分组成。线圈与阀体内永磁转子组成永磁步进电机，通过控制线圈的脉冲输入信号实现阀体内转子部件的正反向旋转。转子的转动可以调节阀口通流面积的大小,实现系统制冷流量大小的自动调节。

问题108:什么是油压或气压传动阀?如何归类?

油压或气压传动阀(Valves for oleohydraulic or pneumatic transmission)是指在液压或气压系统中(in a hydraulic or pneumatic system)专用于传递"流体动力"的阀门,系统以加压流体(液体或气体)的形式提供能源。这些阀门可以是各种形式的(例如,减压阀、止回阀)。

油压或气压传动阀归入子目8481.20项下,依据子目注释三,子目8481.20优先于品目84.81的其他子目。也就是说,用于液压系统中的减压阀应优先归入子目8481.20项下,而不能按列名归入子目8481.1项下。

问题109:轴承有哪些类型?如何归类?

轴承是用来支撑轴旋转并承受轴上载荷的零件。根据工作时的摩擦性质不同可分为滚动轴承和滑动轴承。

(1)滚动轴承

滚动轴承(Ball or roller bearing)是在滚动摩擦下工作的轴承,由内圈、外圈、滚动体和保持架四部分组成。它的典型结构如图2.181所示。

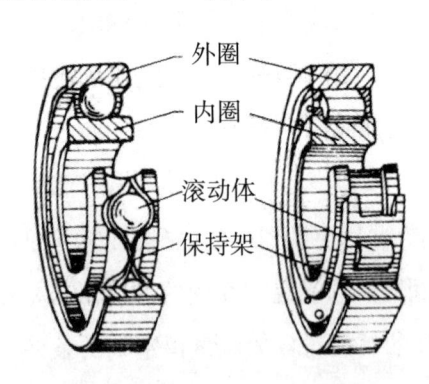

图2.181 滚动轴承的典型结构

按滚动体的形状可分为球轴承、滚子轴承和滚针轴承。图2.182为滚动体几种常见的形状。

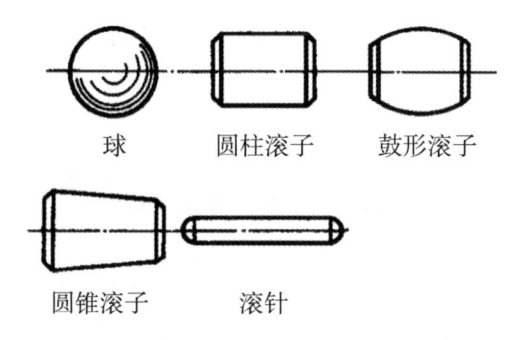

图 2.182　滚动体几种常见的形状

（2）滑动轴承

滑动轴承（Plain shaft bearing）是在滑动摩擦下工作的轴承。滑动轴承常用的材料有巴氏合金、耐磨铸铁、铜基和铝基合金、粉末冶金材料、聚四氟乙烯（特氟龙）等。

滑动轴承的结构一般分为整体式和对开式两种。整体式滑动轴承又称为轴套，如图 2.183 所示。对开式滑动轴承又称为轴瓦，如图 2.184 所示。

图 2.183　整体式滑动轴承　　图 2.184　对开式滑动轴承

轴承归类时要区分是滚动轴承还是滑动轴承，滚动轴承归入品目 84.82 项下的相关子目，滑动轴承归入品目 84.83 项下的相关子目。轴承的归类结构如下：

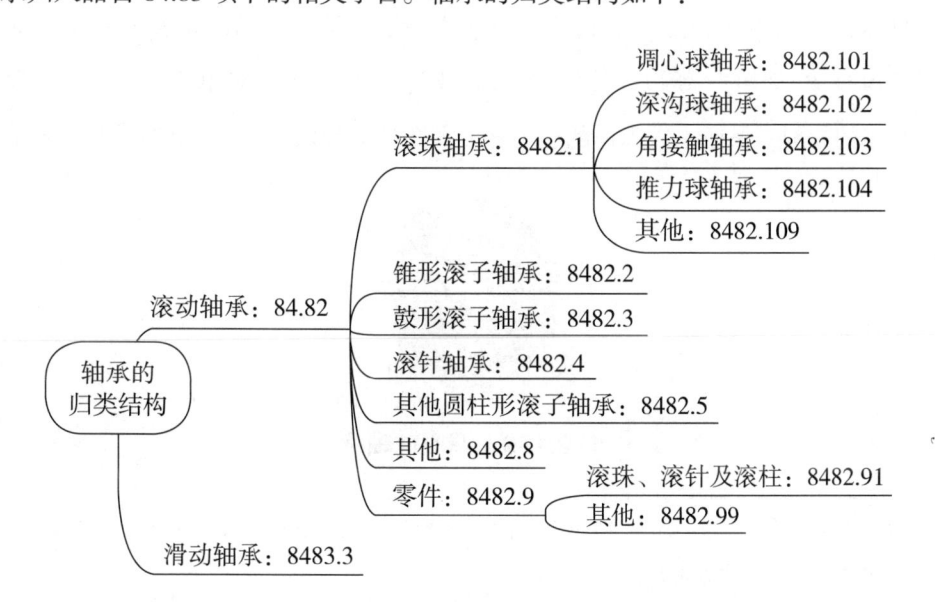

轴承的归类结构
- 滚动轴承：84.82
  - 滚珠轴承：8482.1
    - 调心球轴承：8482.101
    - 深沟球轴承：8482.102
    - 角接触轴承：8482.103
    - 推力球轴承：8482.104
    - 其他：8482.109
  - 锥形滚子轴承：8482.2
  - 鼓形滚子轴承：8482.3
  - 滚针轴承：8482.4
  - 其他圆柱形滚子轴承：8482.5
  - 其他：8482.8
  - 零件：8482.9
    - 滚珠、滚针及滚柱：8482.91
    - 其他：8482.99
- 滑动轴承：8483.3

品目 84.82 项下的一级子目 8482.1 ~ 8482.8 主要是根据滚动体的形状（球状、锥形、鼓形、滚针等）列目的。

问题 110：深沟球轴承、角接触轴承、推力球轴承、调心球轴承有何区别？

深沟球轴承是应用最广的一种滚动轴承，因其内圈和外圈均有较深的沟槽，所以称为深沟球轴承。它主要承受径向载荷，亦可承受较小的轴向载荷。其主要结构包括内圈、外圈、一组钢球与一组保持架。深沟球轴承的公称接触角[①]为 0°。

角接触轴承是指能同时承受径向载荷与轴向载荷的滚动轴承。其公称接触角为 0°<α<45° 时，主要承受径向力；公称接触角为 45°<α<90° 时，主要承受轴向力。

推力球轴承是指只承受轴向载荷的滚动轴承。其公称接触角 α=90°。

三种类型轴承的比较如图 2.185 所示。

深沟球轴承　　角接触球轴承　　单列推力球轴承

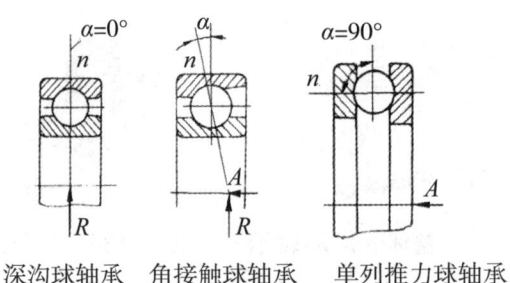

图 2.185　三种不同载荷的轴承

调心球轴承是指滚道为球面形状并能够适应两滚道轴心线间的角偏差及角运动的球轴承。由于滚道是球面形的，所以，当轴承的内外圈在轴向发生相对偏移时，可以补偿两者实际工作中心线的偏斜，保证正常工作的能力，如图 2.186 所示。调心轴承通常为双列滚动体。

图 2.186　调心球轴承

[①] 公称接触角（Nominal contact angle）指垂直于轴承轴心线的平面（径向平面）与经轴承套圈或垫圈传递给滚动体的合力作用线（公称作用线）之间的夹角。

深沟球轴承归入子目 8482.1020；根据本国子目注释，只有公称接触角为 0°～45° 的角接触轴承才能归入子目 8482.1030，公称接触角为 45°～90° 的角接触轴承和推力球轴承归入子目 8482.1040；调心球轴承归入子目 8482.1010。

问题 111：传动装置主要有哪些类型？如何归类？

传动装置指传递运动和动力的装置，是把内燃机、电动机等的动力传递给工作机构的中间设备。传动装置主要包括传动轴、变速装置、离合器，以及联轴器、皮带轮、齿轮等。

机械传动常见的主要类型包括皮带传动、链条传动、摩擦传动和齿轮传动。

在皮带传动中，发动机和工作机的轴上各装一个皮带轮，两轮通过皮带传递运动，如图 2.187 所示。

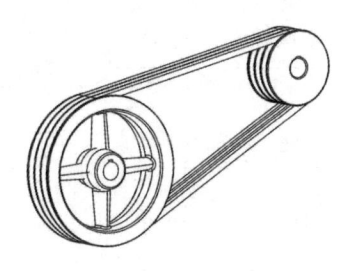

图 2.187 皮带传动

在链条传动中，发动机和工作机的轴上各装有一个链轮，两轮通过链条传递运动，如图 2.188 所示。

图 2.188 链条传动

在摩擦传动中，两个轮相互压紧，当主动轮向一个方向转动时，由于两轮之间的摩擦作用，从动轮也发生转动，其转动方向与主动轮相反。

在齿轮传动中，利用两齿轮的轮齿相互啮合传递动力和运动，如图 2.189 所示。

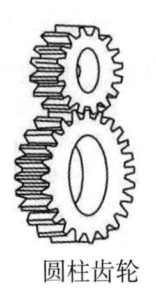

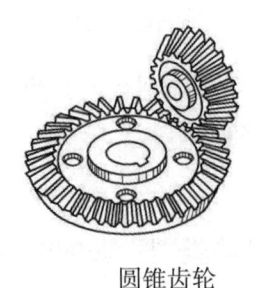

圆柱齿轮　　　　　圆锥齿轮　　　　　蜗轮蜗杆

图 2.189　常见齿轮传动的形式

传动装置归入品目 84.83 项下，该品目的列目结构如下：

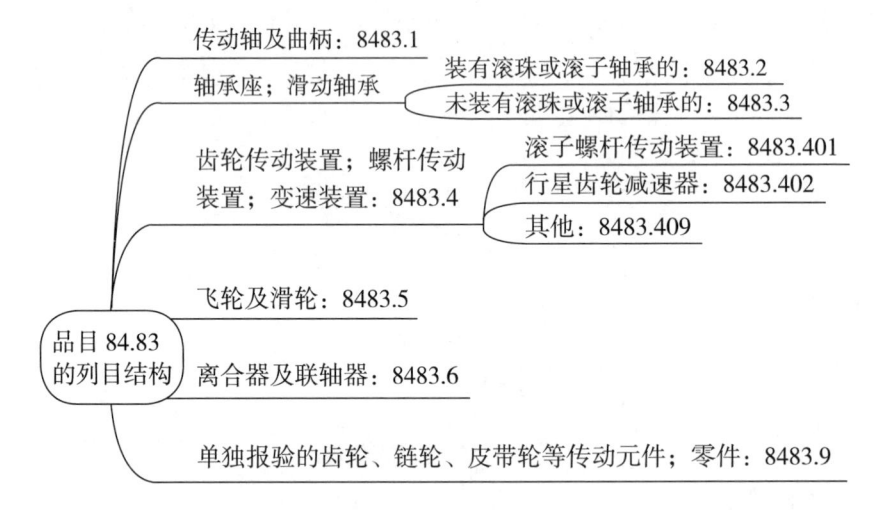

```
品目 84.83 的列目结构
├─ 传动轴及曲柄：8483.1
├─ 轴承座；滑动轴承
│   ├─ 装有滚珠或滚子轴承的：8483.2
│   └─ 未装有滚珠或滚子轴承的：8483.3
├─ 齿轮传动装置；螺杆传动装置；变速装置：8483.4
│   ├─ 滚子螺杆传动装置：8483.401
│   ├─ 行星齿轮减速器：8483.402
│   └─ 其他：8483.409
├─ 飞轮及滑轮：8483.5
├─ 离合器及联轴器：8483.6
└─ 单独报验的齿轮、链轮、皮带轮等传动元件；零件：8483.9
```

子目 8483.1 的传动轴是用于传递旋转动力的轴，如果不具有传递动力作用而只是起支撑作用的心轴不能归入该子目，在传送装置中并不传递动力的滚轴不能归入该子目。

子目 8483.2 包括装有滚珠或滚子轴承的轴承座，此处的"滚珠或滚子轴承"包括品目 84.82 的所有滚动轴承，因为其对应的英文"Ball or roller bearing"与品目 84.82 的英文条文完全一致。

子目 8483.3 既包括不装有任何轴承的轴承座，也包括装有滑动轴承的轴承座。

子目 8483.4 包括齿轮传动装置和齿轮箱（又称变速箱），由一对相互啮合的齿轮副也归入该子目。该子目不包括单独报验的单个齿轮（单独报验的带齿的轮就是齿轮），单独报验的齿轮应归入子目 8483.9 项下。汽车用变速箱应归入品目 87.08 项下，不能误归入品目 84.83 项下。

问题 112：什么是滚珠螺杆传动装置？如何归类？

滚珠螺杆（Ball screw）传动装置（行业上又称滚珠丝杠）是丝杠与旋转螺母之间以滚珠

为滚动体的螺旋传动装置，如图 2.190 所示，图中左侧是滚珠螺杆传动装置实物，右侧是螺母剖开后显示滚珠的视图。它可将旋转运动转变为直线运动。内部的滚珠将丝杠与旋转螺母之间的滑动摩擦转换为滚动摩擦，且摩擦阻力极小，所以滚珠螺杆广泛应用于各种数控机床等工业设备和精密仪器上。

图 2.190　滚珠螺杆传动装置

滚珠螺杆传动装置归入子目 8483.4090，不能归入子目 8483.4010，因为子目 8483.4010 的滚子螺杆传动装置的内部是滚子（Roller），而不是滚珠（Ball）。

具体列名的滚子螺杆传动装置在实际应用中并不多见，而应用较广的滚珠螺杆传动装置却未列目，所以建议对本国子目的列目结构进行调整。

问题 113：变速装置主要有哪些类型？如何归类？

变速装置的主要类型包括齿轮变速箱和扭矩变换器。

（1）齿轮变速箱（子目 8483.4）

齿轮变速箱（Gear box）又称变速器，是能固定或分挡改变输出轴与输入轴传动比的齿轮传动装置。输出轴转速小于输入轴转速时称为减速器，输出轴转速大于输入轴转速时称为增速器。常见的有普通齿轮减速器和行星齿轮减速器。

普通齿轮减速器一般由齿轮传动装置和箱体组成。如图 2.191 所示，图中左侧为二级齿轮减速器（即经过两次减速）实物，右侧是减速器的内部结构。

图 2.191　二级齿轮减速器实物及其内部结构

行星齿轮减速器是一种具有行星齿轮传动的减速器。行星齿轮传动如图 2.192 所示。行星齿轮指在传动中既做公转又做自转的齿轮。行星齿轮减速器一般包括行星齿轮、行星架、中心轮（太阳轮）和齿圈等。

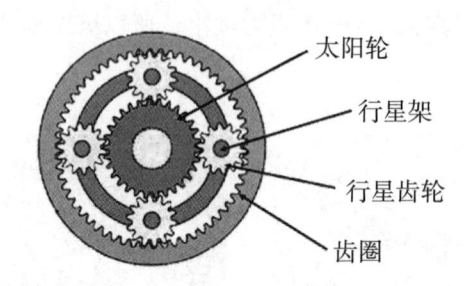

图 2.192　行星齿轮传动

行星齿轮减速器归入子目 8483.4020，其他齿轮变速器归入子目 8483.4090。

（2）扭矩变换器

内容详见下文"问题 114"。

问题 114：什么是扭矩变换器？如何归类？

扭矩变换器（Torque converter）又称液力变矩器，是用来传递旋转动力的装置，利用主动元件泵轮的轮叶在液体中对着从动元件的涡轮的轮叶旋转来传递旋转动力，如图 2.193 所示。它将动力源（通常是发动机或电机）与工作机连接起来，起到离合器的作用，但与离合器不同的是扭矩变换器除了能起到离合器的作用外，还可以改变扭矩大小，而离合器则不能改变扭矩大小。

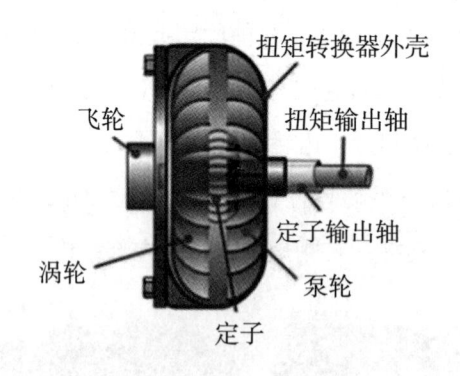

图 2.193　扭矩变换器

扭矩变换器主要由四部分组成：泵轮（又称叶轮，主动件）、涡轮（从动件）、定子、外壳和流体。定子使其成为变矩器，若没有定子，则它只是液力偶合器（Fluid coupling）。

扭矩变换器和液力偶合器归入子目 8483.4090。

问题 115：离合器与联轴器有何区别？如何归类？

离合器（Clutch）是用以随时连接或切断两轴转动的装置。根据其结构和工作原理不同，常见的离合器可分为摩擦离合器（Friction clutch）和爪牙离合器（Claw clutch）。

图 2.194 为多盘摩擦离合器，从图中可以看到主动轴与从动轴上分别安装有不同的摩擦片，当从动轴上的摩擦片压紧主动轴上的摩擦片时，由于摩擦力的作用，动力（扭矩）由主动轴传到从动轴；当从动轴上的摩擦片松开后，摩擦力消失，从而中断动力的传递，实现动力的分离。

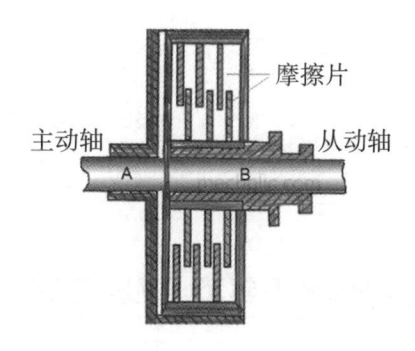

图 2.194　多盘摩擦离合器

图 2.195 为爪牙离合器。从图中可以看到，爪牙相互啮合后传递动力，爪牙脱开后实现动力的分离。

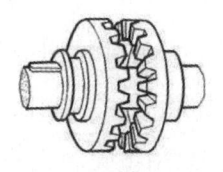

图 2.195　爪牙离合器

联轴器（Shaft coupling）是用来把两轴连接在一起的装置，机器运转时两轴不能分离，只有机器停止转动并将连接拆开后才能将两轴分离，如图 2.196 所示。

图 2.196　联轴器

联轴器和离合器均可连接两轴，传递运动和转矩。它们的区别是离合器在机器运转时可随时分离或接合两轴，而联轴器只有在机器停止转动后，用拆卸的方法才能使两轴分离。

联轴器和离合器归入子目 8483.6 项下。

子目 8483.6 的离合器及联轴器不包括品目 85.05 的电磁离合器和联轴器，不包括品目 87.08 的车辆用的离合器。

电磁离合器是应用电磁感应原理和内外摩擦片之间的摩擦力来传递旋转运动的离合器。

车辆用离合器属于车辆的专用零件。

综上可知，归入子目 8483.6 的离合器及联轴器只能是非电磁、非车辆用的离合器和联轴器。归纳如下：

```
                        电磁：联轴器和离合器：8505.2
离合器联轴
器的归类                        非车辆用的联轴器和离合器：8483.6
            非电磁：8483.5
                               车辆用离合器：8708.93
```

问题 116：归入品目 84.84 的密封垫必须满足哪些条件？

密封装置一般归入品目 84.84 项下，但并不是所有的密封装置都可归入该品目。

归入品目 84.84 的密封垫必须满足：用金属片与其他材料制成或用双层或多层金属片制成；成套的装于袋内的密封垫或类似接合衬垫必须满足由不同材料构成。所以，品目 84.84 只包括用金属片与其他材料制成的密封垫；用双层或多层金属片制成的密封垫；由不同材料制成的成套密封垫。或者说，品目 84.84 只包括由不同材料制成的密封垫。

品目 84.84 不包括由单一材料制成的密封垫，它们应根据材质归入不同品目。例如，只用橡胶制成的密封垫归入品目 40.16；只用毡呢制成的密封垫归入品目 59.11；只用纸板制成的密封垫归入品目 48.23；只用石棉（或石棉与其他矿物质纤维）制成的密封垫归入品目 68.12 或品目 68.13。

油封环通常为圆形截面，结构简单，一般由软橡胶圈与增强用金属装配在一起，没有活动部件。油封环不属于密封垫的范围，归入品目 84.87。

二 第八十四章机器、机械器具的归类

问题 117：3D 打印机属于打印机吗？3D 打印机与普通打印机有何区别？如何归类？

3D 打印（3D printing）又称增材制造（Additive manufacturing，AM）、立体打印、层积制造，指任何打印、堆积三维物体的过程。

3D 打印之所以称为增材制造，是因为它与金属切削加工（减材制造）相对应。普通打印机只能打印平面图形，打印的材料是墨水（以喷墨打印为例）；3D 打印是从普通打印发展而来的，3D 打印机打印的是三维立体图形，打印的材料是金属、塑料、陶瓷等不同的"打印材料"。3D 打印是一种快速成型技术。

3D 打印过程是一个不断添加的过程，在计算机控制下层叠原材料。3D 打印的内容来源于三维模型或其他电子数据，其打印出的三维物体可以拥有任何形状和几何特征。

三维打印的设计过程是：先通过计算机软件建模，再将建成的三维模型"分区"成逐层的截面（即切片），从而指导打印机逐层打印。图 2.197 为 3D 打印的设计与打印过程，图 2.198 为 3D 打印机的实物图，图 2.199 为 3D 打印机打印的产品。

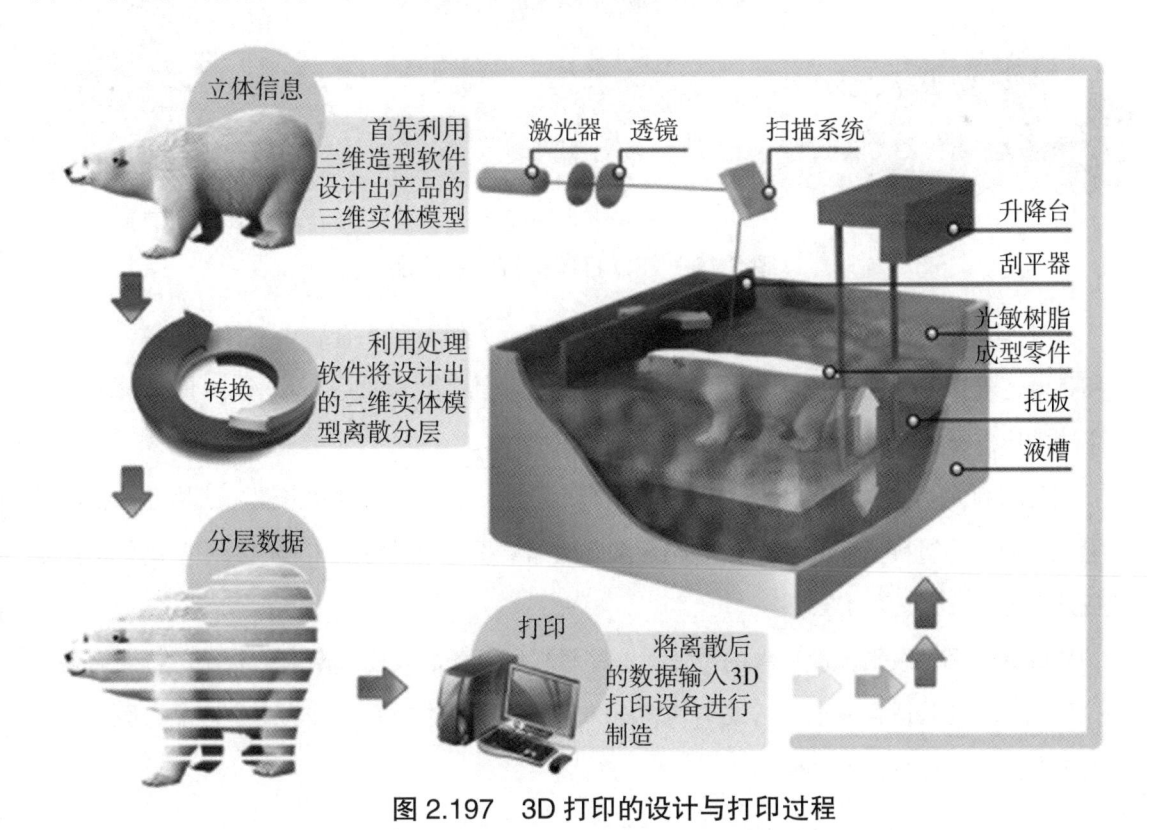

图 2.197 3D 打印的设计与打印过程

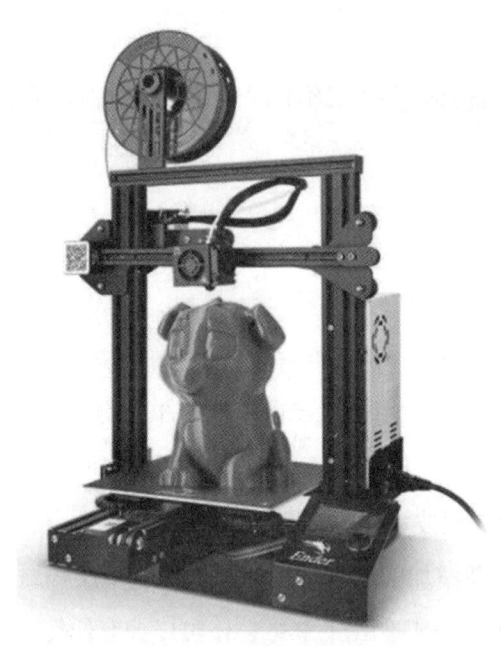

图 2.198　3D 打印机

3D 打印人像 　　　　　　　3D 打印眼镜 　　　　　　　3D 打印首饰

图 2.199　3D 打印机打印的产品

  3D 打印所使用的材料主要包括工程塑料、橡胶、光敏树脂、金属粉末和陶瓷等，在生物应用领域还包括人造骨粉、细胞生物原料等。这些材料都是针对 3D 打印设备和工艺来研发的，有不同的形态，比如粉末状、丝状、层片状、液体状等。

  工程塑料是当前应用最广泛的一类 3D 打印材料，是强度、耐冲击性、耐热性、硬度及抗老化性均优的塑料。常见的有 ABS 类、聚碳酸酯类、尼龙类等。工程塑料用于制作工业零件或外壳等。

  橡胶具备多种级别弹性材料的特征，这些材料所具备的硬度、断裂伸长率、抗撕裂强度和拉伸强度，使其适合要求防滑或柔软表面的应用领域，主要有消费类电子产品、医疗设备以及汽车内饰、轮胎、垫片等。

光敏树脂即 UV 树脂，由聚合物单体与预聚体组成，其中加有光（紫外光）引发剂（或称为光敏剂）。在一定波长的紫外光（250～300 纳米）照射下能立刻引起聚合反应完成固化。光敏树脂一般为液态，可用于制作高强度、耐高温、防水材料。

金属粉末主要有钛合金、钴铬合金、不锈钢和铝合金材料等。这些金属粉末一般要求纯净度高、球形度好、粒径分布窄、氧含量低。3D 打印的金属零部件大多用于国防领域。

陶瓷具有高强度、高硬度、耐高温、低密度、化学稳定性好、耐腐蚀等优异特性，在航空航天、汽车、生物等行业有着广泛的应用。

目前，3D 打印设备有多种，由于打印材料不同，对应的成型工艺也不同，而且打印设备是与打印材料配合来设计的。

3D 打印机归入品目 84.85 项下。品目 84.85 的列目结构如下：

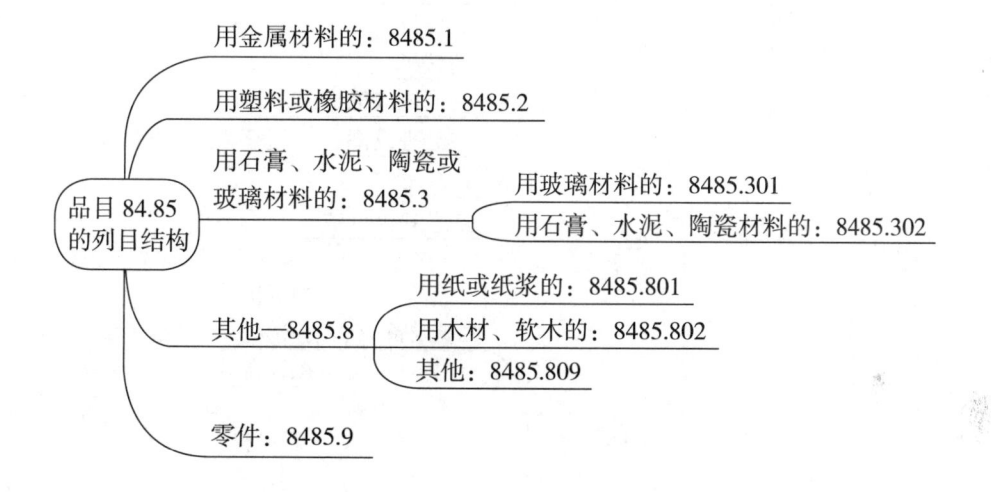

品目 84.85 的列目结构
- 用金属材料的：8485.1
- 用塑料或橡胶材料的：8485.2
- 用石膏、水泥、陶瓷或玻璃材料的：8485.3
  - 用玻璃材料的：8485.301
  - 用石膏、水泥、陶瓷材料的：8485.302
- 其他—8485.8
  - 用纸或纸浆的：8485.801
  - 用木材、软木的：8485.802
  - 其他：8485.809
- 零件：8485.9

问题 118：制造集成电路主要用到哪些设备？如何归类？

制造集成电路的三个阶段：硅片制备、芯片制造和封装测试。一般情况下，三个阶段在不同的生产厂家：硅片制备在硅片厂进行，芯片制造在集成电路制造厂（又称为 Fab 厂）进行，封装测试在封装测试厂进行。将它们各自所用的主要设备归纳如下：

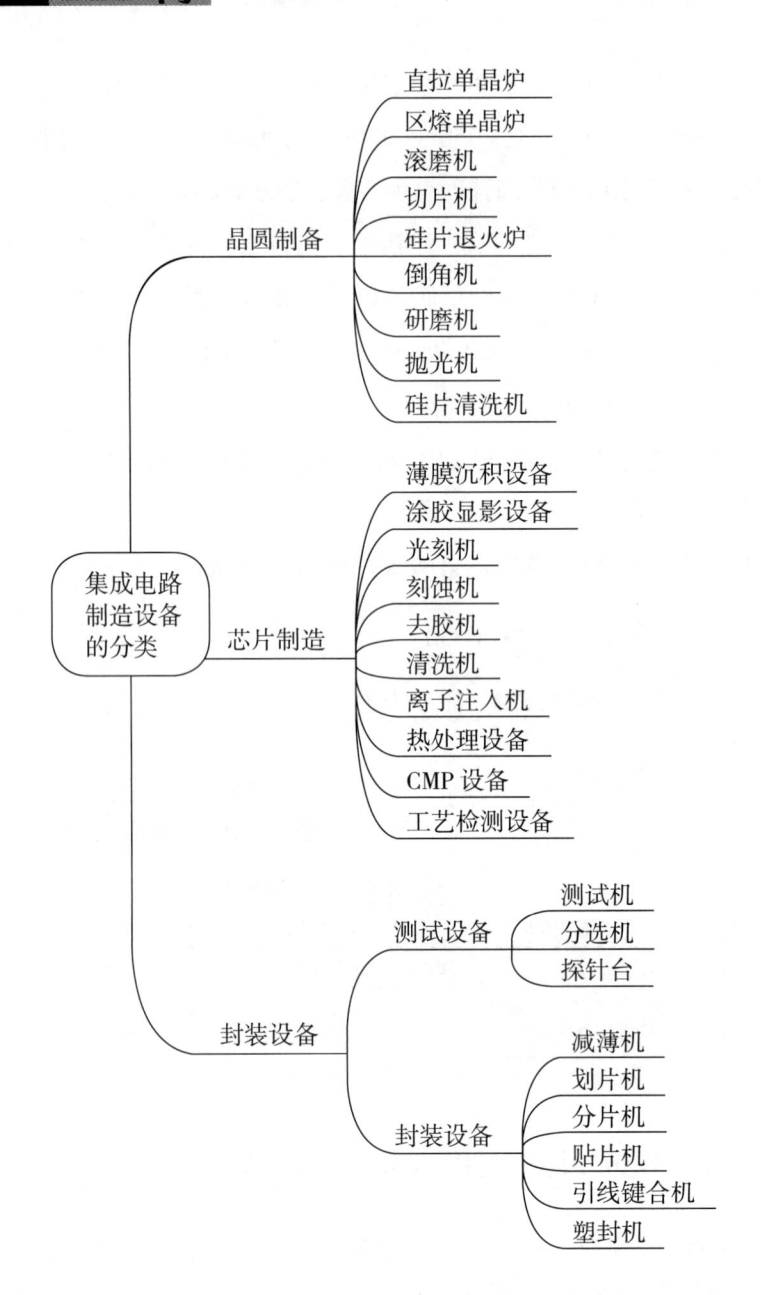

```
                              ┌─ 直拉单晶炉
                              ├─ 区熔单晶炉
                              ├─ 滚磨机
                              ├─ 切片机
                   晶圆制备 ───┼─ 硅片退火炉
                              ├─ 倒角机
                              ├─ 研磨机
                              ├─ 抛光机
                              └─ 硅片清洗机

                              ┌─ 薄膜沉积设备
                              ├─ 涂胶显影设备
                              ├─ 光刻机
                              ├─ 刻蚀机
    集成电路                   ├─ 去胶机
    制造设备 ──── 芯片制造 ────┼─ 清洗机
    的分类                     ├─ 离子注入机
                              ├─ 热处理设备
                              ├─ CMP 设备
                              └─ 工艺检测设备

                              ┌─ 测试设备 ──┬─ 测试机
                              │             ├─ 分选机
                              │             └─ 探针台
                   封装设备 ──┤
                              │             ┌─ 减薄机
                              │             ├─ 划片机
                              └─ 封装设备 ──┼─ 分片机
                                            ├─ 贴片机
                                            ├─ 引线键合机
                                            └─ 塑封机
```

（1）硅片制备

硅片制备（Silicon wafer manufacturing）是指将纯净的多晶硅材料制造成一定直径和长度的硅单晶棒材料，然后将硅单晶棒材料经过一系列的机械加工、化学处理等工序，制备成具有一定几何精度要求和表面质量要求的硅片或外延硅片，为集成电路芯片制造提供所需硅衬底。

硅片制备的设备主要包括直拉单晶炉、区熔单晶炉、滚磨机、切片机、硅片退火炉、倒角机、研磨机、抛光机、硅片清洗机等。

直拉单晶炉（Czochralski crystal growth furnace）是指将高纯度的多晶硅材料在封闭的高真空或稀有气体保护环境下通过加热熔化成液态，通过再结晶形成具有一定外形尺寸的硅单晶材料的设备。

区熔单晶炉（Float zone crystal growth furnace）是指利用区熔法原理，在高真空或稀有气体保护环境下，将一个硅多晶棒通过炉体一个高温的狭窄封闭区，使多晶棒局部产生一个狭窄的熔化区，移动多晶棒或炉体加热体，使熔化区移动而逐步结晶成单晶棒的工艺设备。

滚磨机（Ingot grinding machine）是指将硅单晶棒外径通过金刚石磨轮磨削成所需直径的单晶棒料，并磨削出单晶棒的平边参考面（Orientation flat）或定位槽（Notch）的工艺设备。

切片机（Slicing machine）是指将硅单晶棒切成具有精确几何尺寸和所需厚度薄硅片的工艺设备。目前应用最多的多线切割机。

硅片退火炉（Silicon wafer annealing furnace）是指在氢气或氩气环境下，将炉内温度升到1000℃～1200℃，通过保温、降温，将抛光硅片表面附近的氧挥发脱除，使氧沉淀分层，溶解掉硅片表面的微缺陷，减少硅片表面附件的杂质数量，减少缺陷，在硅片表层形成相对洁净区的工艺设备。

倒角机（Edge rounding machine）是指采用成型的磨轮，将切割成的薄硅片的锐利边缘修整（磨削）成特定的R形或T形边缘形状，防止硅片在后续加工过程中边缘产生破损的工艺设备。

研磨机（Lapping machine）又称双面研磨机，是指通过机械双面研磨的方法，去除硅片表面因切割工艺所造成的锯痕，减小硅片表面损伤层深度，有效改善硅片的平坦度与表面粗糙度的工艺设备。

抛光机（Polisher）又称化学机械抛光机，是指通过抛光液中的化学溶液（碱性化学液）的腐蚀作用和抛光液中磨料的机械研磨的去除作用，细微地去除硅片表面材料，达到改善硅片表面形貌质量、提高硅片表面微粗糙度的工艺设备。

硅片清洗机（Final Cleaning Machine）是指通过物理和化学清洗方法，将抛光后的硅片表面上所产生的磨料颗粒、有机物颗粒和金属沾污等杂质污染去除掉，获得所需洁净表面的工艺设备。

上述设备中，直拉单晶炉、区熔单晶炉、硅片退火炉按利用温度变化处理单晶硅的设备归入子目8486.1010；滚磨机、倒角机、研磨机按研磨设备归入子目8486.1020；切片机按切割设备归入子目8486.1030；抛光机归入子目8486.1040；硅片清洗机按其他设备归入子目

8486.1090。

（2）芯片制造

芯片制造就是在硅片厂制备的硅片上制造各种元器件的工艺过程。这些工艺主要包括薄膜沉积、光刻、刻蚀、离子注入、扩散、抛光工艺等。主要设备包括薄膜沉积设备、涂胶显影设备、光刻机、刻蚀机、去胶机、清洗机、离子注入机、热处理设备、CMP（化学机械抛光）设备、工艺检测设备等。

薄膜沉积是指在晶圆表面沉积一层薄膜的工艺。薄膜沉积设备主要包括物理气相沉积（Physical vapor deposition，PVD）设备、化学气相沉积（Chemical vapor deposition，CVD）设备和外延（Epitaxy）设备三大类。

物理气相沉积设备是指利用热蒸发或受到粒子轰击时物质表面原子的溅射等物理过程，实现物质原子从源物质到衬底材料表面的转移，从而在衬底表面沉积形成薄膜的设备。

化学气相沉积设备是通过混合化学气体并发生化学反应，从而在衬底材料表面沉积薄膜的设备。

外延设备是在单晶衬底上沉积一层薄的单晶层（即外延层）的设备。

涂胶显影设备在业内又称轨道(Track)，是涂胶设备与显影设备两部分集成在一起的设备。

光刻机就是将掩模版上的电路图形转移到覆盖于硅片表面的光刻胶上的设备。在光刻机中最常见的是分步重复光刻机，它是每次只曝光晶圆上的一部分图形，然后步进到另一个位置重复曝光的光刻机，如图 2.200 所示。

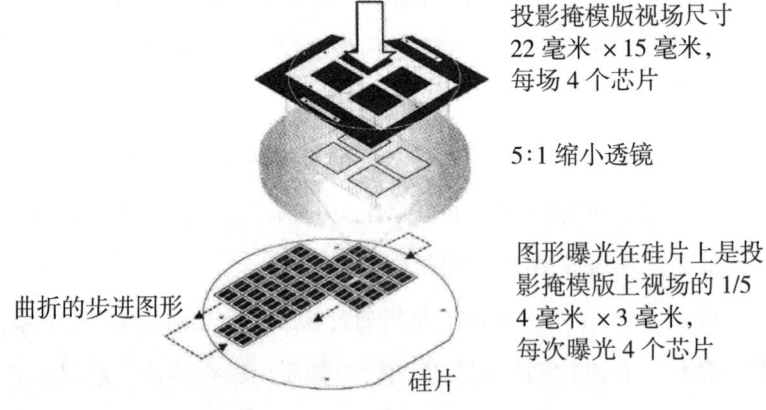

图 2.200　分步重复光刻机示意图

刻蚀机是将光刻胶上的图形转移到硅片上的设备。

去胶机①是去除刻蚀工艺完成后已没有任何用处的光刻胶的设备。

清洗机是指用于去除芯片生产中产生的各种沾污杂质的设备。芯片制造中的每一步光刻、刻蚀、沉积、离子注入、CMP后均需要清洗。硅片清洗机分为化学方法清洗机和物理方法清洗机。化学方法清洗机是通过将硅片浸入不同的化学试剂来清洗的清洗机，物理方法清洗机是通过机械刷清洗法、超声波/兆声波清洗法等物理技术来清洗的清洗机。

离子注入机是指在真空系统中使具有一定能量的带电粒子（离子）高速轰击硅片衬底并将其注入硅片衬底的设备。

热处理设备是对硅片进行氧化、杂质的扩散和晶格缺陷的修复退火等工艺的设备，主要包括氧化、扩散、退火，以及快速热处理设备。

CMP（Chemical mechanical polisher）设备是通过化学腐蚀与机械研磨相结合的方式磨平或抛光硅片表面的设备。

工艺检测设备是指应用于工艺过程中的测量类设备和缺陷（含颗粒）检查类设备的统称。

上述设备中，薄膜沉积设备中的化学气相沉积设备归入子目8486.2021；物理气相沉积设备归入子目8486.2022；外延设备归入子目8486.2029；光刻机归入子目8486.2031（分步重复光刻机）或8486.2039（其他光刻机）；刻蚀机归入子目8486.2041（等离子干法刻蚀机）或8486.2049（其他刻蚀机）；去胶机（又称剥离设备）归入子目8486.2049；清洗机中的化学方法清洗机和物理方法清洗机均归入子目8486.2090；离子注入机归入子目8486.2050；热处理设备中的氧化、扩散、退火及快速热处理设备归入子目8486.2010；涂胶显影设备归入子目8486.2090；CMP设备归入子目8486.1040；工艺检测设备根据其功能归入不同的品目。

（3）封装测试

封装测试包括集成电路的封装和测试两个环节。

集成电路的封装是为了集成电路芯片安装外壳，不仅起着安放、固定、密封、保护芯片和增强电热性能的作用，而且还用于内部芯片连接到封装外壳的外部引脚上。传统集成电路的封装流程包括芯片测试和拣选、分片、贴片、引线键合、塑料封装、测试，如图2.201所示。其中，在分片之前还要进行芯片减薄、芯片切割。

---

① 去胶机（Stripping equipment, Stepper or asher）在子目8486.204中称为"剥离设备"，而在《品目注释》中又称为"去膜机或灰化机"。其实，这三种不同的商品名称指的是同一商品。

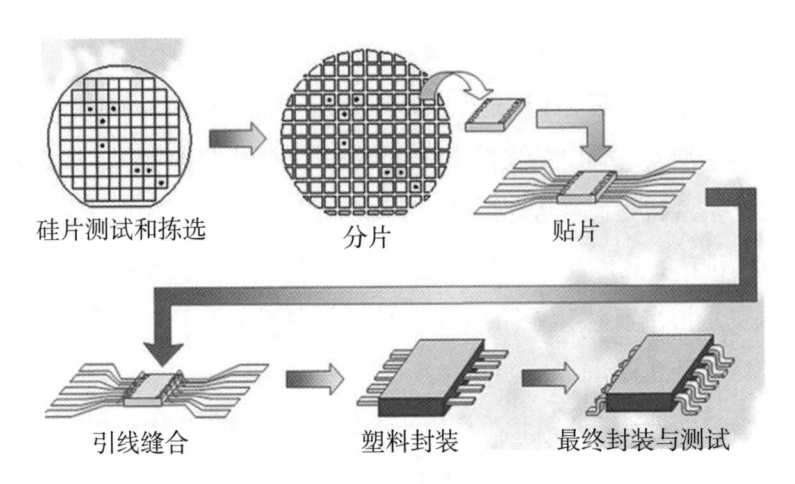

图 2.201　传统的封装工艺流程

芯片测试和拣选机是用于芯片质量测试并将合格芯片挑选出来的设备。

减薄机又称为背面研磨设备，是指对硅片的背面进行研磨或刻蚀，将硅片减薄至封装所需厚度的设备。

划片机又称为切割设备，是指用不同的方法将单个芯片从大圆片上分离出来的设备。

分片机是指挑选合格质量芯片的设备。

贴片机又称为贴装设备，是指通过精密机械设备用装片胶或胶膜等材料将切割后的芯片粘贴于基板或框架内的设备。

引线键合机是指在芯片封装过程中实现芯片（或其他器件）与基板或框架互连的设备。

塑封机是指将芯片或器件用模制塑料进行保护封装的设备。

上述设备中，芯片测试和拣选机、分片机归入子目 8479.8999；减薄机、划片机、贴片机归入子目 8486.4029；塑封机归入子目 8486.4021；引线键合机归入子目 8486.4022。

问题 119：制造 TFT-LCD 液晶显示屏主要用到哪些设备？如何归类？

TFT-LCD（薄膜晶体管液晶显示器）液晶显示屏的组成结构如图 2.202 所示。

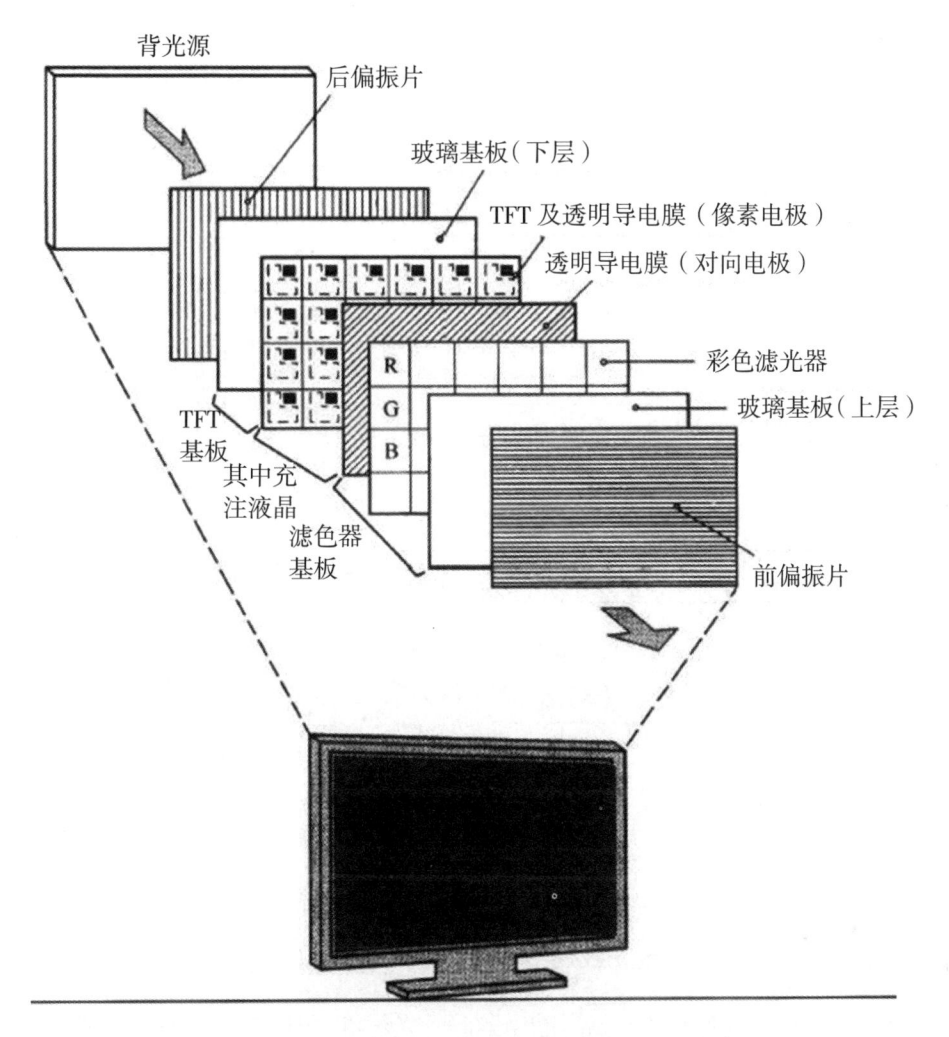

图 2.202　液晶显示屏的组成结构（分解图）

从上图中可以看出，完整的液晶显示屏主要由背光模组（源）、TFT（薄膜晶体管）基板、前/后偏振片、彩色滤光片（器）、透明导电膜等构成。下面以 TFT-LCD 的制造为例，分析其制造流程。

TFT-LCD 的生产流程主要包括前段 Array（阵列）制程、中段 Cell（成盒）制程和后段 Module（模组）制程。

（1）Array 制程

Array 制程是在玻璃基板上制作薄膜晶体管的过程，图 2.203 为 Array 工艺的流程图。

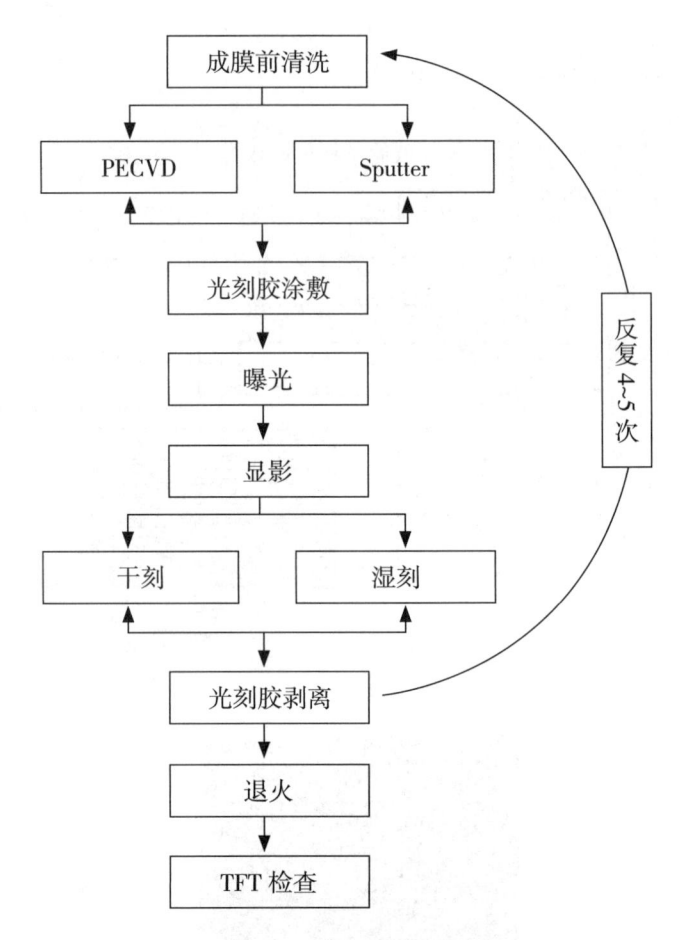

```
                    ┌─────────────┐
                    │  成膜前清洗  │◄─────────┐
                    └──────┬──────┘          │
                      ┌────┴────┐            │
                      ▼         ▼            │
                  ┌───────┐  ┌────────┐      │
                  │ PECVD │  │Sputter │      │
                  └───┬───┘  └────┬───┘      │
                      └────┬─────┘           │
                           ▼                 │
                    ┌─────────────┐          │
                    │  光刻胶涂敷  │          │
                    └──────┬──────┘          │
                           ▼               反复
                    ┌─────────────┐        4~5
                    │    曝光     │         次
                    └──────┬──────┘          │
                           ▼                 │
                    ┌─────────────┐          │
                    │    显影     │          │
                    └──────┬──────┘          │
                      ┌────┴────┐            │
                      ▼         ▼            │
                  ┌───────┐  ┌───────┐       │
                  │  干刻 │  │  湿刻 │       │
                  └───┬───┘  └───┬───┘       │
                      └────┬─────┘           │
                           ▼                 │
                    ┌─────────────┐          │
                    │  光刻胶剥离  │─────────┘
                    └──────┬──────┘
                           ▼
                    ┌─────────────┐
                    │    退火     │
                    └──────┬──────┘
                           ▼
                    ┌─────────────┐
                    │   TFT检查   │
                    └─────────────┘
```

图 2.203 Array 工艺的流程图

Array 制程所使用的设备主要包括：沉积设备[①]、光刻机、显影机、涂胶机、坚膜炉、前烘炉、蚀刻机（干法蚀刻机、湿法蚀刻机）、剥离机（又称去胶机）、清洗设备（最常用的是超声波清洗设备）、光学检测机等。

上述设备中，沉积设备中的等离子增强的化学气相沉积设备归入子目 8486.3021；溅射镀膜机属于物理气相沉积设备归入子目 8486.3022；光刻设备归入子目 8486.3031（分步重复光刻机）或 8486.3039（其他光刻机）；超声波清洗设备归入子目 8486.3041；显影机、湿法蚀刻机、剥离机归入子目 8486.3049；干法蚀刻机、涂胶机归入子目 8486.3090；坚膜炉、前烘炉按热处理设备归入子目 8486.3010；光学检测机根据其功能归入相应的品目。

（2）Cell 制程

Cell 制程是将带阵列薄膜晶体管的玻璃基板（又称下基板或 TFT 基板）与贴有彩色滤光

---

① PECVD（等离子增强型化学气相沉积）、Sputter（溅射镀膜机）。

片的玻璃基板（又称上基板）组装成盒，并在两片玻璃基板中间灌入液晶的过程。

Cell 制程所使用的设备主要包括 PI（聚酰亚胺薄膜）涂覆/固化设备、喷衬垫粉设备、定向摩擦设备、基板对位压合机、印刷或点涂封框胶设备、贴偏光板设备、灌注液晶/封口设备、背光叠片机、背光—模组组装机、检测设备等。

上述设备中，PI 涂覆/固化设备、喷衬垫粉设备、定向摩擦设备、基板对位压合机、印刷或点涂封框胶设备、贴偏光板设备、灌注液晶/封口设备、背光叠片机、背光—模组组装机归入子目 8486.3090；检测设备根据其功能归入相应的品目。

（3）Module 制程

Module 制程是将 Cell 制程后的液晶屏上组装背光源（板）、驱动 IC、触摸屏、外框等多个零部件的过程。

Module 制程所使用的设备主要包括：TAB-IC / OLB 设备、ACF 粘贴机、检测设备等。

TAB-IC / OLB 设备（Tape-Automated Bonding-IC/ Outer Lead Bonding，载带自动键合芯片/外引线键合）是将驱动电路键合到柔性电路板上的设备。

ACF（Anisotropic Conductive Film，异方性导电胶）粘贴机是将带有驱动电路的柔性电路板装配到液晶屏上的设备。图 2.204 是在液晶显示屏上安装驱动电路的过程。

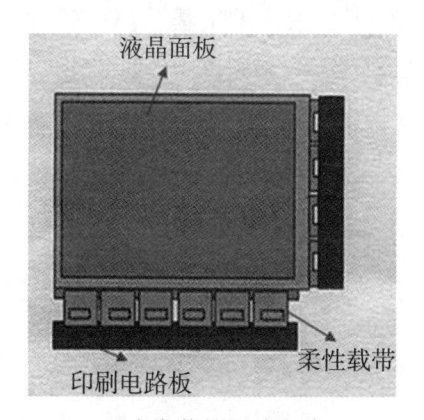

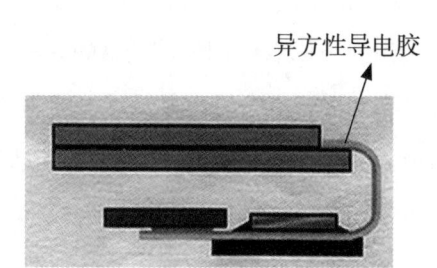

图 2.204　液晶显示屏上安装驱动电路的过程

异方性导电胶的导电原理如图 2.205 所示。从图中可以看到，在没有热压之前，导电胶在各个方向上是绝缘的，热压后导电粒子将柔性载带上面的凸点（Bump）与下面玻璃基板上的触点（Terminal）连通，而在相邻的两个凸点之间仍是绝缘的，所以称这种商品为异方性导电胶。

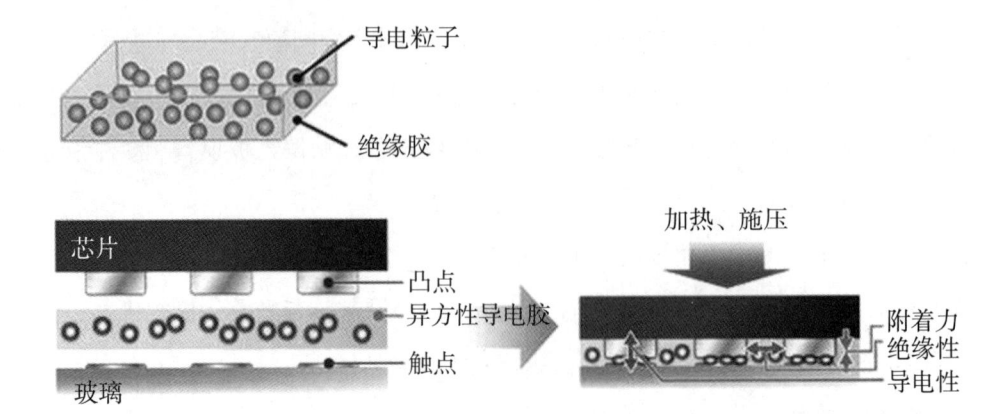

图 2.205　异方性导电胶的导电原理

上述设备中，TAB-IC / OLB 设备、ACF 粘贴机归入子目 8479.8999；检测设备根据其功能归入相应的品目。

问题 120：制造有机发光二极管（OLED）显示屏主要用到哪些设备？如何归类？

有机发光二极管显示屏的组成结构详见图 3.82，其主要由 TFT 基板、OLED 平板（阴极、有机发光层、有机导电层、阳极）、彩色滤光片等组成，其中阳极用透明的金属导电层制成。

与 TFT-LCD 相比，制造有机发光二极管显示屏的工艺要简单一些，不需要灌注液晶，不需要背光模组。下面以应用较广的 AMOLED（Active-matrix organic light-emitting diode，有源矩阵有机发光二极管）面板（显示屏）的制造为例，分析其工艺流程。

AMOLED 面板的工艺流程通常分为 TFT 基板工艺、蒸镀封装工艺和模组装配工艺。详细分解如下：

二 第八十四章 机器、机械器具的归类

```
                          ┌─ 非晶硅镀膜
                          ├─ LTPS 结晶化
                          ├─ 栅极制作
                  TFT 基板 ├─ S/D 制作
                          ├─ 钝化层
                          ├─ ITO 图形
                          └─ 像素隔离图案
  AMOLED                  ┌─ HIL 蒸镀
  面板的工艺流程            ├─ HTL 蒸镀
                          ├─ RGB 蒸镀
                  蒸镀封装 ├─ ETL/EIL 蒸镀
                          ├─ 阴极蒸镀
                          └─ 封装
                  模组装配 ┌─ FPC 绑定
                          └─ 老化测试
```

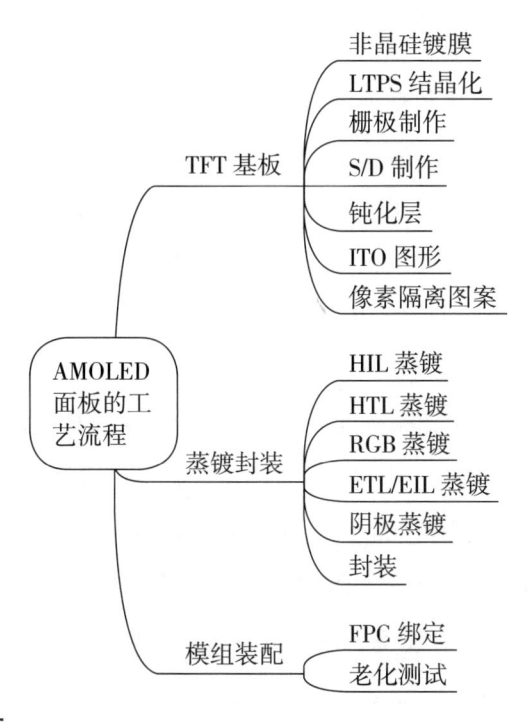

（1）TFT 基板工艺

TFT 基板工艺（前段制程）又称为 Array 工艺，将薄膜晶体管（TFT）制作于玻璃基板或可折弯的柔性材料上，通过成膜、显影、蚀刻叠加不同图形不同材质的膜层以形成 LTPS（低温多晶硅）驱动电路，其为发光器件提供点亮信号以及稳定的电源输入。主要工艺包括非晶化镀膜、LTPS（低温多晶硅）结晶化、栅极制作、S/D（源极/漏极）制作、钝化层、ITO（氧化铟锡）阳极电极图形、像素隔离图案等。

Array 工艺所使用的设备主要包括沉积设备（溅射镀膜机、PECVD）、涂胶机、结晶设备、曝光设备、显影设备、干法蚀刻机、湿法蚀刻机、剥离设备、激光退火结晶炉、离子掺杂机、金属诱导结晶炉、光学检测机等。

上述设备中，PECVD 按化学气相沉积设备归入子目 8486.3021；结晶设备、激光退火结晶炉、金属诱导结晶炉归入子目 8486.3010；离子掺杂机等归入子目 8486.3090。参见"问题119"。

（2）蒸镀封装工艺

蒸镀封装工艺（中段制程）又称 Cell 工艺，是在高真空腔室中蒸镀多层的有机材料薄膜，将有机发光材料以及阴极等材料蒸镀在 TFT 基板上，与驱动电路结合形成发光器件，再在无氧环境中进行封装以起到保护作用。主要工艺包括 HIL（空穴注入层）蒸镀、HTL（空穴传输层）蒸镀、RGB（红、绿、蓝）发光层蒸镀、ETL/EIL（电子传输层/电子注入层）蒸镀、阴极蒸镀、

167

封装等。

Cell 工艺所使用的设备主要包括清洗设备、蒸镀设备、封装设备、喷墨打印设备、PI 涂覆/固化设备、偏光板贴合设备、检测设备等。

上述设备中，清洗设备归入子目 8486.3041（超声波清洗设备）或子目 8486.3049（其他清洗设备）；蒸镀设备按物理气相沉积设备归入子目 8486.3022；封装设备、喷墨打印设备、归入子目 8486.3090，可参见"问题 119"。

（3）模组装配工艺

模组装配工艺（后段制程）又称 Module 工艺，是将封装完毕的面板切割成实际产品大小，再进行偏光片贴附、控制线路与芯片贴合等各项工艺，最后进行老化测试以及产品包装的过程。主要工艺包括 FPC（柔性印刷电路）绑定和老化测试。Module 工艺所使用的设备主要包括：TAB-IC/OLB 设备、贴合设备、OLED 检测设备等。

上述设备中，TAB-IC/OLB 设备、贴合设备归入子目 8479.8999；检测设备根据其功能归入相应的品目。

三 第八十五章 电子、电器设备的归类

问题 121：第八十五章的列目结构有何规律？

《协调制度》第八十五章主要包括机电商品中的电机与电气设备及其零件，共包括 49 个品目。本章的列目结构如下：

第八十五章的列目结构
- 电能的产生、变换及储存设备：85.01~85.04、85.06~85.07
  - 产生、利用电能的机器：85.01~85.03
  - 变换电能的装置：85.04
  - 储存电能的装置：85.06~85.07
- 电动机械器具：85.08~85.10
  - 真空吸尘器：85.08
  - 家用电动器具：85.09
  - 电动剃须刀等：85.10
- 依靠电性能工作的设备：85.05、85.11~85.31
  - 电磁铁及电磁器具：85.05
  - 点火装置及车辆等用电器设备：85.11~85.12
  - 便携式的电灯：85.13
  - 电加热设备、焊接设备：85.14~85.16
  - 通信设备：85.17
  - 平板显示模组：85.24
  - 音响设备、声频与视频的录放设备等：85.18~85.29
  - 电气的信号装置：85.30~85.31
- 本章其他品目未列名的具有独立功能的电气设备及装置：85.43
- 电子元器件、连接件、绝缘零件等：85.32~85.42、85.44~85.48
  - 电容器、电阻器：85.32~85.33
  - 印刷电路：85.34
  - 电力的分配与连接装置：85.35~85.38
  - 电光源：85.39
  - 半导体器件、集成电路等：85.40~85.42
  - 绝缘电线、电缆及绝缘零件等：85.44~85.47
  - 其他品目未列名的电气零件：85.48
- 电子电气废弃物及碎料：85.49

本章主要分成三大部分：

第一部分：品目 85.01 ~ 85.31 和 85.43；

第二部分：品目 85.32 ~ 85.42 和 85.44 ~ 85.48；

第三部分：品目 85.49。

它们的列目规律如下：

第一部分为品目 85.01 ~ 85.31 和 85.43。主要包括电气设备及装置的整机及其专用零件。这些商品大多是用第二部分（品目 85.32 ~ 85.42 和 85.44 ~ 85.48）的电子元器件、连接件（装置）、绝缘零件等经组装而成的。其中，品目 85.01 ~ 85.04、85.06 ~ 85.07 为电能的产生、变换及储存设备；品目 85.05 为电磁铁及利用电磁原理工作的器具；品目 85.08 ~ 85.10 为电动机械器具；品目 85.11 ~ 85.12 为内燃机用电点火装置及车辆等用的电气照明、信号装置；品目 85.14 ~ 85.16 为电加热设备、焊接设备；品目 85.17 为通信设备；品目 85.18 ~ 85.29 为音响设备、声音及视频的录放设备、无线电广播与电视的接收与发送设备、摄录设备、无线电导航或遥控设备、记录媒体、平板显示模组等；品目 85.30 ~ 85.31 为电气的信号装置；品目 85.43 为本章其他品目未列名的具有独立功能的电气设备及装置（该品目作为本章电气设备的兜底品目）。

第二部分为品目 85.32 ~ 85.42 和 85.44 ~ 85.48。主要包括通用的电子元器件（电阻器、电容器、二极管、晶体管、集成电路等）、连接件（装置）、绝缘零件等。这些电子元器件通常不单独使用，而是装在电气设备中，属于电气设备的组成部分。其中，品目 85.32 ~ 85.33 为电阻器、电容器；品目 85.34 为印刷电路；品目 85.35 ~ 85.38 为电力分配与控制装置、连接装置等；品目 85.39 为电光源；品目 85.40 ~ 85.42 为真空器件、半导体器件、集成电路等；品目 85.44 ~ 85.47 为电气的绝缘电线或电缆、绝缘子和绝缘零件；品目 85.48 为其他品目未列名的电气通用零件（该品目作为本章电气设备通用零件的兜底品目）。

第三部分为品目 85.49，主要包括电子电气废弃物及碎料。这是 2022 年版《协调制度》修订时新增加的品目，主要目的是为了保护我们的地球家园。

另外，依据本章的注释二，品目 85.11 ~ 85.12（内燃机、车辆用的电气设备）、85.40（电子管、冷阴极管等）、85.41（半导体器件等）或 85.42（集成电路）优先于品 85.01 ~ 85.04。第八十五章注释二的条文如下：

二、品目 85.01 至 85.04 不适用于品目 85.11、85.12、85.40、85.41 或 85.42 的货品。

但金属槽汞弧整流器仍归入品目 85.04。

例如，内燃机起动用的起动电机属于电动机的范围，可归入品目 85.11，也可归入品目

85.01，但依据第八十五章注释二，优先归入品目85.11项下。

问题122：电动机与发电机有何区别？如何归类？

（1）电动机

电动机（Motor）是将电能转换为机械能的设备。电动机按电流的形式不同分为直流电动机和交流电动机。

直流电动机是指使用直流电能工作的电动机。

交流电动机是指使用交流电能工作的电动机。交流电动机又分为单相交流电动机和三相交流电动机。

（2）发电机

发电机（Generator）是将各种能量（机械能、太阳能、化学能等）转换为电能的设备。其中，将机械能转化为电能的发电机是最普通的发电机；将太阳能转化为电能的发电机是光伏发电机；将化学能转化为电能的发电机主要是氢燃料电池等。

发电机按输出的电能形式不同可分为交流发电机和直流发电机。交流发电机输出交流形式的电能，直流发电机输出直流形式的电能。

（3）发电机与电动机的归类

发电机、电动机归入品目85.01项下，它们的专用零件归入品目85.03项下。

电动机归类时，主要考虑的因素包括输出功率、电流的形式（直流、交流）、相数（单相、多相）等。

发电机归类时，主要考虑的因素包括输出功率、电流的形式（直流、交流）等。其中，子目8501.7与8501.8的"光伏发电机"由多块光电池板与其他装置［例如，蓄电池及电子控制器（调压器、换流器等）、装有元件的板或组件］组成，这些光伏发电机可直接给电动机、电解槽等用电负载供电。子目8501.7的"光伏直流发电机"输出直流形式的电能；子目8501.8的"光伏交流发电机"输出交流形式的电能。通常光伏电池输出的直流要通过逆变器转换为交流，才能直接为用电设备供电。

如果是只有光电池板，不能直接给电动机、电解槽等供电，则应归入品目85.41项下。

另外，品目85.01还包括装有皮带轮、齿轮箱或软轴的电动机，图3.1所示的装有齿轮箱的电动机仍归入品目85.01项下。

图 3.1　装有齿轮箱的电动机

测速发电机仍归入品目 85.01 项下，不能误按检测设备归入第九十章。

有时电动机和发电机可以通用，例如，电动汽车的驱动电动机，当正常行驶时属于电动机（将电能转换为机械能），当刹车制动时属于发电机（将制动时的机械能转换为电能，实现了能量的回收）。其主要功能仍是为汽车提供行驶的动力，所以按电动机归类。

问题 123：发电机、发电机组、旋转式变流机之间有何区别？如何归类？

发电机（Generator）是将各种能量（机械能、太阳能、化学能等）转换为电能的设备。

发电机组（Generating set）指由发电机与除电动机以外的任何原动机（例如，水轮机、汽轮机、风力机、内燃机等）所组成的组合机器。根据其原动机的类型不同可分为水轮发电机组、汽轮发电机组、内燃发电机组、风力发电机组等，如下所示：

水轮发电机组＝水轮机＋发电机

汽轮发电机组＝汽轮机＋发电机

内燃发电机组＝内燃机＋发电机

风力发电机组＝风力发动机＋发电机

图 3.2 是火力电发厂使用的汽轮发电机组。

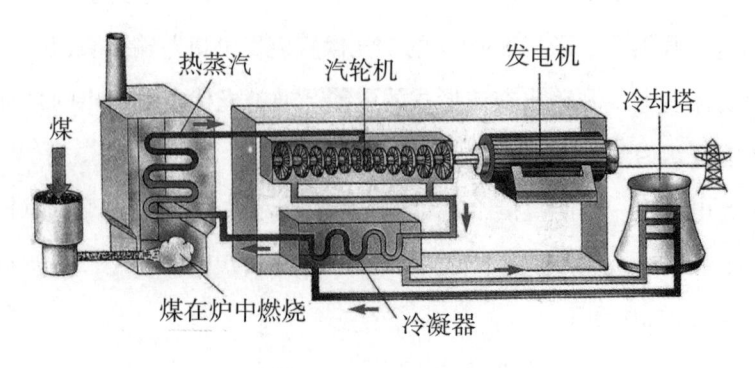

图 3.2　汽轮发电机组

如果原动机是电动机,由电动机与发电机组成的组合机器就是"旋转式变流机"。即:

旋转式变流机=电动机+发电机

旋转式变流机的主要功能是改变电流的形式,通常是将交流电转换为直流电。

发电机归入品目85.01项下的相应子目,发电机组则归入品目85.02项下。发电机组归类时,主要考虑的因素是原动机的类型(内燃机、风力发动机、水轮机、汽轮机等),并根据发电机组原动机的类型来确定不同的子目;旋转式变流机归入子目8502.4000。

问题124:风力发电机组主要由哪些零部件组成?如何归类?

风力发电机组包含了由风能到机械能和由机械能到电能两个能量转换过程。风力发电机组通过增速齿轮箱将风轮输入的较低转速增大到发电机需要的转速,并带动发电机正常发电。图3.3是风力发电机组的组成结构示意图。

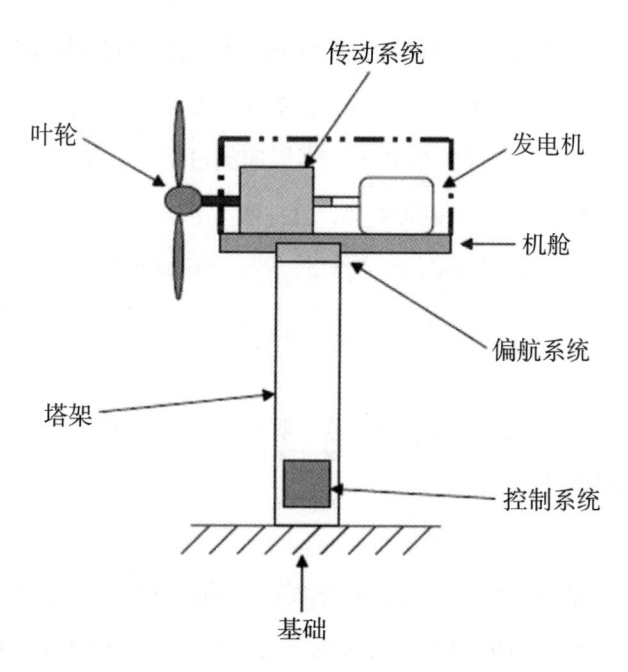

图3.3 风力发电机组的组成结构示意图

风力发电机组主要由风轮、传动系统、偏航系统、变浆系统、液压系统、制动系统、发电机、控制与安全系统、机舱、塔架和基础等组成,图3.3只是结构简图,部分系统未显示。

(1)风轮

风轮又称叶轮,由叶片和轮毂组成。其中,叶片是吸收风能的单元,用于将空气的动能转换为风轮转动的机械能。轮毂是固定叶片的基座,叶片安装在轮毂上,轮毂的作用是将叶片固定在一起，并且承受叶片上传递的各种载荷，然后传递到发电机转动轴上，轮毂结构是3个放射形喇叭口拟合在一起。

（2）传动系统

传动系统由主轴、增速齿轮箱和联轴器组成（直驱式除外）。其中，主轴用来连接轮毂和增速齿轮箱，增速齿轮箱是将风轮在风力作用下所产生的动力传递给发电机，并使其得到相应的转速。

（3）偏航系统

偏航系统由风向标传感器、偏航电动机或液压马达、偏航轴承和齿轮等组成。风向标传感器检测风向，并将其检测的风向信号传输给控制柜，控制柜发出指令给偏航装置，偏航装置采用主动齿轮驱动形式，使叶轮始终处于迎风（即正对风向）状态，充分利用风能，提高发电效率。同时提供必要的锁紧力矩，以保障机组安全运行。

（4）变桨系统

变桨系统由风速仪传感器、变桨驱动装置组成。风速仪传感器检测风速，并将其检测的风速信号传输给控制柜，控制柜根据风速变化来控制桨距角。通过改变叶片的桨距角，使叶片在不同风速时处于最佳的吸收风能的状态，当风速超过切出风速时，使叶片顺桨刹车。

变桨驱动方式有两种，一种是电机驱动，另一种是液压驱动。电动机驱动主要由伺服驱动器和伺服电动机组成。液压驱动采用液压缸作为原动机，通过一套曲柄滑动结构同步驱动三个桨叶变桨距。

（5）液压系统

液压系统由电动机、油泵、油箱、过滤器、管路和液压阀等组成。液压系统为偏航系统、变桨系统、制动系统提供动力。

（6）制动系统

制动系统分为主轴制动系统和偏航制动系统。主轴制动系统一般采用液压圆盘片式制动器，主轴制动后，直径60～100米的叶片也就相应得到制动。偏航制动系统由液压系统提供制动力，当风轮正对风向工作时，液压系统制动器提供一个较大的压力以锚定偏航系统，防止机舱在风力的作用下发生偏转和剧烈振动。

（7）发电机

发电机是将叶轮转动的机械动能转换为电能的部件。转子与变频器连接，可向转子回路提供可调频率的电压，输出转速可以在同步转速±30%范围内调节。

（8）控制与安全系统

控制与安全系统保证风力发电机组安全可靠运行，获取最大能量，提供良好的电力质量。

（9）机舱

机舱由底盘和机舱罩组成。

（10）塔架和基础

塔架有筒形和桁架两种结构形式，基础为钢筋混凝土结构。

上述设备的主要零部件中，风轮按风力发动机归入子目8412.8000。

传动系统中主轴归入子目8483.1090，增速齿轮箱归入子目8483.4090，联轴器归入子目8483.6000。

偏航系统中的风向标传感器归入子目9015.8000，偏航电动机归入品目85.01项下的相关子目，液压马达归入子目8412.2910，偏航轴承归入品目84.82项下的相关子目。

变桨系统中的风速仪传感器归入子目9015.8000，变桨驱动用电动机品目85.01项下的相关子目，液压马达归入子目8412.2910。

液压系统归入子目8412.2项下的相关子目。

制动系统按其实际报验状态归入风力发电机组的专用零件子目8503.0030或其他相应品目。

发电机归入品目85.01项下的相关子目。

控制与安全系统根据其功能归入品目85.37或品目90.32的相应子目。

机舱按风力发电机组的专用零件归入子目8503.0030。

塔架和基础按钢结构件归入品目73.08项下的相关子目。

问题125：单相交流电与多相交流电有何区别？

单相交流电指只有一根相线（又称为火线）和一根零线（共两根电线）组成的交流电。两者之间的电压通常为220伏。单相交流电通常适于家用电。

三相交流电指由三根相线和一根零线（共四根电线）组成的交流电。三相交流电中相线与相线之间的电压为380伏，相线与零线之间的电压仍为220伏。三相交流电通常适于工业用电，例如，工业用的电动机多为三相电动机。

问题 126：光伏发电机与普通发电机有何区别？如何归类？

光伏发电机（Photovoltaic generator）又称光伏发电系统（Photovoltaic system, PV system），是利用光电池板直接将太阳能转换成电能的发电系统，如图 3.4 所示。

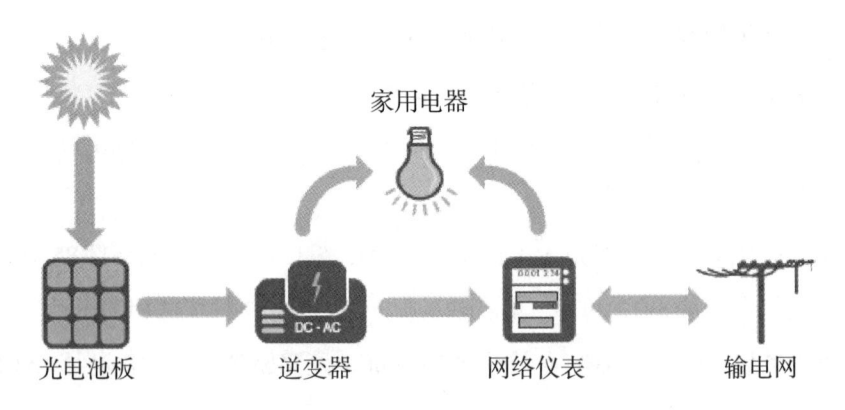

图 3.4　光伏发电系统

光伏发电机的主要部件包括光电池板（组件）、蓄电池、逆变器、充放电控制器等。光电池利用半导体界面的光生伏特效应将光能直接转变为电能，即在有太阳（或其他发光体）光照的情况下吸收光能，电池两端出现异号电荷的积累，产生电动势。蓄电池是贮存光电池接受光照所产生的电能，并可随时向负载供电的设备。逆变器是将直流电转换成交流电的设备。控制器是能自动防止蓄电池过充电和过放电的设备。

光伏发电机可分为独立光伏发电机、并网光伏发电机和分布式光伏发电机。

光伏发电机归入子目 8501.7（光伏直流发电机）或子目 8501.8（光伏交流发电机）。

普通发电机是将机械能转换为电能的设备。

普通发电机归入子目 8501.3（直流发电机）或子目 8501.6（交流发电机）。

问题 127：光伏直流发电机与光伏交流发电机有何区别？如何归类？

光伏发电机是由多块光电池板与蓄电池、控制器（调压器、换流器等）、逆变器等组成的发电系统。这些光伏发电机可直接给电动机、电解槽等供电。

光伏直流发电机是指输出直流形式电能的光伏发电机。

光伏交流发电机是指输出交流形式电能的光伏发电机。光伏电池输出的直流要通过逆变器转换为交流,才能直接为用电设备供电。

光伏交流发电系统由多块光电池(即太阳能电池)板、控制器、蓄电池、逆变器等组成,如图 3.5 所示。

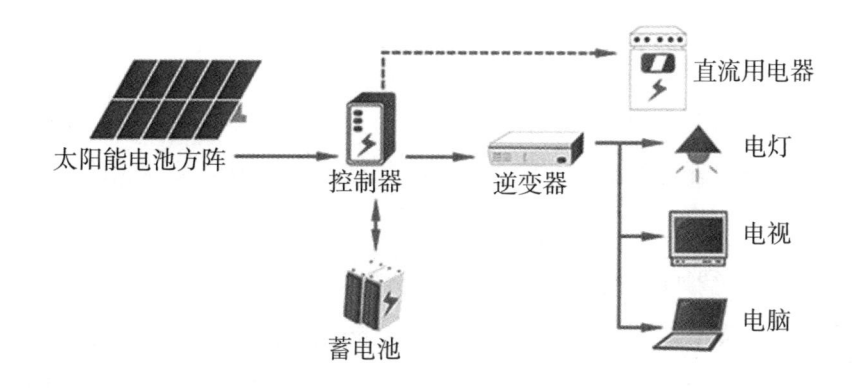

图 3.5 光伏交流发电系统

光伏直流发电机归入子目 8501.7 项下,光伏交流发电机归入子目 8501.8 项下。

问题 128:光伏发电机与已装配的光电池有何区别?如何归类?

光伏发电机是由多块光电池板与蓄电池、控制器、逆变器等组成,可直接为用电设备供电,如图 3.5 所示。

已装配的光电池只由多块光电池板组成,不包括蓄电池、控制器、逆变器,所以不能直接为用电设备供电。即只包括图 3.5 所示的太阳能电池方阵。

光伏发电机归入子目 8501.7 ~ 8501.8 项下,已装配的光电池归入子目 8541.43 项下。

问题 129:旋转式变流机与静止式变流器有何区别?如何归类?

旋转式变流机(Rotary converter)是由发电机和电动机组成的机器。发电机与电动机永久性地装在同一底座上。它们用于变换电流的性质(将交流变为直流或直流变为交流)或改变电流的某些特性,例如,交流电的电压、频率或相位,或者是用于把直流电从某一电压变为另一电压。

静止式变流器(Static converter)指利用变流元器件(电阻、电容、半导体器件等)进行变流的装置。该装置变流时无机械运动(相对于旋转式变流机来说),所以称为静止式变流

177

器。根据变流的性质不同可分为：

整流器：交流 → 直流；

逆变器：直流 → 交流；

变频器：频率 1 → 频率 2；

交流变换器：电压 1 → 电压 2；

直流变换器：电压 1 → 电压 2。

整流器是利用电子器件将交流电转变成直流电的装置，例如，手机用的充电器就属于整流器的范围。

逆变器是利用电子器件把直流电能转变成交流电（一般电压为 220 伏，频率为 50 赫兹）的装置，例如，光伏发电系统中，将直流电转变成交流电的装置就是逆变器。

变频器是利用电力半导体器件将固定频率、固定电压的电源，变成可变频率、可变电压的电源变换装置。变频器常用于变频空调、变频冰箱、变频洗衣机等电动机的运动控制和调速系统。

旋转式变流机归入子目 8502.4000，静止式变流器归入子目 8504.4 项下的相应子目。

问题 130：功率的单位为何有的用瓦、有的用伏安、有的用乏？

为何在品目 85.01 和品目 85.32 的列目中功率的单位有的用"瓦（W）"，有的用"伏安（VA）"，有的用"乏（Var）"？这要从电功率的类型说起。

电功率分为有功功率、无功功率和视在功率。

有功功率（Real power）是将电能转化为其他形式的能量（机械能、光能、热能等）的电功率，是对外做功的功率。

无功功率（Reactive power）是指用于电气设备内电场与磁场的能量交换，在电气设备（电路系统）中建立和维护电场与磁场的功率。它不对外做功，凡是有电磁线圈或电容的电气设备，要建立磁场或电场，就要消耗无功功率。

视在功率（Apparent power）又称表现功率，是指交流电源所能提供的总功率，它等于电器设备额定电压与额定电流的乘积。

三者的计算公式如下：

视在功率（S）= VI，　　　单位为伏安（VA，Volt-ampere）

有功功率（P）= VIcosϕ，　　单位为瓦（W，Watt）

无功功率（Q）= VIsin φ， 单位为乏（Var，Volt-ampere reactive）

功率因素 cos φ = P/S

其中，V 表示额定电压，I 表示额定电流，φ 表示视在功率与有功功率之间的夹角，S 表示视在功率，P 表示有功功率，Q 表示无功功率，三者之间的关系详见图 3.6。

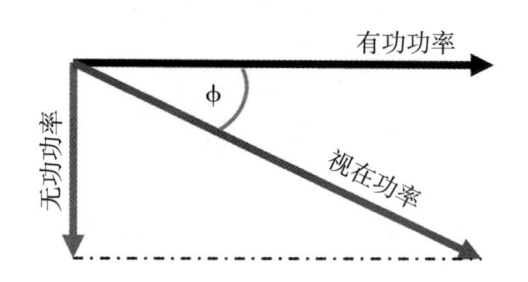

图 3.6 有功功率、无功功率和视在功率之间的关系

功率因素（Power factor）又称功率因子，是指一负载所消耗的有功功率与其视在功率的比值，是交流电力系统中特有的物理量。

由上述公式可知：视在功率的单位为伏安；有功功率的单位为瓦；无功功率的单位为乏。

此外，还可以看到中文"乏"对应的英文"Var"是"Volt-amperes reactive"的缩写；中文"伏安"对应的英文"VA"是"Volt-amperes"的缩写；中文"瓦"对应的英文"W"是"Watt"的缩写。

电动机输出的功率是有功功率，所以单位用瓦来表示。

交流发电机和变压器输出的功率都是视在功率，所以单位用伏安来表示。

电容器输出的功率是无功功率，所以单位用乏来表示。

问题 131：什么是液体介质变压器？如何归类？

液体介质变压器（Liquid dielectric transformer），又称为油浸变压器，是依靠油作为冷却介质的变压器，如图 3.7 所示。这种变压器的绕组浸在变压器油中，变压器油是绝缘的。变压器在正常工作时，绕组和铁芯的热量先传给变压器油，然后通过外面散热翅片来散热。

图 3.7　液体介质变压器（油浸变压器）

液体介质变压器归入子目 8504.2 项下。

问题 132：什么是稳压电源？什么是不间断电源？如何归类？

（1）稳压电源

稳压电源（Voltage-stabilized supplier）是指能为负载提供稳定交流电源或直流电源的电子装置。稳压电源属于静止式变流器的一种。

根据本国子目注释，归入子目 8504.401 的稳压电源必须带有稳压回路，即可对输出的电压进行动态调整，使其接近额定的标称值。根据输出的电流形式可分为交流稳压电源和直流稳压电源。输出电压为直流的称为直流稳压电源，输出电压为交流的称为交流稳压电源。

稳压电源根据其用途、输出的电流形式、功率和精度归入子目 8504.401 项下的相应子目。

稳压电源的精度是指电源实际输出的电压与标称的额定电压之间的差值与额定电压的比值，此数值越小说明精度越高。

（2）不间断供电电源

不间断供电电源（Uninterrupted power supply，UPS）是正常供电发生故障时，能实现不间断供电的电子式电源装置，如图 3.8 所示。它主要由整流器、滤波器、蓄电池、逆变器、稳压器、转换开关等组成。不间断供电电源的输入为市电（通常为交流电压 220 伏），输出亦为市电。在正常工作状态时，市电经整流器、滤波器变成直流电后，一路向蓄电池充电，另一路经逆变器变成交流电后，向负载供电。一旦市电电网断电，不间断供电电源的内蓄电池输出直流电经逆变器变为交流电，继续向负载供电，从而达到不间断供电的目的。

图 3.8 不间断供电电源

不间断供电电源归入子目 8504.4020。

问题 133：什么是整流器、逆变器、变频器？如何归类？

（1）整流器

整流器（Rectifier）是把交流电转换成直流电的装置，例如，手机用的充电器就属于整流器的范围，如图 3.9 所示。

图 3.9 手机用充电器

整流器归入子目 8504.4099 项下。

（2）逆变器

逆变器（Inverter）是一种将直流电变成交流电的装置。它由逆变桥、控制逻辑和滤波电路组成。逆变器根据发电源的不同，可分为煤电逆变器、太阳能发电逆变器、风能发电逆变器、水能发电逆变器以及柴油机发电逆变器等。根据用途的不同，可分为独立控制逆变器和并网逆变器。按照输出波形，可分为正弦波逆变器和方波逆变器。

逆变器归入子目 8504.4030 项下。

（3）变频器

变频器（Frequency converter, Variable-frequency drive）是利用电力半导体器件将固定频率、

固定电压的电源,变成可变频率、可变电压的电源变换装置,如图 3.10 所示。变频器常用于变频空调、变频冰箱、变频洗衣机等电动机的运动控制和调速系统。

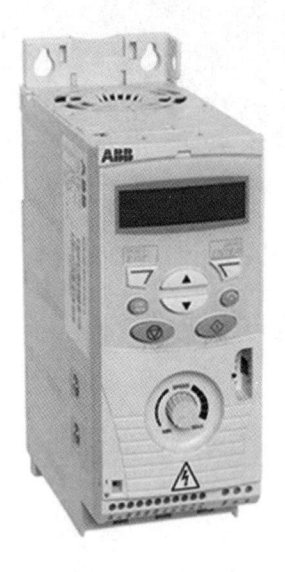

图 3.10 变频器

变频器归入子目 8504.4099 项下。

问题 134:原电池与蓄电池有何区别?如何归类?

电池是用来储存电能的装置。根据其能否再充电或可否重复使用,分为原电池与蓄电池。

原电池(Primary cell)又称干电池,是一种将化学能转换成电能的装置。原电池的最大特点是难以有效地再充电。原电池由两个电极和电解质溶液组成,如图 3.11 所示。

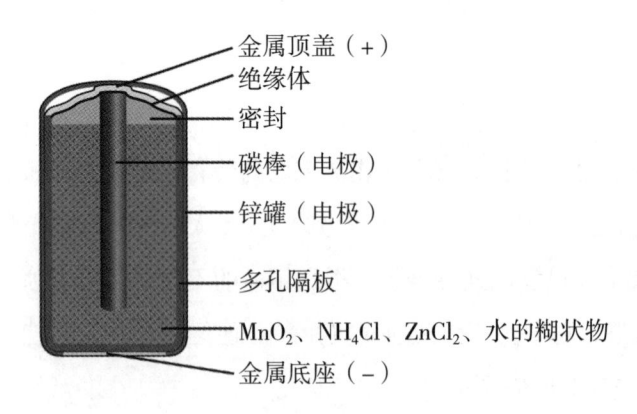

图 3.11 原电池的组成结构

蓄电池（Electric accumulator）是可以再充电的电池，所以又称二次电池，如图 3.12 所示。蓄电池在充电时储存电能，放电时释放电能。蓄电池一般由正极板、负极板、隔板、壳体、电解液和接线桩头等组成。

图 3.12　蓄电池

原电池归入品目 85.06 项下，蓄电池归入品目 85.07 项下。这两个品目项下的子目都是根据电极所用材料列目的，所以在归类前先要确定电池的电极所用的材料，例如，子目 8506.1 的"二氧化锰的"指电池的阴极材料是二氧化锰。

问题 135：锂离子电池与锂电池有何区别？如何归类？

锂离子电池与锂电池是两种不同类型的电池，两者不能混淆。

锂离子电池是一种可充电的电池，属于蓄电池，是分别用两个能可逆地嵌入与脱嵌锂离子的化合物作为正负极构成的二次电池。目前应用较多的阴极材料是钴酸锂（$LiCoO_2$），阳极材料是石墨。在充电过程中，在外加电场作用下，锂离子从电池内部由阴极向阳极传输，电流经由外电路从阳极流向阴极，内部保持电中性（电子同时经由外电路从阴极流向阳极）。放电过程则相反，锂离子从阳极回到阴极中，外电路电流则从阴极流向阳极。如图 3.13 所示。

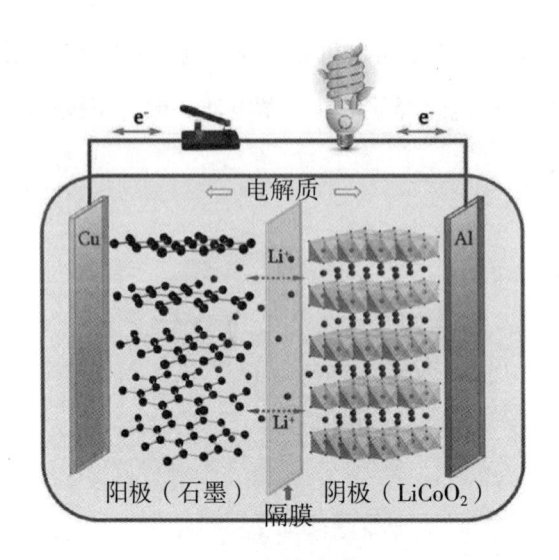

图 3.13　锂离子电池工作原理示意图

锂电池是不可充电的原电池，是以锂金属或锂合金为负极材料、使用非水电解质溶液的电池，图 3.14 为扣式锂电池。

图 3.14　扣式锂电池

锂离子电池归入子目 8507.6000，锂电池归入子目 8506.5000。

问题 136：什么是燃料电池？如何归类？

燃料电池实质上是电化学反应器，其反应机理是将燃料中的化学能不经燃烧而直接转化为电能。氢氧燃料电池实际上就是电解水的逆过程，通过氢气与氧气的化学反应生成水并释放电能，氢气和氧气分别是反应过程中的燃料与氧化剂。燃料电池的优越性在于高效率地把燃料转化为电能，零排放或低排放。

燃料电池发电的基本原理是：电池的阳极（燃料极）输入氢气（燃料），氢分子（H_2）在阳极催化剂作用下被离解成为氢离子（H^+）和电子（e^-），H^+ 穿过燃料电池的电解质层向阴极（氧化极）方向运动，e⁻因通不过电解质层而由一个外部电路流向阴极。在电池阴极输入氧气（O_2），氧气在阴极催化剂作用下离解成为氧原子（O），与通过外部电路流向阴极的e⁻和燃料穿过电解质的H⁺结合生成稳定结构的水（H_2O），完成电化学反应放出热量。

与普通可充电电池相比，燃料电池是一个能量生成装置，不是能量存储装置，所以，不能按能量存储装置归入品目85.07项下，而应按发电装置（发电机）归入子目8501.3项下的相关子目。

问题137：品目85.09的家用电动器具必须满足哪些条件？

家用电动机械器具一般归入品目85.09项下，归入该品目的商品必须满足两个条件：第一，必须是"家用器具"，对应英文是"Domestic appliance"；第二，必须是"包含电动机"，对应英文是"In which an electric motor is incorporated"。

同时还要注意归入该品目的某些商品还要受重量的限制（重量不能超过20千克）。

所谓"家用器具"，是指通常在家庭中使用的器具。这些器具可根据其类型及一个或多个特征（例如，总体尺寸、设计、容量、体积）加以确定。确定这些特征的标准是有关器具的工作范围不得超出家庭需要。

根据第八十五章注释四，地板打蜡机、食品研磨机，以及食品搅拌器、水果或蔬菜的榨汁器不受重量的限制，而其他的家用电动器具必须受重量的限制（重量不能超过20千克）。

归入品目85.09的家用电动器具必须是其他品目未列名的商品。某些在行业上称为"家用电器"的商品，不能归入该品目，例如，家用电风扇应归入品目84.14，家用电冰箱应归入品目84.18，家用离心干衣机应归入品目84.21，家用洗衣机应归入品目84.50，家用洗碗机应归入品目84.22，家用电热器具应归入品目85.16等。

对于某些多功能的家用电动机械器具，要首先判断其主要功能，并根据其主要功能来确定子目，若不能确定其主要功能，则依据总规则三（三）从后归类。

问题138：内燃发动机与车辆用电气设备有哪些？如何归类？

内燃发动机与车辆用电气设备包括点燃式内燃机的点火装置、电启动装置、发电机、电气照明和信号装置等。

点燃式内燃发动机用的点火装置和内燃发动机用的启动电机、发电机等归入品目85.11

项下,要特别注意的是,内燃发动机用的起动电机、发电机不要误按普通的电动机和发电机归入品目 85.01 项下,依据第八十五章注释二,品目 85.11 优先于品目 85.01。

机动车辆和自行车用的电气照明或信号装置、风挡刮水器、除霜器及去雾器归入品目 85.12 项下。

问题 139:什么是感应加热设备?什么是介质损耗加热设备?如何归类?

(1)感应加热设备

感应加热(Induction heating)设备是指利用电感线圈进行加热的设备。加热时把金属材料插入电感线圈内,因在线圈中一般输入中频或高频交流电,产生交变磁场在金属材料中产生出同频率的感应电流,从而产生焦耳热来加热金属材料。图 3.15 为感应加热示意图。感应加热一般只适用于导电金属材料的加热。

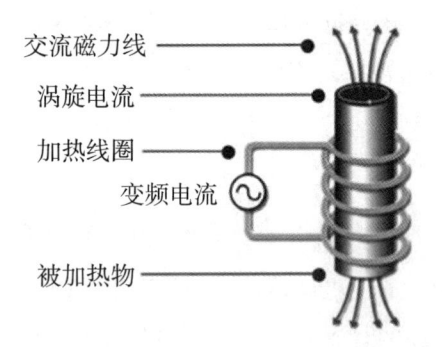

图 3.15　感应加热示意图

工业用感应加热的加热炉归入子目 8514.2000。

工业用无封闭的感应加热设备,如图 3.16 所示,应归入子目 8514.4000。

图 3.16　感应加热设备

（2）介质损耗加热设备

介质损耗加热（Dielectric loss heating）设备，又称为微波加热设备，是一种通过施加交变电场（高压交流信号）来提高介电（非导电）材料温度的电加热设备。如果是炉及烘箱（即有封闭的空间），该设备在《品目注释》中又翻译为"介质电容炉及烘箱"。它是通过介质材料自身损耗电磁能量的方式来加热的（所以又称为介质损耗加热设备），特别要强调的是，该设备的介质本身并不损耗，只是电磁能量的损耗。加热时将待加热的物体放在两块连接交流电源的金属板中间，两块金属板构成一个电容器，通过电容器中的介质损耗而使该物体发热，如图3.17所示。介质损耗加热只适用于绝缘材料的加热。

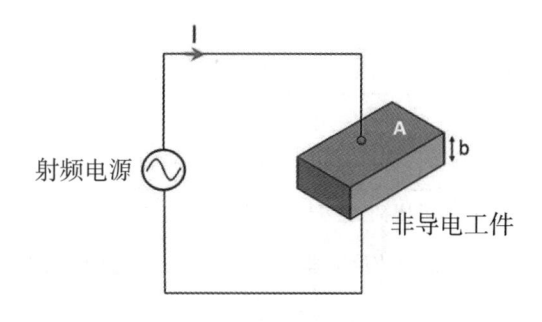

图 3.17　介质损耗加热示意图

这类加热设备主要用于木材的烘干、除霜、模塑、焙烧陶瓷等。

工业用介质损耗加热的炉归入子目8514.2000，图3.18所示的输送带式用于热处理软木塞的介质损耗加热炉归入子目8514.2000。

图 3.18　用于热处理软木塞的介质损耗加热炉

若是工业用无封闭的介质损耗加热设备，应归入子目8514.4000。

问题 140：品目 85.14 的炉及烘箱必须满足哪些条件？

归入子目 8514.1 ~ 8514.3 的电加热设备必须是炉及烘箱（Furnace and oven），所谓的炉及烘箱要求必须由一个或多个具有一定封闭性并产生相当高温的空间或容器构成。不构成封闭性的空间或容器的电加热设备就不属于炉或烘箱的范围。图 3.16 所示的感应加热设备没有封闭的空间，不属于加热炉或烘箱的范围；图 3.18 所示的用于热处理软木塞的介质损耗加热炉有封闭的空间，属于加热炉或烘箱的范围。

问题 141：什么是可控气氛热处理炉？如何归类？

可控气氛热处理炉（Controlled atmosphere heat treatment furnace）指将工件置于可控制其化学特性的气相氛围中进行加热的热处理炉，如图 3.19 所示。例如，把可燃气（天然气、煤气等）按一定比例空气混合后，通入发生器进行加热，也可用液体有机物（如甲醇、乙醇、丙酮等）滴入热处理炉内，用于渗碳、碳氮共渗、软氮化、保护气氛淬火和退火等。

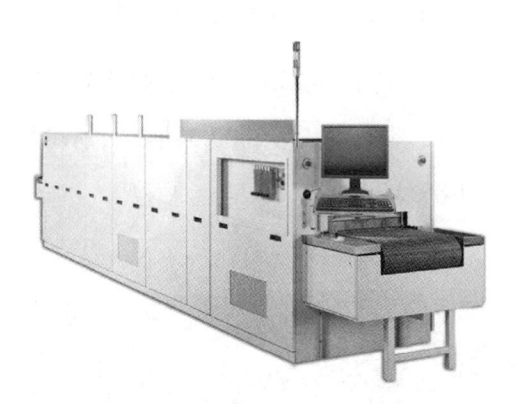

图 3.19 可控气氛热处理炉

可控气氛热处理炉归入子目 8514.1910。

问题 142：什么是电子束炉、等离子电弧炉、真空电弧炉？如何归类？

（1）电子束炉

电子束炉（Electron beam furnace）简称 EB 炉，是一种真空炉，在真空环境下以高能电子束为媒介传递热量给予加热的材料。图 3.20 为电子束加热示意图。

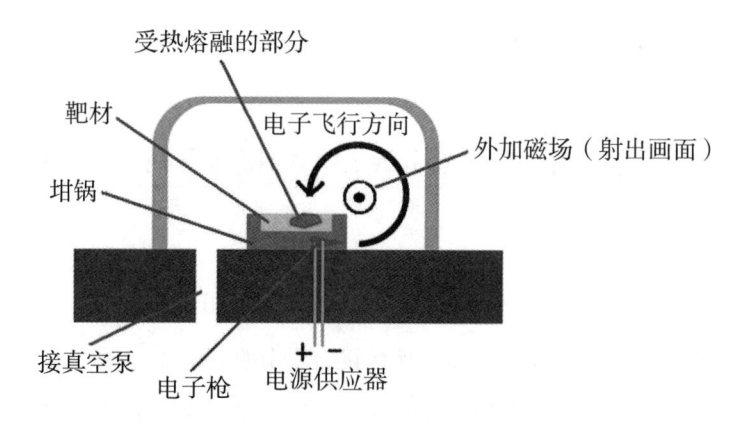

图 3.20　电子束加热示意图

电子束炉常用来制造或精炼高纯度金属，尤其是钛、钒、钽、铌、铪，以及一些合金等。电子束炉归入子目 8514.3100。

(2) 等离子电弧炉

等离子电弧炉（Plasma arc furnace）是一种通过低温等离子流熔化物质的设备，通常由电弧加热器（等离子管）产生等离子流。等离子电弧炉的主要应用领域是电冶金。

等离子电弧炉归入子目 8514.3200。

(3) 真空电弧炉

真空电弧炉（Vacuum arc furnace）是一种在真空中通过直流电弧加热来精炼不纯合金的加热设备，如图 3.21 所示。

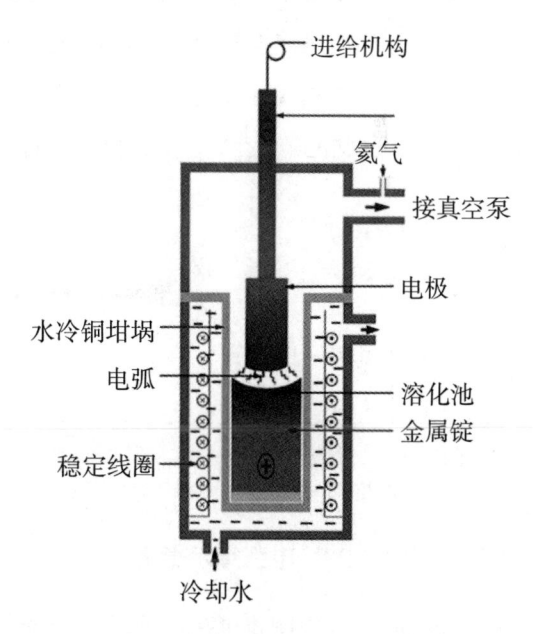

图 3.21　真空电弧炉

真空电弧炉归入子目 8514.3200。

问题 143：焊接主要有哪些种类？常用的焊接设备有哪些？如何归类？

（1）焊接的主要种类

根据接合方法不同，焊接主要分为三类：钎焊、熔焊和压焊。

① 钎焊。钎焊（Brazing or soldering）是在接合部分使用接合所需的焊材（又称钎料）进行焊接的方式。它是将低熔点的钎料（其熔点比被焊材料的熔点低）加热至熔化状态，然后使其渗入被焊材料的缝隙内，从而达到相互结合的方法。在焊接中，钎料熔化，而被焊材料不熔化，如图 3.22 所示。钎焊按钎料熔点不同可分为软钎焊和硬钎焊。

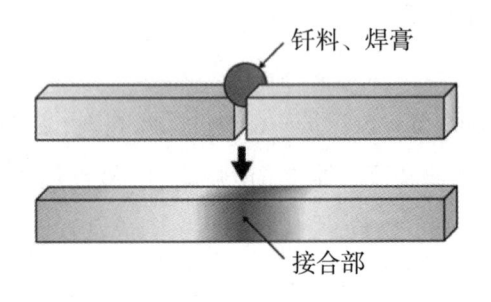

图 3.22　钎焊示意图

② 熔焊。熔焊（Fusion welding）是将母材和母材熔化或将接合母材所需的焊接棒（焊材）和母材熔化并接合的方式。它利用局部加热使连接处的材料熔化，再加入（或不加入）填充材料形成结合，图 3.23 所示的电弧焊属于熔焊。熔焊常见的方法有：气焊、焊条电弧焊、埋弧焊、电渣焊、气体保护焊［如钨极氩弧焊（TIG）、熔化极气体保护焊（MIG、MAG）］、等离子弧焊等。

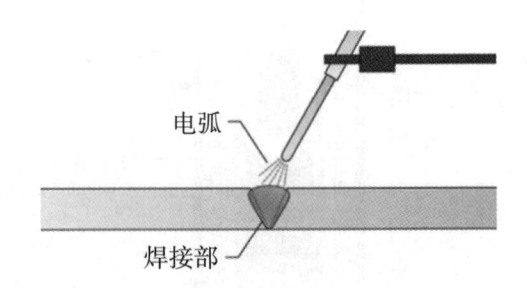

图 3.23　电弧焊示意图

③ 压焊。压焊（Pressure welding）是利用机械摩擦、压力、电流等使母材熔化并接合的方

式。焊接时施加一定的压力而使接触处的材料结合。压焊可分为两种形式，一种是将被焊接的材料加热后施加一定压力以使材料原子间相互结合（如电阻焊，图3.24为电阻焊示意图），另一种是被焊材料不加热，仅在被焊的材料接触面上施加足够大的压力，使原子相互接近而获得牢固的压挤接头，如摩擦焊。

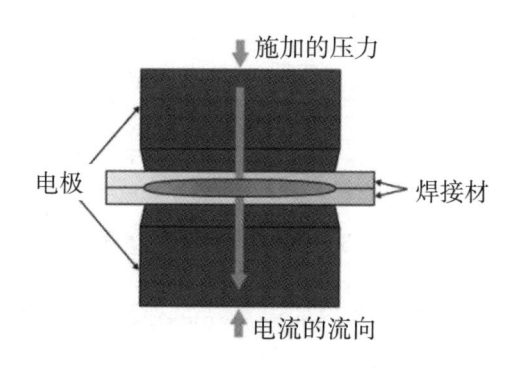

图 3.24　电阻焊示意图

（2）常用的焊接设备

常用的焊接设备包括焊条电弧焊机、气体保护焊机、埋弧自动焊机、电渣焊机、等离子弧焊机、电阻焊机、电子束焊机、激光焊机、气焊设备等。

① 焊条电弧焊机。焊条电弧焊（Electrode welding，Electric arc welding）机是用手工操纵焊条进行焊接的电弧焊设备，如图3.25所示。

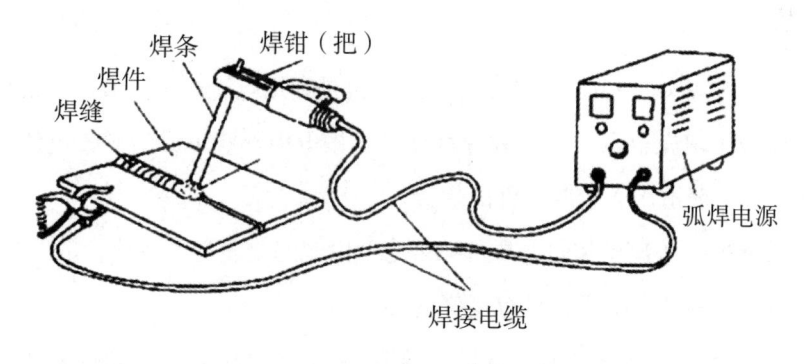

图 3.25　焊条电弧焊机

弧焊电源又称为弧焊变压器，是一台具有陡降外特性的变压器。它主要由固定铁心（主铁心）、活动铁心、一次绕组、二次绕组、接线板等组成，输出的是交流电。

② 气体保护焊机。气体保护焊（Gas shielded welding）机是用外加气体作为电弧介质并保护电弧和焊接区的电弧焊设备。

按焊接时电极是否熔化，气体保护焊又分为电极不熔化和电极熔化两类，如图3.26所示。

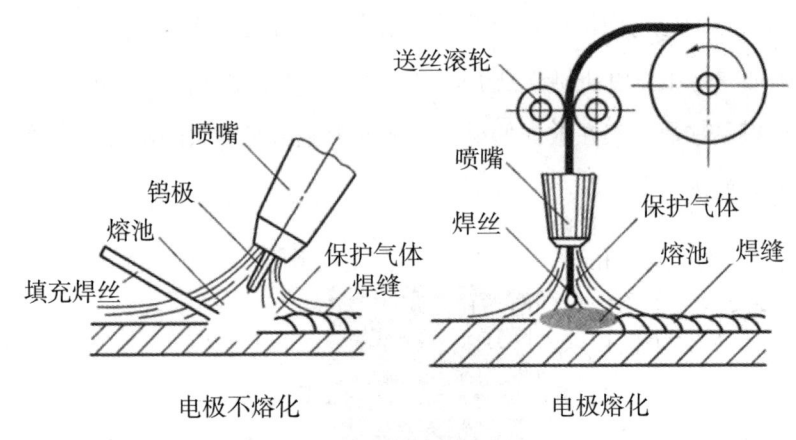

图 3.26　气体保护焊示意图

电极不熔化的气体保护焊需要另外添加填充焊丝；电极熔化的气体保护焊直接用熔化电极作为填充物，不需要另外添加填充焊丝。

目前常见的气体保护焊包括二氧化碳气体保护焊机和氩弧焊机。

二氧化碳气体保护焊机是指用二氧化碳气体作为保护气体的一种电弧焊机。

氩弧焊机指用氩气作为保护气体的一种电弧焊机。氩气是惰性气体，在高温下不易与金属发生化学反应，也不熔于金属，是较为理想的保护气体，可以保护电弧区的熔池、焊缝和电极不受空气的有害作用。

③ 埋弧自动焊机。埋弧自动焊（Submerged arc welding）机指电弧在焊剂层下燃烧并进行自动焊接的设备。

④ 电渣焊机。电渣焊（Electro-slag welding）机是利用电流通过熔渣产生的熔渣电阻热加热熔化母材与电极（填充金属）的一种焊接设备。按电极形状可分为丝极电渣焊机、板极电渣焊机等。电渣焊一般适用于较厚工件的焊接。

⑤ 等离子弧焊机。等离子体是物质的第四态，由气态物质电离而成，是由带正电的离子、中性原子、自由电子等粒子组成，具有良好的导电性。

等离子弧焊（Plasma arc welding）机是一种借助水冷喷嘴对电弧的拘束作用，获得较高能量密度的等离子弧作为热源进行焊接的设备，如图 3.27 所示。

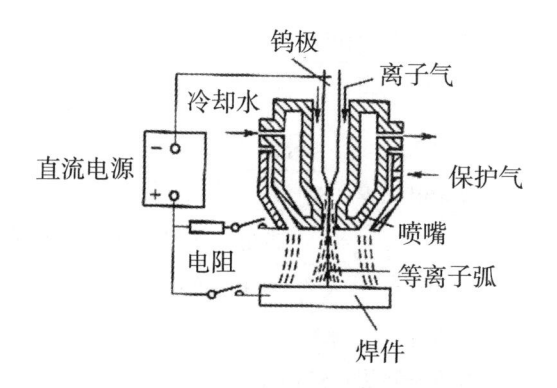

图 3.27 等离子弧焊示意图

⑥ 电阻焊机。电阻焊（Resistance welding）机是将被焊工件压紧于两电极之间，并施以电流，利用电流流经工件接触面及邻近区域所产生的电阻热效应将其加热到熔化或塑性状态，而使之结合的设备。

⑦ 电子束焊机。电子束焊（Electron beam welding）机是利用加速和聚焦的电子束轰击置于真空或非真空中的焊接件，电子束撞击工件后动能转化为热能的一种熔化焊焊接的设备。电子束焊机不需要加焊丝。

⑧ 激光焊机。激光焊（Laser welding）机是利用聚焦后的激光束作为热源实现金属连接的一种高能量密度的熔焊设备。焊接时，激光器受激产生的激光束，通过聚焦系统聚焦到十分微小的焦点，当调焦到焊件接头处时，光能转换为热能，从而使金属熔化来进行焊接。

⑨ 气焊设备。气焊（Gas welding, Oxygen fuel gas welding）设备是利用气体火焰作为热源的焊接设备。气焊焊接时不需要电，而需要乙炔气作为燃料。

（3）主要焊接设备的归类

上述焊接设备归类时，气焊设备和摩擦焊接设备是不需要电能焊接的设备，应归入品目84.68项下；其他焊接设备均使用电能进行焊接，所以应归入品目85.15项下的相应子目。

上述焊接方式对应焊接设备的分类归纳如下：

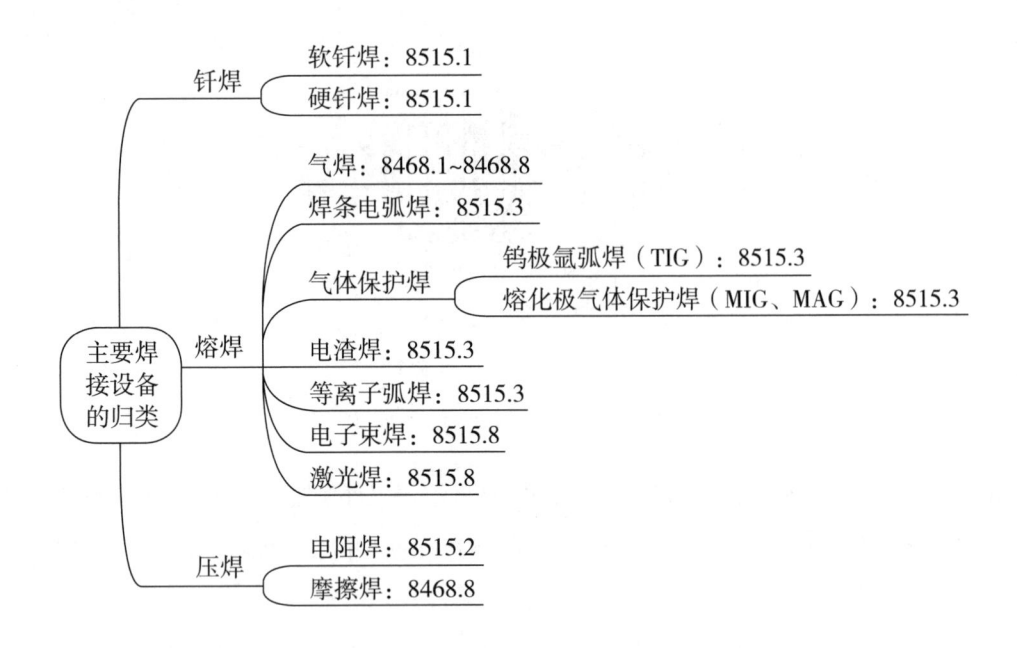

```
                                    ┌ 软钎焊：8515.1
                        ┌ 钎焊 ──────┤
                        │           └ 硬钎焊：8515.1
                        │
                        │           ┌ 气焊：8468.1~8468.8
                        │           │
                        │           │ 焊条电弧焊：8515.3
                        │           │                    ┌ 钨极氩弧焊（TIG）：8515.3
   主要焊              │           │ 气体保护焊 ────────┤
   接设备 ────────────┤ 熔焊 ──────┤                    └ 熔化极气体保护焊（MIG、MAG）：8515.3
   的归类               │           │
                        │           │ 电渣焊：8515.3
                        │           │ 等离子弧焊：8515.3
                        │           │ 电子束焊：8515.8
                        │           └ 激光焊：8515.8
                        │
                        │           ┌ 电阻焊：8515.2
                        └ 压焊 ──────┤
                                    └ 摩擦焊：8468.8
```

问题 144：钎焊主要包括哪些机器或装置？如何归类？

钎焊按钎料熔点不同可分软钎焊和硬钎焊。

（1）软钎焊指钎料熔点在 450 ℃以下的钎焊，主要用于电子元器件的焊接。常用的钎料为锡铅合金，所以又称为锡焊。

（2）硬钎焊指钎料熔点在 450 ℃以上的钎焊，主要用于受力较大的钢铁和铜合金构件，以及刀具的焊接等。常用的钎料有铜基、银基和镍基钎料等。

常用的钎焊设备包括电烙铁、电焊枪、波峰焊机等。图 3.28 为电烙铁，图 3.29 为电焊枪。波峰焊机详见"问题 145"。

图 3.28　电烙铁　　　图 3.29　电焊枪

电烙铁、电焊枪归入子目 8515.1100，波峰焊机归入子目 8515.1900。

问题 145：波峰焊机与回流焊炉有何区别？如何归类？

（1）波峰焊机

波峰焊（Wave soldering）是由传送带将已插装好元器件的印刷电路板以一定速度和倾斜角度通过熔化状态焊料的波峰来实现焊接的方法，如图 3.30 所示。波峰由离心泵或电磁泵产生并可控制。

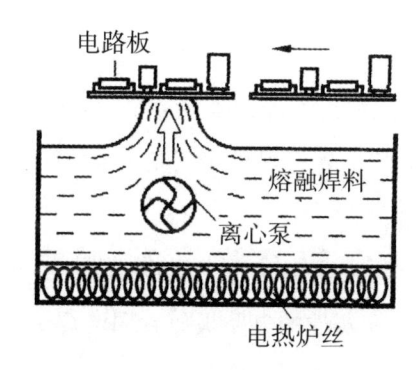

图 3.30　波峰焊接示意图

波峰焊接的工艺流程为成型 → 钻孔 → 插件 → 波峰焊接，如图 3.31 所示。

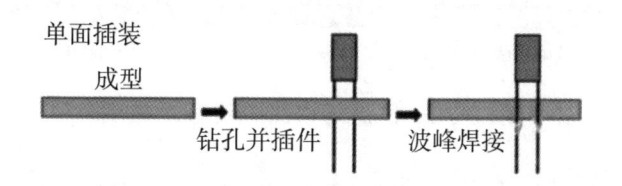

图 3.31　波峰焊接工艺流程示意图

波峰焊接所用的设备是波峰焊机，如图 3.32 所示，该设备通常包括锡炉（含离心泵或电磁泵）、助焊剂喷涂装置、预热加热板、排烟口、冷却区、输送轨道、控制柜、机壳等部分。波峰焊一般适于大批量生产及插装电子元器件的焊接。

图 3.32　波峰焊机

（2）回流焊炉

回流焊（Reflow soldering）又称再流焊，是将表面已经贴装好元器件的印刷电路板加热使焊料熔化实现焊接的方法。焊接前先将焊料加工成一定粒度的粉末，加上适当液态黏合剂，使之成为有一定流动性的糊状焊膏。

回流焊接工艺流程为在电路板上印刷锡膏 → 贴装元器件 → 回流焊接，如图 3.33 所示。其中，回流焊接就是将已贴装好元器件的电路板放到回流焊炉内加热，使焊膏中的焊料熔化而再流动，从而达到将元器件焊到印制板上的目的。

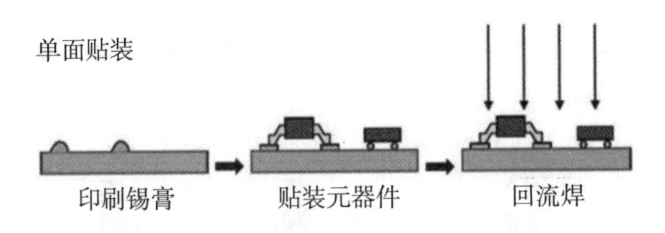

图 3.33　回流焊接工艺流程示意图

回流焊所用的设备是回流焊炉，如图 3.34 所示。该设备通常包括炉体、上下红外加热源、电路板传输装置、空气循环装置、冷却装置、排风装置、温度控制装置和控制系统等。回流焊一般适于表面贴装电子元器件的焊接。

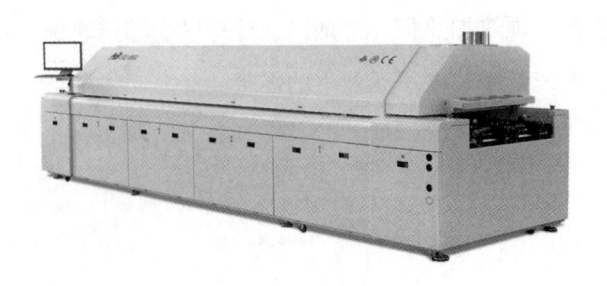

图 3.34　回流焊炉

在电子元器件的组装过程中所用的焊接设备中，焊接电子元器件用的波峰焊机属于钎焊的范围，应归入子目 8515.1900；回流焊设备的主要功能是加热，不属于品目 85.15 的焊接设备，而属于工业用的加热炉，所以应归入子目 8514.3900（红外加热方式）。

问题 146：什么是电阻焊机？什么是电弧焊机？如何归类？

（1）电阻焊机

电阻焊（Resistance welding）机是将被焊工件压紧于两电极之间并施以电流，利用电流流经工件接触面及邻近区域所产生的电阻热效应而将其加热到熔化或塑性状态，使之结合的设备。电阻焊示意图见图 3.24。

电阻焊主要分为点焊（Spot welding）和缝焊（Seam welding）。

点焊是利用柱状电极加压通电，在搭接工件接触面焊成一个焊点的焊接方法，图 3.35 为点焊机。

图 3.35　点焊机

缝焊与点焊相似，只是用旋转的圆盘状滚动电极代替柱状电极，图 3.36 为缝焊机。

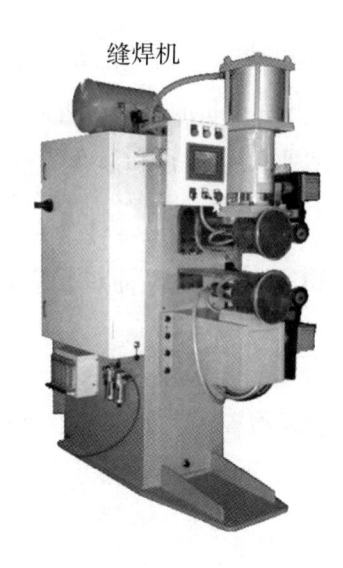

图 3.36　缝焊机

点焊机和缝焊机均归入子目 8515.2 项下，并按其自动化程度（全自动、半自动和手动）及用途（是否为焊管机）归入不同的子目。

（2）电弧焊机

电弧焊（Arc welding）机简称弧焊机，是利用电弧作为热源的熔焊设备。其基本原理是在大电流和低电压条件下，通过电离气体时放电所产生的电弧热量来熔化焊条与工件使其在冷凝后形成焊缝的设备。电弧焊示意图见图 3.23。

电弧焊机按焊接方法可分为焊条弧焊机、埋弧焊焊机和气体保护焊焊机。按操作方法可分为手工电弧焊机、半自动和自动焊机。按电极种类可分成熔化极焊机和非熔化极焊机。按弧焊电源可分为交流弧焊机、直流弧焊机、脉冲弧焊机和逆变弧焊机。

电弧焊机归入子目 8515.3 项下，并按其自动化程度（全自动、半自动和手动）及用途（是否为焊管机）归入不同的子目。

问题 147：什么是 TIG 弧焊机、MIG 弧焊机、MAG 弧焊机？如何归类？

（1）TIG 弧焊机

TIG 弧焊（Tungsten inert gas arc welding）机又称为钨极惰性气体弧焊机，是一种使用钨电极（正极）与被焊接金属（负极）之间产生的电弧并由惰性气体屏蔽保护的焊接设备。此处的钨电极为非消耗性电极，焊料通常为手持式，惰性气体通常为氩气（所以这种电焊机又称为钨极氩弧焊），如图 3.37 所示。

TIG 弧焊机主要包括电源、焊枪和保护气罐或气体网络接口等。有的设备可能还包含一个液体冷却单元。

TIG 弧焊机主要适用于焊接各种小而薄的材料。

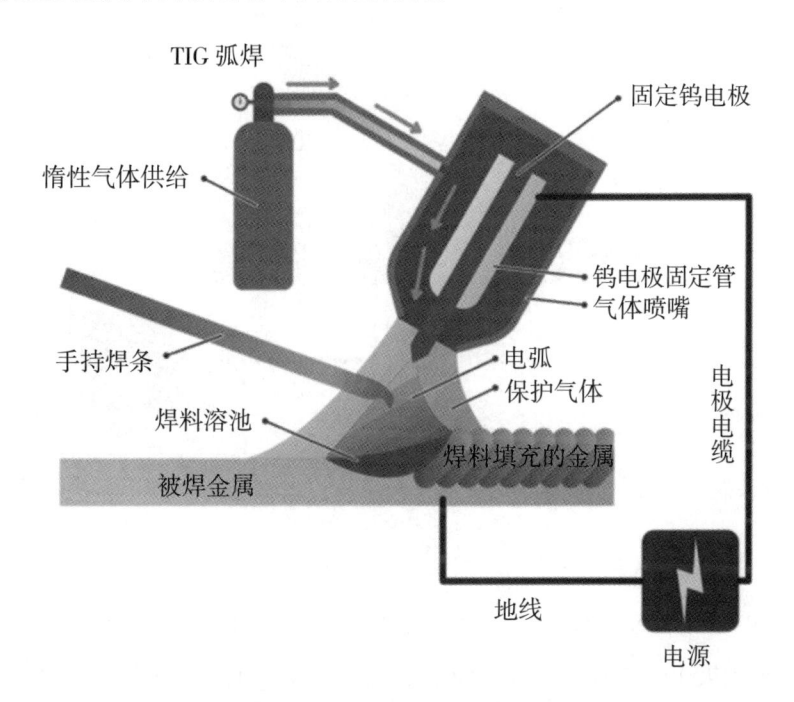

图 3.37　TIG 弧焊示意图

（2）MIG 弧焊机

MIG 弧焊机（Metal inert gas arc welding）又称金属极惰性气体电弧焊机，是一种使用消耗性金属电极（正极）与被焊接金属（负极）之间产生的电弧并由惰性气体屏蔽保护的焊接设备。此处的金属电极为消耗性电极，即采用消耗线材作为电极和填充材料，所以不再需要手持式焊料，而需要送丝机，如图 3.38 所示。

MIG 弧焊机主要包括电源、焊枪、送丝机和保护气罐或气体网络接口等。

MIG 弧焊机一般适用于焊接大而厚的材料。

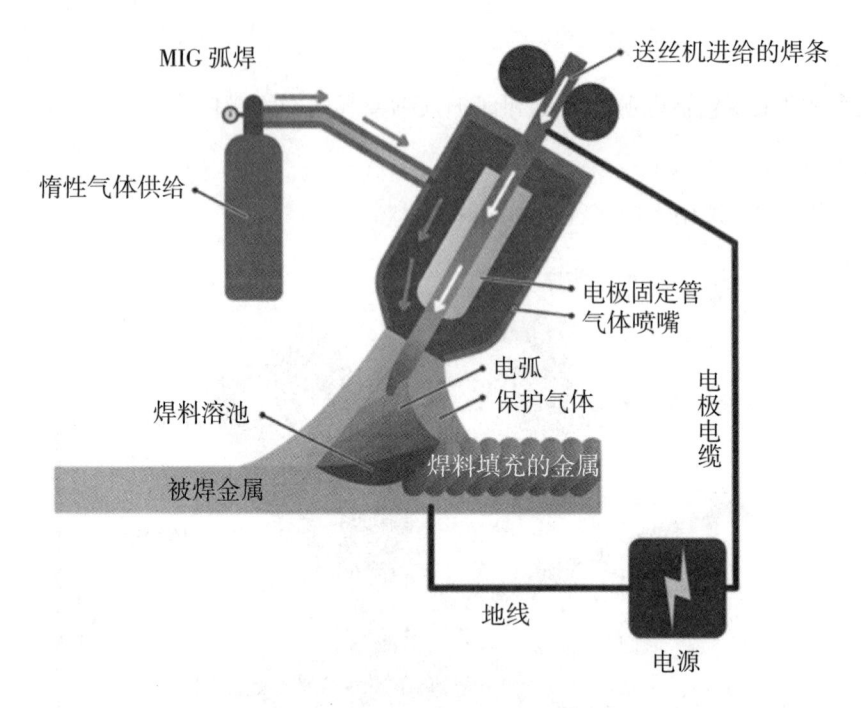

图 3.38　MIG 弧焊机示意图

（3）MAG 弧焊机

MAG 弧焊机（Metal active gas arc welding）又称金属极活性气体电弧焊机，是一种使用消耗性金属电极（正极）与被焊接金属（负极）之间产生的电弧并由活性气体屏蔽保护的焊接设备。此处的活性气体通常为二氧化碳（CO_2）或氧气（O_2）等添加到载气氩气中，或者是纯二氧化碳气体。

MAG 弧焊机的组成结构与 MIG 弧焊机相似。

TIG 弧焊机、MIG 弧焊机、MAG 弧焊机均使用惰性气体或活性气体来保护熔池不与环境空气中的氧气发生接触的电弧焊。

TIG 弧焊机、MIG 弧焊机、MAG 弧焊机均属于电弧焊机，均归入子目 8515.3 项下的相应子目。

问题 148：什么是电阻焊接机器人、电弧焊接机器人、激光焊接机器人？它们有何区别？如何归类？

电阻焊接机器人是指利用电阻热进行自动焊接的工业机器人，由机器人本体、控制系统、传感器、焊钳、电阻焊机、控制器等部分组成。点焊机器人为电阻焊机器人，主要应用于汽车制造、电工电子等领域。

电阻焊接机器人归入子目 8515.2120。

电弧焊接机器人是指专门用于电弧（包括等离子弧）焊接的工业机器人，由机器人本体、控制系统、传感器、焊枪、焊机、自动送丝装置等部分组成。弧焊机器人主要应用于汽车、工程机械、摩托车、船舶、运动器材、航空、航天、锅炉等领域。

电弧焊接机器人归入子目 8515.3120。

激光焊接机器人是指以激光器为焊接源的焊接机器人，由机器人本体、控制系统、传感器、激光头、激光系统等部分组成，如图 3.39 所示。它主要应用于汽车、电子、冶金等领域。

图 3.39　激光焊接机器人

激光焊接机器人归入子目 8515.8010。

问题 149：电热水器与电热饮水机有何区别？如何归类？

电热水器（Electric water heater）是利用电能对水进行加热的器具。常用的有两种电热水器，即储存式电热水器和即热式电热水器。

储存式电热水器（Electric storage water heater）是将非饮用热水加热的固定保温容器式热水器。这种热水器配有浸入式加热元件的保温水箱，并装有控制或限制水温的装置，水可在其中逐渐得到加热，并临时储存在该保温水箱中，如图 3.40 所示。

图 3.40 储存式电热水器

储存式电热水器归入子目 8516.1010。

即热式电热水器（Electric instantaneous water heater）又称快速热水器，它没有储存容器，可用电即时加热非饮用水的固定式容器，水流过此类热水器时即可加热，如图 3.41 所示。

图 3.41 即热式电热水器

即热式电热水器归入子目 8516.1020。

电热饮水机（Electric water dispenser）是提供饮用水的电加热器具，如图 3.42 所示。

图 3.42 电热饮水机

电热饮水机归入子目 8516.7910。

由此可知，电热水器与电热饮水机的主要区别是：电热水器主要用于非饮用水的加热；电热饮水机主要用于饮用水的加热。

问题 150：什么是电气空间加热器？辐射式空间加热器与对流式空间加热器有何区别？如何归类？

电气空间加热器（Electric space heating apparatus）是指使用电能对某一特定空间进行加热的器具。常见的有辐射式空间加热器与对流式空间加热器。

（1）辐射式空间加热器

辐射式空间加热器（Radiant space heating apparatus）是用辐射的传热方式对空间加热的器具，由发热管、辐射板（反射罩）、控制部分、防护网罩等构成，如图3.43所示。其中辐射板通常是抛物柱面的反射镜，发热管通常是卤素管或石英管等。

图 3.43　辐射式空间加热器

辐射式空间加热器归入子目 8516.2920。

（2）对流式空间加热器

对流式空间加热器（Convective space heating apparatus）是用对流的传热方式对空间加热的器具。目前常见的主要有两种：风扇对流式和充液对流式。

① 风扇对流式空间加热器。风扇对流式空间加热器，又称强制对流式加热器，利用风扇鼓动空气流经电热元件，再将暖风送出。通常分为离心式、轴流式、贯流式、涡轮式，基本结构包括电热元件、风扇、温度控制器和外壳等。

风扇对流式空间加热器归入子目 8516.2931。

② 充液对流式空间加热器。充液对流式空间加热器，又称充液式散热器、电热油汀，是一种对流式空间加热器。它在封闭的装置中充有导热油或导热液作为传热媒介，电加热元件将传热媒介加热，然后把热量散发到周围的空气中。它主要由金属管状电热元件、金属散热片、导热油、温控器、功率转换开关、指示灯及万向转动轮等组成，如图3.44所示。

图 3.44　充液对流式空间加热器

充液对流式空间加热器归入子目 8516.2932。

问题 151：工业用微波炉与家用微波炉有何区别？如何归类？

两者均属于电加热设备，加热原理基本相同，但用途不同决定了它们的组成结构也有不同，其归类结果也不同。

工业用微波炉属于工业用的电加热炉，归入子目 8514.2000。

家用微波炉属于家用的电加热器具，归入子目 8516.5000。

特别注意，不能误将工业用微波炉按所谓的"具体列名"归入子目 8516.5000，因为依据品目 85.16 的条文，归入品目 85.16 的加热设备必须满足家用的条件。

问题 152：滴液式咖啡机、蒸馏渗滤式咖啡机、泵压式咖啡机之间有何区别？如何归类？

滴液式咖啡机（Drip coffee machine）是一种以滴滤的方式进行冲调咖啡的机器，如图 3.45 所示。它主要由水箱、加热器、过滤器、保温盘、咖啡壶、微电脑控制部件和附件等组成。其工作原理是将咖啡粉放入过滤器内，水箱内加满水，开启咖啡机，加热器对进入加热器内的水进行加热，并将热水从过滤器上部洒下，对过滤器内的咖啡粉进行充分浸泡，利用水自身的重量将咖啡粉内的咖啡精华通过过滤网滤出，完成咖啡的制作。

图 3.45　滴液式咖啡机

滴液式咖啡机归入子目 8516.7110。

蒸馏渗滤式咖啡机（Steam espresso machine）是通过将密闭水箱中的水煮沸，产生蒸汽压力，迫使沸腾的热水通过咖啡粉而进行冲调的咖啡机，如图 3.46 所示。它主要由水罐（含加热功能）、漏斗、微电脑控制部件和附件等构成。其工作原理是将制作咖啡的水放入水罐内，加热后产生高温高压的水蒸气，利用虹吸原理将高温高压的水蒸气通过水罐中心的水管引流到装有咖啡粉的漏斗内，让水蒸气瞬间穿过咖啡粉的细胞壁，将咖啡的内在精华萃取出来，从而完成咖啡的制作。

图 3.46　蒸馏渗滤式咖啡机

蒸馏渗滤式咖啡机归入子目 8516.7120。

泵压式咖啡机（Pump espresso machine）是一种通过泵的驱动将预热的水通过咖啡粉而进行冲调的咖啡机，如图 3.47 所示。它主要由水箱、水泵、加热器、漏斗、微电脑控制部件和附件等组成。其工作原理是将水箱与水泵连接，通过微电脑控制部件控制水泵从水箱抽水至加热器，水通过加热器加热后，由于水泵提供的压力使热水流至加热器下部的压力过滤漏斗内，热水通过压力过滤漏斗内的咖啡粉，并将其精华过滤出来，同时通过过滤网内的小孔作用产生丰富的泡沫。

图 3.47　泵压式咖啡机

泵压式咖啡机归入子目 8516.7130。

问题 153：家用自动面包机与片式烤面包机有何区别？如何归类？

家用自动面包机（Household automatic bread machine）是通过微电脑自动控制搅面、发酵、醒面和焙烤等过程来制作面包、蛋糕的器具，如图 3.48 所示。使用时，只要将面粉、水、糖、酵母等所有配料放入面包桶后，启动机器就能自动完成面包制作的全过程。

图 3.48　家用自动面包机

家用自动面包机归入子目 8516.7210。

片式烤面包机，又称多士炉（Toaster），主要功能是烘烤面包片、面包圈等，是对已制作好的面包进行再加热，如图 3.49 所示。它由炉身组件、炉胆组件、发热板组件、滑动机构组件、电子板控制组件、电磁铁组件和炉底组件组成。

图 3.49　片式烤面包机

片式烤面包机归入子目 8516.7220。

问题154: 什么是蜂窝网络？蜂窝移动通信系统由哪些部分组成？如何归类？

蜂窝网络（Cellular network）是一种移动通信的硬件架构，它把移动电话的服务区分为若干个正六边形的子区域，每个子区域设一个基站，形成了酷似蜂窝的结构，因而把这种移动通信方式称为蜂窝移动通信方式，如图 3.50 所示。

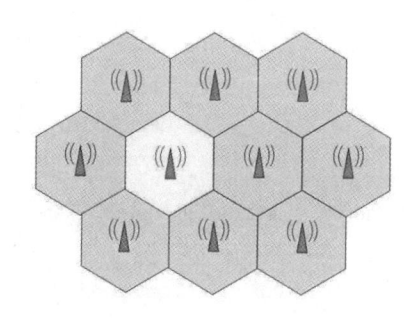

图 3.50　蜂窝网络

使用蜂窝网络的优势是频率可以复用，频率复用既节省了频率资源，又降低了发射器的发射功率。因为每一个蜂窝使用一组频道，如果两个蜂窝相隔足够远，那么它们可以重复使用同一组频道，从而节省频率资源。将一块大的区域划分为多个子区域，就可用多个小功率的发射器代替一个大功率的发射机，从而降低了发射机的发射功率。

目前我们手机通信用的网络即为蜂窝网络。

蜂窝移动通信系统一般由移动台、基站和移动业务交换中心组成。它通过中继线与公用电话交换网相连接，通过网关与因特网连接，如图 3.51 所示。

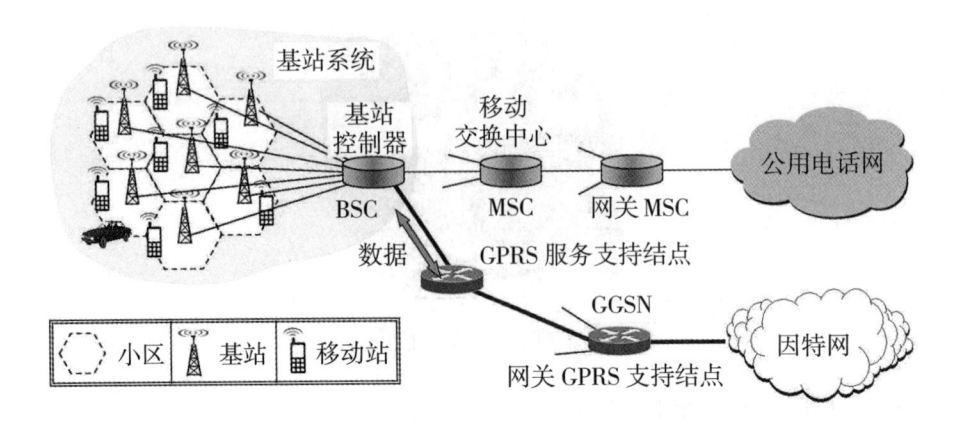

图 3.51　蜂窝移动通信系统的组成

（1）移动台

移动台（Mobile station，MS）又称移动站，是移动通信系统的最小终端，主要包括移动电话、车载电话等。

移动台归入子目8517.1300（智能手机）或子目8517.1410（其他手机包括车载电话）或子目8517.1490（其他）。

（2）基站

内容详见"问题155"。

（3）移动业务交换中心

移动业务交换中心（Mobile services switching center，MSC）主要提供路由进行信息处理和对整个系统的集中控制管理。它对位于其服务区的移动台进行交换和控制，同时提供移动网与固定电话公众网的接口。

移动业务交换中心归入子目8517.62项下的相关子目。

问题155：什么是基站？由哪些部分组成？如何归类？

基站是移动通信系统中的固定收发器，是通过空中的无线传输与多个无线移动客户端设备相连的设备。它将固定部分与无线部分连接起来，充当无线通信的中央连接点。它包括收发信机和基站控制器。一个基站控制器通常控制多个基站收发信机。

（1）收发信机（Base transceiver station，BTS）为无线接口设备，完全由基站控制器控制，在网络的固定部分和无线部分之间提供中继，移动用户通过空中接口与收发信机相连。每个收发信机负责一个六边形区域，或者说每个收发信机有一个可靠通信的服务范围。区域的大小，由其发射功率和天线的高度决定。一个蜂窝网络由多个六边形区域构成。

（2）基站控制器（Base station controller，BSC）用于控制和监视多个基站的运行并提供单元点和移动交换中心之间的连接界面，也为基站收发信机和操作维修中心之间交换信息提供接口。其主要功能是进行无线信道管理、实施呼叫和通信链路的建立和拆除，并对本控制区内移动台的过区切换进行控制等。

基站及收发信机、基站控制器均归入子目 8517.61 项下。

问题 156：什么是无绳电话机？智能手机属于无绳电话机吗？如何归类？

无绳电话机（Line telephone sets with cordless handsets）又称子母机，并不是无线电话机，由主机和副机组成，如图 3.52 所示。它的主机是通过电话线与市话网相连的，所谓无绳是指主机与副机之间是无绳的，两者通信采用无线通信方式。

图 3.52　无绳电话机

智能手机不属于无绳电话机。

无绳电话机归入子目 8517.1100。

问题 157：智能手机主要由哪些零部件组成？如何归类？

智能手机（Smartphone）的整体结构主要包括处理器、存储器、输入输出设备（显示屏、USB 接口、耳机接口、摄像头等），以及 I/O 通道。手机通过空中接口协议（如 GSM、CDMA、PHS 等）和基站通信，既可以传输语音，也可以传输数据。

智能手机的主要硬件包含处理器、运行内存、数据存储、屏幕、摄像头、电池和充电模块，其他硬件包括 NFC、WiFi、天线、散热部件、传感器、振动马达、麦克风、扬声器、听筒。手机硬件的组成归纳如下：

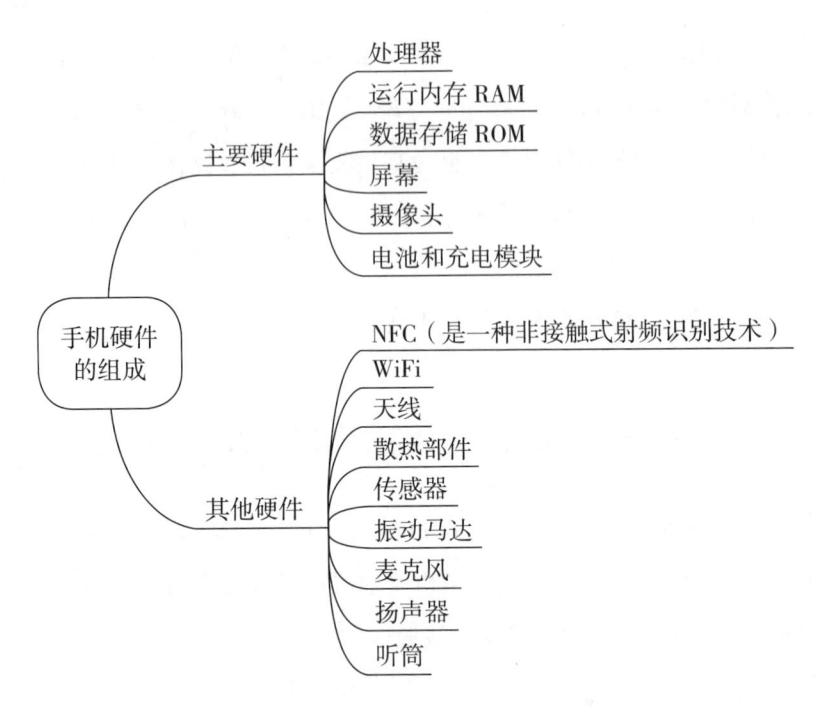

```
                        ┌─ 处理器
                        ├─ 运行内存 RAM
                        ├─ 数据存储 ROM
              ┌─ 主要硬件 ┼─ 屏幕
              │         ├─ 摄像头
              │         └─ 电池和充电模块
手机硬件
的组成 ─────┤
              │         ┌─ NFC（是一种非接触式射频识别技术）
              │         ├─ WiFi
              │         ├─ 天线
              │         ├─ 散热部件
              └─ 其他硬件 ┼─ 传感器
                        ├─ 振动马达
                        ├─ 麦克风
                        ├─ 扬声器
                        └─ 听筒
```

这些硬件的主要功能如下：

处理器主要包含 CPU（中央处理器）、GPU（图形处理器）、AI 算力（人工智能算力）、ISP（Internet Service Provider，互联网服务提供商），还有调制解调器及射频系统、WiFi、蓝牙、相机、显示，基本所有的硬件模块都要连接到处理器。

运行内存 RAM 主要是计算用，其容量越大计算能力越强。

数据存储 ROM 主要是保存数据用，如照片、视频、文件、缓存等。

屏幕用于显示所有的内容，是用户与手机之间交互的纽带。目前智能手机屏幕的显示类型有两大类：LCD 与 OLED。

NFC（Near Field Communication，近场通信）是一种非接触式识别和互联通信技术，通常在移动设备、消费类电子产品、智能硬件工具间进行近距离无线通信，用于移动支付、公交地铁、门禁等场合。

WiFi 是一种无线网络技术，它允许计算机（笔记本电脑和台式机）、移动设备（智能手机和可穿戴设备），以及其他设备（打印机和摄像机）与 Internet 连接，允许这些设备（以及更多设备）相互交换信息，从而创建一个网络。

散热部件是手机必不可少的部件，因为手机在高速运行时会出现发热的情况，主要包括石墨烯、VC 液冷、导热凝胶、超导铜箔等，有的还在金属框中加内置风扇。

传感器主要包括超声波距离传感器、环境光传感器、加速度传感器、陀螺仪、电子罗盘、振动马达、红外线遥控器等。

振动马达主要是用于交互（打字、游戏），增加体验感。多用线性马达，一般X轴线性马达会发出"哒哒哒"的响声，Z轴线性马达会发出"嘚嘚嘚"的声音。

麦克风用于声音的输入，一般位于手机底部。

扬声器用于声音外放，如：音乐、免提。

听筒用于通话时，位于手机顶部。

图3.53为智能手机的主电路板。

图 3.53　智能手机的主电路板

手机零部件的归类主要依据第十六类的注释二，已具体列名的货品按列名归类，例如，显示屏归入子目8524.9110（液晶的）或8524.9210（有机发光二极管的）；摄像头归入子目8525.8919；电池归入子目8507.6000（锂离子电池）；振动马达归入品目85.01项下的相关子目；麦克风归入子目8518.1000；扬声器、听筒归入子目8518.2900；各种功能的集成电路（包括处理器、运行内存、数据存储、NFC 模块、WiFi 模块等）归入品目 85.42 项下的相关子目；各种传感器按其功能归入第九十章的相关子目或归入品目 85.42（多元件集成电路）。

其他品目未列名的手机零件按专用零件归入子目 8517.7 项下。例如，手机用天线归入子目 8517.7100；散热部件按专用于手机的零件归入子目 8517.7930。

问题 158：子目 8517.62 的通信设备必须满足哪些条件？

子目 8517.62 的通信设备必须同时具备"接收、转换并且发送或再生"的功能，一般属于通信系统的中间设备。如果只有接收的功能或只有发送的功能不能归入该子目，应归入子目 8517.69。

例如，电脑用的网卡，下载数据时完成"接收"的功能，上传数据时完成"发送"的功能，无论下载还是上传均要通过"转换"功能来实现最终的数据通信，它符合子目 8517.62 的条文，所以网卡可以归入该子目。早期使用的寻呼机只有"接收"功能，无"发送"功能，所以不能归入子目 8517.62，应归入子目 8517.69 项下。

问题 159：光纤通信系统由哪些部分组成？如何归类？

光纤通信（Fiber-optic communication）是以光导纤维作为传输介质、以光波为运载工具（载波）的通信方式。光纤通信与电线（缆）通信主要有两点不同：一是光纤通信的传输信号为光信号而不是电信号；二是光纤通信传输介质是光纤而不是电线（或电缆）。

光纤通信具有容量大、频带宽、传输损耗小、抗电磁干扰能力强、通信质量高等优点，且成本低，与同轴电缆相比可以大量节约有色金属和能源。

光纤通信系统主要由光发射机、光接收机和光纤等组成，还有为提高通信系统的性能的附加元件，例如，光纤接头或连接器、再生器、分束器和光放大器等，如图 3.54 所示。

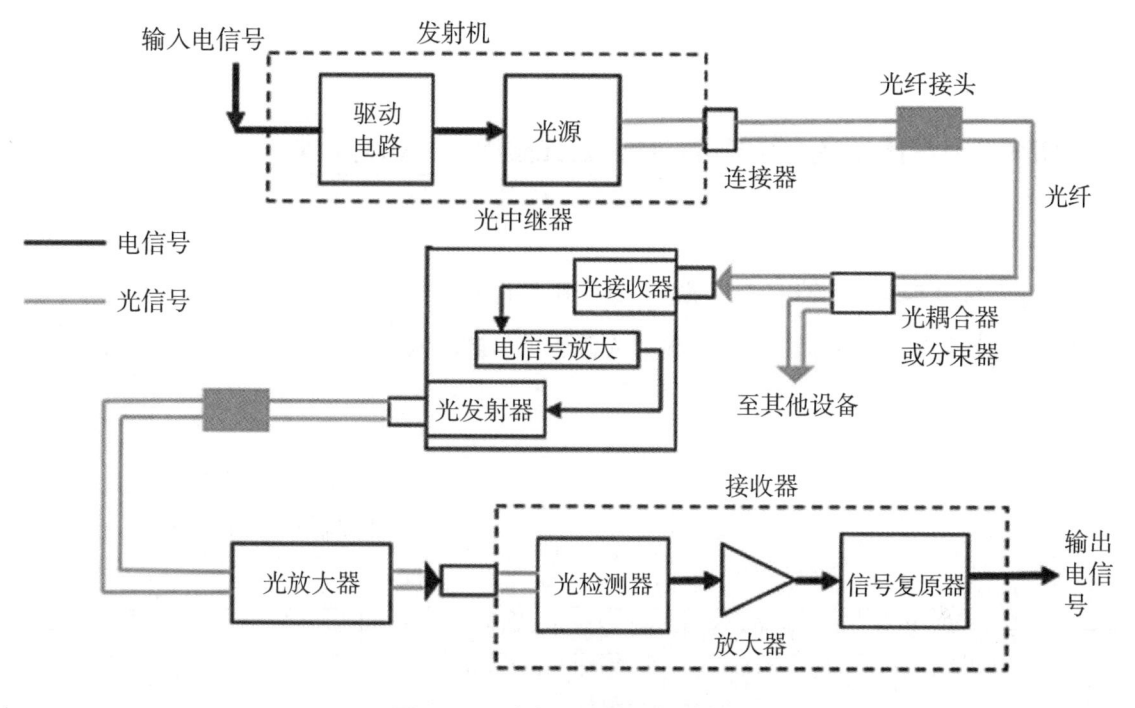

图 3.54　光纤通信系统示意图

光纤通信的原理是电发射机输出的调制信号送入光发射机，由光纤构成的光缆实现光信号的传输，到达目的地后光电检测器把光信号转换为相应的电信号，经过放大和信号处理后进入电接收机。在远距离光纤通信中，为了补偿光纤的损耗并消除信号失真与噪声的影响，光纤中间还应加装再生器（或称光中继器）。

光发射机由驱动电路和光源构成；光接收机由光电检测器、放大器和信号复原器构成。

通常光发射机和光接收机是成对出现的，即光发射机和光接收机的组合体，又称为光端机，它能发送光信号也能接收光信号，其作用是实现电—光和光—电的转换。

光纤通信系统中的光源是由半导体材料构成的，有发光二极管（LED）和激光二极管（LD）两大类。

光检测器是光信号的接收器件，是将光信号转变为电信号的一种有源器件，应用最广泛的是光电二极管，有 PIN（光电二极管）型和 APD（雪崩光电二极管）型。

光纤通信所用的波段为色散和损耗较少的波段，通常为 850 纳米、1300 纳米（最低色散）和 1550 纳米（最低损耗）。

光纤通信系统中由光发射机与光接收机组合成一体的光端机归入子目 8517.6221；由多根具有包覆层光纤构成的光缆归入子目 8544.7000；光纤接头或光连接器归入子目 8536.7000；光中继器和光放大器按光通信设备归入子目 8517.6229；光分束器按其他品目未列名的光学器

具归入子目 9013.8090。

问题 160：什么是光发射机？什么是光接收机？如何归类？

（1）光发射机

光发射机是实现电光转换的光端机，其作用是将电信号变成光信号，然后送入光纤中传输出去。光发射机主要由信道编码电路、光源驱动与调制电路和光源三部分组成，如图 3.55 所示。

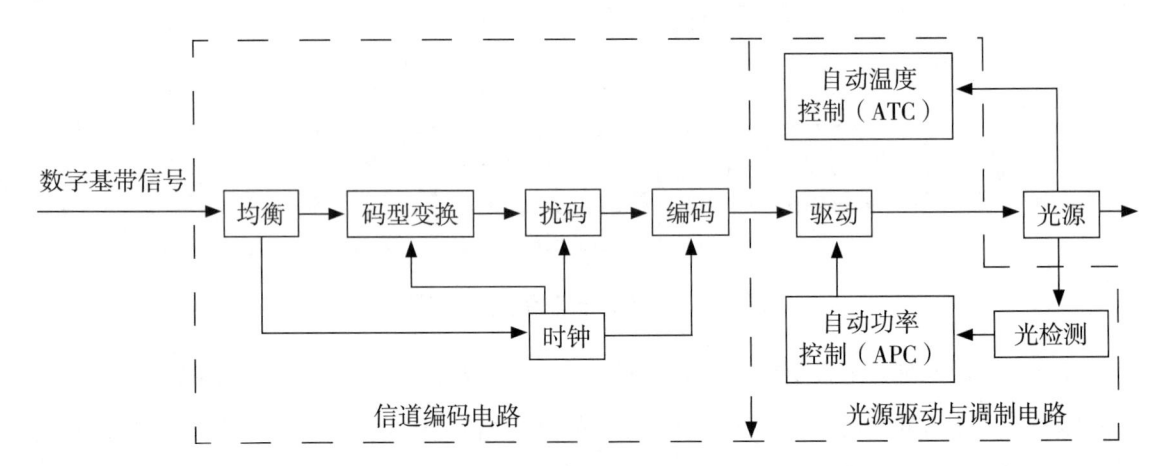

图 3.55　光发射机框图

其中，信道编码电路用于对基带信号的波形和码型进行变换，使其适合作为光源的控制信号。光源驱动与调制电路主要包含光源驱动电路、自动温度控制电路（ATC）、光检测电路等。

（2）光接收机

光接收机是实现光电转换的光端机，其主要作用是接收经光纤传输衰减后的十分微弱的光信号，从中检测出传送的信息，放大到足够大后，供终端处理使用。它主要包括光电检测器、光信号接收电路和信道解码电路三部分，如图 3.56 所示。

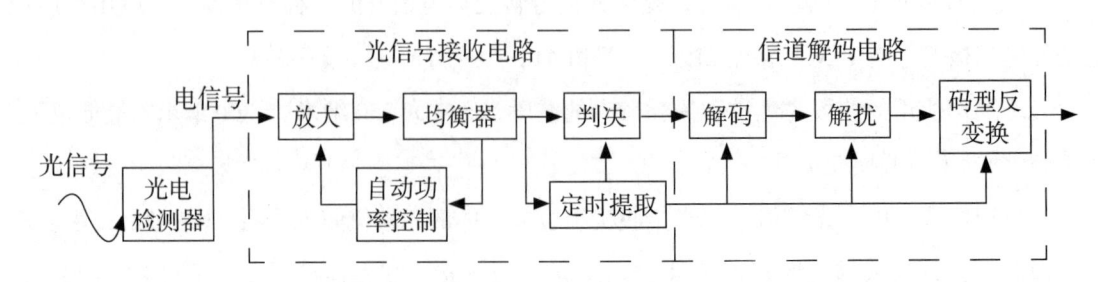

图 3.56　光接收机框图

其中，光电检测器的作用是利用光电二极管将发射光端机经光纤传送过来的光信号转换为电信号。光信号接收电路的作用主要有低噪声放大、给光电二极管提供稳定的反向偏压、自动功率控制等。信道解码电路是与发端的信道编码电路完全对应的电路，即包含解密电路、解扰电路和码型反变换电路。

通常光发射机和光接收机是成对出现的，这种光端机（Optical transmitter and receiver）是光发射机和光接收机的组合体，既能发送光信号也能接收光信号，其作用就是实现电—光和光—电的转换，如图 3.57 所示。

图 3.57　光发射与接收模块

光发射机与光接收机归入子目 8517.6221。

问题 161：光纤与光缆的结构有何区别？如何归类？

光纤是光导纤维的简称，光纤和同轴电缆相似，只是没有网状屏蔽层。中心是光传播的玻璃芯。

光纤一般由纤芯、包层、涂敷层（护套）组成，是一个多层介质结构的对称圆柱体，其基本结构如图 3.58 所示。

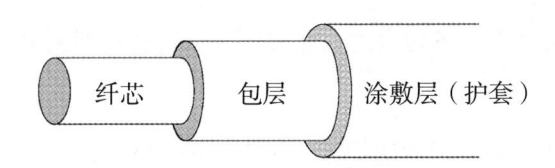

图 3.58　光纤的基本结构

光缆是由多根光纤再加上加强元件和保护层构成的。光缆的基本结构如图 3.59 所示，常见的有层绞式结构、单位式结构、骨架式结构和带状结构。光缆的结构是根据其应用条件和环境确定的。

光纤　　　　　　　　　　　　　　光纤
　　　　　　加强构件　　　　　　　　　单位

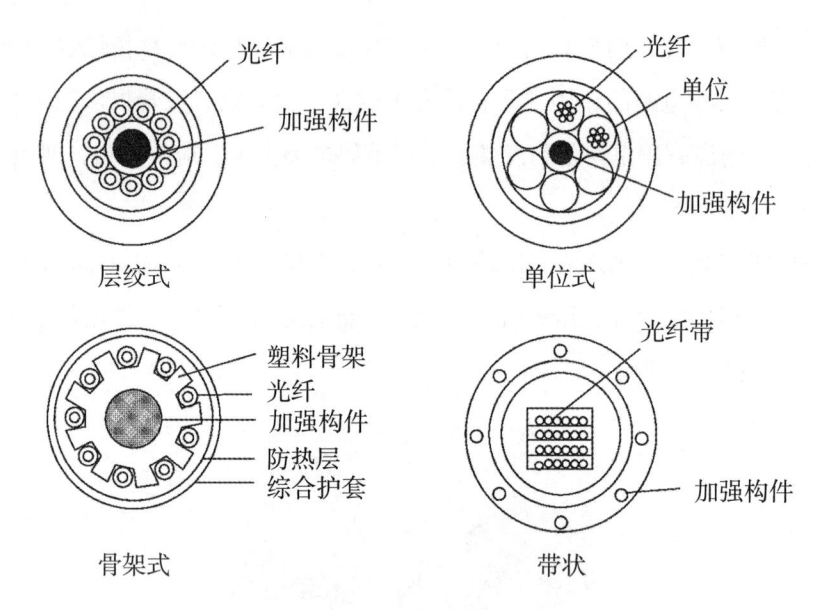

　　　　　　　　　　　　　　　　　　　加强构件

层绞式　　　　　　　　　　　　　单位式

塑料骨架　　　　　　　　　　光纤带
光纤
加强构件
防热层
综合护套　　　　　　　　　　　加强构件

骨架式　　　　　　　　　　　　　带状

图 3.59　光缆的基本结构

单根的光纤归入子目 9001.1000，由多根具有包覆层光纤构成的光缆归入子目 8544.7000。

问题 162：什么是单模光纤？什么是多模光纤？

光纤按传输模式分单模光纤和多模光纤。

单模光纤（Single mode fiber）以一种模式传输，纤芯为 9 微米，速率在 100 兆 / 秒或 1 千兆 / 秒，传输距离 5 千米以上，光源为激光光源。线缆颜色多为黄色，连接头多为蓝色或绿色，适用波长为 1310 纳米～ 1550 纳米。

多模光纤（Multi mode fiber）支持多种模式传输，纤芯为 50 微米 /62.5 微米，典型速率为 100 兆 / 秒，传输距离可达 2 千米，1 千兆 / 秒可达 1 千米，10 千兆 / 秒可达 550 米，光源为 LED 光源。线缆颜色方面，千兆多为橙色、万兆多为水蓝色；连接头多为灰白色；适用波长为 850 纳米 /1310 纳米。

两种光纤传输示意图与光纤直径的比较，如图 3.60 所示。

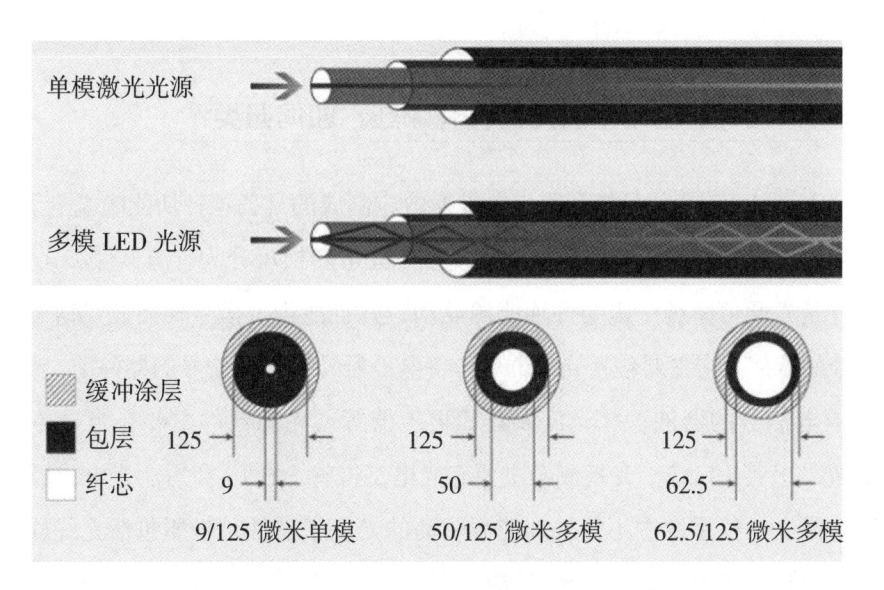

图 3.60　两种光纤传输示意图与光纤直径的比较

问题 163：什么是波分复用技术？波分复用光传输设备如何归类？

波分复用（Wavelength division multiplexing，WDM）技术就是把具有不同波长的几个或几十个光通路信号复用到一根光纤中进行传送的方式或技术，如图 3.61 所示。

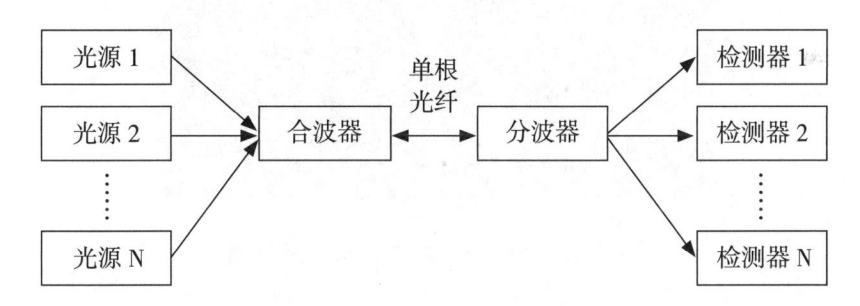

图 3.61　波分复用示意图

系统在发送端有 N 台光发射机（即有 N 个不同波长的光源）。这 N 个光信号通过复用器（即合波器），将来自 N 台光发射机的光信号合并起来，耦合进入同一根光纤中传输。当这些被合并的光波传到接收端后，又通过一个复用器（即分波器）将合并的信号分开，再分别送到各自相应的光电检波器通道中，从而实现在一根光纤上传输多个光源光信号的目的。

波分复用光传输设备归入子目 8517.6222。

问题 164：光纤通信常用的光器件有哪些？如何归类？

光器件（Optical device）是指利用光电转换效应制成的具备各种功能的光电子器件。

光器件按照工作时是否需要外加能源驱动发生光电转换可分为有源器件和无源器件。

有源器件是光通信系统中需要外加能源驱动，并且能将电信号转换成光信号或将光信号转换成电信号的器件。它主要包括光源器件（将电信号转换成光信号的器件）、光检测器（将光信号转换成电信号的器件）、光放大器和再生器等。光源器件主要有半导体发光二极管（LED）和激光二极管（LD），光检测器主要有光电二极管（PIN）和雪崩光电二极管（APD）。

无源器件是光通信系统中不需外加能源驱动的光电子器件，主要包括光纤连接器、光耦合器、波分复用器、光衰减器和光隔离器等。

上述光器件中的半导体发光二极管、激光二极管、光电二极管和雪崩光电二极管均属于光电半导体器件，下面主要介绍除光电半导体器件外的光器件。

（1）光纤连接器

光纤连接器，是光纤与光纤之间进行可拆卸（活动）连接的器件。图 3.62 为 FC/PC 型活动光纤连接器。

图 3.62　FC/PC 型活动光纤连接器

（2）光耦合器

光耦合器（Optical coupler）是对同一波长的光功率进行分路或合路的一种器件，它的功能是组合来自不同光纤的光信号或将光信号分离到不同的光纤中。它的类型可分为 Y 型、X 型、1N 型、MN 型，图 3.63 为 Y 型、X 型光耦合器。

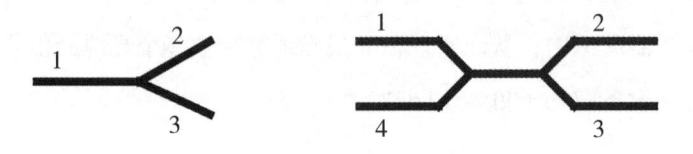

图 3.63　Y 型、X 型光耦合器

(3)光滤波器

光滤波器（Optical filter）是用来进行波长选择的仪器，它可以从众多的波长中挑选出所需的波长，而此波长以外的光将会被拒绝通过。它可以用于波长选择、光放大器的噪声滤除、增益均衡、光复用/解复用。

(4)光复用器/解复用器

光复用器/解复用器（Optical multiplexer/demultiplexer）用于组合/分离不同波长的光信号。有时一个器件同时完成复用和解复用功能，有时复用和解复用分别用不同的器件。

(5)光放大器

光放大器（Optical fiber amplifer）是光纤通信系统中能对光信号进行放大的器件。它的原理是基于激光的受激辐射，通过将泵浦光的能量转变为信号光的能量实现放大作用。

光放大器按工作原理一般可分为光纤放大器和半导体光放大器两种。光纤放大器又分为掺铒（Er）光纤放大器、掺镨（Pr）光纤放大器、拉曼放大器等。其中，掺铒光纤放大器工作于1550纳米波长，应用最广泛，如图3.64所示。

图 3.64　掺铒光纤放大器

掺铒光纤放大器（Erbium-doped Optical Fiber Amplifer，EDFA）是将铒离子注入纤芯中，形成一种特殊的光纤，它在泵浦光源的作用下可直接对某一波长的光信号进行放大。它主要由掺铒光纤、泵浦光源、光耦合器、光隔离器和光滤波器等组成。其中，光耦合器是将输入光信号和泵浦光源输出的光波混合起来的无源光器件。光隔离器是防止反射光影响光放大器的工作稳定性，保证光信号只能正向传输的器件。掺铒光纤是一段为10～100米的石英光纤，将铒离子注入纤芯中。泵浦光源为半导体激光器，输出光功率为10～100兆瓦，工作波长约为0.98微米或1.48微米。光滤波器的作用是滤除光放大器的噪声，提高系统的信噪比。

(6)再生器

再生器（Optical repeater）是在长距离的光纤通信系统中补偿光缆线路光信号的损耗和消除信号畸变及噪声影响的设备。其作用是延长通信距离。再生器将从光纤中接收到的弱光信号经光检测器转换成电信号，再生或放大后，再次激励光源，转换成较强的光信号，送入光纤继续传输。光纤通信系统中的再生器主要由光接收设备和光发送设备组成。图 3.65 为再生器的组成框架。

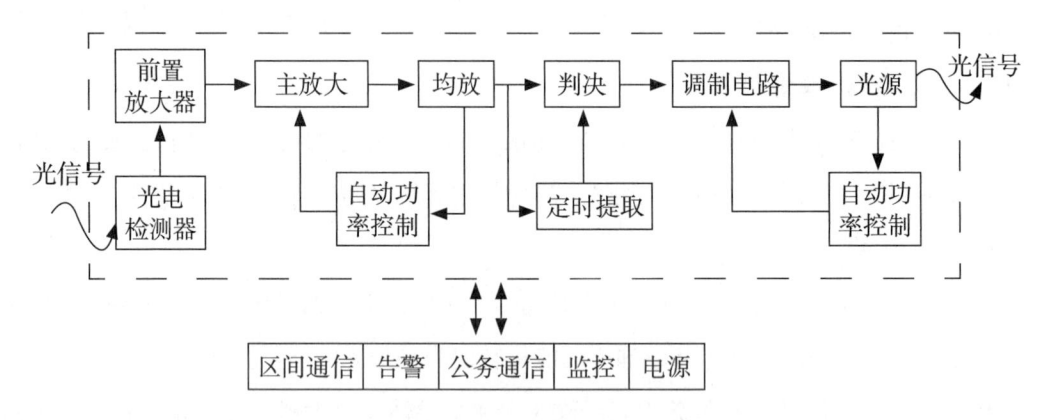

图 3.65　再生器的组成框架

（7）光隔离器

光隔离器（Optical isolator）是一种只允许单向光通过的无源光器件。它是利用磁光晶体的法拉第效应工作的。

（8）光衰减器

光衰减器（Optical attenuator）是一种能量损耗性无源光学器件，其内部含吸收光材料，它的作用与光放大器正好相反，用于减小光纤中的光信号功率。

对于光通信器件，归类时要判断其是否带有电子元器件。含有电子元器件的光器件归入品目 85.17 项下，只含光学元件（不含电子元器件）的光器件归入品目 90.13 项下。对于归入品目 85.17 的光器件，能独立完成特定功能的器件按整机归入子目 8517.622 项下，不能独立完成特定功能的器件按专用零件归入子目 8517.79 项下。

光器件中的半导体发光二极管、激光二极管归入子目 8541.4100，光电二极管和雪崩光电二极管归入子目 8541.4900。

光器件中的光放大器和再生器归入子目 8517.6229。

波分复用器归入子目 8517.6222。

光纤连接器归入子目 8536.7000。

光耦合器、光衰减器和光隔离器属于纯光学器件，应归入子目 9013.8090。

问题 165：有线耳机与无线耳机有何区别？如何归类？

有线耳机是通过有线方式传输音频信号并在扬声器上播放的耳机，主要由扬声器和电线等组成。

有线耳机按耳机归入子目 8518.3000。

无线耳机是在有线耳机的基础上发展而来的，是用无线电波替代有线耳机的电线（即采用无线方式传输音频信号），耳机中的接收端接收发射端发送的电波，经过信号处理后在扬声器上播放的耳机。无线耳机通常由接收端、信号处理电路和扬声器等组成。一个完整的无线耳机系统，除了上述部分，还有发射端（又称发声源），这几部分同时工作才能完成声频的无线传输。无线耳机通常有三种类型：蓝牙耳机、红外线耳机、2.4G 耳机。

无线耳机按通信设备归入子目 8517.6294。

问题 166：常用的记录媒体有哪些种类？如何归类？

记录媒体指记录声音、视频、数字数据、文本、图像，以及其他图形数据等信息用的媒体。这些媒体一般可在记录或阅读装置中插入或拔取，以便将信息从一台记录或阅读装置转到另一台记录或阅读装置。

目前常见的记录媒体包括磁性媒体、光学媒体和半导体媒体。

磁性媒体指以磁性方式记录信息的媒体。常见的形式有磁盘、磁卡和磁带，例如，计算机用的磁盘（如图 3.66 所示）、银行的信用卡（磁卡）、录音带（如图 3.67 所示）、录像带等。

图 3.66　磁盘　　　　图 3.67　盒式录音带

光学媒体指用光盘方式记录信息的媒体。常见的形式就是光盘，例如，CD 盘、DVD 盘等。

半导体媒体指含有一个或多个集成电路的记录媒体。常见的有U盘、Flash存储卡、智能卡等。

半导体存储器是一种能存储二值信息（或称为二值数据，即1或0）的半导体器件。按其断电后所储存的信息是否消失可分为易失性存储器和非易失性存储器。

易失性存储器指在断电后所储存的数据会自动消失，非易失性存储器指在断电后所储存的数据依然存在。

记录媒体归入品目85.23项下，该品目的列目结构如下：

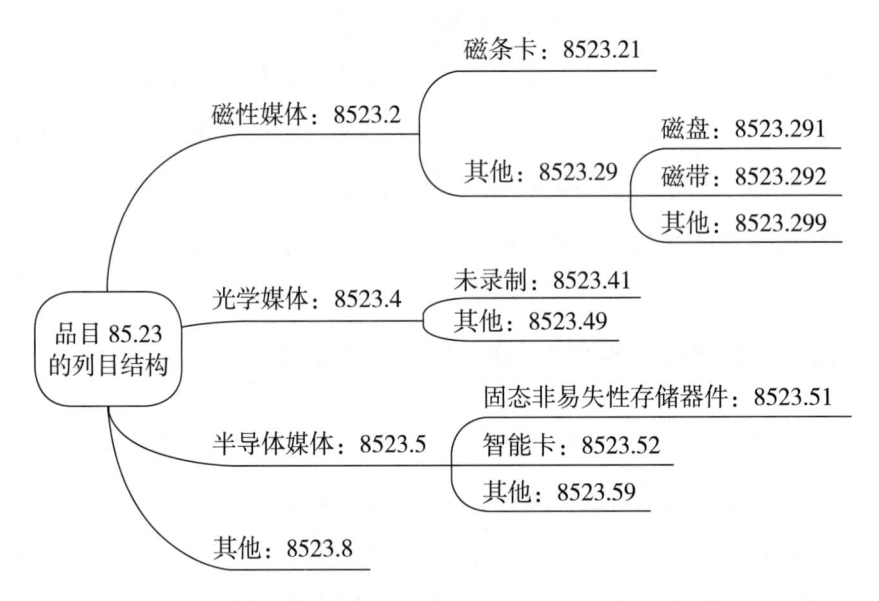

```
                                    磁条卡：8523.21
                  磁性媒体：8523.2                      磁盘：8523.291
                                    其他：8523.29     磁带：8523.292
                                                      其他：8523.299
                  光学媒体：8523.4    未录制：8523.41
品目85.23                             其他：8523.49
的列目结构
                                    固态非易失性存储器件：8523.51
                  半导体媒体：8523.5  智能卡：8523.52
                                    其他：8523.59

                  其他：8523.8
```

记录媒体归类时，主要根据存储介质的不同（磁性、光学、半导体、其他）和是否已录制等因素归入不同子目。

子目8523.491的"仅用于重放声音信息的已录制光盘"主要包括仅能重放声音的CD盘。

子目8523.492的"用于重放声音、图像以外信息的光盘，品目84.71所列机器用"主要包括电脑用的操作系统光盘、各种应用软件的光盘等。

子目8523.499的"其他"光盘主要包括既能重放声音又能重放图像的DVD光盘等。

问题 167：什么是固态非易失性存储器件？什么是智能卡？如何归类？

（1）固态非易失性存储器件

固态非易失性存储器件（Solid-state non-volatile storage device）的定义见第八十五章注释六（一），具体如下：

（一）"固态、非易失性存储器件"（例如，"闪存卡"或"电子闪存卡"）是指带有接口的存储器件，其在同一壳体内包含一个或多个闪存（FLASH E^{2}PROM），以集成电路的形式装配在一块印刷电路板上。它们可以包括一个集成电路形式的控制器及多个分立无源元件，例如，电容器及电阻器。

该条文有三层含义：

① 功能和用途：存储器件（用来存储数据的）。

② 组成结构：同一壳体内包含一个或多个闪存，并带有接口，可以包括控制器及多个分立无源元件。

③ 装配方式：以集成电路的形式装配在一块印刷电路板上。

常见的 U 盘、数码相机和手机用存储卡（如图 3.68 所示）等均属于固态非易失性存储器件的范围。

图 3.68　手机用存储卡

固态非易失性存储器件归入子目 8523.51 项下。

（2）智能卡

智能卡（Smart card）的定义见第八十五章注释六（二），具体如下：

（二）所称"智能卡"，是指装有一个或多个集成电路〔微处理器、随机存取存储器（RAM）或只读存储器（ROM）〕芯片的卡。这些卡可带有触点、磁条或嵌入式天线，但不包含任何其他有源或无源电路元件。

该条文有三层含义：

① 外观形状：是一个卡（Card）。

② 组成结构：包含一个或多个集成电路（中央处理器和存储器），不能包含任何其他有源或无源电路元件。

③ 读卡方式：带有触点（接触式读卡）、嵌入式天线（非接触式读卡）。

常用的带有芯片的银行卡、公交卡、身份认证卡等属于智能卡的范围。图 3.69 为接触式智能卡（外观可以看到触点），图 3.70 为非接触式智能卡（外观看不到触点）。

图 3.69　接触式智能卡　　图 3.70　正在读卡的非接触式智能卡

智能卡不论是否为接触式，均归入子目 8523.52 项下。

问题 168：电视摄像机、摄录一体机、数码相机有何区别？如何归类？

摄像机是一种把景物光像转变为电信号的装置，在《协调制度》中又称电视摄像机（Television camera）。摄像机无录像功能，摄像与录像是两个不同的概念。摄像过程是把被摄对象的光学图像转变成相应的电信号（形成了被记录的信号源）。录像过程是把信号源送来的电信号直接记录在半导体媒体上，或通过电磁转换系统变成磁信号记录在录像带上。例如，电脑视频通话用的摄像头无法存储已拍摄的视频，若想存储，只能存储在电脑的硬盘里，所以它只有摄像功能，而无录像功能。

摄录一体机（Video camera recorder）指摄像机与录像机组合成一体的设备。

数码相机在《协调制度》中又称数字照相机（Digital camera），是指对实物实景直接获取静止数字图像的设备。它直接以数字代码方式记录原景物的图像信息，集成了图像处理系统的图像转换、存储等部件。

电视摄像机、数字照相机、视频摄录一体机的比较见表 3.1。

表 3.1　电视摄像机、数字照相机、视频摄录一体机的比较

比较项目	类型		
	电视摄像机	数字照相机	视频摄录一体机
工作原理	将视频图像传输到设备外部某个位置供观察或录像	将静止图像记录在设备内	将视频图像记录在设备内
拍摄画面	以动态画面为主	以静止画面为主	以动态画面为主
有无存储功能	无	有	有
用途	工业、科研、闭路监视或交通管理等	家用或摄影记者等	家用或电视台记者等

在归类时，电视摄像机、数字照相机、视频摄录一体机中符合第八十五章子目注释一至三的高速摄像设备、抗辐射摄像设备、夜视摄像设备优先归入子目 8525.81 ~ 8525.83；不符合这些子目注释的电视摄像机归入子目 8525.891，数字照相机归入子目 8525.892，视频摄录一体机归入子目 8525.893。

子目 8525.8912 所称的"非特种用途的广播级电视摄像机"，是相对于专业级电视摄像机和家用级电视摄像机而言的。参照中华人民共和国行业标准，广播级电视摄像机归类定为：广播级电视摄像机的图像分辨率要求不低于 650 线；灵敏度要求在标准照度（2000 勒克斯）、标准光源（碘钨灯、色温 3200 开尔文）、灰度卡反射率 89.9%，增益 0 dB，视频信号电平 100% 条件下，F 值不低于 5.6；信噪比在 60 dB 及以上。同时具备上述三项标准并用于电视台的则视为广播级电视摄像机。

子目 8525.8921 所称的"特种用途数字照相机"，是指专用于高空、水下或应用不可见光、激光、强光及高速拍摄等其他类似条件下使用的设备。数字照相机通过镜头和光电传感器（主要包括 CCD 和 CMOS 两种）将图像记录在内置的存储装置上或记录在媒体（例如，半导体媒体）上。它们可含有模数转换器（ADC）及输出端口，以便将图像发送到自动数据处理设备的部件、打印机、电视机或其他影像设备上。有些数字照相机还带有输入端口，以便从上述外部设备上录入模拟或数字图像文件。

子目 8525.8922 所称的"单镜头反光型数字照相机"，简称单反数字相机，是采用单镜头反光取景器的数字照相机，是利用镜头与传感器之间的反光镜进行光学取景的数字照相机。

有些在行业上称为"相机"（例如，工业相机），但其实并没有存储功能，不符合"数字式照相机"的条件，不能按"相机"归入子目 8525.892 项下，应按电视摄像机归入子目 8525.891 项下。

问题169：如何界定高速、抗辐射、夜视三种特殊用途的摄像机？

有关三种特殊用途（高速、抗辐射、夜视）电视摄像机、数字照相机，以及视频摄录一体机的注释见第八十五章子目注释一至注释三，其条文如下：

一、子目8525.81仅包括具有以下一项或多项特征的高速电视摄像机、数字照相机及视频摄录一体机：

——写入速度超过0.5毫米/微秒；

——时间分辨率50纳秒或更短；

——帧速率超过225,000帧/秒。

二、子目8525.82所称抗辐射或耐辐射电视摄像机、数字照相机及视频摄录一体机，是指经设计或防护以能在高辐射环境中工作。这些设备可承受至少50×10^3 Gy（Si）[5×10^6 RAD（Si）]的总辐射剂量而不会使其操作性能退化。

三、子目8525.83包括夜视电视摄像机、数字照相机及视频摄录一体机，这些设备通过光阴极将捕获的光转换为电子，再将其放大和转换以形成可见图像。本子目不包括热成像的摄像机或照相机（通常归入子目8525.89）。

条文解析

子目注释一明确了符合高速电视摄像机、数字照相机，以及视频摄录一体机的有关指标，规定只要符合其中的一项即可视为高速的设备。

子目注释二明确了符合抗辐射电视摄像机、数字照相机，以及视频摄录一体机的有关指标，其所承受的总辐射剂量要达到50×10^3戈瑞的总辐射剂量。

子目注释三明确了夜视电视摄像机、数字照相机，以及视频摄录一体的原理是通过光阴极将捕获的光转换为电子，再将其放大和转换以形成可见图像，它不同于热成像的摄像机或照相机。

问题170：高速摄像机的帧速率是什么含义？抗辐射摄像机的辐射剂量单位Gy是什么含义？

帧速率（Frame rate）是指每秒钟所能拍摄图片的帧数，通常用fps（Frames per second）表示。

一帧就是一副静止的画面，连续的帧就形成动画，如电影等。每一帧都是静止的图像，快速连续地显示帧便形成了运动的假象，还原了物体的运动状态。每秒帧数越多，所显示的动作就会越流畅。一般来说，图像帧率设置为 25 fps 或 30 fps 时，已经足够骗过我们的眼睛，看到的画面就是流畅的了。高帧率可以得到更流畅、更逼真的动画。

高速摄像机的帧速率要求超过 22.5 万帧/秒，远远超出了播放流畅画面所需的 25 帧/秒。

抗辐射摄像机的辐射剂量单位 Gy（是 Gray 的缩写，中文又称戈瑞）是用于衡量由电离辐射导致的"能量吸收剂量"（即吸收剂量或辐射剂量）的物理单位，它描述了单位质量物体吸收电离辐射能量的大小。1 戈瑞表示每千克物质吸收了一焦耳的辐射能量。用如下公式表示：

$$Gy=1\frac{J}{kg}$$

辐射剂量单位有时也用拉德（rad）表示，拉德与戈瑞的换算关系如下：

1rad=0.01 Gy。

辐射剂量越大，电离辐射的能量越大，对人体的危害也越大。

抗辐射或耐辐射设备要求可承受至少 50000 戈瑞的辐射剂量，这远远超出了人们做一次 CT 所承受的辐射剂量（人们做一次 CT 所承受的辐射剂量是 0.01 戈瑞）。

问题 171：数码相机主要包括哪些部件？子目 8529.9042 的"非特种用途的取像模块"主要包括哪些部件？

完整的数码相机主要由镜头、取景器、机身、快门、光圈、图像传感器、存储卡、液晶屏等组成。图 3.71 是数码相机的主要部件组成框图。

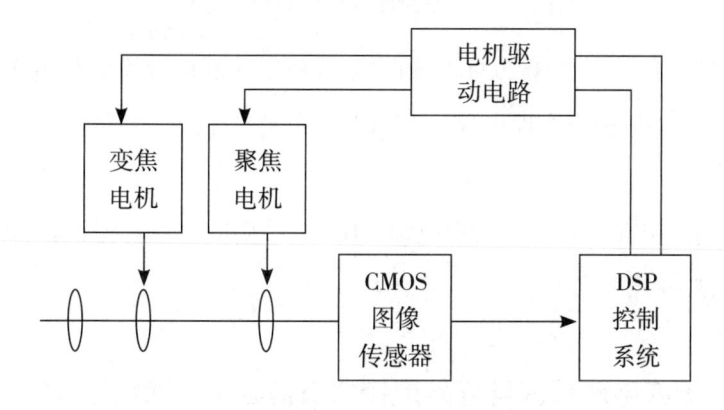

图 3.71 数码相机的主要部件组成框图

图像传感器是利用光电器件的光电转换功能将感光面上的光像转换为与光像成相应比例关系的电信号，如图 3.72 所示。这些电信号经过放大和滤波后被送到 A/D（即模/数）转换器，将模拟电信号转换为数字信号，然后送至数字信号处理器。

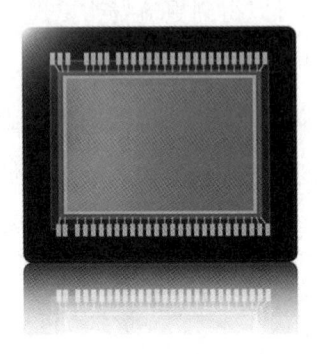

图 3.72　图像传感器

数字信号处理器（Digital signal processor，DSP）是一种用于数字信号处理的可编程微处理器，如图 3.73 所示。在 DSP 中，将 A/D 转换器送来的数字图像信号进行色彩校正、白平衡等后期处理，编码为照相机所支持的图像格式、分辨率等数据格式存储在内存卡。

图 3.73　数字信号处理器（DSP）

依据本国子目注释，子目 8529.9042 的"非特种用途的取像模块"由光学镜头、CMOS/CCD 图像传感器及初级信号处理电路（如 A/D 转换器）构成，不包括数字信号处理电路（DSP）。

如果取像模块还带有数字信号处理电路（DSP），则应按具有完整相机基本特征的不完整品归入子目 8525.89 项下。

问题 172：无线电遥控器与红外遥控器有何区别？如何归类？

无线遥控器（RF remote controller）又称无线遥控设备，是一种利用无线电磁波信号来实现对遥控设备控制的遥控电子装置。这些信号被电器设备接收后，可以指令或驱动其他各种相应的机械或者电子设备，去完成各种操作，如闭合电路、移动手柄、开动电机，之后再由这些机械进行相应的操作。无线遥控器常用的电磁波载波频率为315兆赫或者433兆赫，遥控器使用的是国家规定的开放频段，在这一频段内，发射功率小于10兆瓦、覆盖范围小于100米或不超过国家规定频段范围的，可以不必经过国家无线电管理委员会审批而自由使用。

红外遥控器（IR remote controller）又称红外遥控设备，是一种利用红外光来控制遥控设备的一种电子装置，由发射部分和接收部分组成，发射部分的主要元件为红外发光二极管。它实际上是一只特殊的发光二极管，由于其内部材料不同于普通发光二极管，因而在其两端施加一定电压时，它便发出的是红外线而不是可见光。红外发光二极管发出的红外线波长为940纳米左右，外形与普通发光二极管相同，主要是这些红外光是不可见的。红外遥控器常用的载波频率为38千赫，红外遥控器用途非常广，主要用于电视遥控、空调遥控等家用电器设备。常用的红外遥控系统一般分发射和接收两部分。

无线遥控器和红外遥控器的共同点是两者都是利用遥控器远程控制设备。区别是它们的工作原理不同，无线遥控器的遥控距离比较远且有穿透能力，而红外线遥控器则遥控距离比较近且需要无遮挡物，但是红外遥控器的造价比无线遥控器要低，而且比较容易实现。

无线遥控器归入子目8526.9200。

红外遥控器归入子目8543.7099。

问题173: 什么是平板显示模组？常见的平板显示模组有哪些种类？如何归类？

平板显示模组（Flat panel display module）是指显示屏对角线的长度与整机厚度之比大于4:1的显示模组（行业上的定义），平板显示模组主要包括液晶显示模组、OLED显示模组和等离子显示模组等。

有关平板显示模组的注释是第八十五章注释七，其条文如下：

七、品目85.24所称"平板显示模组"，是指用于显示信息的装置或器具，至少有一个显示屏，设计为在使用前安装于其他品目所列货品中。平板显示模组的显示屏包括但不限于平面、曲面、柔性、可折叠或可拉伸等类型。平板显示模组可装有附加元件，包括接收视频信号所需并将这些信号分配给显示器像素的元件。但是，品目85.24不包括装有转换视频信号的组件（例如，图像缩放集成电路，解码集成电路或程序处理器）的显示模组，或具有其他品目所列货品特征的显示模组。

本注释所述平板显示模组在归类时，品目85.24优先于其他品目。

条文解析

该条文明确了它的用途、组成结构、使用情况以及优先归类，共有四层含义。

含义一：功能或用途——用于显示信息的装置或器具。

含义二：组成结构——至少有一个显示屏，可装有附加元件，包括接收视频信号所需并将这些信号分配给显示器像素的元件。但是，不包括装有转换视频信号的组件（例如，图像缩放集成电路，解码集成电路或程序处理器）的显示模组，或具有其他品目所列货品特征的显示模组。

关于组成结构可以归纳为三种情况：

第一种是"只有显示屏"，在英文中又称为Cell单元，可以归入品目85.24。

第二种是"显示屏+附加元件"，此处的附加元件主要指显示驱动电路，可以归入品目85.24。

第三种是"显示屏+附加元件+转换视频信号的组件"则不能归入品目85.24。此处的转换视频信号的组件主要包括图像缩放集成电路、解码集成电路或程序处理器等。

含义三：使用情况（状态）——设计为在使用前安装于其他品目所列货品中。

这一条说明它要安装于其他设备内才能构成整机，或者说它目前还是半制成品。

含义四：优先归类——平板显示模组在归类时，品目85.24优先于其他品目。

平板显示模组归入品目85.24项下，该品目的列目结构如下：

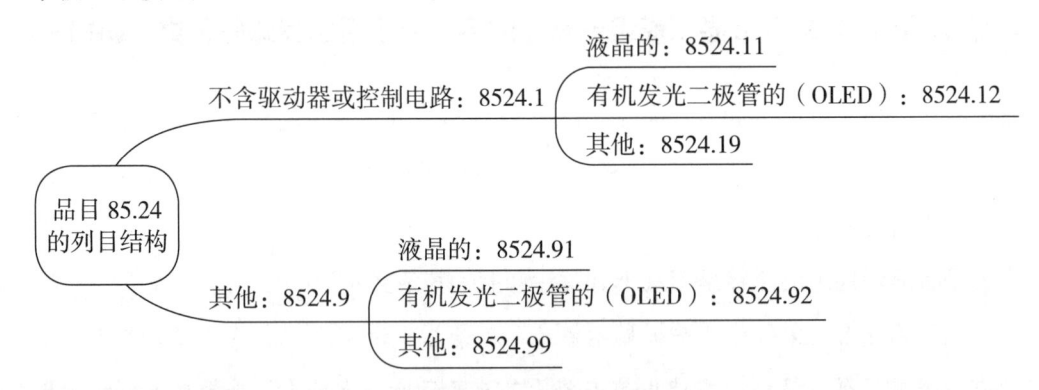

品目85.24的列目结构
- 不含驱动器或控制电路：8524.1
  - 液晶的：8524.11
  - 有机发光二极管的（OLED）：8524.12
  - 其他：8524.19
- 其他：8524.9
  - 液晶的：8524.91
  - 有机发光二极管的（OLED）：8524.92
  - 其他：8524.99

从品目85.24的条文可知，归入品目85.24的平板显示模组不论其是否装有触摸屏。

从商品的实际报验状态分析，不含驱动电路或控制电路的平板显示模组并不多，所以我国并没有在子目8524.1项下细分本国子目；子目8524.9项下包含驱动电路或控制电路的平板显示模组种类较多，且贸易量也较大，所以我国对子目8524.9按其所用的设备细分了本国子目。

问题 174：子目 8524.1 条文"不含驱动器或控制电路"中的"驱动器或控制电路"指什么含义？

子目 8524.1 条文"不含驱动器或控制电路"中的"驱动器或控制电路"指显示驱动电路。以液晶面板为例，该子目只包括"液晶显示屏"，即两块玻璃中间灌注液晶的液晶面板，可以配有彩色滤光膜，但不能带有显示驱动电路；若是带有显示驱动电路的液晶面板（如图3.74 所示），则应归入子目 8524.91，不能误归入子目 8524.11。液晶显示屏的两个驱动电路中一个是 Y 方向的列驱动（又称源驱动），对应的是信号电极，另一个是 X 方向的行驱动（又称栅驱动），对应的是扫描电极，如图 3.75 所示。

图 3.74　带有驱动电路的液晶显示屏　　图 3.75　液晶显示屏的驱动电路

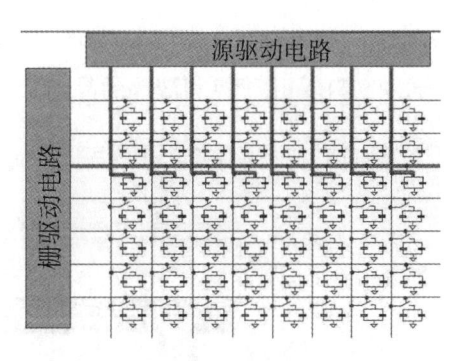

问题 175：液晶显示屏、液晶显示器、液晶电视机有何区别？如何归类？

（1）液晶显示屏

液晶显示的原理是在电场的作用下，利用液晶分子的排列方向发生变化，使外光源透光率改变（调制），完成电—光变换，再利用红、绿、蓝三基色信号的不同激励，通过红、绿、蓝三基色滤光膜，完成时域和空间域的彩色重显，如图 3.76 所示。在不加电压下，液晶分子呈水平扭曲状，光线会沿着液晶分子的间隙前进而转折 90 度，此时光可通过（因为上、下偏光板的偏光方面相差 90 度）。但加上电压后，液晶分子呈垂直排列，光顺着液晶分子的间隙直线前进，此时光被滤光板所阻隔，不能通过。图中左侧与中间像素未加电压，红光与绿光就能顺利通过；右侧像素已加电压，蓝光就不能通过。

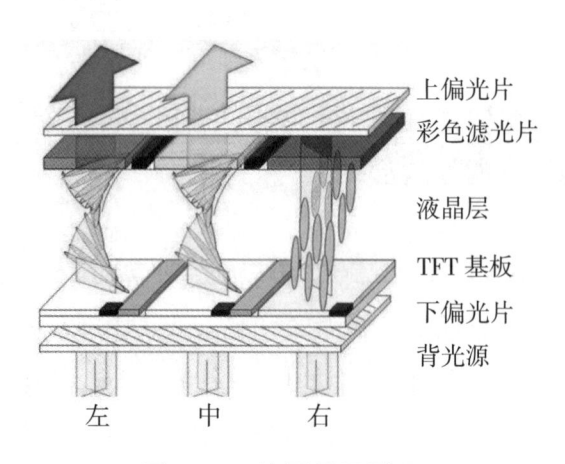

图 3.76 液晶显示原理

液晶显示屏的组成结构（剖面图）如图 3.77 所示，它主要由两块玻璃基板、中间的液晶、驱动电路和背光源组件等组成。其中，下面的玻璃基板上制作了多个薄膜晶体管（Thin film transistor，TFT），用于控制液晶的晶向。

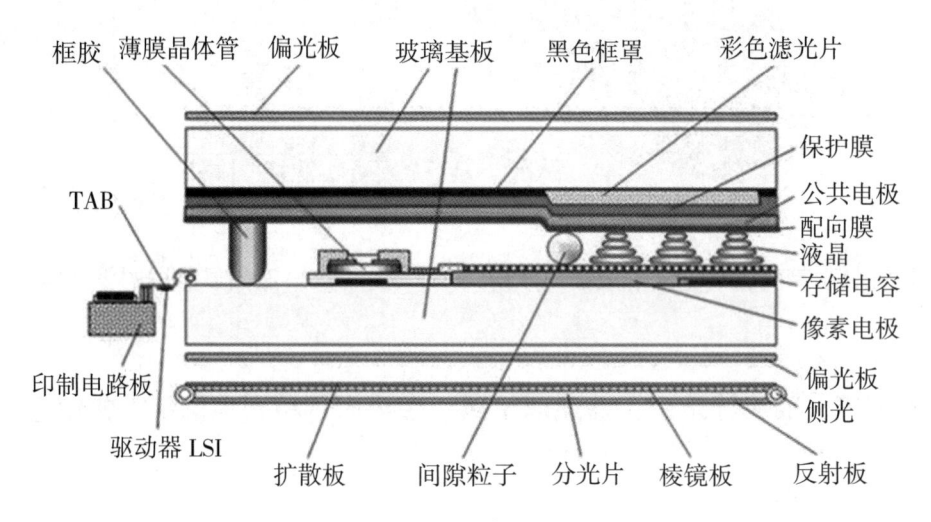

图 3.77 液晶显示屏的组成结构（剖面图）

液晶显示屏的组成结构（分解图）详见图 2.200。图中所显示的组件中，从后向前依次是背光源、后偏振片、玻璃基板（后）、透明导电膜、彩色滤光片、玻璃基板（前）、前偏振片。

其中，背光源组件的作用是为显示图形或图像提供光源，这是因为液晶本身不发光。偏振片的作用是对入射光具有遮蔽和透过的功能，只允许一个方向的光线透过，而其他方向的光线遮蔽。彩色滤光片的作用是使通过的白光过滤为红、绿、蓝三种基本色素点阵来实现彩色显示。

（2）液晶显示器

液晶显示器（Liquid-crystal display，LCD）是在液晶显示屏的基础上，装配上主控板、电源板、高压板、按键控制板、接口和数据线等组件。其组成结构如下：

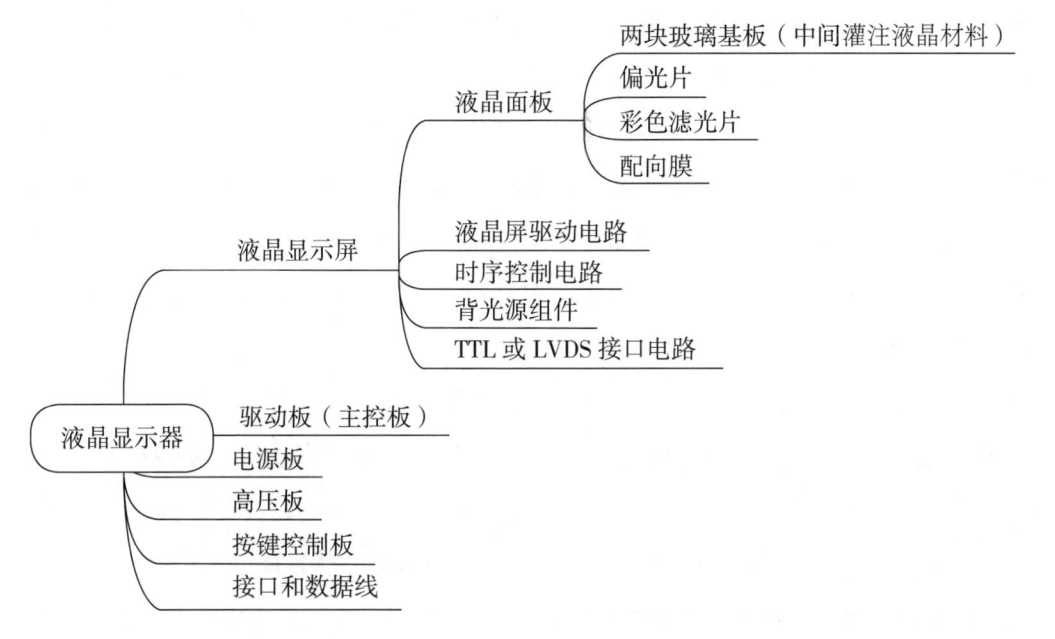

```
                                              ┌─ 两块玻璃基板（中间灌注液晶材料）
                                              ├─ 偏光片
                               ┌─ 液晶面板 ──┤
                               │              ├─ 彩色滤光片
                               │              └─ 配向膜
                               │
              ┌─ 液晶显示屏 ──┤─ 液晶屏驱动电路
              │                │─ 时序控制电路
              │                │─ 背光源组件
              │                └─ TTL 或 LVDS 接口电路
 液晶显示器 ──┤
              ├─ 驱动板（主控板）
              ├─ 电源板
              ├─ 高压板
              ├─ 按键控制板
              └─ 接口和数据线
```

液晶显示器的组成框架如图 3.78 所示。

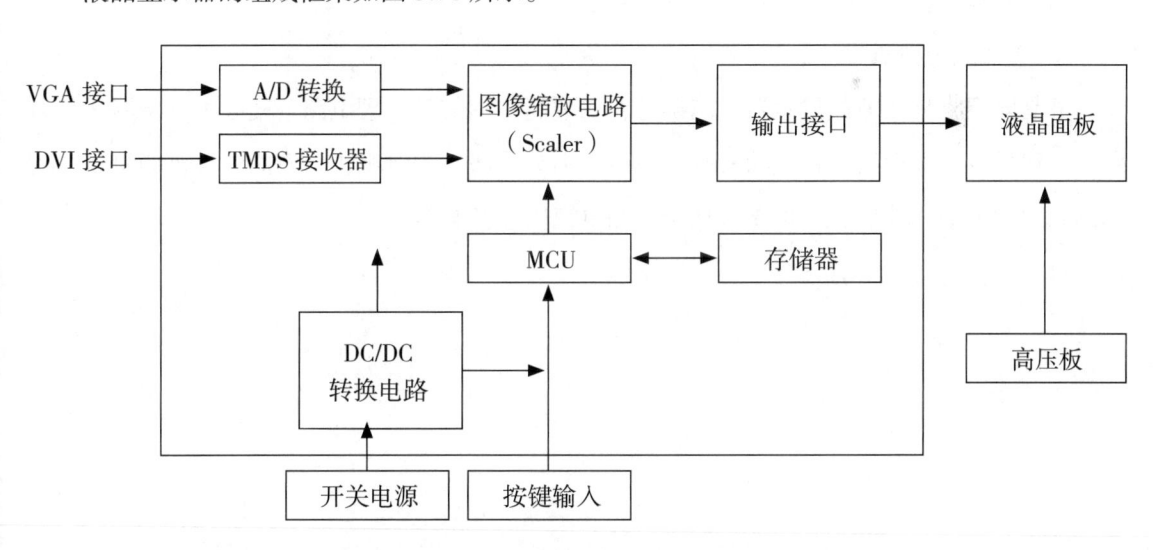

图 3.78 液晶显示器的组成框架

液晶显示器各主要部件的功能如下：

主控制板又称驱动板（但这个商品与液晶屏驱动电路是两种不同功能的电路，两者不能混淆），包括图像缩放电路、微处理器、存储器、晶振，以及主流电压转换电路等，其主要功能是接收、处理从外部接收到的模拟或数字图像信号，并通过屏线送出驱动信号，控制液晶面板工作。

图像缩放电路（Scaler）又称信号处理电路，其功能是通过缩放电路将不同分辨率的信号变换为与液晶屏对应的分辨率后，才能保证液晶屏显示正常的图像画面，因为液晶显示屏的像素位置与分辨率是固定的，而电视信号和外部输入的信号的分辨率是变化的。

微控制器电路主要包括 MCU（微控制器）和存储器。MCU 的主要作用是控制电源的开关和节能状态、频率计算、RS-232 通信、字符显示控制等。存储器（EEPROM）用于存储液晶显示器的设备数据和运行中所需的数据，主要包括设备的基本参数、制造厂商、产品型号、分辨率、最大行频率、场刷新率等，还包括设备运行状态的一些数据，如白平衡数据、亮度、对比度、各种几何失真参数、节能状态的控制数据等。

输出接口电路用以和液晶屏相连，主要接口类型有 TTL[①]、LVDS[②] 接口。

电源板用于将 220 伏的交流电压转变为 12 伏、5 伏、3 伏等的直流电供液晶显示器正常工作。

高压板又称逆变电路，其作用是将主板或电源板输出的 12 伏直流电压转换为背光灯管启动和工作所需的 1500 ~ 1800 伏高频高压交流电。

功能控制面板的作用是用来控制电路通与断。

（3）液晶电视机

液晶电视机是在液晶显示器的基础上，加装高中频信号处理电路、视频解码电路、伴音电路（包括音频处理器、音频功放电路等）、喇叭等部件的电视机。液晶电视机的组成结构如图 3.79 所示，图中粗框内的部件属于液晶电视机专有的部件。

---

① TTL（Transistor Transistor Logic）即晶体管－晶体管逻辑电平信号。
② LVDS（Low Voltage Differential Signaling）即低压差分信号。

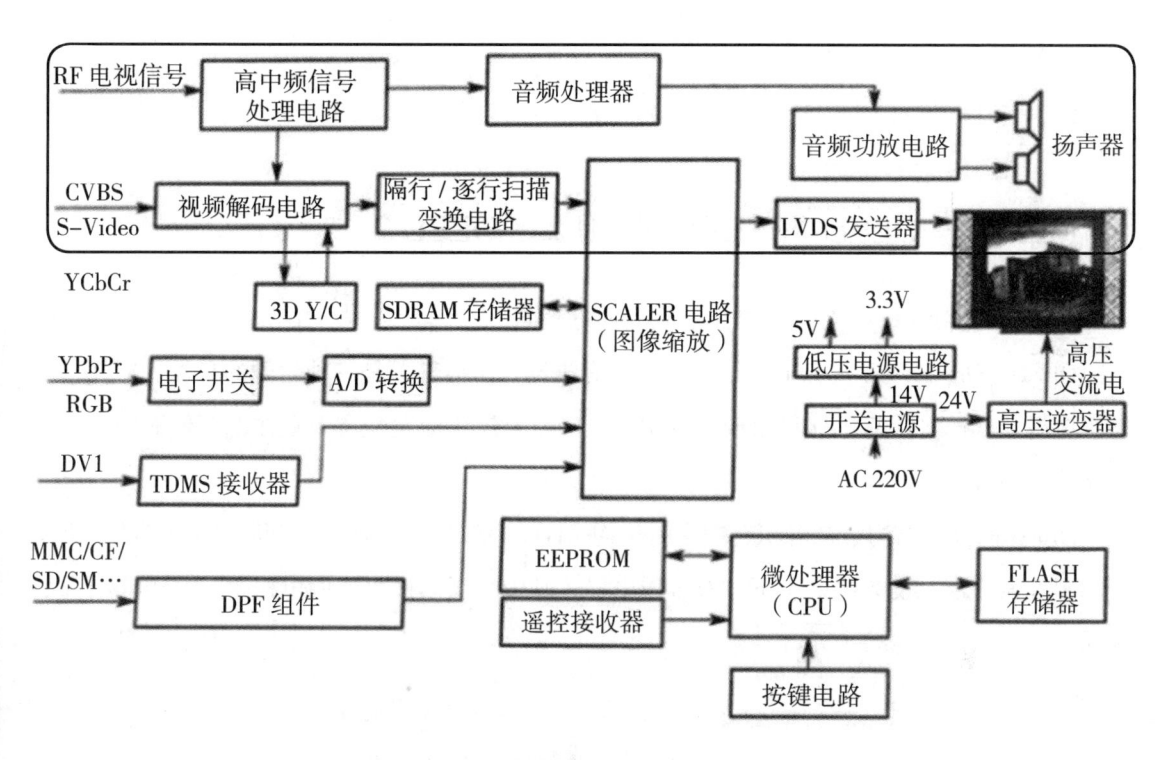

图 3.79　液晶电视机的组成结构

液晶电视机专有的部件功能如下：

高中频信号处理电路中高频电路的作用是将来自闭路电视或卫星接收机传送的RF（射频）信号转换成IF（中频）信号，中频电路的作用是将IF信号变换为全电视信号CVBS[①]和第二伴音中频信号（SIF），或者直接输出视频全电视信号和音频信号。

视频解码电路的作用是将来自中频电路中的全电视信号CVBS进行解码，根据需要得到三种信号：第一种是解调出亮度信号Y和色度信号C；第二种是解调出亮度信号Y和色差信号UV；第三种是解调出亮度信号Y和三基色信号RGB。

伴音电路的作用是将来自中频电路中的中频信号进行解调、音效处理，再通过功率放大后，驱动扬声器还原音频信号。

（4）三类商品的归类

液晶显示屏归入子目8524.11（不含驱动电路的）或子目8524.91（含有驱动电路的）。

液晶显示器归入子目8528.5211（专用于自动数据处理器的）或子目8528.5212（其他，

[①] CVBS（Composite Video Broadcast Signal），中文为复合同步视频广播信号，是被广泛使用的标准，是（美国）国家电视标准委员会（NTSC）电视信号的传统图像数据传输方法，它以模拟波形来传输数据。复合视频包含色差（色调和饱和度）和亮度（光亮）信息，并将它们同步在消隐脉冲中，用同一信号传输。

彩色的）。

液晶电视机归入子目8528.7221（模拟电视机）或子目8528.7222（数字电视机）。

问题176：OLED属于LED吗？什么是OLED？

OLED不属于LED，两者的结构和发光原理不同。

OLED（Organic Light-Emitting diode，即有机发光二极管）是一种超薄的自发光器件，由两个电极之间的多层有机材料组成。其中，光的发射层（即发光层）夹在电荷传输层之间，位于器件中心。

OLED的基本结构是在沉积有铟锡氧化物（ITO）的玻璃上制作一层几十纳米厚的有机发光材料作发光层，发光层上、下方有金属电极（其中金属阳极是透明电极），其组成结构如三明治一般，如图3.80所示。

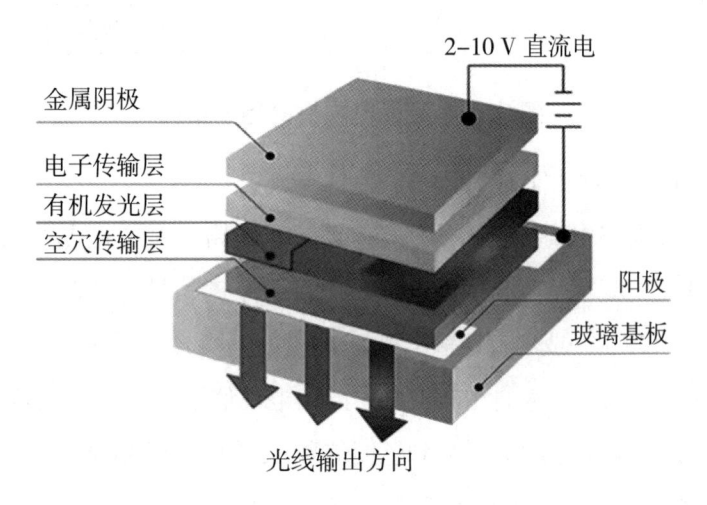

图3.80 OLED的组成结构

其原理是通过载流子的注入和复合而致发光的现象，发光强度与注入的电流成正比。OLED在电场的作用下，阳极产生的空穴和阴极产生的电子就会发生移动，分别向空穴传输层和电子传输层注入，迁移到发光层。当二者在发光层相遇时，产生能量激子，从而激发发光分子，最终产生可见光。

问题177：液晶显示模组与有机发光二极管模组有何区别？如何归类？

液晶显示（Liquid crystal display，LCD）模组与有机发光二极管（Organic light-emitting diode，OLED）模组的显示原理不同，决定了它们的组成结构不同。

液晶显示模组由背光源、偏光片（又称为偏振片，包括前、后两片）、薄膜晶体管（TFT）、彩色滤光片、玻璃基板、液晶分子等组成，如图 3.81 所示。背光源提供光源，偏光片用来转换格式给液晶处理调整，在通过彩色滤光片上色之后影像由偏光片显示出来。

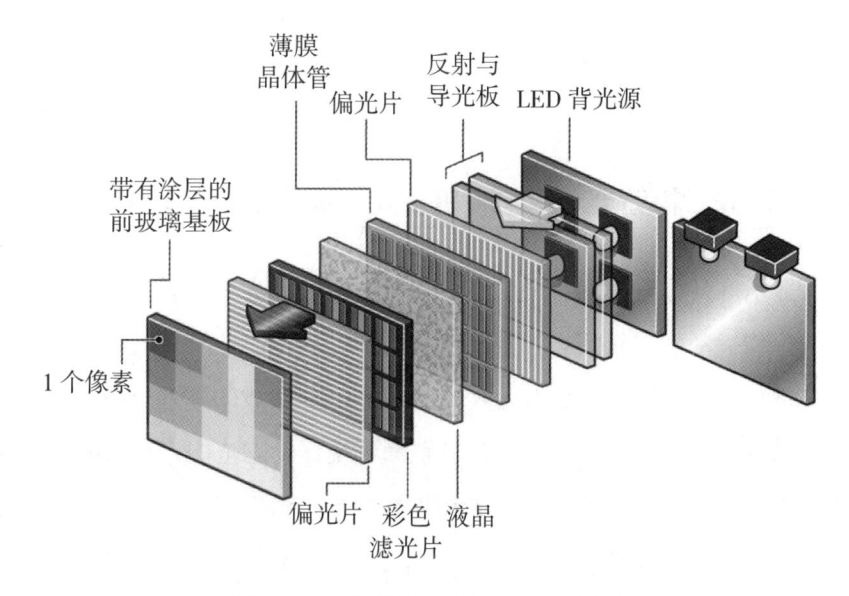

图 3.81 液晶显示模组的组成结构

有机发光二极管显示模组由 TFT 基板、OLED 平板（阴极、有机发光层、有机导电层、阳极）、彩色滤光片等组成，如图 3.82 所示。

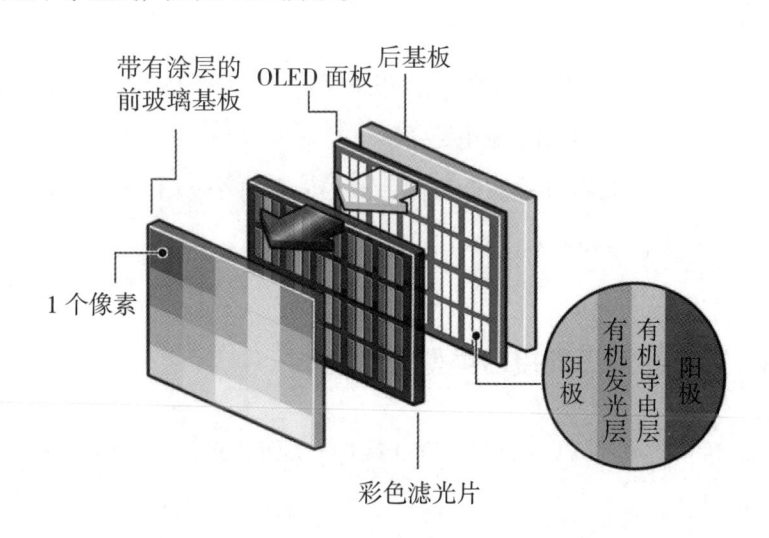

图 3.82 有机发光二极管显示模组的组成结构

比较二者的结构，会发现有机发光二极管显示模组中的每个子像素都能自发光，不用背光源，也不使用液晶层来控制透光或遮光，所以从厚度上判断，OLED 显示屏比 LCD 显示屏更薄，结构更简单。

液晶显示模组按其是否装有驱动电路和控制电路归入子目 8524.11（不含驱动电路和控制电路）或 8524.91（含驱动电路和控制电路）。

有机发光二极管显示模组按其是否装有驱动电路和控制电路归入子目 8524.12（不含驱动电路和控制电路）或 8524.92（含驱动电路和控制电路）。

问题 178：发光二极管显示屏与有机发光二极管模组有何区别？如何归类？

发光二极管显示屏又称 LED 显示屏，是一种通过控制半导体发光二极管的显示方式来显示文字、图形、图像、动画、行情、视频、录像信号等各种信息的显示屏幕，它的每个像素就是一个发光二极管，整个显示屏是由无数个分立的 LED 组成的阵列。LED 显示屏是集微电子技术、计算机技术、信息处理于一体，以其色彩鲜艳、动态范围广、亮度高、寿命长、工作稳定可靠等优点，成为最具优势的公众显示媒体之一。它广泛应用于大型广场、商业广告、体育场馆、证券交易等大屏幕显示。

传统的 LED 显示屏通常由显示模块、控制系统和电源系统组成。

有机发光二极管模组又称 OLED 显示屏，它的每个像素是一个小的有机发光二极管，但每个有机发光二极管并不是分立的器件，而是无数个 OLED 集成在一块基板上，所以显示屏尺寸一般不会太大。

LED 显示屏按其是否装有驱动电路和控制电路归入子目 8524.192（不含驱动电路和控制电路）或 8524.992（含驱动电路和控制电路）。

OLED 模组按其是否装有驱动电路和控制电路归入子目 8524.12（不含驱动电路和控制电路）或 8524.92（含驱动电路和控制电路）。

问题 179：显示器常见的接口类型有哪些？

显示器常见的接口类型有 VGA 接口、DVI 接口、HDMI 接口、DP 接口、USB 接口。

（1）VGA 接口

VGA（Video graphics array）接口又称 D-Sub 接口，在《协调制度》注释中也称 Sub-D 接口。VGA 接口为模拟信号接口，包括 RGB 图文视频图像和水平、垂直同步信号（又称行场扫描信号），一共有 15 个接针，如图 3.83 所示，左侧为 VGA 母接口，右侧为 VGA 公接口。早期的 CRT 显示器由于设计制造上的原因，只能接收模拟信号输入，因此计算机内部的显卡负责进行数模转换，而 VGA 接口就是显卡上输出模拟信号的接口。

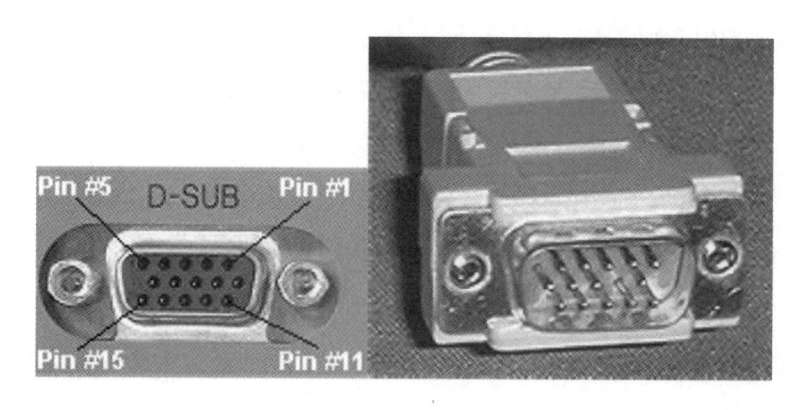

图 3.83　VGA 接口

（2）DVI 接口

DVI（Digital visual interface）接口，即数字视频接口，是一种数字式的显示接口。在接口中左侧有三排八列共 24 针，右侧为一个针或四个针，如图 3.84 所示。DVI 接口主要用于与具有数字显示输出功能的计算机显卡相连接，显示计算机的 RGB 信号。DVI 接口有两种：一种是 DVI-D 接口，只能接收数字信号，不兼容模拟信号，接口右侧只有一个针，且该针为空；另一种则是 DVI-I 接口，可同时兼容模拟和数字信号，接口右侧有四针。

DVI-D 接口　　　　　　　DVI-I 接口

图 3.84　DVI 接口

DVI 接口比 VGA 接口信号更好，它保证了全部内容采用数字格式传输，保证了主机到监视器的传输过程中数据的完整性（无干扰信号引入），可以得到更清晰的图像。它不同于普通的模拟 RGB 接口。因为模拟 RGB 接口在显示过程中首先要在计算机的显卡中经过数字/模拟转换，将数字信号转换为模拟信号传输到显示设备中，而在数字化显示设备中，又要经模拟/数字转换将模拟信号转换成数字信号然后显示，这样经过两次转换后，不可避免地造成了一些信息的丢失，影响图像质量。而在 DVI 接口中，计算机直接以数字信号的方式将显示信息传送到显示设备中，避免了两次转换过程。

（3）HDMI 接口

HDMI（High definition multi-media interface）接口，即高清晰多媒体接口，是纯数字式接口，能同时以无压缩的方式传送全数字式的视频信号和全数字式的音频信号，无须在信号传送前进行数/模或者模/数转换，可以保证最高质量的影音信号传送。

目前 HDMI 2.1 标准已经能够支持 4K 120 赫兹及 8K 60 赫兹，支持高动态范围成像（HDR），可以针对场景或帧数进行优化，向后兼容 HDMI 2.0、HDMI 1.4。最主要的是，它是视频与音频同时传输的，而 VGA 或 DVI 只能传输视频信号。

HDMI 在物理接口上主要有三种类型：标准 HDMI 接口、mini HDMI 接口和 Micro HDMI 接口。对于长距离传输的 HDMI 线，一般线材较硬，尽量使用带有标准 HDMI 接口的设备，以得到稳固的连接。Mini HDMI 接口和 Micro HDMI 接口则更适合于小设备的使用，如图 3.85 所示。

标准 HDMI 母接口	迷你 HDMI 母接口	Micro HDMI 母接口
宽：约 14 毫米	宽：约 10.5 毫米	宽：约 6 毫米
高：约 4.5 毫米	高：约 2.5 毫米	高：约 2.3 毫米

图 3.85　HDMI 接口

（4）DP 接口

DP（Display port）接口是一种高清数字显示接口标准，由 PC 及芯片制造商联盟开发，视频电子标准协会（VESA）标准化的数字式视频接口标准。该接口免认证、免授权金，主要用于视频源与显示器等设备的连接，同时也支持携带音频、USB 和其他形式的数据，如图 3.86 所示。DP 可以连接电脑和显示器，也可以连接电脑和家庭影院，DP 作为 DVI 的继任者，可在传输视频信号的同时加入对高清音频信号传输的支持，同时支持更高的分辨率和刷新率。

图 3.86　DP 接口与 HDMI 接口的比较

（5）USB 接口

USB（Universal serial bus）接口是连接计算机系统与外围设备的一种串口总线标准，也是一种输入输出接口的技术规范，即为计算机、外围设备和其他计算机之间的连接、通信和供电建立连接协议的规范。它被广泛地应用于个人电脑和移动设备等信息通信产品，并扩展至摄影器材、数字电视（机顶盒）、游戏机等其他相关领域。

USB 接口按形状不同，常用的分为三种：A 型（Type A）、B 型（Type B）、C 型（Type C），详见表 3.2。

表 3.2　USB 接口不同类型的对比

类型	USB 1.0	USB 2.0	USB 3.0
A 型	Type-A 1.0–1.1	Type-A 2.0	Type-A Super Speed
B 型		Type-B	Type-B Super Speed
C 型	—		

USB 标准自 1996 年首次发布，目前已有四个版本，分别是：USB 1.x、USB 2.0、USB 3.x 和 USB4。不同 USB 标准版本对应的传输率见表 3.3。

表 3.3　不同 USB 标准版本对应的传输率

版本	USB 1.0 1996	USB 1.1 1998	USB 2.0 2001	USB 2.0 Revised	USB 3.0 2008	USB 3.1 2013	USB 3.2 2017	USB 4 2019
最大传输率	12 Mbps	12 Mbps	480 Mbps	480 Mbps	5 Gbps	10 Gbps	20 Gbps	40 Gbps

图 3.87 显示了不同 USB 标准版本对应的相应标示。

图 3.87　不同 USB 标准版本对应的标示

了解这些接口的目的是在确定相关子目时必须掌握的商品知识。例如，带有 VGA 接口、DVI 接口和 HDMI 接口的液晶监视器符合"可直接连接且设计用于品目 84.71 的自动数据处理系统的"，可以归入子目 8528.52 项下；但是，它不符合"专用于或主要用于品目 84.71 的自动数据处理系统的"，因为 HDMI 接口不是计算机专用的视频接口，所以不能归入子目 8528.5211，应归入子目 8528.5212。

问题 180：液晶显示模组主要由哪些部分组成？能归入子目 8529.9020 的"平板显示模组"的零件主要包括哪些商品？

液晶显示模组主要由背光源、偏光片（前、后两片）、带有薄膜晶体管（TFT）的玻璃基板、带有彩色滤光片的玻璃基板、液晶分子、驱动电路、框架等组成。

其中，偏光片归入子目 9001.2000（未制成的）或子目 9001.9090（已制成的）；彩色滤光片归入子目 9001.9010；玻璃基板归入第七十章的相关品目；驱动电路中的集成电路归入品目 85.42 项下的相关子目。

能归入子目 8529.9020 的"平板显示模组"的零件主要有背光源和模组的框架等。

问题 181：品目 85.18 的喇叭与品目 85.31 的蜂鸣器有何区别？

普通喇叭在《协调制度》中又称为扬声器（Loudspeaker），是把音频电流转换成声音的电声器件。

按结构和电—声换能的方式不同，扬声器可分为电动式扬声器、电磁式扬声器、静电式扬声器和压电式扬声器等。下面以电动式为例来说明其工作原理。

电动式扬声器主要由永久磁铁、线圈（又称音圈）和与线圈做在一起的纸盆等构成。当电信号通过引出线流进线圈时，线圈产生磁场。由于流进线圈的电流是变化的，所以线圈产生的磁场也是变化的。变化的磁场与磁铁的磁场相互作用，线圈和磁铁不断排斥和吸引，使重量轻的线圈产生运动，并带动与它相连的纸盆振动，发出声音，从而实现了电—声转换。（如图 3.88 所示）

图 3.88　电动式扬声器的组成结构与实物

扬声器归入子目 8518.2 项下的相应子目。

蜂鸣器是一种电子讯响器，广泛用于计算机、打印机、复印机、报警器、电子玩具、汽车电子设备、定时器等电子产品中用作发声器件，如图 3.89 所示。

图 3.89　蜂鸣器

蜂鸣器主要有压电式和电磁式两种类型。

压电式蜂鸣器主要由多谐振荡器、压电蜂鸣片、阻抗匹配器、共鸣箱，以及外壳等组成。多谐振荡器由晶体管和集成电路构成，当接通直流电源（1.5～15伏）时，多谐振荡器起振，产生 1.5～2.5 千赫的音频信号，经阻抗匹配器推动压电蜂鸣片发声。压电蜂鸣片由锆钛酸铅或铌镁酸铅压电陶瓷材料制成，在陶瓷片的两面镀上银电极，经极化和老化处理后，再与黄铜片或不锈钢片粘在一起。

电磁式蜂鸣器由振荡器、电磁线圈、磁铁、振动膜片，以及外壳等组成。接通电源后，振荡器产生的音频信号电流通过电磁线圈，使电磁线圈产生磁场。振动膜片在电磁线圈和磁铁的相互作用下，周期性地振动发声。

蜂鸣器应按音响信号装置归入子目 8531.8010。

由上述描述可知，喇叭输入音频电信号后才能发出声音；蜂鸣器只要输入直流电源后即可发出声音。

问题 182：常见的特殊电阻有哪些种类？如何归类？

常见的特殊电阻包括热敏电阻、光敏电阻、压敏电阻、湿敏电阻和气敏电阻。

（1）热敏电阻

热敏电阻（Thermistor）是一种阻值随着温度变化而改变的电阻，如图 3.90 所示。热敏电阻通常分为正温度系数（Positive temperature coefficient，PTC）和负温度系数（Negative temperature coefficient，NTC）两种。正温度系数热敏电阻的阻值随温度升高而升高、随温度降低而降低，温度与阻值的变化成正比。负温度系数热敏电阻的阻值随温度升高而降低、随温度降低而升高，温度与阻值的变化成反比。

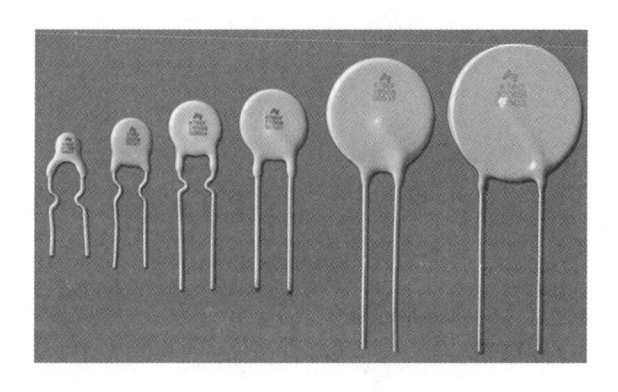

图 3.90　热敏电阻

热敏电阻归入子目 8533.4000。

(2) 光敏电阻

光敏电阻（Light dependent resistor）是指当外界光照强度变化时，阻值也会随之变化的电阻，如图 3.91 所示。入射光强，电阻值减小。入射光弱，电阻值增大。它用于光的测量、光的控制和光电转换（将光的变化转换为电的变化）。

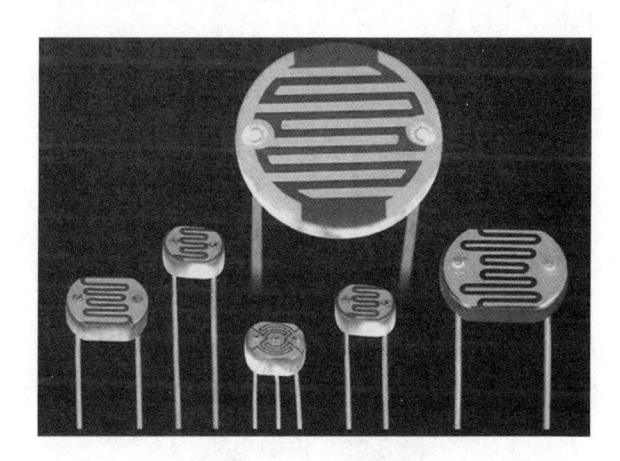

图 3.91　光敏电阻

光敏电阻归入子目 8541.4900。

(3) 压敏电阻

压敏电阻（Voltage dependent resistor，VDR）是一种具有非线性伏安特性的电阻，是对电压敏感的电阻，如图 3.92 所示。它主要用于在电路承受过压时进行电压钳位，吸收多余的电流以保护敏感器件。当两端电压低于标称电压时，其阻值接近无穷大；当两端电压超过标称电压时，电阻的阻值会随之急剧变小。

图 3.92　压敏电阻

压敏电阻归入子目 8533.4000。

（4）湿敏电阻

湿敏电阻（Humidity resistor，Humistor）是一种检测湿度的传感器件，如图 3.93 所示。它的阻值随周围环境湿度的变化而变化，当环境湿度较小时其阻值较大，当环境湿度增加时其阻值相应减小。湿敏电阻常用于检测湿度。

图 3.93　湿敏电阻

湿敏电阻其实是一种传感器，应按其检测的要素（湿度）归入子目 9025.8000。

（5）气敏电阻

气敏电阻（Gas resistor）是一种对某种或某些气体敏感的电阻，是用于检测环境中气体浓度的气体传感器，如图 3.94 所示。当空气中的某种或某些气体（如甲烷、一氧化碳、天然气、煤气、液化石油气、乙炔、氢气等）含量发生变化时，置于其中的电阻的阻值就会变化。它的内部有一个内置的可变电阻，当气体浓度发生变化时，其阻值也会变化。如果气体浓度高，电阻会降低；如果浓度低，电阻会增加。除了内置电阻，还有必要包含一个负载电阻，以便用于调整传感器的灵敏度和准确度。

图 3.94　气敏电阻

气敏电阻是一种检测气体浓度的传感器，气体的浓度属于物理性质，属于理化分析的仪器，应归入子目 9027.8990。

问题 183：品目 85.34 项下印刷电路的层数是什么含义？

印刷电路（Printed circuit）通常由绝缘基片和导电层构成，导电层的电路可印制在绝缘基片的单面或双面（双面电路）。几块印刷电路也可多层叠加连接在一起，构成多层电路。

品目 85.34 项下印刷电路的层数是指导电层的层数。

例如，图 3.95 所示的 PCB（Printed circuit board，印刷电路板）的导电层包括信号层、电源层、接地层、信号层，共四层。

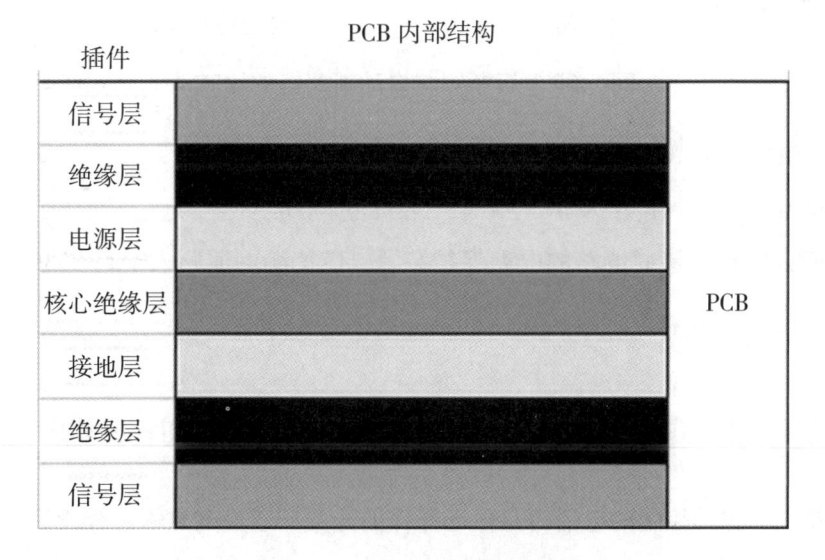

图 3.95　多层 PCB 的截面图

问题 184：熔断器与自动断路器有何区别？如何归类？

熔断器和自动断路器都可实现对电路的保护，但是两者还是有较大区别。

熔断器（Fuse）只是一种简单的短路保护装置，是自动断路器的一个组成部分。

自动断路器（Automatic circuit breaker）又称空气开关，是由熔断器、刀开关、热继电器和欠电压继电器构成的组合装置，除了熔断器的短路保护功能，还具有低压保护、过载保护和失压保护等功能。自动断路器通常只会自动断开电路，不能自动接通电路；如果是能自动断开电路和自动接通电路的"电路保护装置"，则属于继电器（Relay）的范围。

熔断器内的导电部分熔断后，即可报废，不能再重复使用。自动断路器在自动跳闸使电路断开后，经检查正常后，通过扳动刀开关使电路导通，可继续重复使用并发挥保护电路的功能。它们的外观结构如图 3.96 所示。

熔断器　　　　　　　　自动断路器

图 3.96　熔断器与自动断路器的比较

熔断器（电压小于 1000 伏）归入子目 8536.1000.

自动断路器（电压小于 1000 伏）归入子目 8536.2000。

能自动断开电路和接通电路的电路保护装置，应按继电器归入子目 8536.4 项下的相应子目。

问题 185：什么是继电器？继电器与开关有何区别？如何归类？

继电器是一种自动控制的电器，是电动操作的开关，通过电磁铁远程激活，电磁铁拉动一组触点来接通或断开电路。它根据外界信号（电量或非电量）来控制电路通断的自动切换电器，不用机械锁定装置或手工操作，可自动重新接通或切断电路，主要用于通、断大电流电路。

继电器按工作原理可分为电磁式继电器、感应式继电器、电动式继电器、电子式继电器和热继电器等。继电器按输入信号的不同可分为电流继电器、电压继电器、功率继电器、时间继电器、温度继电器、速度继电器、压力继电器等。

目前应用最广的是电磁继电器。电磁继电器是通过电磁机构工作的继电器，主要由电磁铁、可转动衔铁、弹簧、动触点、静触点和一些接线端等组成。图3.97为电磁继电器的组成结构与原理。

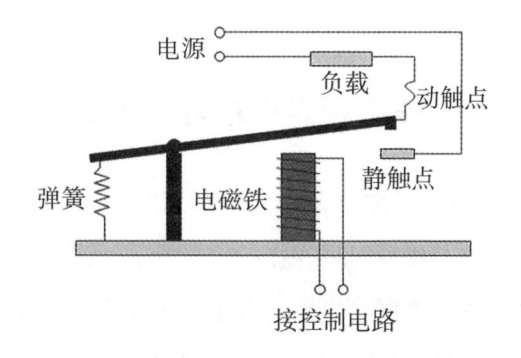

图 3.97　电磁继电器的组成结构与原理

当闭合低压控制电路的开关时，电流通过电磁铁的线圈并产生磁场，从而对衔铁产生吸力，使动、静触点接触，负载工作电路闭合。当断开低压控制电路的开关时，线圈中的电流消失，衔铁在弹簧的作用下，使动、静触点脱开，负载工作电路断开。

继电器虽然是开关的一种，但它与普通的开关还是有区别的。

开关（Switch）一般不需要电动操作的，通常由手动或外部的机械运动[如行程开关（Limit switch）]来实现电路的接通或断开。

继电器根据其电压归入子目 8536.4 项下的相应子目。

普通开关归入子目 8536.5000。

问题 186：什么是行程开关？如何归类？

行程开关又称限位开关或位置开关，其作用和原理与按钮相同，只是其触头的动作不是靠手动操作，而是利用生产机械某些运动部件的碰撞使其触头动作，接通或断开电路，如图3.98所示。它的作用是将机械位移转变为电信号，以实现对生产机械的电气控制。

图 3.98 行程开关

行程开关归入子目 8536.5000。

问题 187：什么是接近开关？接近开关与接近传感器有何区别？如何归类？

接近开关（Proximity switch）又称为非接触式的行程开关或无触点式行程开关，是一种无须与运动部件进行直接的机械接触就可以操作的位置开关。当某种物体与之接近到一定距离时就会发出动作信号，就会接通或断开电路。它不像机械行程开关那样需要施加机械力才能接通或断开电路，而是通过其感应头与被测物体间介质能量的变化来实现的，如图 3.99 所示。图 3.100 为接近开关与电路的连接情况。

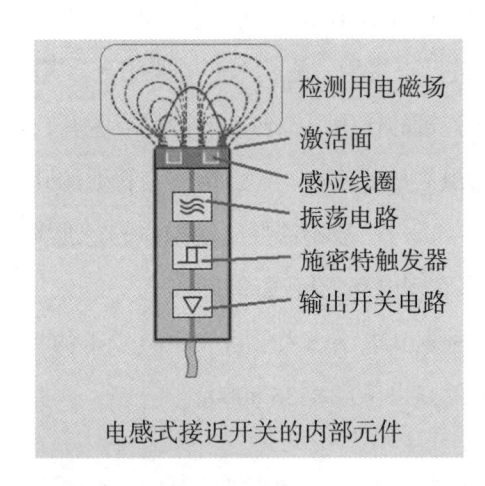

图 3.99 接近开关及其内部的组成结构

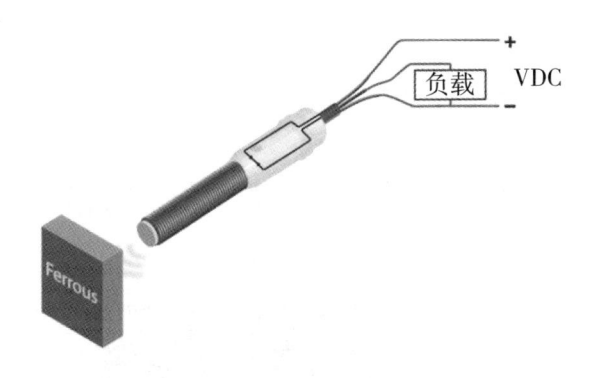

图 3.100　接近开关与电路的连接

接近开关主要由接近感应装置和接通电路的触点构成，并通过电路触点接通或断开电路。接近开关归入子目 8536.5000。

接近传感器（Proximity sensor）是一种非接触式的检测元件，可将目标物是否存在的信息转换为相应的电信号，并将这些电信号传输给控制装置或使电路触点产生相应的机械动作。接近传感器通常不会直接连接到电路中并使电路接通或断开，而是与控制装置连接。

接近传感器如果是用来检测位置的，在行业上又称为位置传感器。

接近传感器根据其检测原理不同，通常分为电感式接近传感器、电容式接近传感器等类型。

电感式接近传感器（Inductive proximity sensor）是利用电磁感应原理非接触式地检测目标物的传感器。目标检测物通常为金属物体。

电感式接近传感器主要由感应面、振荡器、信号转换器、触发器组成，其主要功能是检测目标物是否存在，属于其他品目未列名的检测装置，应归入子目 9031.8090。

电容式接近传感器（Capacitive proximity sensor）是通过感测面与目标物之间的电容变化来检测目标物的非接触式传感器。目标物检测物可以是金属，也可以是非金属（非金属目标物包括纸张、玻璃、布料等）；可以是固体，也可以是液体。

电容式接近传感器由感应面、传感器主体（主体又包括介电板、振荡器、信号转换器和输出）、指示灯和电缆构成。如果其检测的目标物是液体，且检测的参量是液位，应按液位的检测仪器归入子目 9026.1000；如果其检测的目标物是液体或固体，且检测除液位以外的其他参量，应按其他品目未列名的检测装置归入子目 9031.8090。

问题 188：什么是接插件？如何归类？

接插件（Connector）是一种连接电子线路的连接器，用于传输电流或信号，如图 3.101 所示。它由接件（母接头）和插件（公接头）两部分构成。

图 3.101 接插件

接插件归入子目 8536.901 项下的相应子目。

问题 189：什么是额定电压？

额定电压（Rated voltage）是指生产厂家根据国家技术标准，对电器设备正常可靠地工作时所设定的电压，由于额定电压一般标注在电器设备的铭牌上，所以也称为铭牌值。电器设备在额定电压状态下运行时，具有优良的特性。

问题 190：品目 85.37 的控制装置与品目 90.32 的控制装置有何区别？

先看两个品目的品目条文，品目 85.37 的条文中包括电气的控制与电力的分配装置（Apparatus for electric control or distribution of electricity），品目 90.32 的条文中包括自动调节与控制装置（Automatic regulating or control instruments and apparatus）。由此可知，这两个品目的共性是都含有控制装置（Control apparatus），都可实现控制的功能，都可认为是控制装置，但它们之间仍是有区别的。

品目 85.37 项下的控制装置只能自动控制，不能动态调整控制的指令或程序，由于不需动态调整控制指令或程序，所以不需要检测装置，通常情况下品目 85.37 项下的控制装置不包括检测装置。

品目 90.32 项下的控制装置既能自动控制，又能动态调整控制的指令或程序，由于能动态调整控制的指令或程序，所以品目 90.32 项下的控制装置必须包含测量装置（即测量元件或传感器）。

先看两个实例。

【实例1】全自动洗衣机用的控制装置

全自动洗衣机用的控制装置能自动控制整个洗衣过程，但无法更改（即无法自动调整）预先设定的程序，这类控制装置属于品目 85.37 项下的控制装置。

【实例2】电冰箱内的温度控制器

电冰箱内的温度控制器（又称恒温器）用于箱内温度的自动调整。它由温度设定装置、调节装置和感温头构成。当设定好制冷温度后，压缩机开始工作使电冰箱制冷，温度控制器通过箱室内的感温头时刻感知箱室内的温度。当箱室内温度达到设定温度时，感温头检测的信息发送给调节装置，调节装置经比较后，发指令使温控器内的触点断开，压缩机停止工作。随着箱内温度的逐渐升高，当高于设定温度后，温控器内的触点又自动接通电源，使压缩机再次运转，从而始终使箱室内的温度保持在设定的温度范围内。温度控制器属于自动调节温度的控制装置，这类控制装置属于品目 90.32 项下的控制装置。

对于控制装置来说，通常从三个方面分析它们的归类：

① 从控制方式分析。在品目 85.37 的控制装置中，控制装置与被控制对象之间只有单向的控制作用而没有信息的反馈功能，属于开环控制。这种控制的信息为单向传递，结构简单，通常不带检测装置（测量元件或传感器）。开环控制系统的结构如图 3.102 所示。

图 3.102　开环控制系统结构图

在品目 90.32 的控制装置中，控制装置与被控制对象之间具有信息的反馈功能，能自动纠编，属于闭环控制。这种控制结构复杂，因为它可将某一被控制的因素调到并保持在一设定值上，所以必须装有检测装置（测量元件或传感器），闭环控制系统的结构如图 3.103 所示。

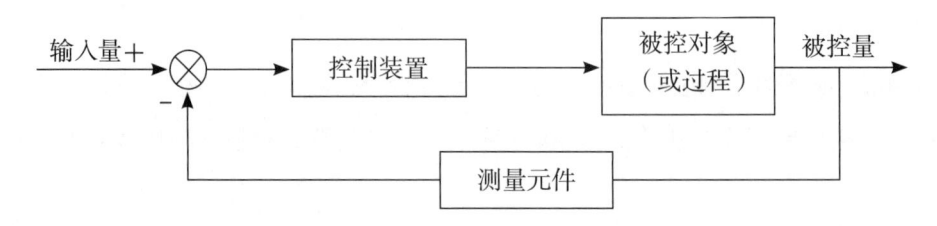

```
输入量+  ⊗ ─→ 控制装置 ─→ 被控对象  ─→ 被控量
         -↑              （或过程）
          │                           │
          └──────── 测量元件 ←────────┘
```

图 3.103　闭环控制系统结构图

② 从外观结构和组成分析。在品目 85.37 的控制装置中，从外观看它是一个整体，本身一般只包括控制装置，控制装置本身不含有检测装置和启停或操作装置。

在品目 90.32 的控制装置中，从外观看一般是由三个相互独立部分组成的系统，即构成功能机组的自动控制系统，这三部分包括检测装置、控制装置和启停或操作装置。有时这三部分也可组装成一个整体或将其中的两部分组装成一个整体。

③ 从是否符合第九十章注释七的条件分析。依据第九十章注释七，符合该注释条件的控制装置应归入品目 90.32，不符合该注释条件的控制装置应考虑归入品目 85.37。

第九十章注释七的条文如下：

七、品目 90.32 仅适用于：

（一）液体或气体的流量、液位、压力或其他变化量的自动控制仪器及装置或温度自动控制装置，不论其是否依靠要被自动控制的因素所发生的不同的电现象来进行工作的，它们将要被自控的因素调到并保持在一设定值上，通过持续或定期测量实际值来保持稳定，修正任何偏差；以及

（二）电量自动调节器及自动控制非电量的仪器或装置，依靠要被控制的因素所发生的不同的电现象进行工作的，它们将要被控制的因素调到并保持在一设定值上，通过持续或定期测量实际值来保持稳定，修正任何偏差。

条文解析

第九十章注释七（一）明确了液体或气体的流量、液位、压力或其他变化量和温度的自动控制仪器及装置的条件。

（1）属性：它们是自动控制的仪器及装置（Instruments and apparatus for automatically controlling）。

（2）调整的要素（参数）：液体或气体的流量、液位、压力或其他变化量和温度。

（3）结果：将被控制的要素（参数）调到并保持在一设定值（A desired value）上，从英文原义分析，这里的设定值不一定是一个固定值，而是个理想值，或称期望值。

（4）调整方式：不论其是否依靠要被自动控制的要素所发生的不同的电现象来进行工作，通过持续或定期测量实际值来保持稳定，修正任何偏差（Stabilised against disturbances）。

其中，"不论其是否依靠要被自动控制的要素所发生的不同的电现象来进行工作"说明它可以依靠电现象工作，也可以不依靠电现象工作，例如，利用双金属片自动调节温度的恒温器就不是依靠电现象工作的。"持续或定期测量"要求必须用到检测装置，即传感器。

第九十章注释七（二）明确了电量和非电量的自动调节器的条件。

（1）属性：它们是自动调节器（Automatic regulators）。

（2）调整的要素（参数）：电量和非电量。

（3）结果：将被控制的要素（电量和非电量）调到并保持在一设定值上。

（4）调整方式：依靠要被控制的因素所发生的不同的电现象进行工作，通过持续或定期测量实际值来保持稳定，修正任何偏差。

问题 191：什么是数控装置？如何归类？

数控装置是机床执行顺序控制动作和完成加工过程中的控制中心。

数控装置是数控机床的中枢，一般由输入装置、存储器、控制器、运算器和输出装置组成。数控装置接收输入介质的信息，并将其代码加以识别、储存、运算，输出相应的指令脉冲以驱动伺服系统，进而控制机床动作。

数控装置归入子目 8537.101 项下。

其中，子目 8537.1019 的其他数控装置包括可编程序控制器以外的数控装置，主要用于机床。机床用数控装置包括数控（NC）和计算机数控（CNC）两种类型。

传统的数控装置由输入装置、控制器、运算器和输出装置四部分组成，统称为硬件数控。

计算机数控统称为软件数控，通常由微型计算机（包括中央处理器、存储器、系统总成）和各种输入/输出接口电路组成。其用一台存储有程序的计算机，按照存储在计算机内部读写存储器中的控制程序去执行数控装置的一部分或全部功能，在计算机之外的唯一装置是接口。计算机在 CNC 系统中主要用来进行数值和逻辑运算，对于各类被控制对象进行实时控制。

子目 8537.1019 还包括部分用于非机床设备的控制装置，只要其结构与该子目所列机床用数控装置相似，如某些工业机器人、注塑机等设备用数控装置。

问题 192：什么是可编程控制器？如何归类？

可编程控制器（Programmable logic controller，PLC）是一种专为在工业环境下应用而设计的数字运算操作的电子系统。它采用可编程序的存储器，用来在其内部存储执行逻辑运算、顺序控制、定时、计数和算术运算等操作的指令，并通过数字式和模拟式的输入和输出，控制各种类型的机械或生产过程。

国际电工委员会（IEC）对它的英文定义为：Definite-purpose computers design to control industrial processes and machines.

从其定义可知，它通常直接应用于工业环境，是"专为工业环境下应用而设计的"工业计算机，它能完成逻辑运算、顺序控制、定时、计数和算术运算等操作，还具有数字量和模拟量输入和输出的功能。

可编程控制器一般由中央处理单元、存储器、输入输出（I/O）单元和电源单元组成。

可编程控制器的基本功能包括逻辑控制功能、定时控制功能、计数控制功能、步进控制功能、数据处理功能、回路控制功能、通讯联网功能、监控功能、停电记忆功能、故障诊断功能等。

可编程控制器按结构形式可分为整体式可编程控制器和模块式可编程控制器。

（1）整体式可编程控制器

整体式可编程控制器是将中央处理单元、存储器、输入输出单元、电源等安装在同一机壳内并构成主机，有的还有输入输出扩展单元配合主机使用，以扩展输入输出点数。整体式可编程控制器的特点是结构紧凑、体积小、成本低、安装方便，但输入输出点数固定，灵活性较低，小型可编程控制器多采用这种结构，如图 3.104 所示。

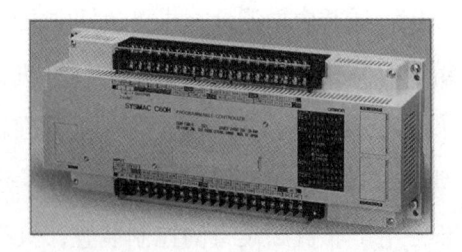

图 3.104　整体式可编程控制器

（2）模块式可编程控制器

模块式可编程控制器是由一些标准单元组成，采用总线结构，不同功能的单元（如中央处理单元、输入单元、输出单元、电源单元等）通过总线连接起来，它把可编程控制器各基本组成做成独立模块。模块式可编程控制器的特点是可以根据功能需要灵活配置，构成具有不同功能和不同控制规模的可编程控制器，多用于大型和中型可编程控制器，如图 3.105 所示。

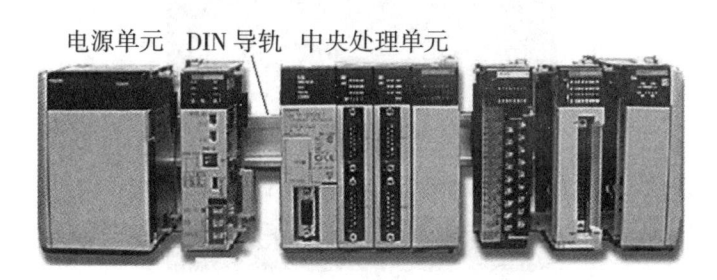

图 3.105　模块化可编程控制器

可编程控制器归入子目 8537.1011。

问题 193：LED 组件、LED 模块、LED 灯有何区别？如何归类？

LED 组件，即发光二极管组件（Light-emitting diode assemblies），是由安装在印刷电路板上的发光二极管（LED）器件组成的，可以包括光学元件和热接触面、机械接合面和电气接口（例如，电气连接器，包括连接外部控制电路的导线）。

既然是安装在印刷电路上，通常情况下是包含多个 LED，所以，可以理解为 LED 组件是由 LED 芯片和 PCB 板组成的，如图 3.106 所示。

图 3.106　LED 组件

LED 模块，即发光二极管模块（Light-emitting diode module），是指在 LED 组件的基础上安装有调节直流电电流／电压的调节电路所构成的商品。其中，调节直流电电流／电压的调节电路主要包括集成电路和分立的元器件。

可以理解为 LED 模块是由 LED 芯片、PCB 板和调节直流电电流／电压的调节电路组成的，

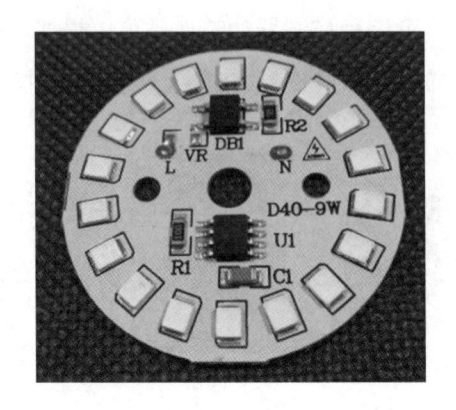

如图 3.107 所示。

图 3.107　LED 模块

LED 灯，即发光二极管灯泡（管）（Light-emitting diode lamp），是在 LED 模块的基础上加上灯头和外壳构成的。

可以理解为 LED 灯是由 LED 芯片、PCB 板、调节直流电电流／电压的调节电路、灯头和外壳（泡或管）组成的。图 3.108 为 LED 灯泡，图 3.109 为 LED 灯管。两者的区别是安装灯头的个数不同：LED 灯泡只有一个灯头；LED 灯管则有两个灯头（分别在灯管的两端）。

图 3.108　LED 灯泡　　　　图 3.109　LED 灯管

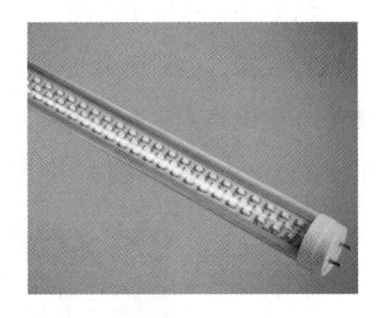

LED 组件按发光二极管归入子目 8541.4100。也就是说，子目 8541.4100 既包括单个 LED，也包括由多个 LED 构成的 LED 组件。

LED 模块按发光二极管光源归入子目 8539.5100。

LED 灯按发光二极管光源归入子目 8539.5210（灯泡）或子目 8539.5220（灯管）。

问题 194：什么是紧凑型荧光灯？什么是封闭式聚光灯？什么是卤钨灯？如何归类？

（1）紧凑型荧光灯

紧凑型荧光灯（Compact fluorescent lamp，CFL）又称节能灯、紧凑型气体放电灯，是将电子镇流器与灯管装配在一个整体内的气体放电灯，而且是热阴极灯。所谓紧凑型是指将原来普通直条状的灯管弯曲成 H 形、U 形、双 n 形、螺旋形等，同时将它的灯管、电子镇流器和灯头部件有机地结合成一体。其内部结构如图 3.110 所示，从图中可以看到其电子镇流器封装在灯头的内部。图 3.111 为螺旋形与双 n 形的节能灯。

图 3.110　紧凑型荧光灯

图 3.111　螺旋形与双 n 形节能灯

紧凑型荧光灯的节能主要是通过节能灯管和电子镇流器低功耗实现的，具有体积小、省电、发光效率高、光线柔和等特点。

紧凑型荧光灯归入子目 8539.3191。

（2）封闭式聚光灯

封闭式聚光灯（Sealed beam lamp unit）是由透镜、反射镜，以及封闭式充气灯泡或真空灯泡构成的照明装置，如图 3.112 所示。封闭式聚光灯常用于车辆的照明。

图 3.112 封闭式聚光灯

封闭式聚光灯归入子目 8539.1000。

（3）卤钨灯

卤钨灯（Tungsten halogen lamp）是在钨丝灯泡（即白炽灯泡）内充入少量的卤素气体制成的灯，它克服了灯泡玻璃壳易黑化的缺点，提高了灯泡的发光效率，延长了灯泡的寿命，如图 3.113 所示。

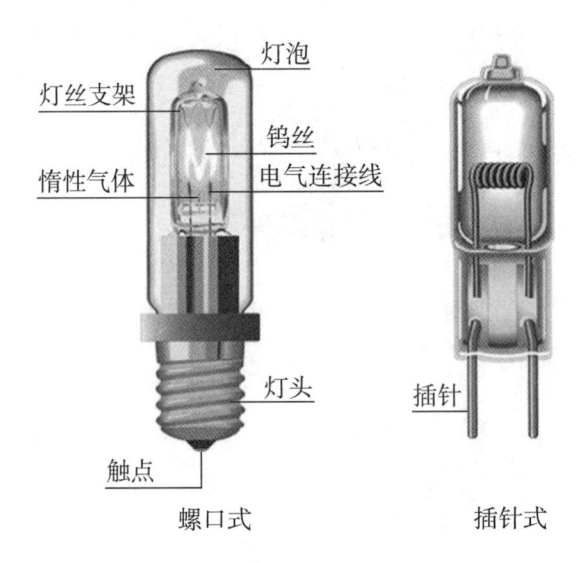

图 3.113 卤钨灯

卤钨灯归入子目 8539.21 项下的相关子目。

问题 195：什么是电子元器件？什么是无源元件？什么是有源元件？

（1）电子元器件

电子元器件是电子电路中具有某种独立功能的单元，也是构成电子电路和电子设备的基本功能单元。

电子元件和电子器件二词常被混用，并无明确界限，但习惯上称有源元器件为电子器件，如真空电子器件、固态电子器件等；称无源元器件为电子元件，如阻容元件、机电元件等[①]。

（2）无源元件

无源元件（Passive element）在工作时其内部没有任何形式的电源，只消耗元件输入信号电能，本身不需要电源就可以进行信号处理和传输。无源元件包括电阻、电位器、电容、电感等。

无源元件有两个基本特点：自身或消耗电能，或把电能转变为不同形式的其他能量；只须输入信号，不需要外加电源就能正常工作。

（3）有源元件

有源元件（Active element）在正常工作时，其内部有电源存在，同时必须向元件提供相应的电源；如果没有外加电源，则无法工作。有源元件包括三极管、场效应管、集成电路等，是以半导体为基本材料构成的元器件。

有源元件有两个基本特点：自身也消耗电能；除了输入信号，还必须有外加电源才可以正常工作。

问题 196：什么是分立元件？什么是集成元件？

电子元器件按电路功能，可分为分立元件与集成元件。

分立元件是指具有一定电压电流关系的独立元器件，包括基本的电感、电阻、电容、半导体分立器件（例如，二极管、晶体管、晶闸管）等。

集成元件通常称为集成电路，指一个完整的功能电路或系统采用集成制造技术制作封装在一个壳体内，组成具有特定电路功能和技术参数指标的器件。

问题 197：半导体器件主要有哪些类型？如何归类？

半导体器件是指依靠外加电场引起电阻率的变化而进行工作的半导体器件或半导体基换能器。

半导体器件主要包括二极管、晶体管、半导体开关元件，以及可控硅、半导体基换能器等。

[①] 资料来源：《中国大百科全书》第二版。

(1) 二极管

二极管（Diode）是用半导体材料（硅、硒、锗等）制成的一种电子器件。它具有单向导电性能，当在阳极和阴极间加正向电压时，二极管导通；当在阳极和阴极间加反向电压时，二极管截止。

(2) 晶体管

晶体管（Transistor）是一种用于放大电信号或开关电能的半导体器件，能对电流起放大、振荡、变频或开关等作用。晶体管分为双极型晶体管、场效应晶体管和绝缘栅双极晶体管。

① 双极型晶体管（Bipolar junction transistor，BJT）是通过电子和空穴两种载流子都参与导电的晶体管。双极晶体管根据工作电压的极性可分为NPN型或PNP型。它的外部引出三个极：集电极、发射极和基极。集电极从集电区引出，发射极从发射区引出，基极从基区引出（基区在中间）。BJT有放大作用，主要依靠它的发射极电流能够通过基区传输到达集电区而实现的。双极型晶体管种类很多，按频率不同可分为高频管、低频管。按功率不同可分为小功率管、中功率管、大功率管。按照半导体材料不同可分为有硅管和锗管等。

② 场效应晶体管（Field effect transistor，FET）是利用控制输入回路的电场效应来控制输出回路电流的一种半导体器件。由于它仅靠半导体中的多数载流子导电，所以又称单极型晶体管。从参与导电的载流子来划分，场效应晶体管可分为以电子作为载流子的N沟道器件和以空穴作为载流子的P沟道器件。从场效应管的结构来划分，场效应晶体管可分为结型场效应晶体管和绝缘栅型场效应晶体管。

结型场效应晶体管（Junction FET，JFET）是场效应管中最简单的一种，是三端半导体器件，常用于电路的开关与信号放大。它可以分为N沟道和P沟道两种。图3.114为双极型晶体管与结型场效应晶体管电路符号的比较。

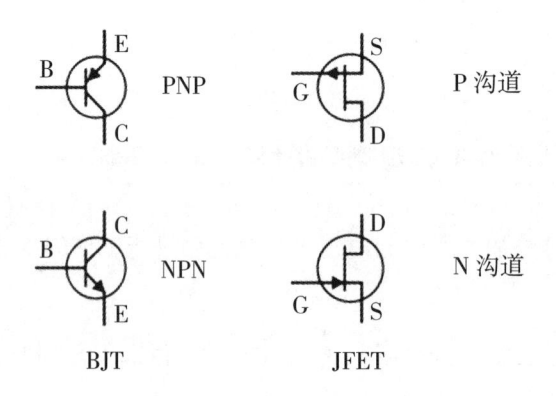

图 3.114　双极型晶体管与结型场效应晶体管电路符号的比较

绝缘栅型场效应晶体管（Insulated Gate FET，IGFET）又称金属氧化物半导体场效应晶体管（Metal-Oxide Semiconductor FET，MOS-FET），是一种利用金属氧化物作为绝缘层，并利用加在上面的电压来控制导电性的器件。其中，金属氧化物[①]位于导电沟道的上方。MOS-FET依据其沟道极性不同，可分为电子占多数的N沟道型与空穴占多数的P沟道型，它们通常被称为N型金属氧化物半导体场效电晶体管（NMOSFET）和P型金属氧化物半导体场效电晶体管（PMOSFET）。图3.115为金属氧化物半导体场效应晶体管的电路符号，从左至右依次为增强型、通用型和耗尽型。

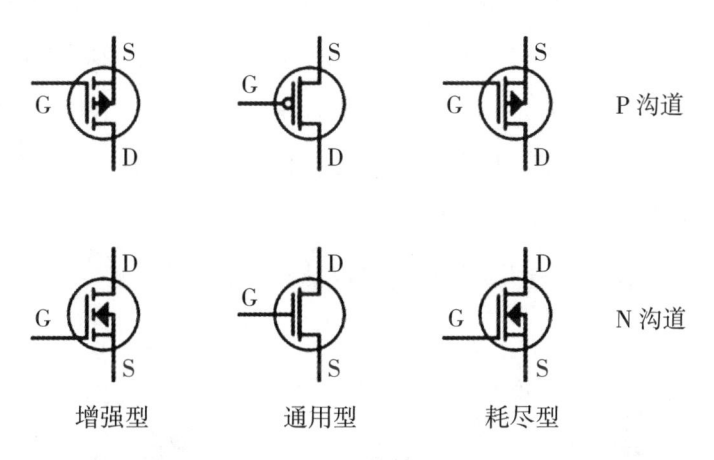

图 3.115　金属氧化物半导体场效应晶体管电路符号

③ 绝缘栅双极晶体管（Insulated gate bipolar transistor，IGBT）是一种三端功率半导体器件。它结合了IGFET和BJT各自的优点，在电源和电机控制电路中主要用作电子开关，如图3.116所示。

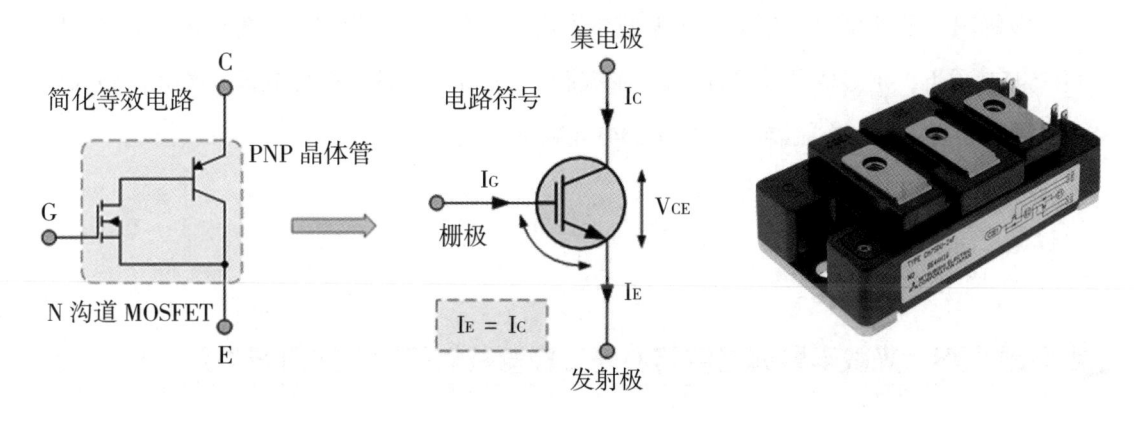

图 3.116　IGBT 的等效电路图、符号与实物

[①] 通常材料是二氧化硅，这层氧化物的厚度仅有数十至数百埃（Å）不等

263

（3）半导体开关元件及可控硅

半导体开关元件及可控硅是一种大功率开关型半导体器件，多用于电力电子器件。常见的类型主要有三种：半导体开关元件、两端交流开关元件、三端双向可控硅开关元件。

半导体开关元件（Thyristor），在行业上又称为晶闸管或可控硅，可控硅是可控硅整流器（Silicon controlled rectifier，SCR）的简称，是一种具有三个端子、四层结构、单向导通的半导体开关器件。

两端交流开关元件（Diode for alternating current，DIAC），是一种具有两个端子、四层结构、双向导通的半导体开关器件，结构上相当于两个反向的二极管并联，类似没有栅极的晶体管，由于没有栅极（即控制极），所以它不可被控制，主要用于触发三端双向可控硅开关元件。

三端双向可控硅开关元件（Triode for alternating current，TRIAC）在行业上又称为双向晶闸管，是一种具有三个端子的交流双向导通的半导体开关器件，结构上相当于两个反向的可控硅并联，并且两个栅极端相连并作为公共栅极。

三种半导体开关器件电路符号的对比如图 3.117 所示

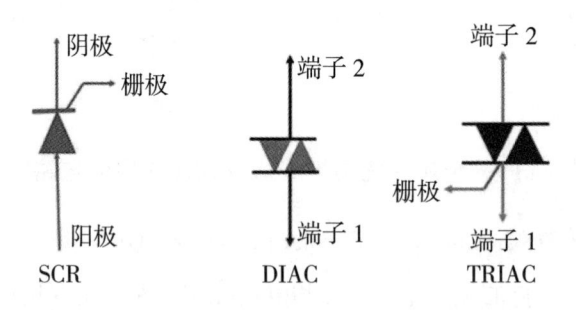

图 3.117　三种半导体开关器件的电路符号

二极管归入子目 8541.1 项下；双极型晶体管、场效应晶体管和绝缘栅双极型晶体管归入子目 8541.2 项下；半导体开关元件、两端交流开关元件、三端双向可控硅开关元件归入子目 8541.3 项下；半导体基换能器归入子目 8541.4 项下。

（4）半导体基换能器

详见"问题 199"。

问题 198：光敏半导体器件与发光二极管有何区别？如何归类？

光敏半导体器件（Photosensitive semiconductor device）与发光二极管均属于半导体光电器件，是将光和电这两种物理量相互转换的器件。

光敏半导体器件是对光敏感的器件，是将光信号转换为电信号的器件。光敏半导体器件包括光敏二极管、光敏三极管、光敏电阻、光电耦和光电池等。

发光二极管是将电信号转换为光信号的器件。

光电器件的详细分类如下：

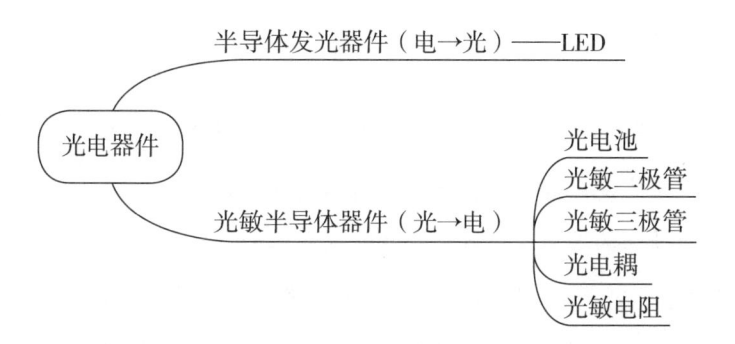

```
                  ┌── 半导体发光器件（电→光）──LED
                  │
          光电器件 ┤                          ┌─ 光电池
                  │                          ├─ 光敏二极管
                  └── 光敏半导体器件（光→电）┤─ 光敏三极管
                                             ├─ 光电耦
                                             └─ 光敏电阻
```

光敏半导体器件中的光敏二极管、光敏三极管、光敏电阻、光电耦归入子目 8541.4900。

光电池归入子目 8541.4200（未装在组件内或组装成块的）或子目 8541.4300（已装在组件内或组装成块的）。

发光二极管（包括发光二极管组件、激光二极管）归入子目 8541.4100。

问题 199：什么是半导体基换能器？主要有哪些类型？如何归类？

半导体基换能器（Semiconductor-based transducer）是在半导体基片上构建、制造的换能器。所谓"换能"，是指它们可以将任何物理、化学现象或活动转换为电信号（如半导体基传感器），或者将电信号转换为任何物理现象或活动（如半导体基执行器）。

半导体基换能器有四种类型：半导体基传感器、半导体基执行器、半导体基谐振器和半导体基振荡器。

有关半导体基换能器及与之相关的定义见第八十五章注释十二（一），条文如下：

十二、品目 85.41 及 85.42 所称：

（一）1."半导体器件"是指那些依靠外加电场引起电阻率的变化而进行工作的半导体器件，或半导体基换能器。

半导体器件也可以包括由多个元件组装在一起的组件，无论是否有起辅助功能的有源和无源元件。

本定义所称"半导体基换能器"是指半导体基传感器、半导体基执行器、半导体基谐振器和半导体基振荡器。这些是不同类型的半导体基分立器件，能实现固有的功能，即可以将任何物理、化学现象或活动转换为电信号，或者将电信号转换为任何物理现象或活动。

半导体基换能器内的所有元件都不可分割地组合在一起，它们也包括为实现其结构或功能而不可分割地连接在一起的必要材料。

下列名词的含义是：

（1）"半导体基"是指用半导体技术，在半导体基片上构建、制造或由半导体材料制造。半导体基片或材料在换能器的作用和性能中起到不可替代的关键作用，其工作是基于半导体的物理、电气、化学和光学等特性。

（2）"物理或化学现象"是指诸如压力、声波、加速度、振动、运动、方向、张力、磁场强度、电场强度、光、放射性、湿度、流量和化学浓度等。

（3）半导体基传感器是一种半导体器件，其由在半导体材料内部或表面制作的微电子或机械结构组成，具有探测物理量和化学量并将其转换成电信号（因电特性变化或机械结构位移而产生）的功能。

（4）半导体基执行器是一种半导体器件，其由在半导体材料内部或表面制作的微电子或机械结构组成，具有将电信号转换成物理运动的功能。

（5）半导体基谐振器是一种半导体器件，其由在半导体材料内部或表面制作的微电子或机械结构组成，具有按预先设定的频率产生机械或电振荡的功能，频率取决于响应外部输入的结构的物理参数。

（6）半导体基振荡器是一种半导体器件，其由在半导体材料内部或表面制作的微电子或机械结构组成，具有按预先设定的频率产生机械或电振荡的功能，频率取决于这些结构的物理参数。

条文解析

该条文包含了五方面的基本含义。

（1）定义（商品范围）："半导体基换能器"是指半导体基传感器、半导体基执行器、半导体基谐振器和半导体基振荡器。

（2）功能：可以将任何物理、化学现象或活动转换为电信号，或者将电信号转换为任何物理现象或活动。

（3）外观结构：半导体基分立器件，所有元件都不可分割地组合在一起（或者说，所有元件是封装在一个壳体内的）。

（4）制造方式："半导体基"是指用半导体技术，在半导体基片上构建、制造或由半导体材料制造。

（5）四种类型的功能如下：

① 传感器：物理量或化学量——→电信号。

② 执行器：电信号——→物理运动。

③ 谐振器：按预先设定的频率产生机械或电振荡，这个频率取决于外部输入结构的物理参数。

④ 振荡器：按预先设定的频率产生机械或电振荡，这个频率取决于结构本身的物理参数。

半导体基换能器归入子目 8541.51 项下的相关子目。例如，检测温度的半导体基传感器归入子目 8541.5112，但并不是所有检测温度的传感器均可归入子目 8541.5112，只有符合"半导体基换能器"条件的温度传感器才能归入子目 8541.5112；不符合"半导体基换能器"条件的温度传感器仍然归入品目 90.25 项下。

按"半导体基换能器"归类必须同时满足的条件如下：

① 必须是注释中所列的四类商品。

② 必须是"半导体基"的。

③ 必须是分立器件。

④ 不能含有集成电路（IC）。

二极管归入子目 8541.1 项下。

晶体管归入子目 8541.2 项下。

半导体开关元件及可控硅归入子目 8541.3 项下。

半导体基换能器归入子目 8541.51 项下。若还包含 IC，则应按多元件集成电路归入品目 85.42 的相关子目。

其他半导体器件归入子目 8541.59 项下。

其中，子目 8541.21 的"耗散功率"指集电极允许损耗功率的最大值（用 P_{CM} 表示）。耗散功率与晶体管的最高允许结温和集电极最大电流有密切关系。晶体管在使用时，其实际功耗不允许超过 P_{CM} 值，否则会造成晶体管因过载而损坏。通常将耗散功率 P_{CM} 小于 1 瓦的晶体管称为小功率晶体管，P_{CM} 大于等于 1 瓦且小于等于 5 瓦的晶体管被称为中功率晶体管，将 P_{CM} 大于 5 瓦的晶体管称为大功率晶体管。

问题 200：集成电路主要有哪些类型？如何归类？

集成电路（Integrated circuit，IC）主要有四种类型：单片集成电路、混合集成电路、多芯片集成电路和多元件集成电路。

（1）单片集成电路

单片集成电路（Monolithic integrated circuit）是将电路元器件（二极管、晶体管、电阻器、电容器、电感器等）整体制作在一片半导体材料基片的表面，并不可分割地连接在一起的微型电路，如图 3.118 所示。

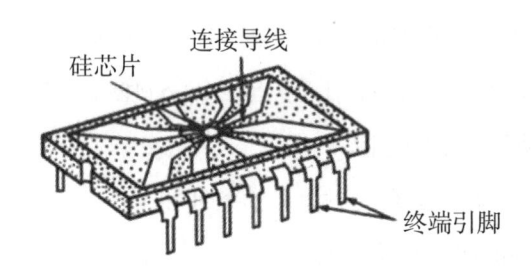

图 3.118　单片集成电路

（2）混合集成电路

混合集成电路（Hybrid integrated circuit）是将通过薄膜或厚膜工艺制得的无源元件（电阻器、电容器、电感器等）和通过半导体工艺制得的有源元件（二极管、晶体管、单片集成电路等）用互连或连接线实际上不可分割地组合在同一绝缘基片（玻璃、陶瓷等）上的电路，如图 3.119 所示。这种电路也可包括分立元件。

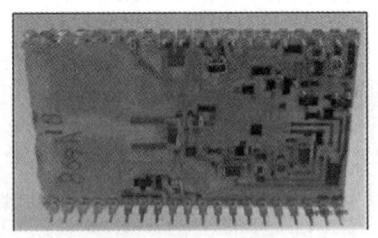

图 3.119　混合集成电路

（3）多芯片集成电路

多芯片集成电路（Multichip integrated circuit）是由两个或多个相互连接的单片集成电路

实际上不可分割地组合在一片或多片绝缘基片上构成的电路，不论其是否带有引线框架，但不带有其他有源或无源的电路元件，如图 3.120 所示。

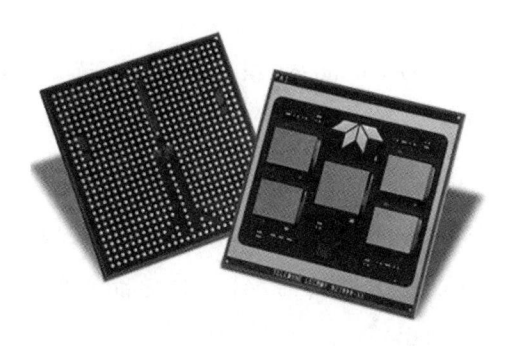

图 3.120　多芯片集成电路

（4）多元件集成电路

多元件集成电路的定义详见"问题 201"。如图 3.121 所示，它由单片集成电路和硅基传感器组成，并封装在同一壳体内，属于多元件集成电路。

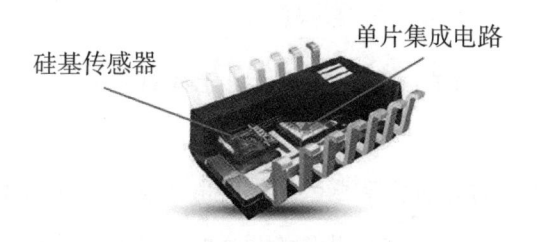

图 3.121　多元件集成电路

将上述四种类型归纳如下：

集成电路的类型
- 单片集成电路：只有一个芯片
- 混合集成电路：由无源元件（通过厚膜工艺和薄膜工艺制得）和有源元件（通过半导体工艺制得）组成
- 多芯片集成电路：由多个芯片组成
- 多元件集成电路：由单片集成电路、混合集成电路或多芯片集成电路 + 特定元件组成

集成电路归入品目 85.42 项下，然后根据其功能（处理器及控制器、存储器、放大器等）归入不同的子目。

问题 201：什么是多元件集成电路？如何归类？

多元件集成电路（Multi-component integrated circuits，MCOs）是集成电路的四种类型之一，有关多元件集成电路的注释见第八十五章注释十二（二）4，条文如下：

4.多元件集成电路（MCOs）：由一个或多个单片、混合或多芯片集成电路以及下列至少一个元件组成：硅基传感器、执行器、振荡器、谐振器或其组件所构成的组合体，或者具有品目85.32、85.33、85.41所列货品功能的元件，或品目85.04的电感器。其像集成电路一样实际上不可分割地组合成一体，作为一种元件，通过引脚、引线、焊球、底面触点、凸点或导电压点进行连接，组装到印刷电路板（PCB）或其他载体上。

在本定义中：

（1）元件可以是分立的，独立制造后组装到多元件（MCO）的其余部分上，或者集成到其他元件内。

（2）"硅基"是指在硅基片上制造，或由硅材料制造而成，或者制造在集成电路裸片上。

（3）①硅基传感器是由在半导体材料内部或表面制作的微电子或机械结构组成，具有探测物理或化学现象并将其转换成电信号（因电特性变化或机械结构位移而产生）的功能。"物理或化学现象"是指诸如压力、声波、加速度、振动、运动、方向、张力、磁场强度、电场强度、光、放射性、湿度、流量和化学浓度等现象。

②硅基执行器是由在半导体材料内部或表面制作的微电子或机械结构组成，具有将电信号转换成物理运动的功能。

③硅基谐振器是由在半导体材料内部或表面制作的微电子或机械结构组成，具有按预先设定的频率产生机械或电振荡的功能，频率取决于响应外部输入的结构的物理参数。

④硅基振荡器是由在半导体材料内部或表面制作的微电子或机械结构组成，具有按预先设定的频率产生机械或电振荡的功能，频率取决于这些结构的物理参数。

条文解析

该条文包含了以下几方面的基本含义。

（1）组成结构：IC（单芯片、多芯片、混合等）+ 特定元件（硅基传感器、执行器、振荡器、谐振器等）。

（2）外观结构：不可分割地组合成一体（即封装在一个壳体内）。品目85.42在《品目注释》中还补充说明"可以有不同的外观特征（例如，包装可以是立体的，或带有孔洞、窗或膜）或为了特定功能所需的附件"。

（3）安装方式：通过引脚、引线、焊球、底面触点、凸点或导电压点进行连接，组装到印刷电路板（PCB）或其他载体上。

（4）元件的制作方式：可以是独立制造的分立元件组装到多元件的其余部分上，或者直接集成到其他元件内。

（5）必须是"硅基"：在硅基片上制造，或由硅材料制造而成，或者制造在集成电路裸片上。

（6）多元件所包含的四类元件的功能如下。

① 传感器：物理量或化学量——→电信号。

② 执行器：电信号——→物理运动。

③ 谐振器：按预先设定的频率产生机械或电振荡，这个频率取决于外部输入结构的物理参数。

④ 振荡器：按预先设定的频率产生机械或电振荡，这个频率取决于结构本身的物理参数。

（7）用途：品目85.42在《品目注释》中还明确了它应用于各种领域，包括计算机、通信（例如，蜂窝网络电话、光通信模块）、工业或汽车领域。

另外，国外学者还总结出多元件集成电路归入品目85.42应同时满足以下四个条件：

① 必须包括集成电路（Must include an integrated circuit）。

② 必须是多元件（Must be multi-component）。

③ 必须是不可分割的（Must be indivisible）。

④ 必须用于安装在印刷电路板上或其他承载物上（Must be for assembling onto a PCB or other carrier）。

【实例1】智能手机用集成电路

该集成电路由加速度传感器（Accel）、陀螺仪传感器（Gyro）和专用功能集成电路（ASIC）组成，如图3.122所示。它由集成电路和传感器构成，符合上述四个条件，属于多元件集成电路，应归入子目8542.3910。

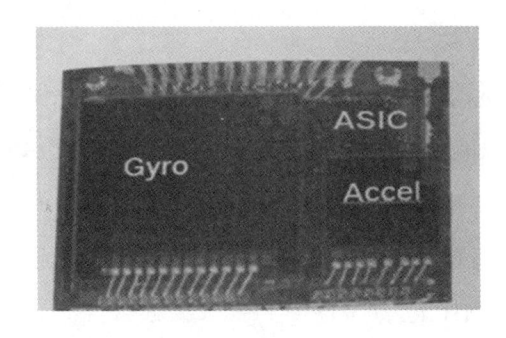

图 3.122　智能手机用集成电路

【实例2】汽车安全气囊用集成电路

该集成电路内部由一个加速度硅基传感单元、一个角速度硅基传感单元和一个专用功能集成电路（ASIC）组成，如图 3.123 所示。它由集成电路和多个传感器构成，符合上述四个条件，属于多元件集成电路，应归入子目 8542.3910。

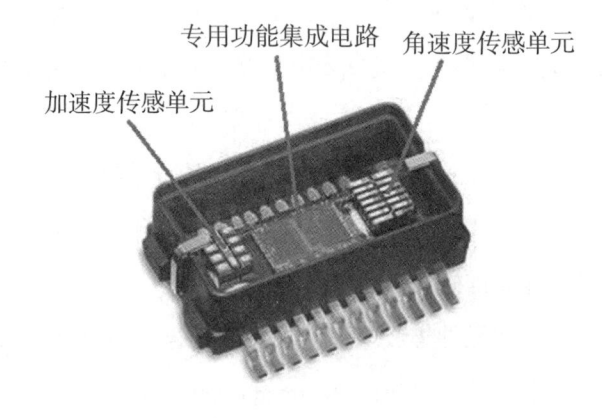

图 3.123　安全气囊用集成电路

问题202：《协调制度》第八十五章注释十二（一）1（3）"半导体基传感器"与第八十五章注释十二（二）4（3）①"硅基传感器"有何区别？

从字面上理解两者有区别，具体从以下两方面区分。

（1）从商品范围上区分

"半导体基传感器"的范围要大于"硅基传感器"的范围，因为"半导体基"除了硅基，还包括锗基、硅锗基、砷化镓基、磷化铟基、碳化硅基、氮化镓基等。

（2）从报验形式上区分

这两个商品在第八十五章注释十二中先后出现，但"半导体基传感器"出现在十二（一）的半导体器件下面，而"硅基传感器"出现在十二（二）的集成电路下面，说明"半导体基传感器"是半导体基换能器的一种，是一种分立的半导体器件；"硅基传感器"是集成电路内部的一个元件，此处的"硅基传感器"一般封装在集成电路内部，不会以分立元件的形式单独报验。

第八十五章注释十二的列目结构如下：

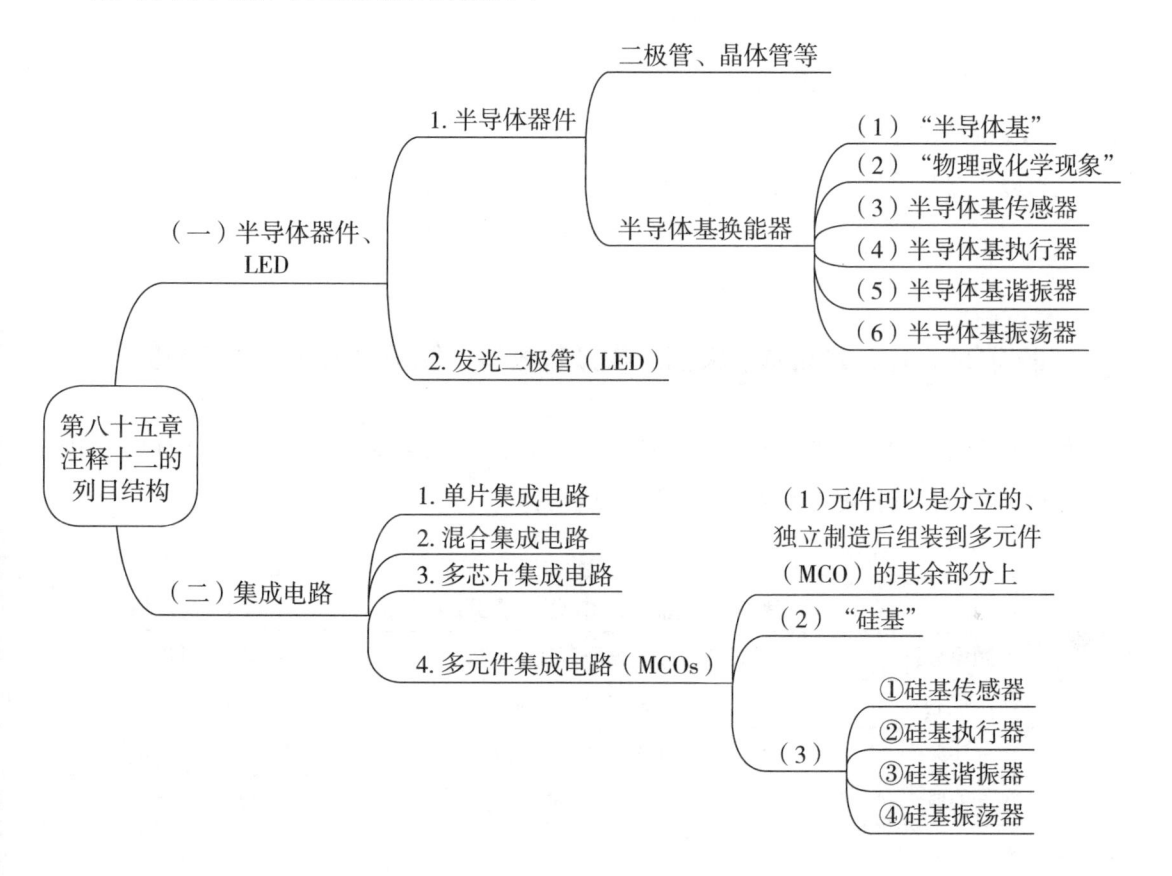

```
第八十五章注释十二的列目结构
├─ （一）半导体器件、LED
│   ├─ 1.半导体器件
│   │   ├─ 二极管、晶体管等
│   │   └─ 半导体基换能器
│   │       ├─ （1）"半导体基"
│   │       ├─ （2）"物理或化学现象"
│   │       ├─ （3）半导体基传感器
│   │       ├─ （4）半导体基执行器
│   │       ├─ （5）半导体基谐振器
│   │       └─ （6）半导体基振荡器
│   └─ 2.发光二极管（LED）
└─ （二）集成电路
    ├─ 1.单片集成电路
    ├─ 2.混合集成电路
    ├─ 3.多芯片集成电路
    └─ 4.多元件集成电路（MCOs）
        ├─ （1）元件可以是分立的、独立制造后组装到多元件（MCO）的其余部分上
        ├─ （2）"硅基"
        └─ （3）
            ├─ ①硅基传感器
            ├─ ②硅基执行器
            ├─ ③硅基谐振器
            └─ ④硅基振荡器
```

问题 203：什么是信号发生器？如何归类？

信号发生器（Signal generator）是一种能提供各种频率、波形和输出电平电信号的设备。在测量各种电信系统或电信设备的振幅特性、频率特性、传输特性及其他电参数时，或是在测量元器件的特性与参数时，用作测试的信号源或激励源，所以信号发生器又称信号源或振荡器，它在生产实践和科技领域中应用广泛，如图 3.124 所示。

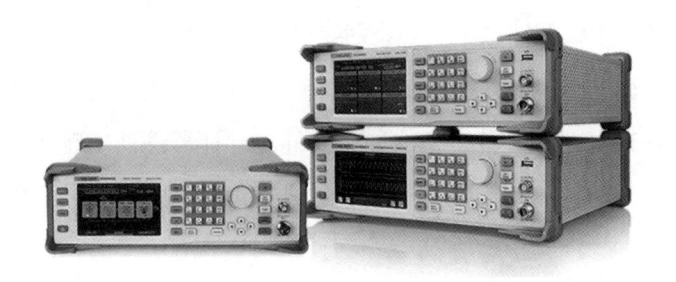

图 3.124　信号发生器

信号发生器的类型有函数发生器、射频和微波信号发生器、音调发生器、任意波形发生器、数字模式发生器和频率发生器。

信号发生器归入子目 8543.2 项下的相关子目，不能错误地按测量装置归入第九十章的相关品目。

问题 204：什么是高频放大器、中频放大器、低频放大器？如何归类？

放大器按电流的形式不同分为交流放大器和直流放大器。交流放大器又可按频率范围分为低频放大器、中频放大器和高频放大器，见表 3.4。

表 3.4　高频、中频、低频的划分

频率分配	频率范围	波长范围
低频	30 ~ 300 千赫	10 ~ 1 千米
中频	300 千赫 ~ 3 兆赫	1 千米 ~ 100 米
高频	3 ~ 30 兆赫	100 ~ 10 米

高频放大器（High frequency amplifier）是指频率范围在 3 ~ 30 兆赫的放大器，主要作用是将高频已调波信号进行功率放大，以满足发送功率的要求；

中频放大器（Intermediate frequency amplifier）是指频率在 300 千赫 ~ 3 兆赫之间的放大器，主要用于提高射频和电视接收器中信号电平的放大器级数，其频率介于来自天线的射频（RF）信号和接收器的低（基带）音频或视频频率之间。

高频放大器、中频放大器归入子目 8543.7092；

低频放大器又称为声频放大器，是指工作频率在 30 ~ 300 千赫之间、输出要求有一定电压值而不要求很强的电流的放大器，归入品目 85.18 项下的相关子目。

问题 205：什么是绕组电线、同轴电缆、布线组？如何归类？

（1）绕组电线

绕组电线（Winding wire），即在导体（一般为铜丝线）外面涂覆上绝缘漆（故又称为漆包线），主要用于制造变压器铁芯、电动机定子或转子铁芯用的线圈绕组，如图 3.125 所示。图 3.126 是用绕组电线制作中的电动机定子绕组。

图 3.125　绕组电线　　图 3.126　用绕组电线制作中的电动机定子绕组

绕组电线归入子目 8544.1 项下。

（2）同轴电缆

同轴电缆（Coaxial cable）是一种电线及信号传输线，其铜制中心导线与网状导电层处于同一轴线，所以称为同轴电缆。如图 3.127 所示，它一般由四部分构成，最中间是铜制导线（单股的实心线或多股绞合线），铜线外面包有一层塑胶绝缘层，绝缘层外面是一层薄的金属薄膜屏蔽层或金属网状屏蔽层（一般为铜或铝），最外层是绝缘保护层（绝缘外套）。同轴电缆能使所承载信号的电磁场仅存在于内、外导体之间的空间中，保证中间导电层所传输的电信号免受外界的电磁干扰。

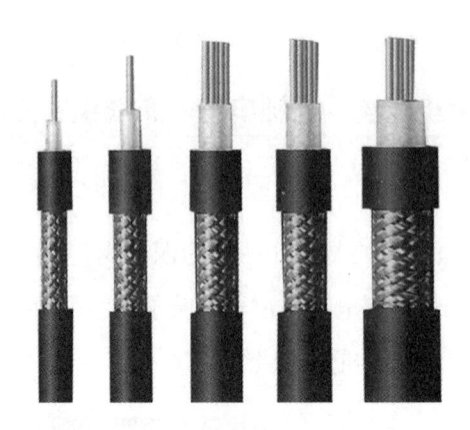

图 3.127　不同类型的同轴电缆

同轴电缆通常用于传输视频信号或需要免受外界干扰的电信号（如用于将检测的电信号传输至检测仪器上）。

同轴电缆归入子目 8544.2000。由多根同轴电缆封装在同一绝缘外套内仍属于同轴电缆的范围，仍归入子目 8544.2000；带有接头的同轴电缆仍归入子目 8544.2000。

（3）布线组

布线组（Wiring sets）在行业上又称线束，是由多根电线或电缆组成的电线或电缆。单根电线或电缆不能视为布线组。

布线组通常归入子目 8544.3 项下，但归入该子目的布线组必须是用于车辆、航空器或船舶上的，其他用途的布线组不能归入该子目，通常应按其他电导体归入子目 8544.4 项下。

图 3.128 是用于航空器上的布线组，应归入子目 8544.3090。

图 3.128　用于航空器上的布线组

问题 206：电缆与电线有何区别？

电线和电缆一般都是由电导体、绝缘层和护套层三部分组成，不过两者有较大的区别。

电线（Wire）一般由一根或多根绞扭的铜（或铝）制导线组成，外面再包以绝缘层的电导体，如图 3.129 所示。

电缆（Cable）一般是由多股电导体（电线）组合（包括绞合的）后，再外包绝缘或护套构成的。或者说，电缆是由多股电线（相互绝缘的导电线芯）外包绝缘或护套构成的，如图 3.130 所示。

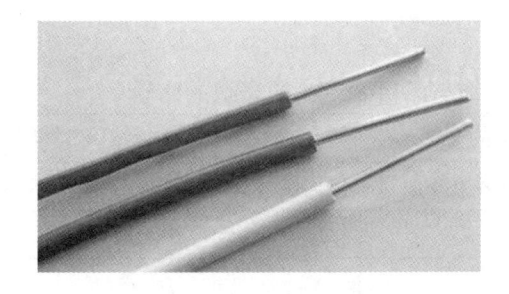

图 3.129　绝缘电线　　　　图 3.130　绝缘电缆

电缆是由多股电线构成的，具有下列特点：
（1）由导电线芯、绝缘层、密封护套或保护覆盖层构成。
（2）尺寸较大。
（3）结构复杂。
（4）多根相互绝缘的内芯。

问题 207：品目 85.44 的光缆与品目 90.01 的光缆有何区别？

光缆（Optical fibre cable）是由许多根经过技术处理的光导纤维组合而成的缆，用于传送光信号。

光缆由一定数量的光纤按照一定方式组成缆心，且单根光纤被独立包覆，外层包覆有护套，用以实现光信号传输的一种通信线路。图 3.131 为通信用室外光缆的典型结构，它由金属加强构件（钢丝）、松套管、多根光纤、包带层、聚乙烯（PE）内护套、皱纹钢带、聚乙烯外护套等构成。图 3.132 为通信用光缆。

277

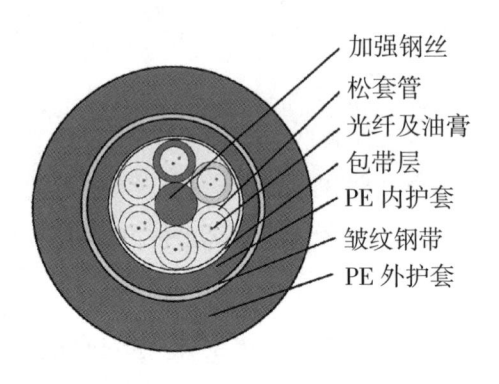

图 3.131　通信用室外光缆的典型结构　　图 3.132　通信用光缆

品目 90.01 的光缆与品目 85.44 的光缆从断面结构和用途进行比较，详见表 3.5。

表 3.5　品目 90.01 的光缆与品目 85.44 的光缆的比较

	品目 90.01 的光缆	品目 85.44 的光缆
断面结构	每单根光纤无包覆层，一束或多束外面才有包覆层	每单根光纤均有包覆层
用途	用于传输影像或照明	用于通信

问题 208：哪些属于电子废弃物的范围？如何归类？

电子废弃物是指仅适于回收、再循环或废弃，而不适用于维修、翻新、修理、再使用或重新利用以使其适合其原用途或后续使用的货品。仅仅使用过的货品不应视作电子废弃物。

电子废弃物包括但不限于下列货品：废旧原电池、原电池组或蓄电池；电子消费产品；办公室、信息和通信技术设备；家用电器；电动工具；电气或电子零件（含印刷电路板）。

电子废弃物归入品目 85.49 项下的相应子目。

四 第八十七章 车辆及其零件、附件的归类

问题209：第八十七章的列目结构有何规律？

第八十七章包括轨道车辆以外的其他机动车辆、非机动车辆等，其列目结构如下：

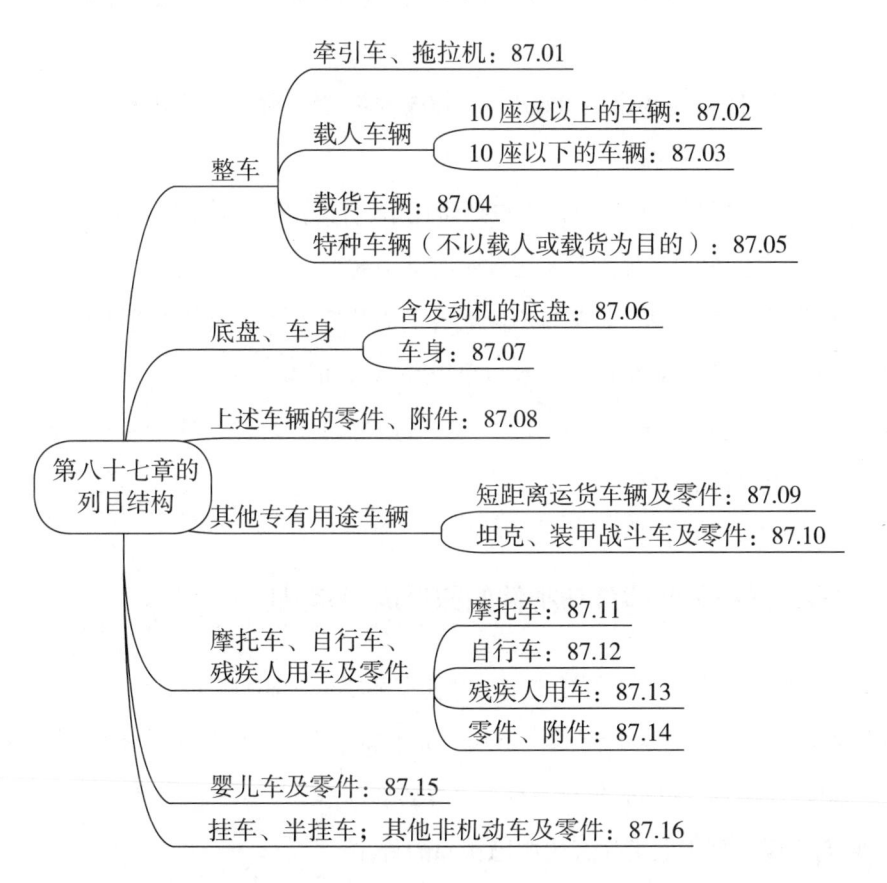

第八十七章的列目结构：

- 整车
  - 牵引车、拖拉机：87.01
  - 载人车辆
    - 10座及以上的车辆：87.02
    - 10座以下的车辆：87.03
  - 载货车辆：87.04
  - 特种车辆（不以载人或载货为目的）：87.05
- 底盘、车身
  - 含发动机的底盘：87.06
  - 车身：87.07
- 上述车辆的零件、附件：87.08
- 其他专有用途车辆
  - 短距离运货车辆及零件：87.09
  - 坦克、装甲战斗车及零件：87.10
- 摩托车、自行车、残疾人用车及零件
  - 摩托车：87.11
  - 自行车：87.12
  - 残疾人用车：87.13
  - 零件、附件：87.14
- 婴儿车及零件：87.15
- 挂车、半挂车；其他非机动车及零件：87.16

本章所包含的运输设备中主要有两大部分：一部分是品目87.01～87.08的车辆整机及其零件、附件，是本章的主要内容，在实际归类中经常遇到的疑难商品主要集中在这一部分；另一部分是品目87.11～87.14的摩托车、自行车等及其零件、附件。

在第一部分中，品目87.01～87.05只包括机动车辆整车，这些品目是根据其用途（牵引、载人、运货、特种用途等）列目的：品目87.06～87.08为车辆的底盘、车身及专用零件、附件。

品目87.02与品目87.03为载人的车辆，根据其座位数（包括驾驶员的座位）来列目，座位数为10座及以上的载人车辆归入品目87.02（主要包括大客车、10座及以上的面包车等），座位数为10座以下的载人车辆归入品目87.03（主要包括小轿车、越野车、10座以下的面包车等）。

品目87.04为载货的车辆，该品目不包括品目87.09的短距离货运车辆。

品目87.05为不以载人或载货为目的的特种车辆，例如，起重车、消防车、通信车、医疗车等。

品目87.06只包括装有发动机而不带驾驶室的底盘。

品目87.07只包括完整的车身，和具有完整车身基本特征的不完整品，不包括车身零件（车身零件应归入子目8708.2）。

品目87.08只包括专用于品目87.01～87.05的零件、附件，这些零件、附件必须是第十七类注释二中未被排除的商品。

在第二部分中，品目87.11～87.14包括摩托车、自行车、残疾人用车。

品目87.11的摩托车和其他脚踏车必须装有动力装置。

品目87.12的自行车和其他脚踏车不能装有动力装置（即必须是非机动的）。

品目87.13的残疾人用车可以是机动也可以是非机动的。

品目87.14只包括专用于品目87.11～87.13的零件、附件，这些零件、附件必须是第十七类注释二中未被排除的商品。

问题210：机动车辆零件与附件的归类原则有哪些？

机动车辆的零件、附件主要包括汽车、摩托车的零件、附件。

机动车辆属于第八十七章的商品，第八十七章属于第十七类，第十七类的总注释规定，归入本类的零件、附件必须同时符合下列三个条件：

（1）它们不属于第十七类注释二中已排除的货品。

（2）它们必须是专用于或主要用于第八十七章所列车辆的零件及附件。

（3）它们必须是不属于《协调制度》其他品目列名更为具体的货品。

依据上述规定，汽车所用的零件、附件必须同时符合下列三个条件，才可按专用零件归入品目 87.08 项下。

条件一：不属于本类注释二中已排他的货品。

第十七类注释二的部分条文如下：

二、本类所称"零件"及"零件、附件"，不适用于下列货品，不论其是否确定为供本类货品使用：

（一）各种材料制的接头、垫圈或类似品（按其构成材料归类或归入品目 84.84）或硫化橡胶（硬质橡胶除外）的其他制品（品目 40.16）；

（二）第十五类注释二所规定的贱金属制通用零件（第十五类）或塑料制的类似品（第三十九章）；

（三）第八十二章的物品（工具）；

（四）品目 83.06 的物品；

（五）品目 84.01 至 84.79 的机器或装置及其零件，但供本类所列货品使用的散热器除外；品目 84.81 或 84.82 的物品及品目 84.83 的物品（这些物品是构成发动机或其他动力装置所必需的）；

（六）电机或电气设备（第八十五章）；

（七）第九十章的物品；

…………

条文解析

类注释二属于排他条款，也就是说如果在第十七类注释二中已排除的零件、附件，就不能再归入第十七类，此时排到哪一类、哪一章的哪个品目就归入哪个品目，只有没在类注释二中排除的车辆零件、附件，才可归入本类，或者说才可归入第八十七章。

类注释二（二）明确了第十五类所规定的通用零件不能归入本类，例如，汽车上用的钢制螺钉、螺母、垫圈、弹簧等不能归入本类，应归入第十五类；塑料制的螺钉、螺母等不能归入本类，应归入第三十九章。

类注释二（五）将第八十四章的大部分商品已排除，这一条要求我们对汽车零件归类时，必须了解第八十四章的列目结构，知晓第八十四章具体包括哪些商品、不包括哪些商品。例如，汽车上用的发动机，在品目 84.07（点燃式内燃机）或品目 84.08（压燃式内燃机）中已有列名，不能再按车辆的专用零件归入第八十七章。车辆上用的各种燃油泵、润滑油泵、冷却用的水泵均属于品目 84.13 列名的液体泵，不能再按车辆的专用零件归入第八十七章。

特别需要说明的是，类注释二（五）条文中括号内的"这些物品"只限制品目84.83的物品，并不限制品目84.81或品目84.82的物品。或者说，对于品目84.83所列的商品来说，只有满足"这些物品是构成发动机或其他动力装置所必需的"的条件才属于排除的范围，如果不满足上述条件，就不属于排除的范围。品目84.81或品目84.82的物品无论是否满足上述条件均属于排除的范围。例如，齿轮箱（又称变速箱）属于品目84.83列名的商品，但汽车用变速箱不属于构成发动机或其他动力装置所必需的商品，即不满足上述条件，不属于排除的范围，所以汽车用变速箱仍归入本类的品目87.08项下。汽车发动机上的曲轴属于构成发动机所必需的商品，即满足上述条件，属于排除的范围，所以它不能归入本类，而要按列名归入品目84.83项下。汽车用的滚动轴承，无论装在汽车什么部位，无论是否满足上述条件，均属于类注释二（五）排除的范围，它们均不能归入本类，而要归入品目84.82项下。

类注释二（六）将第八十五章的部分商品已排除，这一条要求我们对汽车零件归类时，必须了解第八十五章的列目结构，知晓第八十五章具体包括哪些商品、不包括哪些商品。例如，汽车发动机用点火与启动装置在品目85.11有列名，汽车上用的照明与信号装置在品目85.12有列名，这些商品虽然专用于汽车，但由于已在第八十五章列名，就不能再归入本类。

类注释二（七）将第九十章的仪器仪表类商品已排除，这一条要求我们对汽车零件归类时，必须了解第九十章的列目结构，知晓第九十章具体包括哪些商品、不包括哪些商品。例如，汽车上安装的压力表在品目90.26中已有列名，里程表、速度表在品目90.29中已有列名，这些商品虽然专用于汽车，但由于已在第九十章列名，就不能再归入本类。

条件二：必须是专用于或主要用于汽车的零件、附件。

第十七类注释三的条文如下：

> 三、第八十六章至第八十八章所称"零件"或"附件"，不适用于那些非专用于或非主要用于这几章所列物品的零件、附件。同时符合这几章内两个或两个以上品目规定的零件、附件，应按其主要用途归入相应的品目。

条文解析

类注释三有两层含义：一是明确了归入第八十七章的汽车的零件、附件必须具有专用性，不具有专用性的零件、附件不能归入本类。二是明确了多用途的零件、附件按其主要用途归类。例如，许多第八十四章所列移动式机器用的转向机构、制动系统、车轮及挡泥板等货品，实际上与第八十七章所列货车用的几乎完全相同，但因为它们主要用于货车，所以这些零件、附件应归入本类。

所谓的"专用性"是从结构、功能、规格、用途等要素上判断，它只能用于汽车，而不具有其他用途，此时可按汽车的专用零件归入品目87.08项下。

按专用零件归类的前提条件是该零件、附件必须是第十七类注释二中未排除的商品。例如，汽车挡风玻璃洗涤用的洗涤壶（用于存放洗涤液，有特定形状）是车辆专用的零件，看似在第十七类注释二中未排除，但从洗涤装置的功能上分析，完整的洗涤装置属于品目84.24的喷射装置，品目84.24所包括的商品属于第十七类注释二中已排除的商品。洗涤壶属于喷射装置的专用零件，应归入子目8424.9090。

条件三：必须是不属于《协调制度》其他品目列名更为具体的货品。

有时在汽车上使用的零件、附件未在第十七类注释二中排除，但是其在其他类的其他品目列名更为具体，此时也不能按专用零件归入品目87.08。例如，下列商品即使专用于汽车，也不能归入品目87.08。用于汽车车窗密封用的硫化橡胶制异型材密封条（不论是否切成一定长度）在品目40.08的品目条文中列名更具体。汽车用橡胶轮胎在品目40.11的品目条文中列名更具体。汽车车窗用的钢化玻璃或层压玻璃（未镶框，不论是否成形）在品目70.07项下列名更具体。汽车用后视镜在品目70.09项下列名更具体。汽车用座椅在品目94.01项下列名更具体。

根据以上规定，汽车零件、附件的归类流程如图4.1所示。

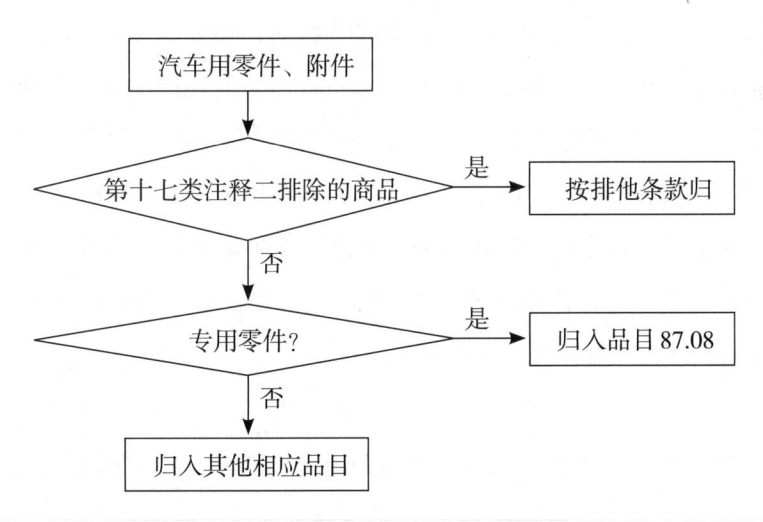

图4.1 汽车零件、附件的归类流程

问题 211：机动车辆的零件与附件有何区别？

零件通常是构成整体所必需的或是整体的组成部分，如果没有，机动车辆就不能正常行驶。

附件通常并非必要但必须是有用的物品，安装到车辆上可发挥其辅助功能。附件必须可确定为专用于或主要用于这些特定物品。附件具有次要功能，而不具有基本功能。

（1）零件的实例，例如，轿车的车门属于车辆整体的一部分，应视为轿车的零件归入子目 8708.2952。

（2）附件的实例，例如车顶行李箱，如图 4.2 所示。

图 4.2 车顶行李箱

该车顶行李箱尺寸是 226 厘米（长）× 55 厘米（宽）× 37 厘米（高），重约 12 千克，容积 290 升，载重 50 千克，用于在旅途中保存个人物品，如滑雪装备、露营装备、行李等。设计安装在汽车行李支架上（行李箱自带安装配件）。行李箱由塑料模制的流线型顶壳和一个底壳构成，上下外壳在一侧连接。箱子配有一体化安全锁。根据归类总规则一及六，归入子目 8708.99 ［参见《中华人民共和国海关部署商品归类决定》（W2016–051）］。

【点评】该行李箱不是车辆的组成部分，不是轿车必须配备的物品，但它对于存放随车的行李时是有用的物品，通过特定的固定件安装到轿车顶上，发挥其辅助功能，所以该行李箱属于轿车专用的附件，归入品目 87.08 项下。

另外，《协调制度》中所称的"零件"还包括部件，"零件"对应的英文为"Part"，基本含义是一个组成部分，例如，汽车用变速箱属于汽车的一个"Part"，在《协调制度》中就视为汽车的一个"零件"，而我们行业上将变速箱视为一个部件。

问题 212：什么是单轴拖拉机？如何归类？

单轴拖拉机（Single axle tractor）是从手扶拖拉机的结构来考虑的，从结构上判断，手扶拖拉机只有单根轴（轴的两端装有轮胎，即只有两轮胎），而且是驱动轴。之所以称为单轴拖拉机是为了和其他两轴拖拉机（即一根轴为驱动轴，另一根轴为非驱动轴的四轮拖拉机）区分。或者说，手扶拖拉机与单轴拖拉机是同一商品的不同叫法，如图4.3所示。

图 4.3　单轴拖拉机

单轴拖拉机归入子目 8701.1000。

问题 213：什么是高尔夫球车？什么是全地形车？如何归类？

（1）高尔夫球车

高尔夫球车（Golf car）是专为高尔夫球场设计开发的环保型乘用车辆，是一种小型的交通工具，如图4.4所示。据美国国家标准协会Z130.1标准，高尔夫球车速度低于15英里/时（约为24.14千米/时），用于短距离运送少量乘客。

图 4.4　高尔夫球车

高尔夫球车归入子目 8703.1019。

（2）全地形车

全地形车（All terrain vehicle）是指可以在任何地形上行驶的车辆（如图4.5所示）。由于它可在软质的沙地上行驶，所以在中国又称沙滩车。这种车辆具有宽大的轮胎和独特的胎纹，这种宽大的轮胎能增加与地面的接触面积，从而产生更大的摩擦力；独特的胎纹使轮胎不易空转或打滑，不受道路条件的限制，容易行驶于沙滩、河床、林道、溪流等环境。

图 4.5 全地形车

全地形车归入子目 8703.1011。

问题 214：品目 87.03 项下的小轿车与越野车各自要满足哪些条件？

（1）品目 87.03 项下的小轿车应满足的条件

品目 87.03 项下的小轿车要满足下面两项技术特性之一（且不符合越野车的条件）：

① 车身结构为三厢式车身；

② 车身结构为两厢式车身，且同时具有以下条件：座位数不超过 5 座，座椅（含可折叠座椅）不超过两排且无侧向布置；一半以上的发动机长度位于车辆前风窗玻璃最前点以前，且转向盘的中心位于车辆总长的前四分之一部分之后；车长不大于 4000 毫米，或车长大于 4000 毫米但不超过 5200 毫米且车辆处于整车整备质量状态下车顶外覆盖件最大离地高度不超过 1580 毫米。

说明 1：一半以上的发动机长度，对于前横置发动机，为发动机曲轴中心线；对于前纵置发动机，为发动机第一缸和最后一缸缸心距的中心线。

说明 2：两厢式车身指动力总成舱、客舱和行李舱在外形上形成两个空间形态的车身，乘用车的行李舱和客舱内部贯通（包括行李舱由一块可移动的隔板分割成上下两部分后，仅上半部分与乘客舱贯通的情形）；三厢式车身指动力总成舱、客舱和行李舱在外形上形成各自独立形态的车身。

说明 3：车顶外覆盖件是指车身顶部外表面的结构件，不包括行李架、天线等附加在车顶上的附件。

三厢车与两厢车的区别：三厢车是指发动机室、驾乘室、行李箱构成三个相互独立的厢，它们之间互不相通；两厢车是指驾乘室与行李箱之间相通，即组合在一起（构成一厢），另一厢是发动机室，如图4.6所示。

图4.6 三厢车与两厢车的比较

（2）品目87.03项下的越野车应满足的条件

品目87.03项下的越野车应具有如下各项技术特性：

① 至少有一个前轴和至少有一个后轴同时驱动（包括一个驱动轴可以脱开的车辆）。

② 至少有一个差速锁止机构或至少有一个类似作用的机构。

③ 车辆处于整车整备质量和一位驾驶员状态下，单车计算爬坡度不小于30%，并至少具有如下六项技术特性中的五项：接近角不小于25°；离去角不小于20°；纵向通过角不小于20°；前轴离地间隙不小于180毫米；后轴离地间隙不小于180毫米；前后轴间的离地间隙不小于200毫米。

④ 车身结构为两厢式车身时，一半以上的发动机长度位于车辆前风窗玻璃最前点以前，且转向盘的中心位于车辆总长的前四分之一部分之后。

接近角、离去角、纵向通过角的含义如下：

接近角是指在汽车满载、静止时，汽车前端突出点向前轮所引切线与地面的夹角。它表征了汽车在上下渡船或进行越野行驶时，前端不发生碰撞的能力。接近角越大，汽车的通过性能就越好。

离去角是指汽车满载、静止时，汽车车身后端突出点向后车轮引切线与路面之间的夹角。它表征了汽车离开障碍物（如小丘、沟洼地等）时，后端不发生碰撞的能力。离去角越大，则汽车的通过性越好。

纵向通过角是指汽车满载、静止时，分别通过前、后车轮外缘作垂直于汽车纵向对称平面的切平面，当两切平面交于车体下部较低部位时所夹的最小锐角。它表征汽车底盘无碰撞地通过小丘、拱桥等障碍物的轮廓尺寸。纵向通过角越大，汽车的通过性越好。

图 4.7 为接近角、离去角、纵向通过角示意图。

图 4.7　接近角、离去角、纵向通过角示意图

前轴和后轴均应具备驱动功能，就是通常所指的驱动方式为 4×4，或者说，有四个车轮，四个车轮均为驱动轮。

问题 215：插电式混合动力车、不可插电式混合动力车以及纯电动车有何区别？如何归类？

新能源车中包括可插电式混合动力车、不可插电式混合动力车和纯电动车，它们的区别如下：

混合动力车是指具有内燃机和电动机两种驱动方式的车辆。按其车内的电池是否可用车外电能充电，分为插电式混合动力车和不可插电式混合动力车。

插电式混合动力车可以外接市电充电，电池容量大，驱动电动机旋转的电能大多来自外充的市电，用电动机驱动可行驶的里程较长，这种类型的车属于我国重点扶持的类型。

不可插电式混合动力车不能外部充电，电池容量小，驱动电动机旋转的电能均来自车辆发动机带动发电机发的电能，纯电动机驱动行驶的里程短，这种类型的车不属于我国重点扶持的类型。

纯电动车是指只能由电动机驱动方式行驶的车辆。它本身不含发动机，完全依靠电动机提供动力，所以其电池容量的大小决定了它一次充电后可行驶的里程。

三种新能源车的比较见图4.8。

插电式混合动力车　　　　　　不可插电式混合动力车　　　　　　纯电动车

图4.8　三种新能源车的比较

插电式混合动力车（以载人的10座以下的车辆为例）按内燃机的种类归入子目8703.6（点燃式内燃机与电动机的混合）或子目8703.7（压燃式内燃机与电动机的混合）。

不可插电式混合动力车（以载人的10座以下的车辆为例）按内燃机的种类归入子目8703.4（点燃式内燃机与电动机的混合）或子目8703.5（压燃式内燃机与电动机的混合）。

纯电动车（以载人的10座以下的车辆为例）按仅装有驱动电动机的车辆归入子目8703.8000。

问题216：什么是燃料电池车？如何归类？

燃料电池（Fuel cell）是一种不燃烧燃料而直接以电化学反应方式将燃料的化学能转变为电能的高效发电装置。

燃料电池车（Fuel cell vehicle，FCV）是利用氢气和空气中的氧气在催化剂的作用下在燃料电池中经电化学反应产生电能，并作为主要动力源驱动的汽车，如图4.9所示。燃料电池车是一种电动机驱动的汽车，在车身、动力传动系统、控制系统等方面，它与普通电动汽车基本相同，主要区别在于所使用的动力电池是燃料电池而不是蓄电池。

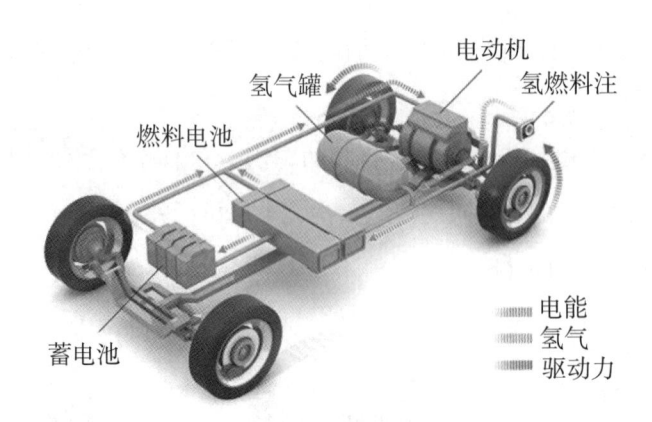

图 4.9 燃料电池车示意图

燃料电池车（以载人的 10 座以下的车辆为例）按仅装有驱动电动机的车辆归入子目 8703.8000。

问题 217：什么是非公路用自卸车？什么是电动轮货运自卸车？如何归类？

自卸车（Dumper）是指能将车箱（罐体）卸下或使车箱（罐体）倾斜一定角度，货物依靠自重能自行卸下或者水平推挤卸料的专用货运车辆。

（1）非公路用自卸车

非公路用自卸车（Dumper designed for off-highway use）是在工地或露天矿山运输土方、岩石的一种重型自卸车，如图 4.10 所示。非公路用自卸车并不意味着不能在公路上行驶。其特点是运程短，承载重，外形较宽、较高，不适宜在公路上长途行驶，常用挖掘机、大型电铲或液压铲等进行装载。

图 4.10 非公路用自卸车

依据品目 87.04 的《品目注释》，非公路用自卸车归入子目 8704.1。

子目 8704.1 的非公路用自卸车一般具有如下特征[①]：

① 自卸车的车身是用高强度钢板制造的，其前部伸出，遮住驾驶室顶部，起到保护驾驶室的作用。车身底板的全部或一部分朝后部向上倾斜。

② 有些自卸车的驾驶室仅为半宽式。

③ 没有轴悬架。

④ 制动能力强。

⑤ 工作速度及工作区域很有限。

⑥ 特种沼泽地行驶轮胎。

⑦ 因其结构坚固，车辆自重与其有效载重量之比不超过 1∶1.6。

⑧ 车身可由车辆本身所排废气加热，以防止所载材料黏附或冻结。

（2）电动轮货运自卸车

电动轮货运自卸车（Electric wheel dump truck）是指以电传动为传动方式的非公路行驶货运自卸车辆。电动轮自卸车采用交—直流电传动，后轮驱动，无极调速，具有高机动性、高通过性、后卸式翻斗的高效运输特性，车辆结构坚固，装有液压举升机构，配有固定式或铰接式底盘，装有越野车轮，在无路面或专用路段上行驶，适合于大型露天矿、大型水利工程建设的货物运输，如图 4.11 所示。这种车辆通常由动力总成、电传动系统、电动轮、前轮、悬挂、转向系统、攀升系统、制动系统、驾驶系统、车架总成、车箱总成等组成。

图 4.11 电动轮货运自卸车

所谓电动轮是指将车轮和直流电动机（包括减速装置）装成一体的车轮，如图 4.12 所示。工作时由发动机带动直流发电机，然后用发电机输出的电能驱动装在车轮中的直流电动机，电动机带动车轮旋转。

---

① 以便于与其他货物运输车辆（特别是自动卸货车）加以区别。

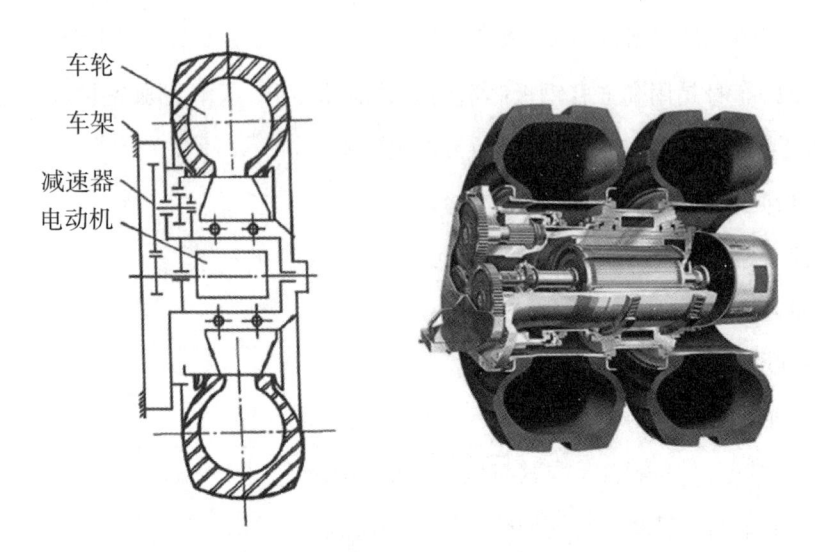

图 4.12　电动轮示意图与实物

电动轮货运自卸车归入子目 8704.1030。

问题 218：普通车辆与特种车辆有何区别？特种车辆主要包括哪些种类？如何归类？

普通车辆是指以载人或载货为主要用途的车辆，普通车辆主要包括大客车、面包车、小轿车、越野车、各种货车等。

普通车辆中以载人为主要用途的按座位数归入品目 87.02 ~ 87.03 项下的相应子目，以载货为主要用途的归入品目 87.04 项下的相应子目。

客货两用车又称为皮卡车（英文 Pick up car 的音译），既可载人又可载货，既有轿车般的舒适性，又具有卡车的运输功能。依据品目 87.03 和品目 87.04 的品目注释，主要用于载运乘客而非用于载运货物的客货两用车应归入品目 87.03；主要用于载运货物而非用于载运乘客的客货两用车应归入品目 87.04。或者说，对于这类兼具载人和载货两种用途的车辆，应以载货重量和载客重量的多少来判断其主要用途，载客重量超过载货重量的归入品目 87.03，载客重量未超过载货重量的归入品目 87.04。

特种车辆是指不以载人或载货为主要用途的车辆。特种车辆主要包括起重车、救火车、钻探车、混凝土搅拌车、混凝土泵车、医疗车、电源车等。

特种车辆归入品目 87.05 项下的相应子目。

问题 219：起重车与轮胎式起重机有何区别？如何归类？

起重车（Crane lorry）是在汽车底盘上安装起重机。其组成结构是车辆底盘和起重机（工程机器）。

依据品目 87.05 的《品目注释》，车辆的底盘要具有：推进发动机、变速箱、换挡控制器、转向和制动装置。通常向前行进的驾驶室与操作工程机器的驾驶室（或称操作室）一般是分开的，即它有两个驾驶室，如图 4.13 所示。该起重车具有普通车辆底盘的特征，其基本特征仍是车辆，所以应按特种车辆归入子目 8705.1 项下的相应子目。

图 4.13 起重车

轮胎式起重机（Crane mounted on tractor type base）只是在起重机的下面安装有可以移动的底盘，这个底盘不具有普通车辆底盘的特征（如这个底盘没有推进发动机、变速箱、换挡控制器、转向及制动装置等）。它带有自推进装置，但推进或控制装置却是装在相关机器的驾驶室内；可以带重行驶，但行驶距离有限，且行驶仅作为起重功能的一种辅助手段，如图 4.14 所示。该轮胎式起重机只有作业机器的驾驶室，通常不带重行驶，不具有车辆底盘的特征，其基本特征仍是起重机器，所以不能归入第八十七章，应按起重机器归入子目 8426.4110。

图 4.14　轮胎式起重机

问题 220：起重车与装有起重机的卡车有何区别？如何归类？

（1）起重车

详见"问题 219"。

（2）装有起重机的卡车

装有起重机的卡车是将起重机安装在卡车上，如图 4.15 所示。其组成结构包括带有货箱的卡车和起重机。

图 4.15　装有起重机的卡车

装有起重机的卡车的基本特征仍是卡车，附带在上面的起重机只是它的一个辅助功能，由于起重功能只是辅助功能，故没有操作起重机械的操作室，即只有一个车辆行驶的驾驶室，所以，该车辆仍按货物运输用的车辆归入品目 87.04 项下的相应子目。

问题 221：什么是医疗车？救护车属于医疗车吗？如何归类？

医疗车指车内装有手术床、麻醉设备，以及其他外科设备的特殊用途车辆。

救护车不属于医疗车。因为救护车的车内只装有一些简单的抢救设备，没有配备手术床、麻醉设备等设备，其主要用途是运送病患者。

医疗车按特种车辆归入子目 8705.9040。

救护车应按载人的车辆归入品目 87.03 项下的相应子目。

问题 222：混凝土搅拌车与混凝土泵车有何区别？如何归类？

（1）混凝土搅拌车

混凝土搅拌车是将水泥、沙子、碎石和水均匀混合以形成混凝土的车辆，或者是在运输混凝土的过程中不断搅拌以防止混凝土凝固的车辆。

混凝土搅拌车由车辆底盘和混凝土搅拌运输专用机构组成。这类车辆的最大特征是在其底盘上装有圆筒型的搅拌筒，如图 4.16 所示。其组成结构包括装有驾驶室的车辆底盘和混凝土搅拌筒。

图 4.16　混凝土搅拌车

混凝土搅拌车的专用机构主要包括取力装置、搅拌筒前后支架、减速机、液压系统、搅拌筒、操纵机构、清洗系统等。其工作原理是通过取力装置将汽车底盘的动力取出，并驱动液压系统的变量泵把机械能转化为液压能传给定量马达，马达再驱动减速机，由减速机驱动搅拌装置对混凝土进行搅拌。

混凝土搅拌车归入子目 8705.4000。

（2）混凝土泵车

混凝土泵车是利用压力将搅拌好的混凝土沿管道连续输送至指定位置的车辆。

它是在车辆底盘上安装混凝土泵、可伸缩或屈折的布料杆。其组成结构包括车辆底盘、混凝土泵和布料杆。图 4.17 为混凝土泵车，图 4.18 是布料杆展开后的状态。

图 4.17 混凝土泵车

图 4.18 布料杆展开后的混凝土泵车

混凝土泵车具体包括六大部分：底盘、臂架系统、转塔、泵送系统、液压系统和电气系统。

① 底盘由车辆底盘、分动箱和副梁等组成。

② 臂架系统由多节臂架、连杆、油缸和连接件等组成。

③ 转塔由转台、回转机构、固定转塔（连接架）和支撑结构等组成。

④ 泵送系统由泵送机构、料斗、S 阀总成、摆摇机构、搅拌机构、配管总成和臂架配管等组成。

⑤ 液压系统主要分为泵送液压系统和臂架液压系统两大部分。泵送液压系统包括主泵送油路系统、分配阀油路系统、搅拌油路系统及水泵油路系统。臂架液压系统包括臂架油路系统、支腿油路系统和回转油路系统等。

⑥ 电气系统主要由控制柜、遥控器及其他电器元件等组成。

混凝土泵车归入子目 8705.9091。其中，混凝土泵归入子目 8413.4000，布料杆按混凝土泵车的专用零件归入子目 8708.9999。

问题 223：汽车主要由哪些部分组成？各部分的功能如何？

一部完整的汽车，通常由五部分组成：动力装置、底盘、车身、电器设备和电控设备。汽车的构造如下：

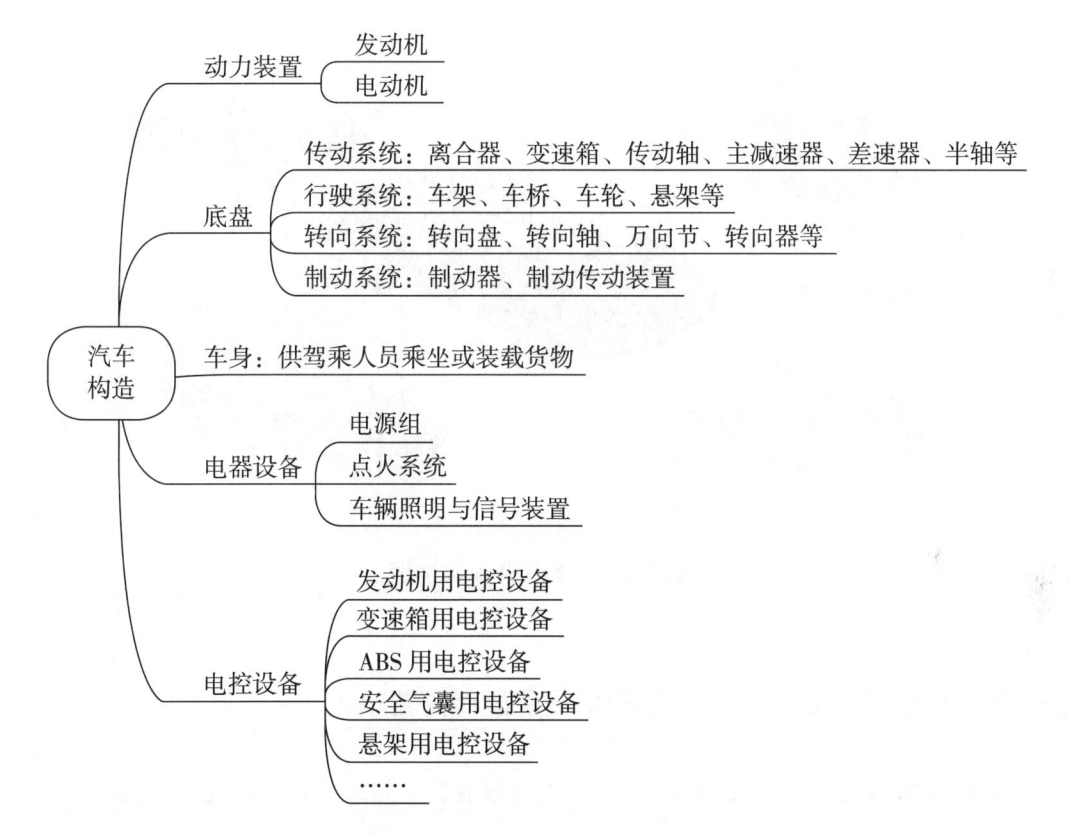

```
                    ┌─ 动力装置 ─┬─ 发动机
                    │           └─ 电动机
                    │
                    │           ┌─ 传动系统：离合器、变速箱、传动轴、主减速器、差速器、半轴等
                    │           ├─ 行驶系统：车架、车桥、车轮、悬架等
                    ├─ 底盘 ────┼─ 转向系统：转向盘、转向轴、万向节、转向器等
                    │           └─ 制动系统：制动器、制动传动装置
    汽车构造 ──────┤
                    ├─ 车身：供驾乘人员乘坐或装载货物
                    │
                    │           ┌─ 电源组
                    ├─ 电器设备 ┼─ 点火系统
                    │           └─ 车辆照明与信号装置
                    │
                    │           ┌─ 发动机用电控设备
                    │           ├─ 变速箱用电控设备
                    └─ 电控设备 ┼─ ABS 用电控设备
                                ├─ 安全气囊用电控设备
                                ├─ 悬架用电控设备
                                └─ ……
```

（1）动力装置：包括发动机或电动机，为车辆的正常行驶提供动力。

（2）底盘：底盘作用是支撑、安装发动机、电动机及其各部件、总成，形成汽车的整体，并接受动力装置的动力，保证正常行驶。底盘由传动系统、行驶系统、转向系统和制动系统四部分组成。

（3）车身：车身安装在底盘的车架上，供驾乘人员乘坐或装载货物。轿车、客车的车身一般是整体结构，货车车身一般由驾驶室和货箱两部分组成。

（4）电气设备：电气设备由电源系统和用电设备两大部分组成。电源系统包括蓄电池、发电机、调节器。其中，发电机为主电源，发电机正常工作时，由发电机向全车用电设备供电，同时给蓄电池充电，调节器的作用是使发电机的输出电压保持恒定。用电设备包括发动机的启动系统、点火系统和其他用电装置（如照明、信号、仪表、空调、音响、电动刮水器、电动车窗、电动调节后视镜、电动调节座椅等）。

（5）电控设备：用于对汽车运行过程的监测和控制，使控制对象在设定的最佳状态下工作，以降低汽车的排放和燃油消耗，提高汽车行驶的稳定性、安全性和舒适性。汽车电子控制技术是在微电子技术、控制技术的基础上发展而来的。

图 4.19 是普通轿车的构造图。

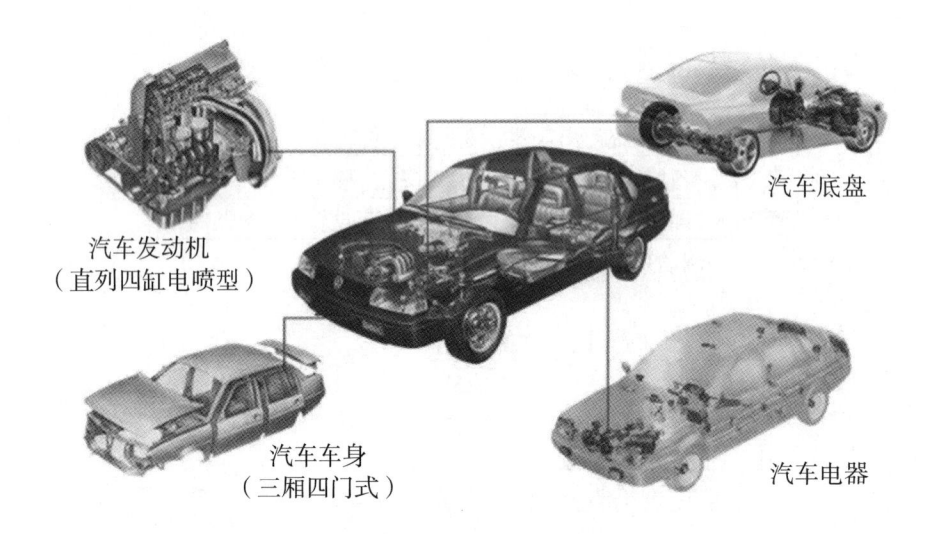

图 4.19　普通轿车的构造

问题 224：归入品目 87.06 的车辆底盘有何要求？

依据品目 87.06 的条文，归入品目 87.06 的车辆底盘必须是装有发动机的底盘。

未装有发动机的底盘（即只有底盘），则应按车辆的零件归入品目 87.08 项下。

除了装有发动机，还装有驾驶室，依据第八十七章注释三，应归入品目 87.02 ~ 87.04 的相应品目。

不同组成结构底盘的归类见表 4.1。

四　第八十七章车辆及其零件、附件的归类

表 4.1　不同组成结构底盘的归类

序号	组成结构	归类
1	只有底盘	品目 87.08
2	底盘 + 发动机	品目 87.06
3	底盘 + 发动机 + 驾驶室	品目 87.02 ~ 87.04

问题 225：品目 87.08 的列目结构有何规律？

品目 87.08 的列目结构从两方面分析，即五、六位子目的列目规律和七、八位子目的列目规律。五、六位子目是《协调制度》的子目，七、八位子目是本国子目。

（1）五、六位子目的列目规律

品目 87.08 项下五、六位子目主要是根据零件所在车辆的部位列目的，所以确定归入品目 87.08 后，在确定其五、六位子目前必须明确所归零件属于车辆的哪个部位，了解汽车的构造（即组成结构），具备一定的商品知识。品目 87.08 项下五、六位子目的列目结构如下：

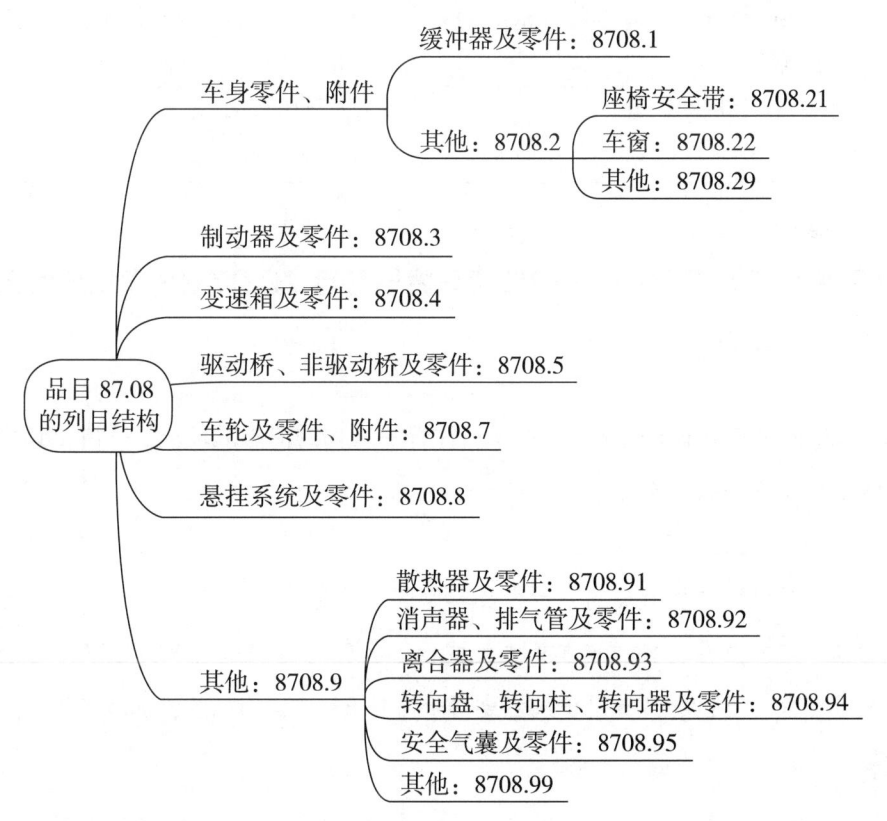

品目 87.08 的列目结构
- 车身零件、附件
  - 缓冲器及零件：8708.1
  - 其他：8708.2
    - 座椅安全带：8708.21
    - 车窗：8708.22
    - 其他：8708.29
- 制动器及零件：8708.3
- 变速箱及零件：8708.4
- 驱动桥、非驱动桥及零件：8708.5
- 车轮及零件、附件：8708.7
- 悬挂系统及零件：8708.8
- 其他：8708.9
  - 散热器及零件：8708.91
  - 消声器、排气管及零件：8708.92
  - 离合器及零件：8708.93
  - 转向盘、转向柱、转向器及零件：8708.94
  - 安全气囊及零件：8708.95
  - 其他：8708.99

《协调制度》的列目与行业上的分类有区别，例如，同为汽车传动系统的零件，它们的

归类却不同：离合器归入子目 8708.93，变速箱归入子目 8708.4，主减速器、差速器和半轴属于驱动桥的零件归入子目 8708.507 项下，传动轴应作为其他零件归入子目 8708.99 项下。

（2）七、八位子目的列目规律

品目 87.08 项下七、八位子目的列目属于本国子目，大多是根据所属车辆类型来列目的，所以在确定七、八位本国子目之前必须首先确定零件、附件所属的整车属于哪个品目与子目。本国子目的列目规律见表 4.2。

表 4.2　本国子目的列目规律

序号	子目条文	对应的整车
1	品目 87.01 所列车辆用	牵引车用
2	子目 8702.1091 及 8702.9010 所列车辆用	30 座及以上的大客车用
3	子目 8704.1030 及 8704.1090 所列车辆用	非公路自卸车用
4	子目 8704.2100、8704.2230、8704.3100 及 8704.3230 所列车辆用	轻型货车（车辆总重量小于 14 吨的柴油车或小于 8 吨的汽油车）用
5	子目 8704.2240、8704.2300 及 8704.3240 所列车辆用	重型货车（车辆总重量在 14 吨及以上的柴油车或 8 吨及及上的汽油车）用
6	品目 87.05 所列车辆用	特种车辆用
7	其他	其他车辆用

问题 226：子目 8708.22 的玻璃车窗与品目 70.07 的车辆用安全玻璃有何区别？

子目 8708.22 的玻璃车窗是指"本章子目注释一所列的前挡风玻璃、后窗及其他车窗"。此处所指的子目注释一的条文如下：

一、子目 8708.22 包括：

（一）带框的前挡风玻璃、后窗及其他窗；以及

（二）装有加热器件或者其他电气或电子装置的前挡风玻璃、后窗及其他窗，

不论是否带框。上述货品专用于或主要用于品目 87.01 至 87.05 的机动车辆。

条文解析

该注释明确了子目 8708.22 的玻璃窗包括两种情况：一种是必须带有框架的玻璃窗；另

一种是装有加热器件或其他电气或电子装置，带框架或不带框架。

由此可知，子目 8708.22 的玻璃车窗与品目 70.07 的车辆用安全玻璃的区别是：子目 8708.22 的玻璃车窗必须带有框架，或必须装有加热器件或其他电气或电子装置（不论是否带框架）；而品目 70.07 的车辆用安全玻璃不带有框架或加热装置及其他电气或电子装置。

图 4.20 为三种常见的玻璃车窗。该图中（1）为镀有金属加热膜（氧化铟锡透明膜）的前挡风玻璃窗（即装有加热装置），有框；（2）为印刷有电阻加热丝的后窗玻璃（即装有加热装置），无框；（3）为带有简易包边的前挡风玻璃窗，无加热装置但简易包边视为带框的玻璃窗。三种玻璃车窗均符合本章子目注释一的条件，均应归入子目 8708.2290。

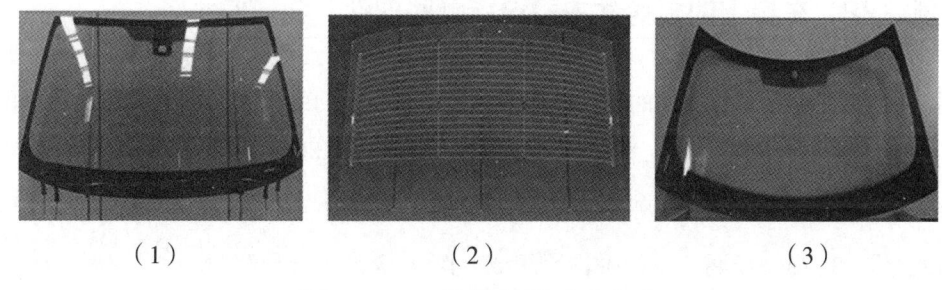

（1）　　　　　　　　（2）　　　　　　　　（3）

图 4.20　三种常见的玻璃车窗

问题 227：子目 8708.2 的"脚踏板"与子目 8302.3 的"脚踏板"有何区别？

在品目 83.02 的《品目注释》和品目 87.03 的《品目注释》中均有"脚踏板"的列名，但两者的安装部位不同，对应的英文不同，所以归类也不同。

子目 8708.2 项下的"脚踏板"对应的英文为"Running-board"，是指汽车底盘较高时驾驶员进入驾驶室时所踩踏的脚踏板，如图 4.21 所示。由于它是车身的组成部分，所以应按车身零件归类。

子目 8302.3 项下的"脚踏板"对应的英文为"Foot rest"，是指用于大客车上安装在座椅下面的脚踏板，是用于放脚的踏板，是机动车辆上的附件，如图 4.22 所示，属于品目 83.02 所列的车辆用贱金属附件。由于品目 83.02 的商品属于第十五类注释二所列的"通用零件"的范围，且在第十七类注释二（二）中已将第十五类注释二所列的"通用零件"排除，所以这类"脚踏板"不能再按车辆的专用零件归入品目 87.08 项下，应归入子目 8302.3 项下。

图 4.21　脚踏板（Running-board）　　　4.22　脚踏板（Foot rest）

问题228：车身上的覆盖件主要包括哪些部件？如何归类？

覆盖件是指覆盖在车身表面的零件；如果不是覆盖在车身表面上，则不属于覆盖件的范围。

车身上的覆盖件主要包括车门、前围、后围、侧围、发动机罩、行李箱盖、顶盖、翼子板等。前围位于客舱的前部，后围位于客舱的后部，侧围位于发动机、客舱和行李箱的两侧。车门由板金件、内饰、玻璃及车门附件等组成。图4.23为车身分解图。

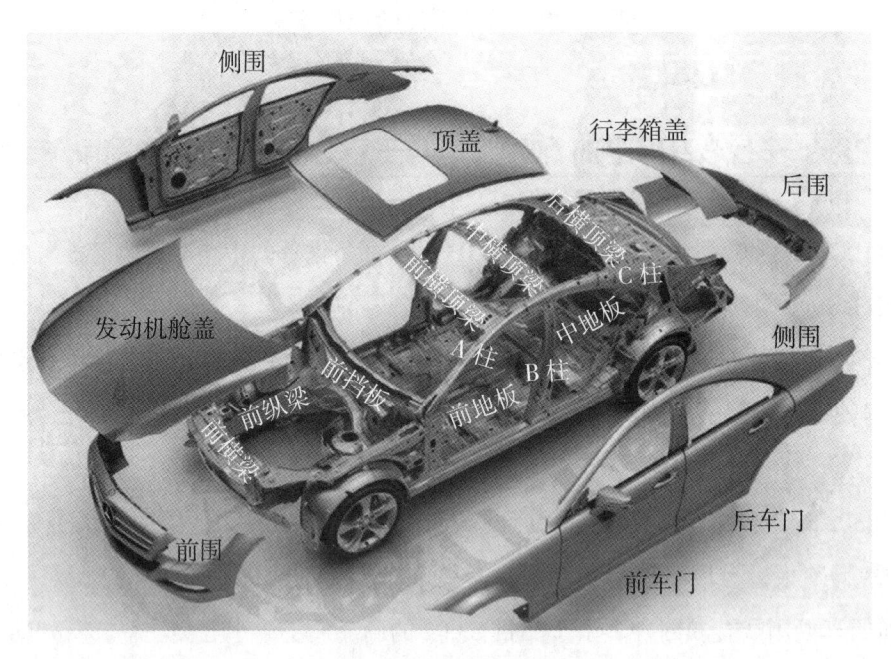

图 4.23　车身分解图

车身上的覆盖件归入子目 8708.295 项下的相应子目。

上图中车身上的A柱、B柱、C柱、横梁、纵梁、挡板、地板等不属于覆盖件的范围，通常归入子目 8708.2990。

问题 229：鼓式制动器和盘式制动器有何区别？

车辆中常用的制动方式有两种：鼓式制动和盘式制动。

鼓式制动器（Drum brake）是利用制动蹄片挤压制动鼓而实现制动的装置，制动鼓安装在车轮上并随车轮一同转动，如图 4.24 所示。它由制动鼓、摩擦衬片、制动蹄、制动轮缸、定位销等构成。

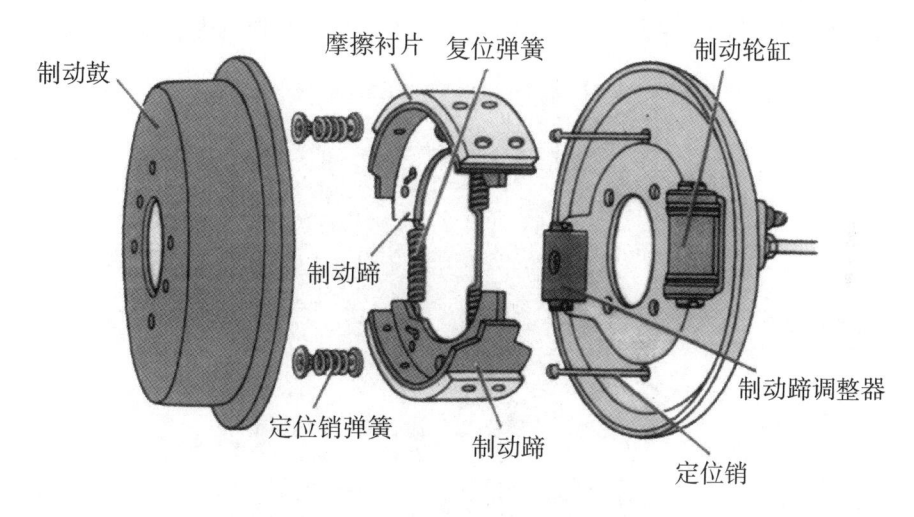

图 4.24　鼓式制动系统分解图

盘式制动器（Disc brake）又称为碟式制动器，是通过施加到制动钳上的液压力使制动衬块夹住转动的刹车盘而实现制动的装置，刹车盘安装在车轮上并随车轮一同转动，如图 4.25 所示。它由制动卡钳、制动钳活塞（制动缸）、刹车盘、制动衬块等组成。

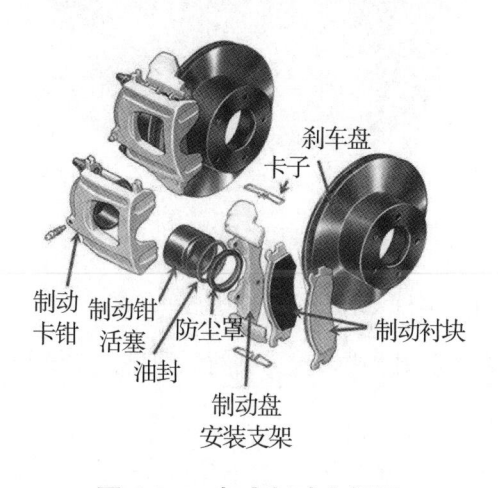

图 4.25　盘式制动分解图

问题230：已装配的制动摩擦片与未装配的制动摩擦片有何区别？如何归类？

制动摩擦片（Brake lining）又称为刹车片，是黏结在钢制制动蹄或制动片上的摩擦材料。制动摩擦片是车辆制动系统中最关键的安全零件，对刹车效果的好坏起着决定性的作用。

已装配的制动摩擦片（Mounted brake lining）指已装配在钢制制动蹄或制动片上的制动摩擦片，如图4.26所示。已装配的制动摩擦片由钢制制动蹄或制动片、黏结隔热层和摩擦片构成。其中，摩擦片由摩擦材料、黏合剂组成，隔热层由不传热的材料组成（目的是隔热）。

图 4.26　已装配的制动摩擦片

未装配的制动摩擦片（Not mounted brake lining）只包括摩擦片，如图4.27所示。

图 4.27　未装配的制动摩擦片

已装配的制动摩擦片归入子目8708.3010。

未装配的制动摩擦片在《税则》中又称为闸衬、闸垫，应归入子目6813.2010（含石棉的）或6813.8100（不含石棉的）。

两种制动摩擦片的对比见表4.3。

表 4.3　已装配与未装配的制动摩擦片的对比

	组成结构	归类
已装配的制动摩擦片	钢制制动蹄或制动片 + 隔热层 + 摩擦片	子目 8708.3010
未装配的制动摩擦片	只包括摩擦片	子目 6813.2010 或 6813.8100

问题 231：防抱死制动系统由哪些部件组成？如何归类？

防抱死制动系统（Anti-lock braking system，ABS）是一种通过安装在车轮上的轮速传感器发出车轮将被抱死的信号给控制器，经控制器处理后发出指令自动调节各制动缸制动力的制动系统。

ABS 的工作原理：当汽车制动时，由轮速传感器测得与轮速成正比的交流信号，送入电控单元，电控单元计算出车轮速度、滑移率、车轮减速度并加以分析后，发出制动压力控制指令给制动压力调节器，通过制动压力调节器（执行机构）控制车轮制动器的制动力，以使车轮不被抱死，使车轮总是处于边抱死边滚动的滑移状态。尤其在紧急制动时，它将代替驾驶员完成快速"点制动"，即制动—松开—制动，以免发生危险，使车轮始终获得最大制动力，并保持转向灵活。此外，电控单元还有监控单元，对 ABS 的其他部件进行监测，当发现异常时报警。

ABS 一般由三部分组成：车轮轮速传感器、电子控制单元（ECU）、制动压力调节器，如图 4.28 所示。

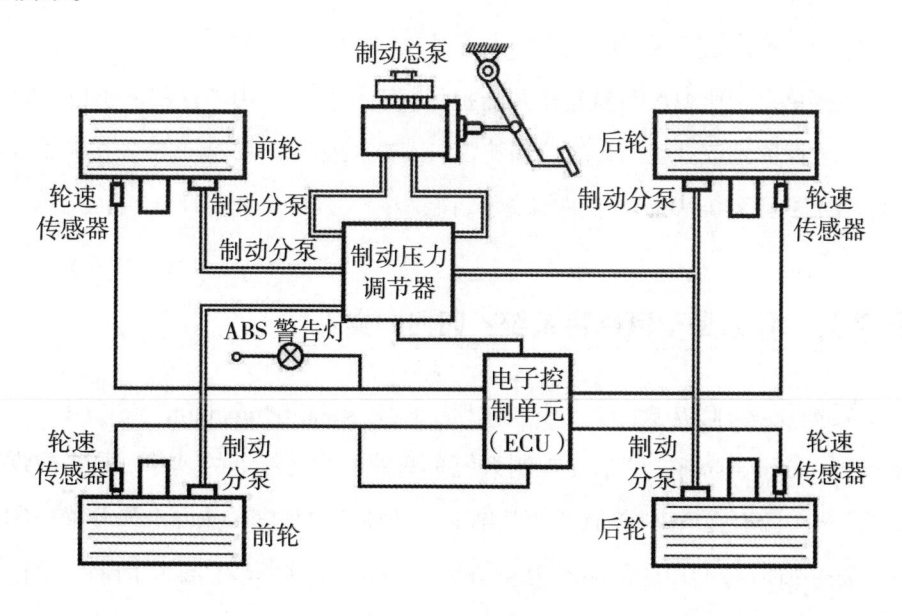

图 4.28　ABS 的组成

ABS 电控单元与压力调节器总成主要由电控单元、电动液压泵、蓄能器、电磁控制阀、壳体等构成，如图 4.29 所示。其中，电动液压泵是一个高压泵，它可在短时间内将制动液加压（在蓄能器中）到 15～18 兆帕，并给整个液压系统提供高压制动液。活塞—弹簧式蓄能器位于电磁阀与回油泵之间，由轮缸来的液压油进入蓄能器，进而压缩弹簧使蓄能器液压腔容积变大，以暂时存储制动液。

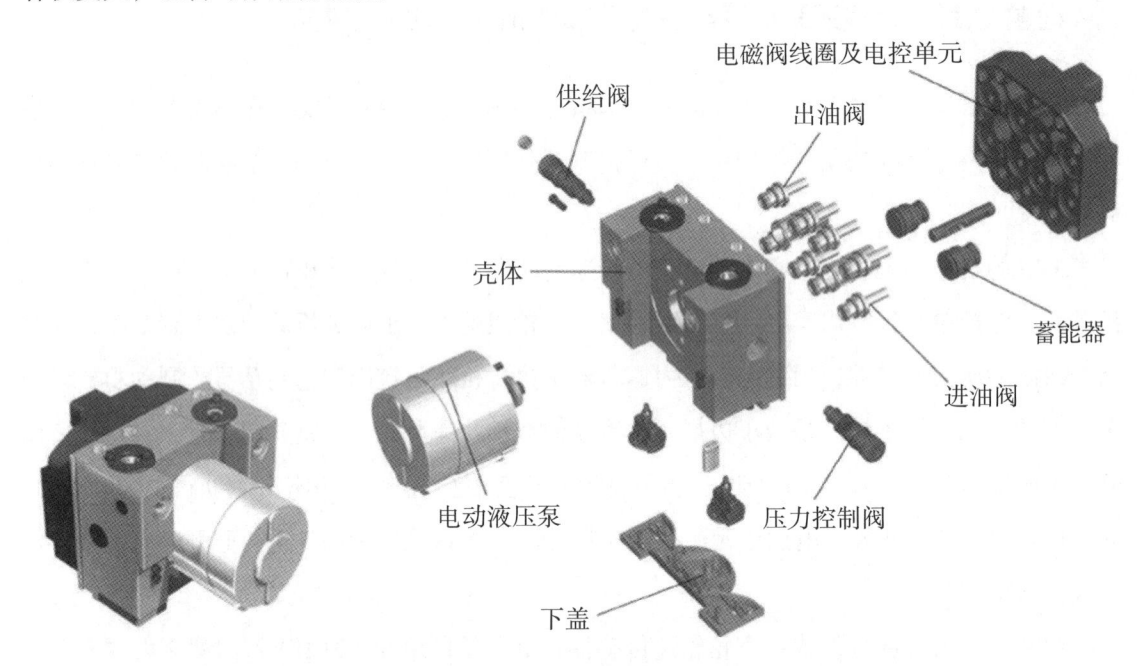

图 4.29 ABS 的电控单元与压力调节器总成实物与爆炸图

防抱死制动系统依据其所属的整车归入子目 8708.302 项下的相应子目。

其中，电控单元与压力调节器总成按防抱死制动系统的专用零件归入子目 8708.302 项下的相应子目；电控单元按自动调节的控制装置归入 9032.8990，压力调节器按防抱死制动系统的专用零件归入子目 8708.302 项下的相应子目。

问题 232：什么是车辆稳定系统？如何归类？

车辆稳定系统又称为电子稳定系统（Electronic stability program，ESP），是对 ABS 和 TCS（Traction control system，牵引力控制系统）两种系统功能上的延伸，是当前汽车防滑装置的最高级形式。ESP 在 ABS 和 TCS 的基础上，增加转向角度传感器和车辆横向摆动的角速度传感器，通过 ECU 控制车轮的驱动力和制动力，确保汽车行驶的纵横向动力学稳定。

ESP 系统由控制单元、转向传感器（监测方向盘的转向角度）、车轮传感器（监测各个车轮的速度)、侧滑传感器(监测车体绕垂直轴线转动的状态)、横向加速度传感器(监测汽车转弯时的离心力)等组成。图 4.30 为 ESP 的液压单元与 ECU 组件总成。

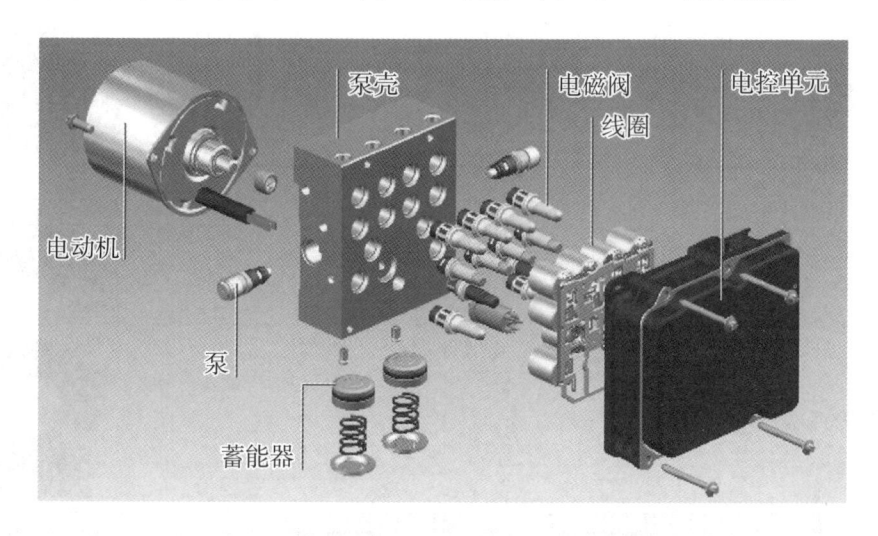

图 4.30　ESP 的液压单元与 ECU 组件总成

ABS、TCS 和 ESP 三者的比较：ABS 是对制动时的安全控制系统，TCS 包含了 ABS 功能，并补充了对驱动时的安全控制系统，但 ABS 与 TCS 都仅是对汽车进行纵向的安全控制；ESP 包含了 ABS、TCS 功能，并且在对汽车横向方向上也进行自动控制，同时保证了纵横两方面的安全性能。对三者的比较详见表 4.4。

表 4.4　ABS、TCS 和 ESP 三者的比较

	ABS	TCS	ESP
液压与电控单元总成			
轮速传感器			

续表

	ABS	TCS	ESP
偏航和横向 G 传感器	—	—	
压力传感器	—	—	
方向盘角度传感器	—	—	
纵向 G 传感器			

车辆稳定系统依据其所属的整车归入子目 8708.309 项下的相应子目，ESP 的液压单元与 ECU 组件总成归入子目 8708.309 项下的相应子目，ESP 的液压单元归入子目 8708.309 项下的相应子目，ESP 的 ECU 归入子目 9032.8990。

问题 233：什么是真空助力器？如何归类？

真空助力器是利用真空（负压）来增加驾驶员施加于制动踏板上力的部件，如图 4.31 所示。它的中间有个橡胶膜片将真空助力器的内腔一分为二，其中一侧与发动机的进气歧管相连，会引入负压。

其工作原理：当驾驶员踩制动踏板时，真空助力器内腔一侧与进气歧管的负压相连，而另一侧与大气相连，从而两腔产生压力差（一侧近似真空，一侧是大气），膜片就在压力差的作用下被推动，从而产生制动助推力。

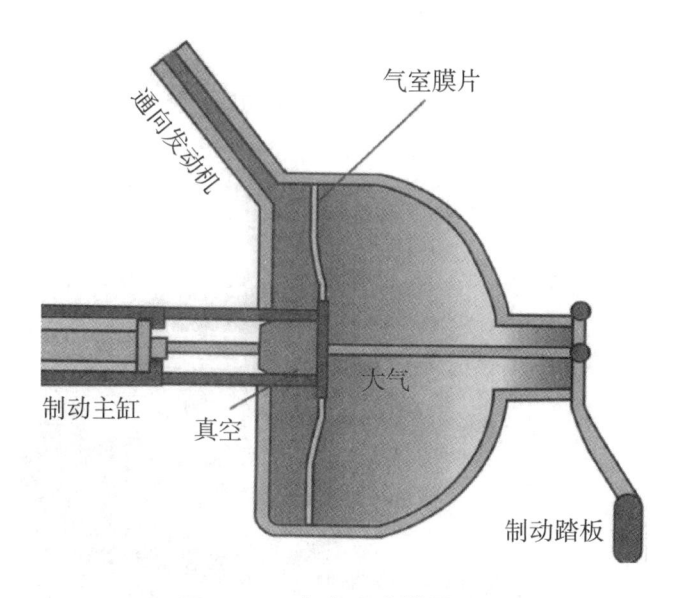

图 4.31 真空助力器原理图

实际报验时多为真空助力器与制动主缸总成，如图 4.32 所示。

图 4.32 真空助力器与制动主缸总成

真空助力器与助力制动器是两个不同的概念：助力制动器是由真空助力器、制动主缸、制动摩擦片等组成的完整制动装置，或者说，真空助力器是助力制动器的一个组成部分。

真空助力器、真空助力器与制动主缸总成均按助力制动器的专用零件归入子目 8708.309 项下的相应子目。

问题 234：汽车用的传动系统主要由哪些部件构成？如何归类？

汽车用传动系统主要由离合器、变速箱、传动轴、万向节、主减速器、差速器、驱动半轴等组成。

传动系统的功能是将发动机发出的动力传递给驱动轮。图 4.33 是发动机前置、后驱动轿车的传动系统示意图。

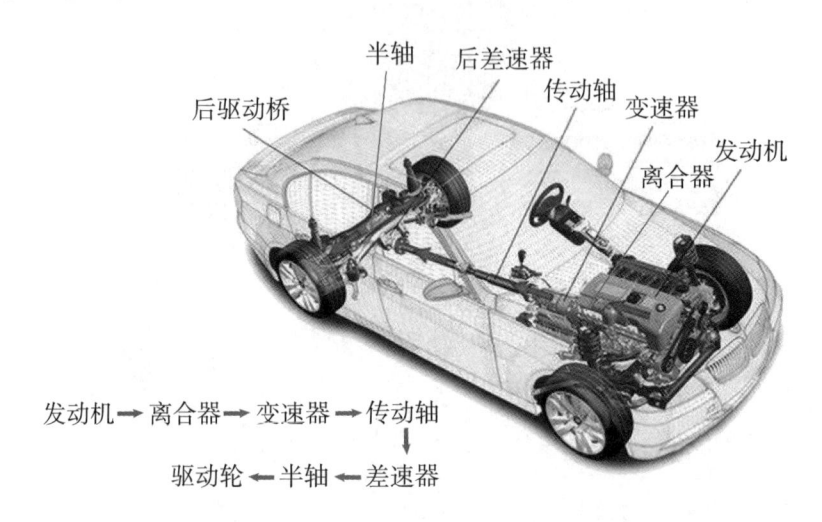

图 4.33　轿车的传动系统示意图

若是发动机前置、前驱动轿车的传动系统，则中间不需要传动轴，动力经变速箱变速后直接传递给差速器。

传动系统中的离合器归入子目 8708.93 项下的相应子目，变速箱归入子目 8708.4 项下的相应子目，传动轴、万向节归入子目 8708.99 项下的相应子目，主减速器、差速器、半轴属于驱动桥的零、部件，应归入子目 8708.507 项下的相应子目。

问题 235：变速箱有哪些种类？如何归类？

变速箱又称变速器，常用的种类有手动变速器、机械自动变速器、液力自动变速器、双离合变速器、无级变速器等。主要类型归纳如下：

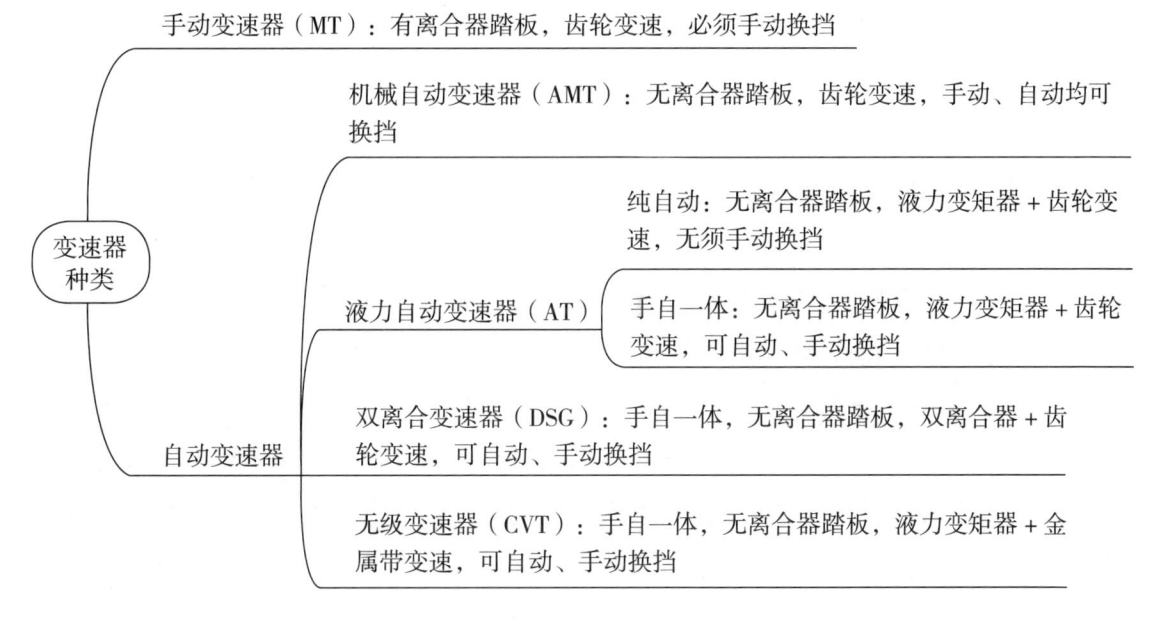

```
                ┌─ 手动变速器（MT）：有离合器踏板，齿轮变速，必须手动换挡
                │
                ├─ 机械自动变速器（AMT）：无离合器踏板，齿轮变速，手动、自动均可
                │                      换挡
                │                                ┌─ 纯自动：无离合器踏板，液力变矩器+齿轮变
变速器           │                                │         速，无须手动换挡
种类    ─┤      ├─ 液力自动变速器（AT）──┤
                │                                └─ 手自一体：无离合器踏板，液力变矩器+齿轮
        自动变速器│                                           变速，可自动、手动换挡
                │
                ├─ 双离合变速器（DSG）：手自一体，无离合器踏板，双离合器+齿
                │                      轮变速，可自动、手动换挡
                │
                └─ 无级变速器（CVT）：手自一体，无离合器踏板，液力变矩器+金
                                       属带变速，可自动、手动换挡
```

（1）手动变速器

手动变速器（Manual Transmission，MT）是指必须用手拨动变速杆才能改变传动比的变速器。手动变速器主要由壳体、齿轮变速机构、同步器、拨叉、动力输入与输出轴、换挡杆等组成。

其工作原理：通过换挡杆拨动来切换同步器与不同大小的齿轮接合，从而改变输出轴的转速，图 4.34 为手动变速器工作原理示意图。

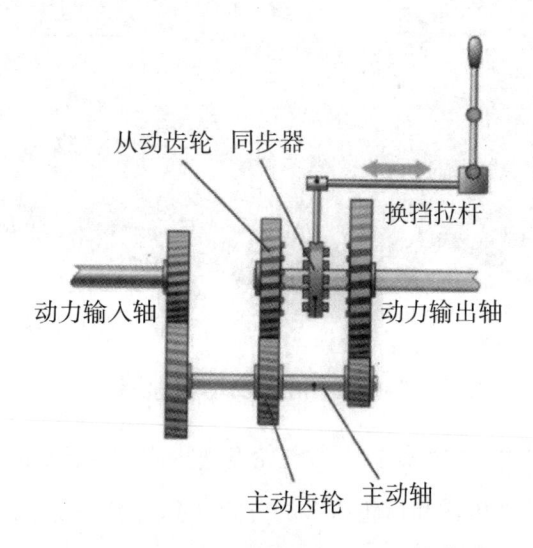

图 4.34 手动变速器工作原理示意图

(2)机械自动变速器

机械自动变速器(Automatic mechanical transmission，AMT)，又称为电控机械自动变速器，是在传统手动齿轮式变速器基础上发展而来的，它是融合了AT（自动变速器）和MT两者优点的机电液一体化自动变速器。

机械自动变速器主要由壳体、齿轮变速机构、动力输入与输出轴、电控单元等组成。

其工作原理：它将手动变速器的离合器分离及换挡拨叉等靠人力操纵的部件通过加装电子控制的自动操纵系统来实现换挡的自动化。

(3)液力自动变速器

液力自动变速器(Hydraulic automatic transmission)是由液力变矩器和行星齿轮变速器组合而成的变速器，是能够根据发动机工况和汽车行驶速度自动选挡和换挡的变速器。如图4.35所示。

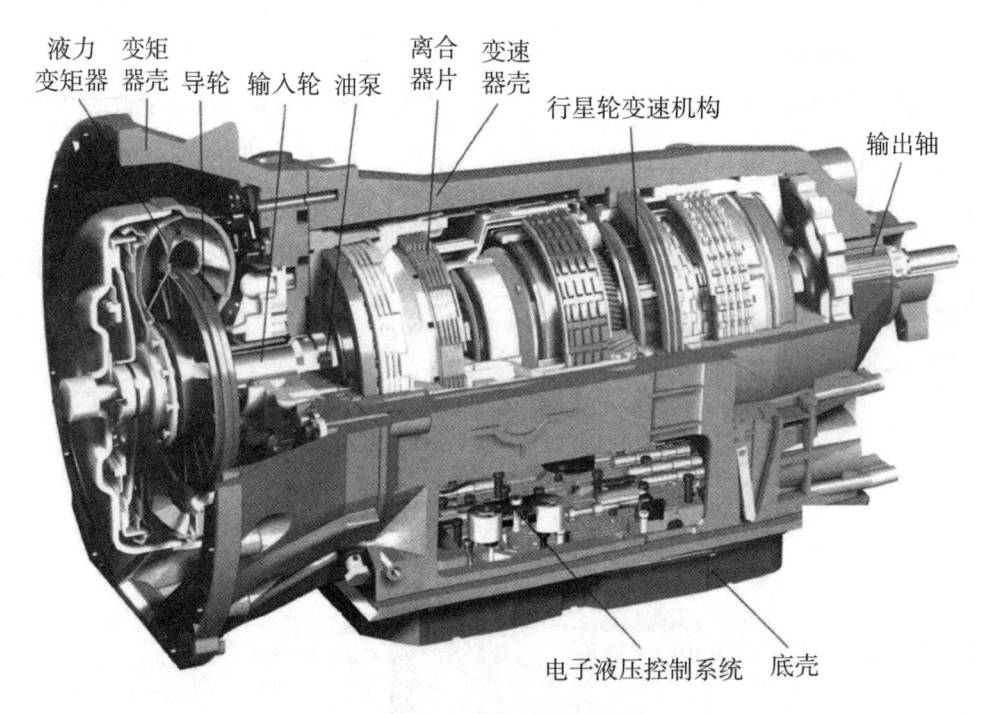

图 4.35 液力自动变速器

液力自动变速器主要由液力变矩器、行星轮变速机构和液压操纵系统等组成。

其工作原理：通过液力传递和齿轮组合的方式达到变速和变矩，通过各种传感器检测汽车和发动机的运行状态，并将这些信息转换成相应的电信号输入到电液压控制装置的换挡阀，使其打开或关闭通往换挡离合器和制动器的油路，从而控制换挡时刻和挡位的变换，使换挡执行机构进行换挡，以实现自动变速。

① 液力变矩器。详见"问题236"。

② 行星轮变速机构。行星轮变速机构如图4.36所示，主要由行星齿轮、行星架、太阳轮和齿圈构成。

图 4.36 液力自动变速器中的行星轮变速机构

工作时依据行星轮机构中的主动件、从动件和固定件的变换来实现变速，只要限制其中一个元件的转动并改变动力的输入和输出，其输出的传动比就会改变。行星轮变速机构低速、中速、高速及倒挡的四种情形见图4.37。图中黑色部分为固定件、灰色部分为主动件、白色部分为从动件。

低速　　　　中速　　　　高速　　　　倒挡

图 4.37 行星轮变速机构低速、中速、高速及倒挡的四种情形

在这四种情形中，固定件、主动件、从动件是相互变换的，详见表4.5。

表 4.5　行星轮变速机构不同转速与固定件、主动件、从动件对应关系

挡位	固定件	主动件	从动件
低速	齿圈	太阳轮	行星架
中速	太阳轮	齿圈	行星架
高速	太阳轮	行星架	齿圈
倒挡	行星架	太阳轮	齿圈

③ 液压操纵系统。液压操纵系统的功能是控制油泵的泵油压力，使之符合自动变速器的工作需要，根据操纵手柄的位置和汽车行驶状态实现自动换挡。它主要由阀体、各种控制阀、油路、各种传感器、电控单元等组成。图 4.38 为液力自动变速器用液压操纵单元总成。

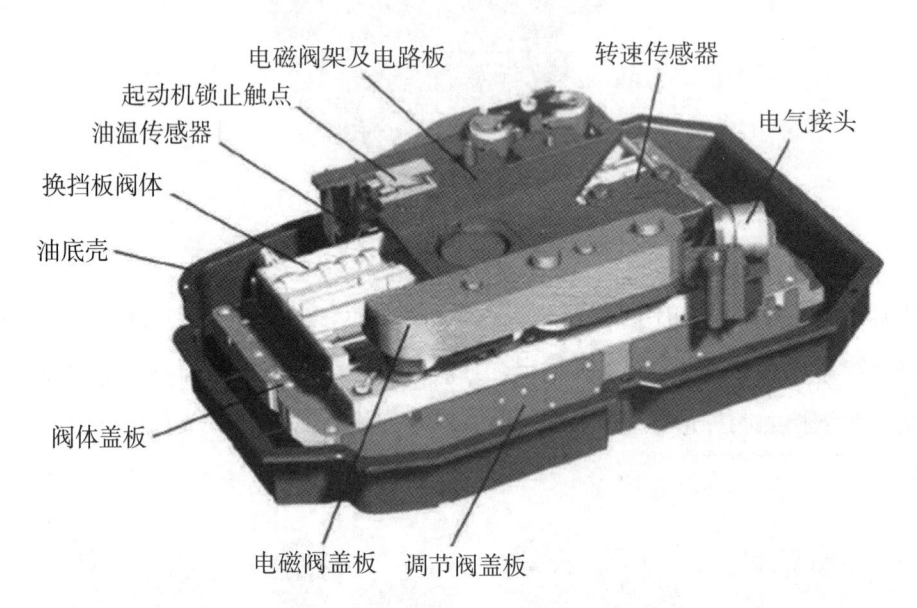

图 4.38　液力自动变速器用液压操纵单元总成

（4）双离合变速器

双离合自动变速箱（Dual clutch transmission，DCT）又称直接换挡变速器（Direct shift gearbox，DSG），是一种同时具有两个离合器的变速器。双离合器中，一个控制奇数挡，一个控制偶数挡，这样在使用一挡的时候二挡已经准备好，换挡效率高，省时又省油。

它主要由双离合器、三轴齿轮变速器、自动换挡机构和电动液压系统等组成。

图 4.39 是双离合自动变速器的传动原理示意图。

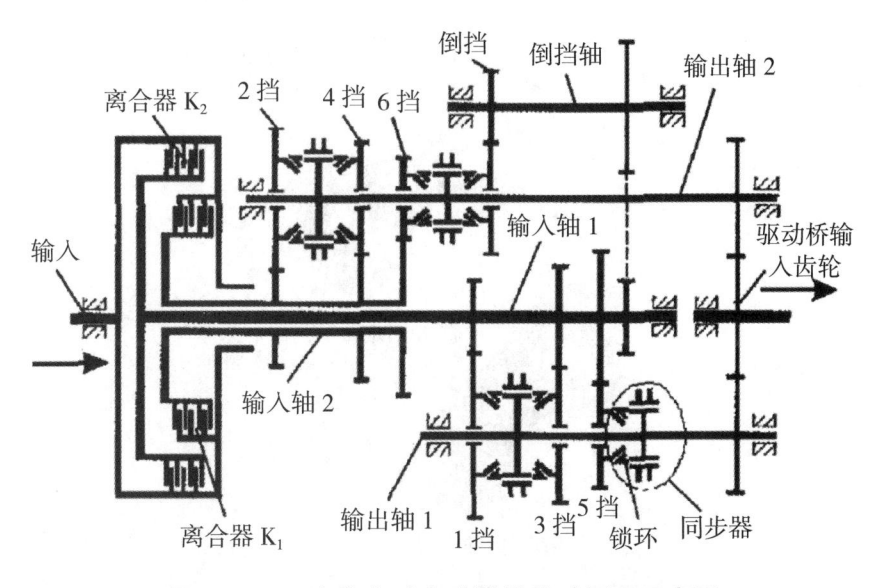

图 4.39 双离合自动变速器的传动原理示意图

其工作原理：发动机启动后在高速电磁阀的驱动下离合器 K_2 结合，此时发动机扭矩传递给输入轴 1，通过输入轴 1 上的 1 挡齿轮组和同步器传递给输出轴 1，然后输出轴 1 再传动至差速器，最终至驱动轮，实现自动挂 1 挡，车辆起步行驶，此时离合器 K_1 仍然处于分离状态，不传递动力，但与之相连的 2 挡已被预先选定。当汽车加速达到接近 2 挡的换挡点时，ECU 控制系统通过指令控制高速电磁阀使离合器 K_2 分离，同时离合器 K_1 结合，两个离合器交替切换，此时发动机扭矩传递给输入轴 2，通过输入轴 2 上的 2 挡齿轮组和同步器传递给输出轴 2，然后输出轴 2 再传动至差速器，换挡执行机构自动将挡位换入 2 挡。然后依次再换 3 挡至 6 挡，最终完成整个换挡过程。

（5）无级变速器

无级变速器（Continuously variable transmission，CVT）是一种采用传动带和工作直径可变的主、从动轮相配合来实现传动比可连续改变的变速器，如图 4.40 所示。

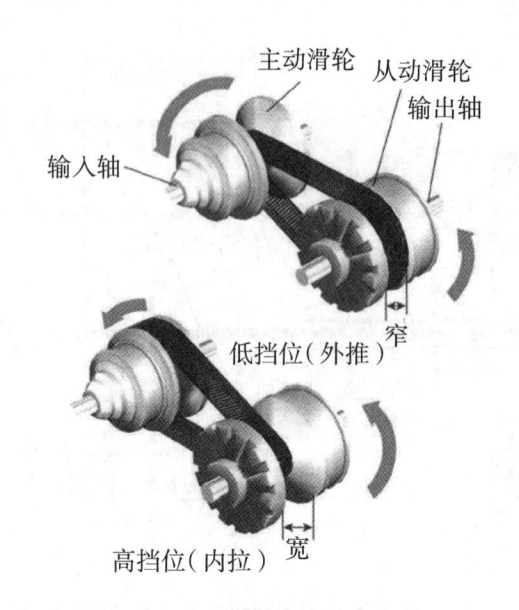

图 4.40　无级变速器的原理

它主要由一对滑轮和传动带构成。

其工作原理：每个滑轮分成左右两半，可以相对接近或分离。通过调整每个滑轮的宽度来改变传动比。

（6）变速器的归类

上述各种类型的变速器以及它们的专用零件（如壳体、各种齿轮、同步器、液力变矩器、液力自动变速器用液压控制单元总成等）按其所属车辆的类型归入子目 8708.4 项下的相应子目。

液力自动变速器用液压控制单元总成（由铝阀芯和电控单元 ECU 构成）归入子目 8708.4 项下的相应子目，而单独报验的铝阀芯按阀门的专用零件归入子目 8481.9010，电控单元归入子目 9032.8990。

问题 236：什么是液力变矩器？如何归类？

液力变矩器是液力自动变速器的重要组成部件之一，安装在发动机与变速器之间，以液压油为工作介质，平稳地将发动机的动力传递给变速器，在一定范围内实现无级变速、增矩、自动离合的功能，如图 4.41 所示。

涡轮被驱动　　　　　　　　泵轮由发动机驱动

导轮对变速器油起导向作用

图 4.41　液力变矩器的工作原理

液力变矩器主要由外壳、泵轮、涡轮、导轮、单向离合器、锁止离合器等组成。液力变矩器按所属车辆的类型归入子目 8708.4 项下的相应子目。

问题 237：差速器安装在车辆的哪个部位？如何归类？

差速器安装在驱动桥上，是能够使汽车左、右驱动轮实现以不同转速转动的机构。特别是当车辆转弯时，能保证左、右车轮以不同的转速滚动，防止打滑对轮胎的磨损。

它主要由左、右半轴齿轮、两个行星齿轮和齿轮架等组成。

其工作原理：当车辆直线行驶时，动力通过主减速器齿轮传递到行星齿轮，由于两侧驱动轮受到的阻力相同，行星齿轮不发生自转，通过半轴把动力传到两侧车轮（相当于刚性连接，两侧车轮转速相等）；当车辆转弯时，左右车轮受到的阻力不一样，这时行星齿轮绕着半轴公转同时还自转，从而吸收阻力差使车轮能够以不同的速度旋转，如图 4.42 所示。

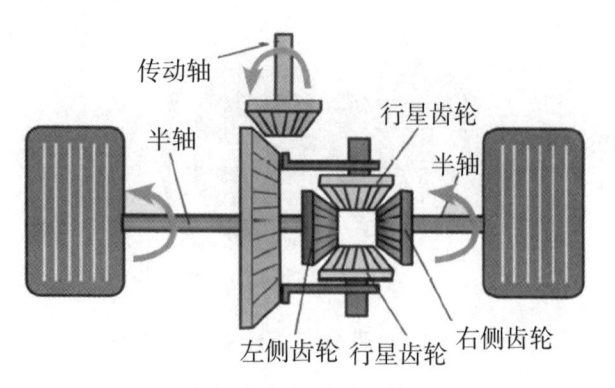

车辆直线行驶时的情形

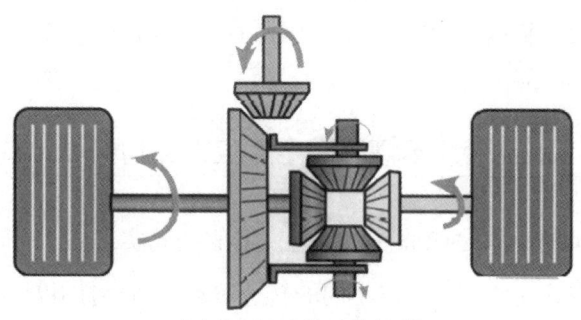

车辆转弯行驶时的情形

图 4.42　差速器工作原理示意图

差速器安装在驱动桥上，所以它属于驱动桥的部件，应归入子目 8708.507 项下的相应子目。差速器中的左、右半轴齿轮、两个行星齿轮和齿轮架，如果单独报验也应归入子目 8708.507 项下的相应子目。

问题 238：驱动桥与非驱动桥有何区别？如何归类？

驱动桥（Drive-axle）是指装有差速器的车桥，驱动桥主要由差速器、主减速器、半轴和驱动桥壳组成，如图 4.43 所示。

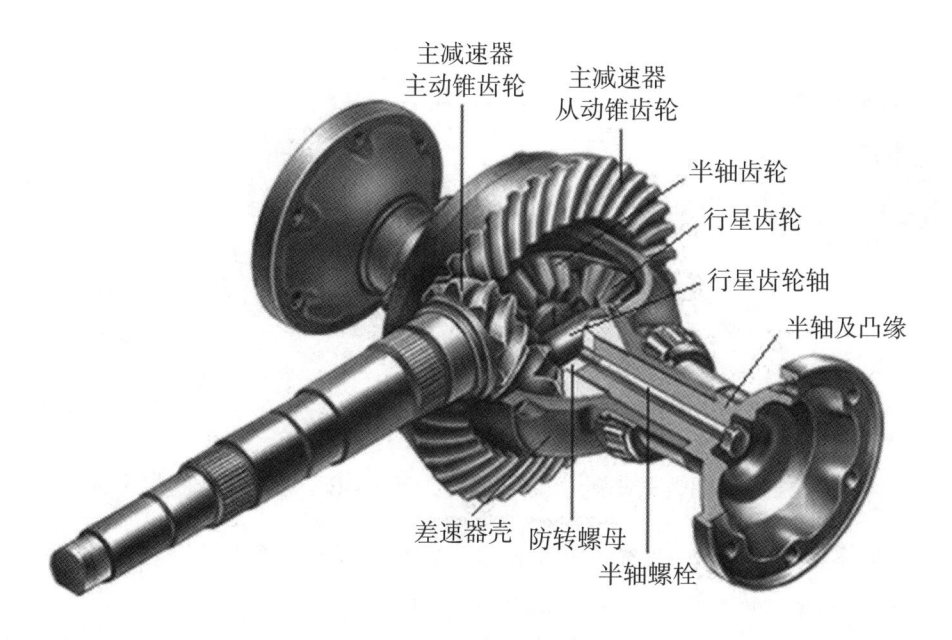

图 4.43 装有差速器的驱动桥

非驱动桥（Non-driving axle）是指不带有差速器的车桥，两侧的车轮均为从动轮，如图 4.44 所示。

图 4.44 非驱动桥

驱动桥及其零件归入子目 8708.507 项下，例如，差速器内的行星齿轮、行星齿轮轴、差速器壳体应按驱动桥的专用零件归入子目 8708.507 项下的相应子目。

非驱动桥及其零件归入子目 8708.508 项下的相应子目。

问题 239：车轮由哪些部分组成？如何归类？

车轮是介于轮胎和车桥之间并承受负荷的旋转组件。

车轮一般由轮毂、轮辐、轮辋组成。按轮辐构造不同，可分为辐条式和辐板式，如图 4.45 和图 4.46 所示。

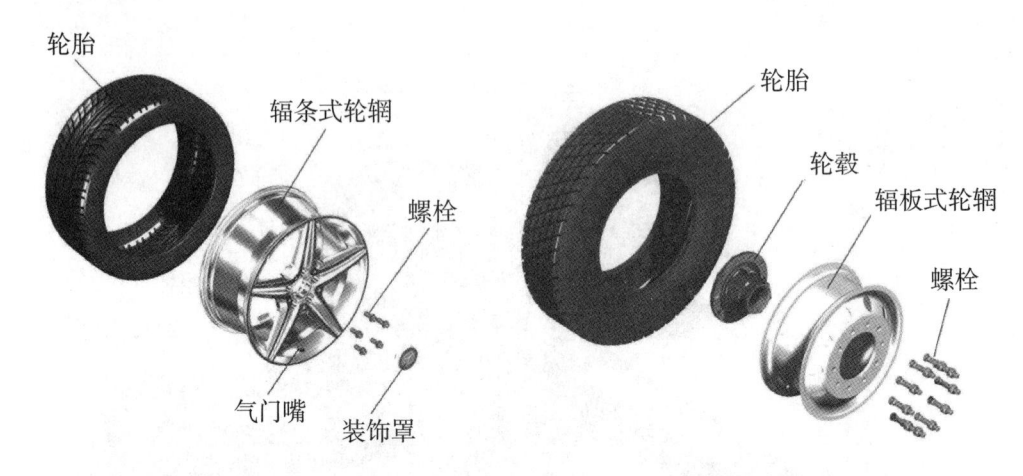

图 4.45　乘用车辐条式车轮　　　　图 4.46　商用车辐板式车轮

车轮及其零件中的轮毂、轮辐与轮辋归入子目 8708.7 项下的相应子目。气门嘴应按阀门归入子目 8481.8040。装饰罩按车轮的附件归入子目 8708.7 项下的相应子目。

问题 240：悬架有哪些类型？如何归类？

悬架（Suspension）在《协调制度》中又称为悬挂，其主要作用是把路面作用于车轮上的支承力、驱动力、制动力和侧向反力，以及这些反力所形成的力矩传递到车架或承载式车身上，以保证汽车正常行驶。

悬架根据汽车两侧车轮的运动是否相互关联，可分为非独立悬架和独立悬架。

非独立悬架（Rigid axle suspension）的结构特点是汽车两侧的车轮分别安装在一根整体式的车轴两端，车轴则通过弹性元件与车架或车身连接，当一侧车轮因道路不平而跳动时，会影响另一侧车轮的行驶，如图 4.47 所示。

图 4.47　非独立悬架

独立悬架（Independent suspension）的结构特点是汽车两侧车轮分别安装在断开式车轴两端，每端车轮单独通过弹性元件与车架相连接，当一侧车轮跳动时，另一侧车轮不受影响，所以称为独立悬架，如图4.48所示。

图 4.48　独立悬架

悬架主要由弹性元件（弹簧）、导向装置和减震器三部分组成。弹簧用来支撑车身，通过压缩变形来缓冲路面的不规则冲击，但是由于弹簧连续振荡的特性，而且需要很长时间才能使这种振摆停止，所以乘坐的舒适性较差。减震器的作用是吸收这种振荡，限制弹簧的回弹。图4.49为弹簧与减震器总成。

图 4.49　弹簧与减震器总成

悬架及其零件（如减震器等）归入子目8708.8项下的相应子目，弹簧应按贱金属的通用零件归入第十五类。

问题241：电控悬架系统主要有哪些种类？如何归类？

电控悬架系统（Electronic modulated suspension，EMS）就是根据不同的路况和行驶状态由控制单元自动调节车身高度、悬架弹性系数（刚度）、减震器阻尼系数等参数，可使汽车在乘坐时更加舒适，操纵稳定性达到最佳状态。

根据调节的对象不同，电控悬架系统主要包括车身高度调节、悬架刚度调节和悬架阻尼调节。

（1）车身高度调节

车身高度调节的功能是当车内乘员或载荷发生变化时能自动调节车身高度。

车身高度调节系统由4个高度传感器（安装在每个减震器下面）、电控单元、控制开关和车身高度调节装置组成。其中，车身高度调节装置主要由4个气压缸、两个高度控制电磁阀、空气压缩机、干燥器组成，如图4.50所示。

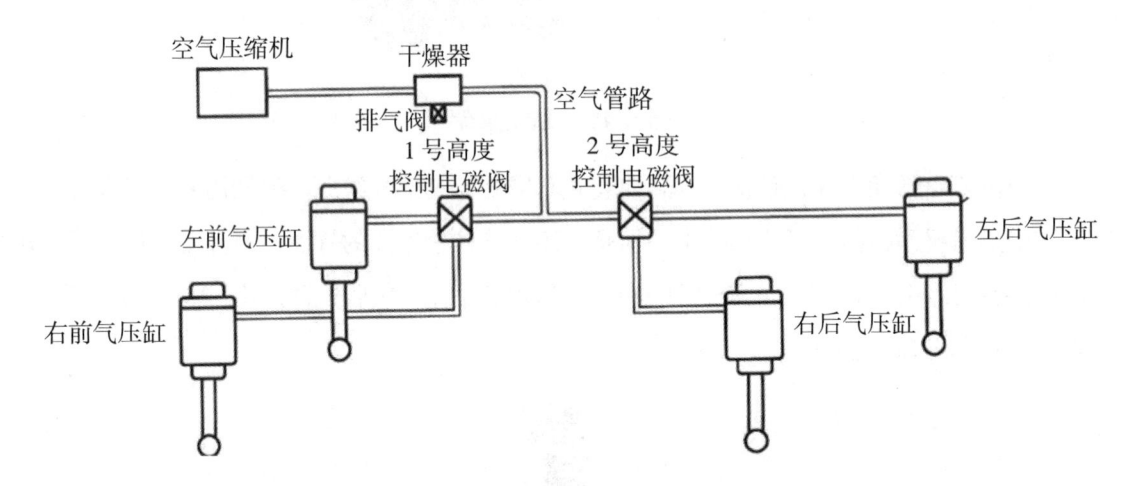

图4.50 车身高度调节装置

车身高度的调节过程：当需要增加车身高度时，悬架电控单元输出控制信号使电动机带动压缩机工作，并使高度控制电磁阀通电并打开，压缩空气经空气干燥器、高度控制电磁阀进入气压缸，使车身升高，当车身达到规定高度时，悬架电控单元发指令使控制电磁阀断电并关闭，气压缸的气室与外界隔开，车身高度保持不变；当需要降低车身高度时，悬架电控单元输出控制信号使高度控制电磁阀和排气阀通电并打开，气压缸内的空气被排出，从而车身高度随之降低。

（2）悬架刚度调节

悬架刚度调节的功能是对空气悬架系统的刚度进行调节。

悬架刚度调节系统由高度传感器（安装在每个减震器下面）、电控单元、控制开关和刚度调节装置（包括气压缸、控制电磁阀、空气压缩机、干燥器等）组成。

悬架刚度调节系统中的气压缸不同于车身高度调节的气压缸。图4.51为变刚度空气悬架系统的结构，上部为空气弹簧，下部为减震器，上端与车身相连，下端与车轮相连。空气弹簧的主、辅气室设计为一体，在主、辅气室之间有一个通路可使气体相互流动，通过改变这一通路的流通能力（即流通截面大小）可使主气室内被压缩的压力发生变化，从而改变空气弹簧的刚度。

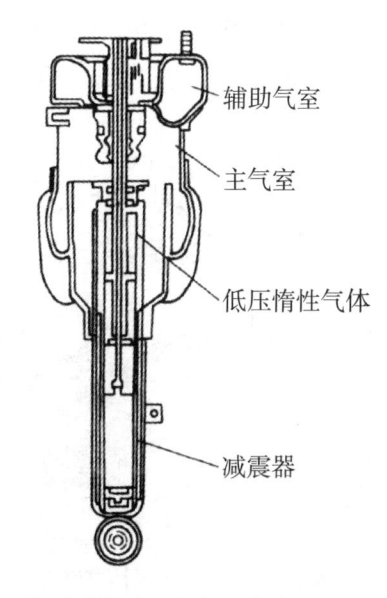

图 4.51　变刚度空气悬架系统的结构

空气悬架刚度的调节原理示意图如图 4.52 所示。主、辅气室间的空气阀体上有大、小两个通路，由悬架电控单元控制的步进电动机可带动空气阀控制杆转动，使空气阀芯转过一个角度，以改变气体通路的大小，即改变主、辅气室之间的气体流量，使空气弹簧刚度发生变化。其刚度可在低、中、高三种状态下变化。

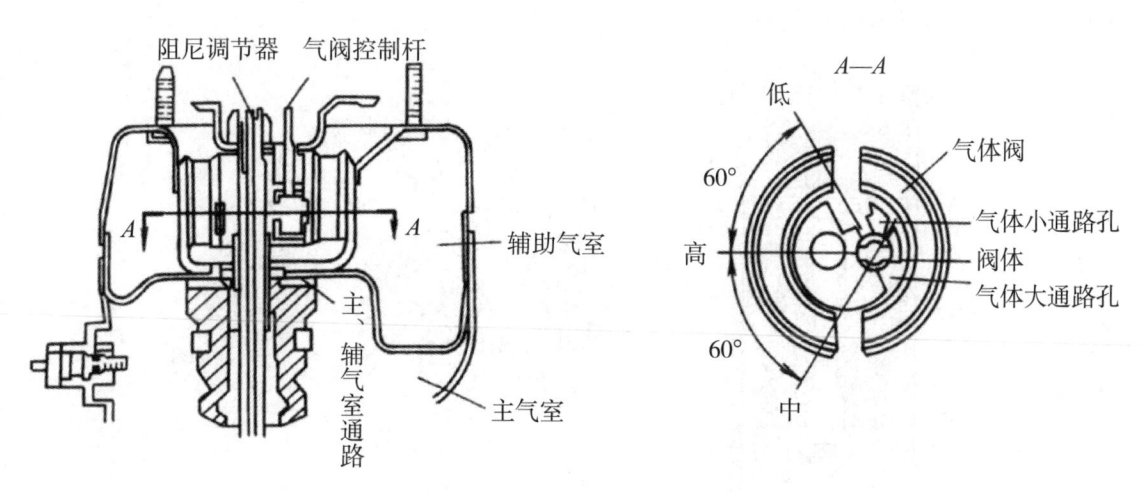

图 4.52　空气悬架刚度调节原理示意图

（3）悬架阻尼调节

悬架阻尼调节的功能是调节悬架的阻尼系数。

悬架阻尼调节系统由车速传感器、转向与转角传感器、节气门位置传感器、减震器工作模式选择开关、电控单元、阻尼调节执行器组成。其中，阻尼调节执行器由步进电机、驱动小齿轮、扇形齿轮、挡块、电磁线圈，以及减震器阻尼控制杆（又称回转阀控制杆）构成，如图4.53所示。

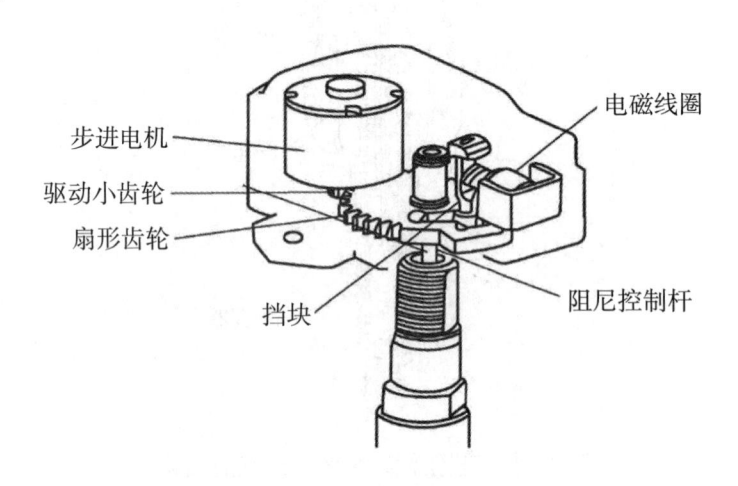

图4.53 变阻尼减震器的执行机构

变阻尼调节的原理：变阻尼减震器执行机构中的阻尼控制杆与回转阀连接，且两者一同旋转。在回转阀的三个不同截面上（A-A、B-B、C-C截面）均设有阻尼孔，并分别与减震器的油液孔处于同一截面上，如图4.54所示。通过控制这些孔的开闭状态，即可控制减震器油液的流动量，从而调节阻尼系数。

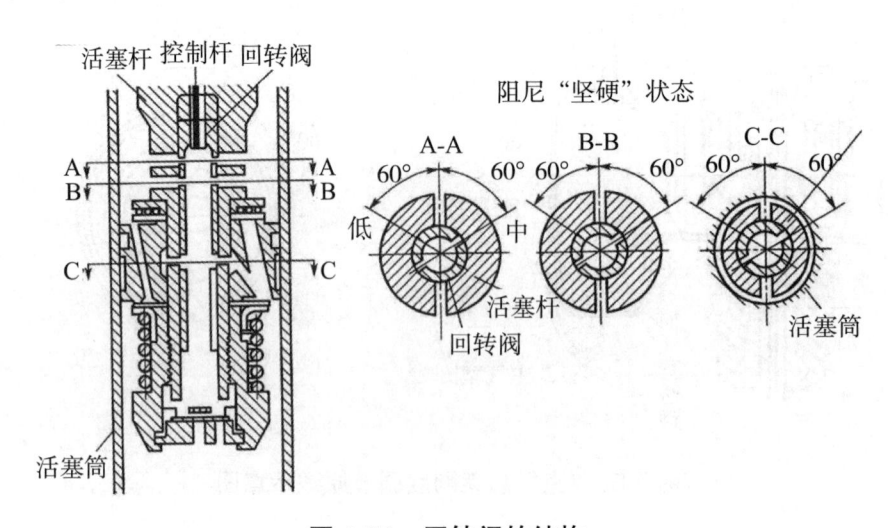

图4.54 回转阀的结构

表 4.6 为不同阻尼状态下对应各截面阻尼孔所处的位置。例如，阻尼处于"坚硬"状态下，A-A、B-B、C-C 截面的阻尼孔均为关闭状态；阻尼处于"中等"状态下，A-A、C-C 截面的阻尼孔为关闭状态，B-B 截面的阻尼孔为打开状态；阻尼处于"柔软"状态下，A-A、B-B、C-C 截面的阻尼孔均为打开状态。

表 4.6　不同阻尼状态下对应各截面阻尼孔所处的位置

阻尼	阻尼孔位置		
	A-A 截面阻尼孔	B-B 截面阻尼孔	C-C 截面阻尼孔
坚硬			
中等			
柔软			

完整的电控悬架系统归入子目 8708.8 项下的相应子目，电控单元归入子目 9032.8990，各种传感器按其检测对象、检测原理归入相应的子目，其他零件按悬架系统的专用零件归入子目 8708.8 项下的相应子目。

问题 242：什么是麦弗逊独立悬架？如何归类？

麦弗逊独立悬架（Macpherson independent suspension）是目前乘用车应用最广的前悬架之一，其螺旋弹簧套在减震器上，减震器可以避免螺旋弹簧受力时向前、后、左、右偏移的现象，限制弹簧只能做上、下方向的振动，并且根据减震器的行程、阻尼搭配不同硬度的螺旋弹簧对悬架性能进行调校，如图 4.55 所示。它主要由螺旋弹簧、减震器、三角形下摆臂等组成。

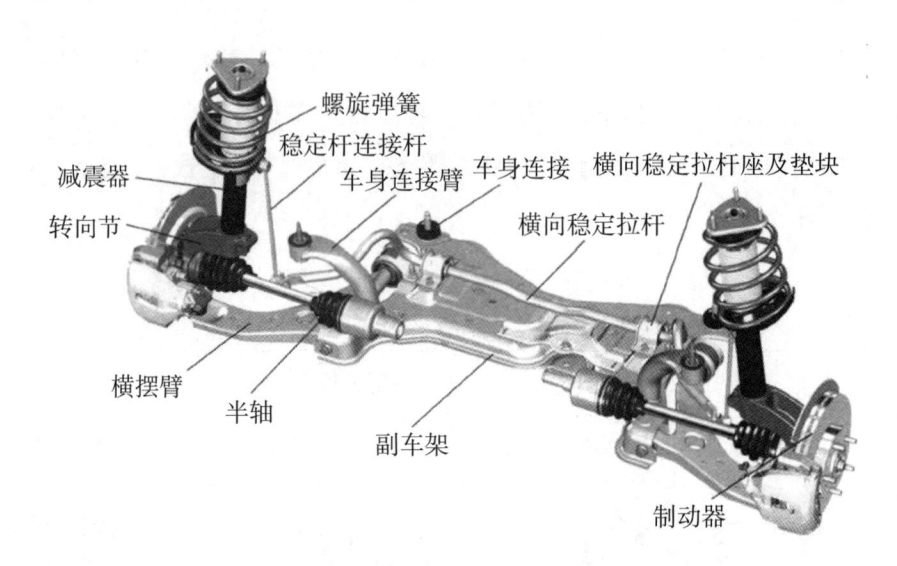

图中标注：螺旋弹簧、稳定杆连接杆、车身连接臂、车身连接、横向稳定拉杆座及垫块、减震器、转向节、横向稳定拉杆、横摆臂、半轴、副车架、制动器

图 4.55 麦弗逊独立悬架

麦弗逊独立悬架归入子目 8708.8 项下的相应子目。

问题 243：离合器由哪些部分组成？如何归类？

离合器（Clutch）是用来接合或切断发动机动力的装置。离合器位于发动机与变速箱之间的飞轮壳内，通过螺钉固定在飞轮后平面上，离合器的输出轴即变速箱的输入轴，如图 4.56 所示。

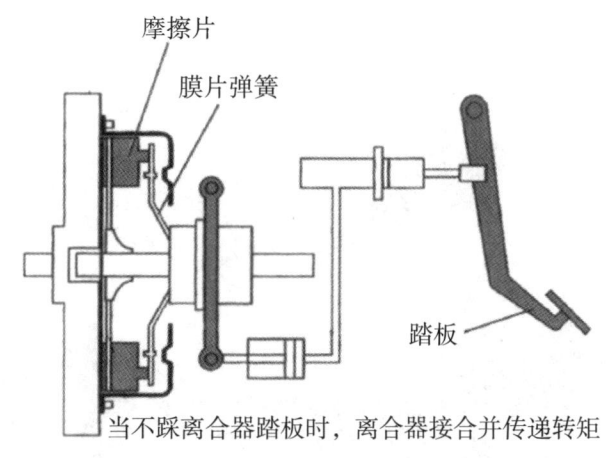

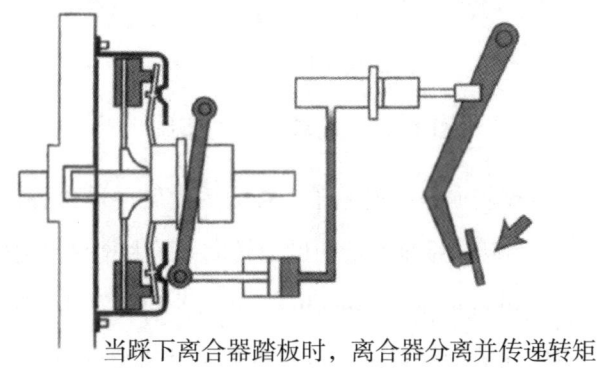

图 4.56　离合器的工作原理示意图

离合器主要由三部分组成：主动部分、从动部分和操纵机构。

主动部分由飞轮、离合器盖、膜片弹簧和压盘等组成。

从动部分即是从动盘（摩擦盘）。

操纵机构由分离叉、分离轴承、离合器踏板，以及传动部件等组成。

离合器接合时，利用膜片弹簧等压紧元件作用于离合器压盘，将离合器从动盘紧压在飞轮和压盘之间，产生一定的摩擦力矩，从而将发动机的动力传递至变速箱。当踩下离合器踏板时，利用杠杆原理推动离合器分离，从而切断发动机动力的传递。

离合器及其零件归入子目 8708.93 项下的相应子目。

问题 244：转向系统由哪些部分组成？如何归类？

转向系统（Steering system）的作用是通过驾驶员转向盘，根据需要改变汽车行驶方向。汽车转向系统由转向盘、转向轴、转向万向节、转向传动轴、转向器、转向摇臂、转向直拉杆、转向节臂、转向横拉杆、左右梯形臂、左右转向节等组成，如图 4.57 所示。

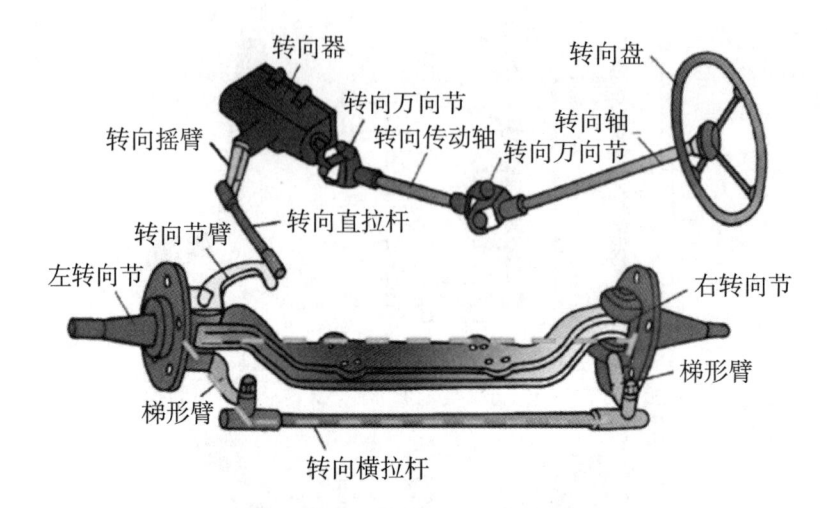

图 4.57　汽车的转向系统

动力转向系统就是在机械转向系统的基础上加设一套转向助力装置，以减轻驾驶员操纵转向盘的作用力。常用的动力转向系统有液压助力转向系统和电动助力转向系统。

液压助力转向系统（Hydraulic power steering system）利用发动机带动液压泵（转向助力泵）建立高压，然后将高压油通过管路送到转向器来协助驾驶员操纵机械转向器，如图 4.58 所示。

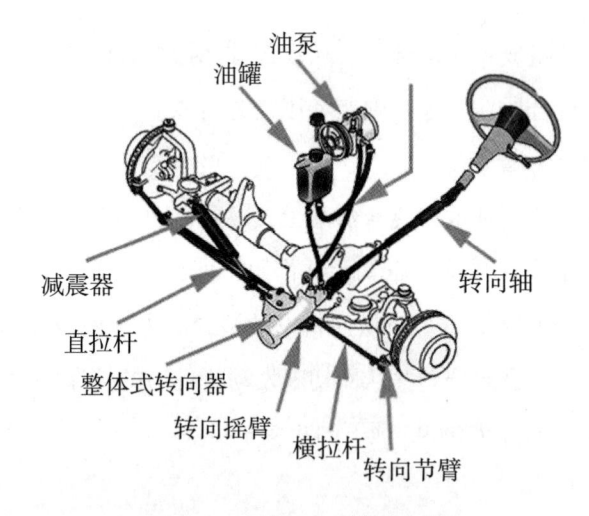

图 4.58　液压助力转向系统

液压助力转向系统主要由液压泵（即油泵）、储液罐（即油罐）、控制阀、液压缸、助力转向器、油管等组成，部分部件未在图 4.58 中显示。

电动助力转向系统（Electric power steering system）利用电动机产生的动力协助驾驶员进

行转向操作,如图 4.59 所示。

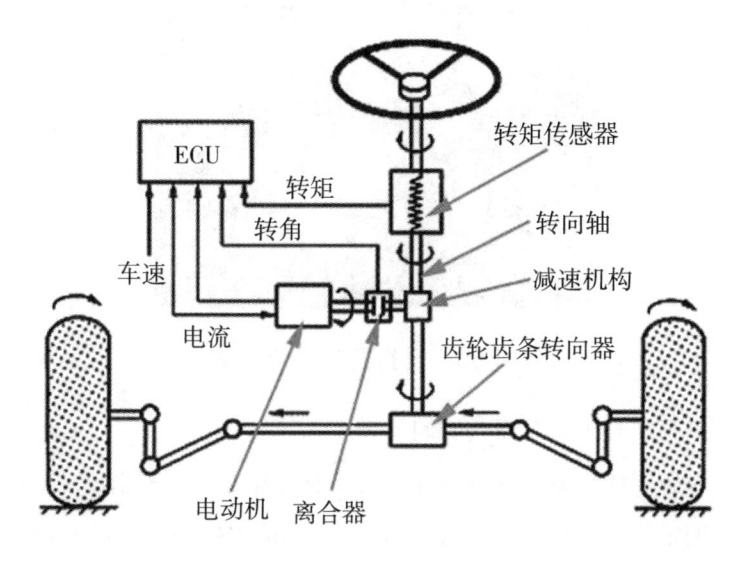

图 4.59 电动助力转向系统

电动助力转向系统主要由转矩传感器、电控单元、电动机和机械转向器组成。汽车转向时,转矩传感器检测转向盘的力矩和转动方向,将这些信号输送到电控单元,电控单元根据转向盘的转动力矩、转动方向和车速等数据向电动机发出信号指令,使电动机输出相应大小与方向的力矩以产生辅助力。

转向盘(即方向盘)、转向轴(即转向柱)、转向万向节、转向传动轴、转向器、转向摇臂、转向直拉杆、转向节臂、转向横拉杆、左右梯形臂、左右转向节等归入子目 8708.94 项下的相应子目,动力转向系统中的液压系统归入子目 8412.2100,电动机归入品目 85.01 项下的相应子目。

问题 245:什么是安全气囊?如何归类?

安全气囊(Air-bag)又称 SRS(Supplementary Restraint System)气囊,是一种被动安全性保护系统,它与座椅安全带一起配合使用可以为乘员提供有效的防撞保护。当汽车在行驶过程中发生碰撞事故时,先由碰撞传感器接收撞击信号,只要达到规定的强度,传感器就会向气囊控制单元发出信号,电子控制器接收到信号后,与其存储的信号进行比较,如果达到气囊展开条件,则由驱动电路向气囊组件中的气体发生器发送起动信号,从而使气囊弹出,如图 4.60 所示。

图 4.60　已打开的安全气囊

安全气囊的主要类型有正面气囊和侧面气囊。

安全气囊主要由碰撞传感器、控制单元、气体发生器、气囊等组成。

安全气囊的控制单元归入子目 8537.1090 项下，其他零件归入子目 8708.9500。

问题 246：汽车电子控制系统由哪些部分组成？汽车上的电控单元有哪些种类？如何归类？

汽车电子控制系统主要包括传感器、电子控制器和执行器，其基本组成及工作流程如图 4.61 所示：

图 4.61　汽车电子控制系统基本组成及工作流程

（1）传感器

传感器相当于电子控制系统的"眼睛"和"耳朵"，将发动机工况和状态、汽车行驶工况和状态的各种物理参量转变为电信号并输送至电子控制器。

（2）电子控制器

电子控制器又称电控单元，相当于电子控制系统的"大脑"，它对各传感器输入的电信号和部分执行器的反馈信号进行综合处理并向执行器输出控制信号，使执行器按控制目标的要求进行工作。

(3) 执行器

执行器相当于电子控制系统的"手"和"脚",它对控制器的控制信号迅速作出反应,并使被控制对象在设定的最佳状态下工作。

汽车上的电控单元（Electronic control unit，ECU）的功用是根据其内存的程序和数据对汽车上各种传感器输入的信息进行运算、处理、判断,然后输出指令给执行机构。它主要由微型计算机、输入和输出电路等组成,如图 4.62 所示。

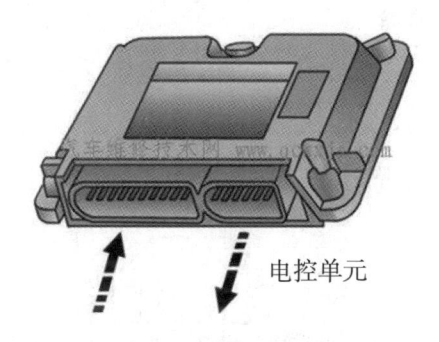

图 4.62 汽车上的电控单元

汽车上的电控单元主要包括发动机用 ECU、变速箱用 ECU、ABS 用 ECU、ESP 用 ECU、安全气囊用 ECU、电控悬架用 ECU 等。图 4.63 为某型号车上控制单元的分布情况。

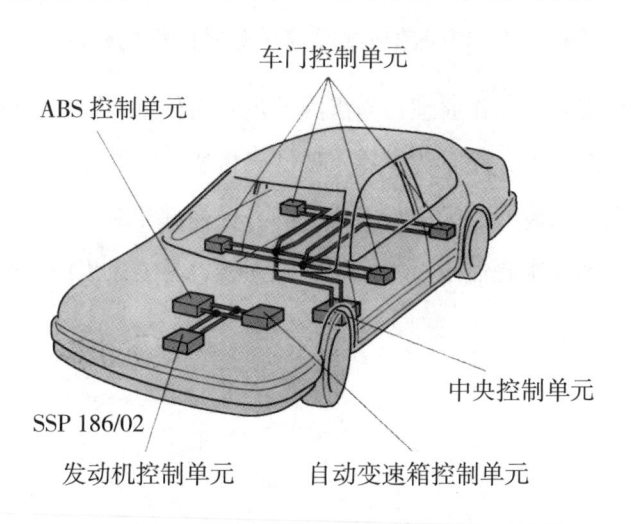

图 4.63 轿车上控制单元的分布情况

上述电控单元中,发动机用 ECU、变速箱用 ECU、ABS 用 ECU、ESP 用 ECU、电控悬架用 ECU 归入子目 9032.8990；安全气囊用 ECU 归入子目 8537.1090。

问题 247：汽车轮速传感器主要有哪些种类？如何归类？

汽车轮速传感器是用于检测轮速的装置，将轮速这一物理量转换为可测量的电信号。

根据其工作原理不同，常见的轮速传感器（检测轮速或旋转的物理量）有两种：电磁感应式轮速传感器和霍尔效应式轮速传感器。

（1）电磁感应式轮速传感器

电磁感应式轮速传感器是利用电磁感应线圈的磁电效应原理将转速转化为电信号的传感器。

它主要由传感头和齿圈组成。其中，传感头又由永磁体、磁极和感应线圈组成。齿圈由磁阻较小的铁磁性材料制成，齿圈外带有一定数量的轮齿，如图 4.64 所示。

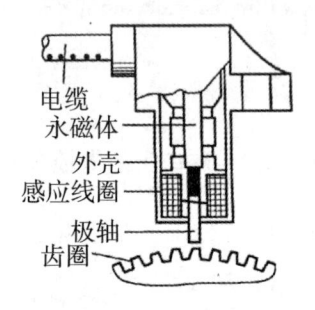

图 4.64 电磁感应式轮速传感器的组成结构

电磁感应式轮速传感器的工作原理：当齿圈的齿隙与传感器的磁极端部相对时，磁极端部与齿圈之间的空气气隙最大，此时传感器永磁性磁极所产生的磁力线不容易通过齿圈，感应线圈周围的磁场较弱；当齿圈的齿顶与传感器的磁极端部相对时，磁极端部与齿圈之间的空气气隙最小，此时传感器永磁性磁极所产生的磁力线容易通过齿圈，感应线圈周围的磁场较强，如图 4.65 所示。

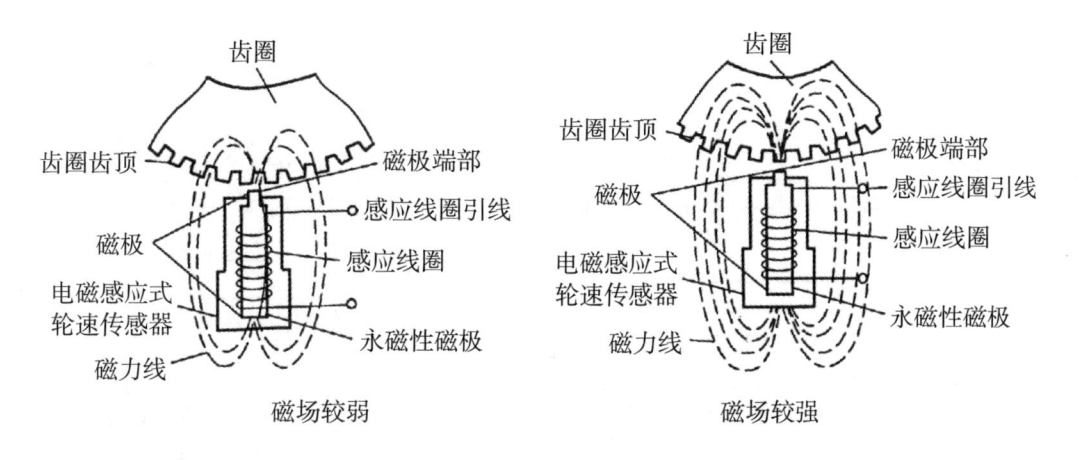

图 4.65 电磁感应式轮速传感器的工作原理

当齿圈随同车轮一同转动时，齿圈的齿顶和齿隙交替地与传感器磁极端部相对，传感器感应线圈周围的磁场随之发生强弱交替变化，在感应线圈中感应出交变电压，其频率与齿圈的齿数和转速成正比，此时可检测出汽车的轮速。图 4.66 为电磁感应式轮速传感器输出的电压信号示意图。电磁感应式轮速传感器工作时不需要外接电源。

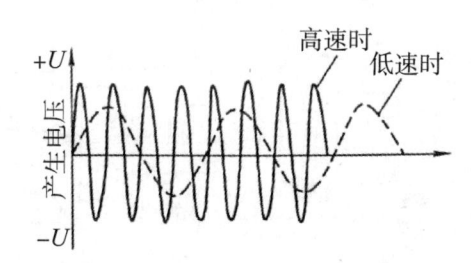

图 4.66 电磁感应式轮速传感器输出的电压信号示意图

（2）霍尔效应式轮速传感器

霍尔效应式轮速传感器是利用霍尔元件将转速转化为电信号的传感器。

霍尔元件是一种利用霍尔效应工作的半导体磁电转换元件。一般由锗（Ge）、锑化铟（InSb）、砷化铟（InAs）等半导体材料制成。

当半导体薄片置于磁感应强度为 B 的磁场中，磁场方向垂直于薄片，当有电流 I 流过薄片时，在同时垂直于电流和磁场的方向上将产生电动势，这种现象称为霍尔效应，如图 4.67 所示。

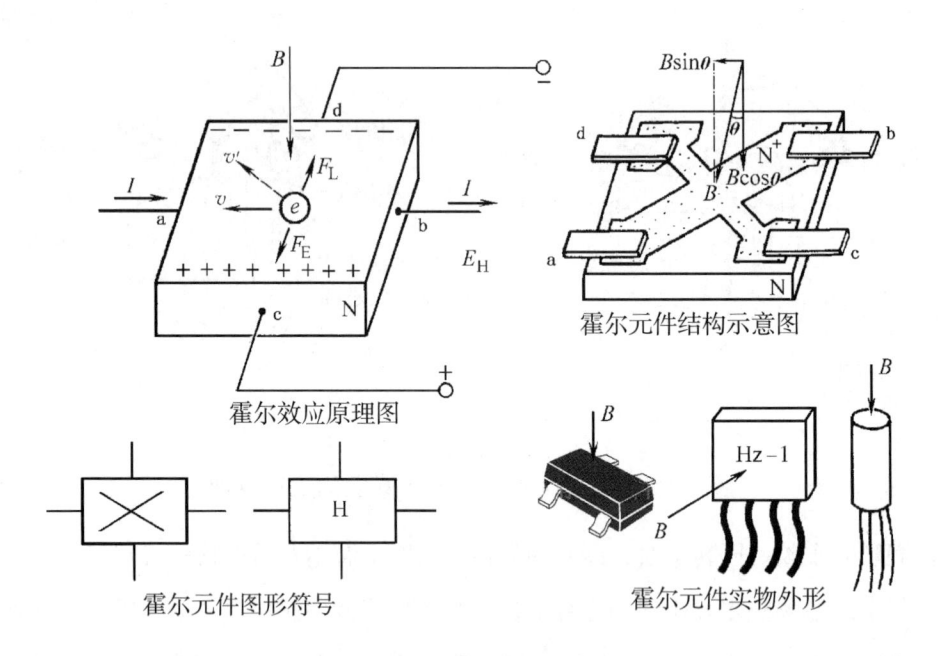

图 4.67 霍尔效应示意图

霍尔效应式轮速传感器主要由霍尔元件、永磁体、齿圈等组成，如图 4.68 所示。

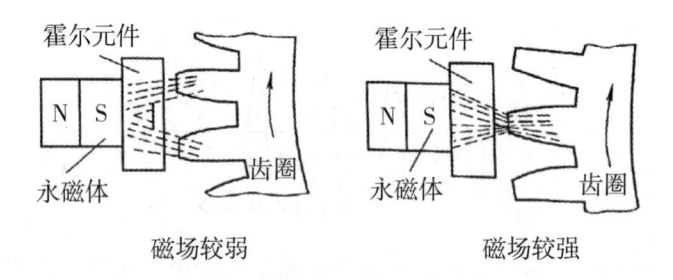

图 4.68 霍尔效应式轮速传感器的组成与工作原理

霍尔效应式轮速传感器的工作原理：当齿圈的轮齿对准霍尔元件时（图 4.68 中右侧图），磁力线集中穿过霍尔元件，磁场较强，可产生较大的霍尔电动势，放大、整形后输出低电平；反之，当轮齿的空隙对准霍尔元件时（图 4.68 中左侧图），磁力线从上下侧通过，磁场较弱，产生较小的霍尔电动势，放大、整形后输出高电平。当齿圈随同车轮一同转动时，霍尔元件输出的电脉冲个数与齿圈的齿数和转速成正比，此时可检测出汽车的轮速。

由于霍尔元件只有在接通电流后，才可在其相互垂直的方向上产生电动势，所以霍尔效应式轮速传感器需要外接电源才能正常工作或检测。这一点不同于电磁式轮速传感器（工作时不需外接电源）。图 4.69 为霍尔转速传感器在汽车防抱死装置中的应用。

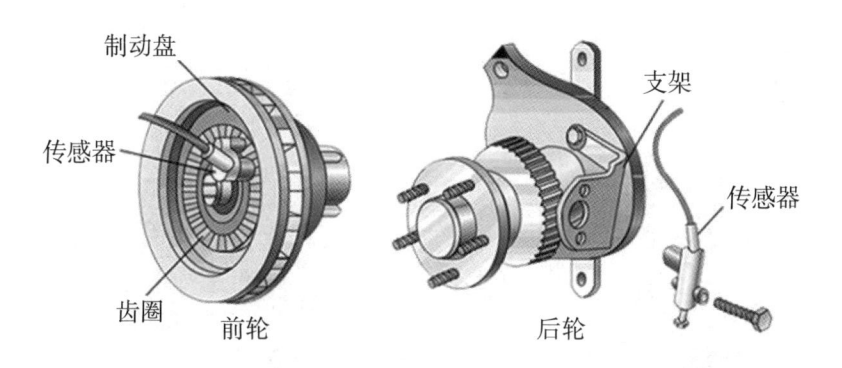

图 4.69　霍尔转速传感器在汽车防抱死装置中的应用

（3）轮速传感器的归类

轮速传感器的归类与报验状态有很大关系，报验状态不同，归类不同，详见表 4.7。

表 4.7　两种类型传感器不同报验状态的归类比较

商品类别	报验状态	归类（子目）
电磁式轮速传感器	传感头 + 齿圈	9031.8090
	传感头	8543.7099
	齿圈	9031.9000
霍尔式轮速传感器	霍尔元件 + 永磁体 + 齿圈	9031.8090
	霍尔元件	8543.7099
	霍尔集成电路	8542.3990
	永磁体（稀土的）	8505.1110
	齿圈	9031.9000

问题 248：轿车涡轮增压器的功用是什么？如何归类？

轿车用涡轮增压器的功用是将空气预先压缩后再供入气缸，以提高空气密度，增加进气量，从而相应增加供油量，提高发动机功率。轿车用涡轮增压器多采用废气涡轮增压，其工作原理是利用发动机排出的高温废气驱动涡轮旋转，并带动与涡轮同轴安装的压气机叶轮转动，将新鲜的空气压送入气缸，以提升发动机的输出功率，图 4.70 是废气涡轮增压器的组成结构。

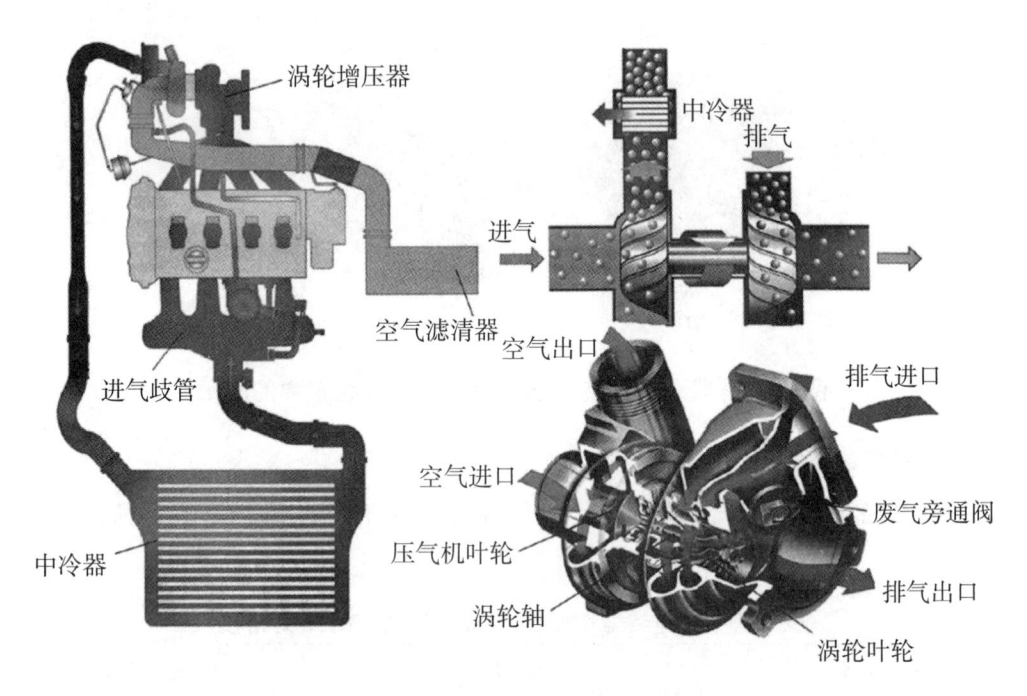

图 4.70　废气涡轮增压器的组成结构

废气涡轮增压器属于气体的压缩装置，应归入子目 8414.8030，该商品不能误按车辆的零件归入品目 87.08 项下。

问题 249：汽车上主要包括哪些把手、扶手？如何归类？

汽车上的把手、扶手主要包括车门把手、车内扶手、座椅扶手等。这些把手、扶手位置不同，对应的归类也不同。

汽车车门上的把手（包括内把手和外把手）属于汽车车身的专用零件，应归入子目 8708.2990。

轿车车内顶部扶手属于品目 83.02 所指的机动车辆用的附件及架座，通常由塑料制成，依据第十七类注释二（二）将其归入子目 3926.3000。

轿车前排座椅中间的扶手固定在车厢内，属于轿车车身的零件，应归入子目 8708.2990。轿车后排座椅中间的扶手通常是固定在后排座椅上，属于后排座椅的组成部分，应按座椅的零件归入子目 9401.9990。

客车乘客座椅的扶手属于座椅的组成部分，应按座椅的零件归入子目 9401.9990。

问题 250：汽车座椅滑轨由哪些部分组成？如何归类？

汽车座椅滑轨是汽车座椅与车身相连接的部件。目前主流产品是电动座椅滑轨。

电动座椅滑轨通常由上滑轨、下滑轨、调节机构、座椅连接支架、车身地板连接支架、电机等部件组成，如图 4.71 所示。

图 4.71　电动座椅滑轨

完整的汽车座椅滑轨属于汽车座椅的专用零件，应归入 9401.9990。单独报验的上滑轨、下滑轨属于车厢用的贱金属制附件，应归入子目 8302.3000。

问题 251：品目 87.09 的"短距离运输货物的机动车辆"与品目 87.04 的货车有何区别？

品目 87.09 项下的"短距离运输货物的机动车辆"必须同时满足下列三个条件：

（1）车辆结构及其主要设计特点不适于在马路或其他公用道路上载运货物。

（2）满载时最高时速不超过 35 千米/时。

（3）转弯半径约等于车辆本身的长度。

例如，火车站月台上用于运送行李的牵引车即属于品目 87.09 项下的车辆。

品目 87.04 项下的货运车辆通常适于在马路或其他公用道路上，满载时的最高时速超过 35 千米/时，其转弯半径要远大于车辆本身的长度。

两种货车的比较见表 4.8。

表 4.8　两种货车的比较

比较项目	类型	
	短距离运输货物的机动车辆	普通货车
结构	不适于在马路或其他公用道路上载运货物	无要求
时速	一般不超出 30 ~ 35 千米/时	通常超过 35 千米/时
转弯半径	约等于车辆本身的长度	通常远远大于车辆本身长度
用途	主要用于工厂、仓库、码头或机场短距离运输各种货物、集装箱，或在火车站月台上拖带小型挂车	用途广泛
归类	品目 87.09	品目 87.04

问题 252：摩托车主要由哪些部件组成？如何归类？

摩托车主要由发动机、传动系统、行驶系统、操纵制动系统和电气系统等组成。其中，传动系统包括离合器、变速器和传动装置等；行驶系统主要包括车架总成、尾架、前叉总成、后悬架总成、前后车轮总成等部件；操纵制动系统包括转向把操纵总成和制动总成；电气系统一般包括电源系统、点火系统、照明系统、仪表信号系统等。

发动机一般归入品目 84.07 项下，其专用零件归入品目 84.09 项下。

电源（蓄电池）归入品目 85.07 项下，点火系统归入品目 85.11 项下，照明及信号系统归入品目 85.12 项下，仪表类归入第九十章的相应品目。

传动系统、行驶系统、操纵制动系统等归入子目 8714.1 项下。例如，摩托车用的制动器应归入子目 8714.1 项下，不能误将其归入子目 8714.94 项下，因为子目 8714.94 项下的制动器是指摩托车和残疾人车辆用以外的制动器。

问题 253：电动自行车与普通自行车有何区别？儿童自行车主要有哪些种类？如何归类？

电动自行车属于"装有辅助发动机的脚踏车"，应归入子目 8711.6000。

普通自行车属于"非机动的脚踏车"，应归入品目 87.12 项下的相应子目。

其中，品目 87.12 项下所指的"英寸"数是指在轮胎充足气的情况下自行车车轮的直径。

目前常见的儿童自行车主要有两种类型：两轮自行车（即两轮带链条自行车，如图 4.72 所示）和三轮自行车（即三轮无链条脚踏车，如图 4.73 所示）。

图 4.72　两轮带链条自行车　　图 4.73　三轮无链条脚踏车

根据第八十七章注释四，儿童乘骑的两轮带链条自行车（不论后轮轮毂上是否装有辅助支地轮），仍具有自行车的基本特征，属于缩小比例的自行车，仍归入品目 87.12。

供儿童乘骑的三轮无链条脚踏车应按玩具归入品目 95.03。

五　第九十章仪器、仪表的归类

问题 254：第九十章的列目结构有何规律？

本章商品范围较广，包括各种供科学研究（实验室研究、科学分析等）、各种专业技术或工业生产方面，以及医疗方面使用的计量、检验、监测等的仪器、设备。本章的列目结构如下：

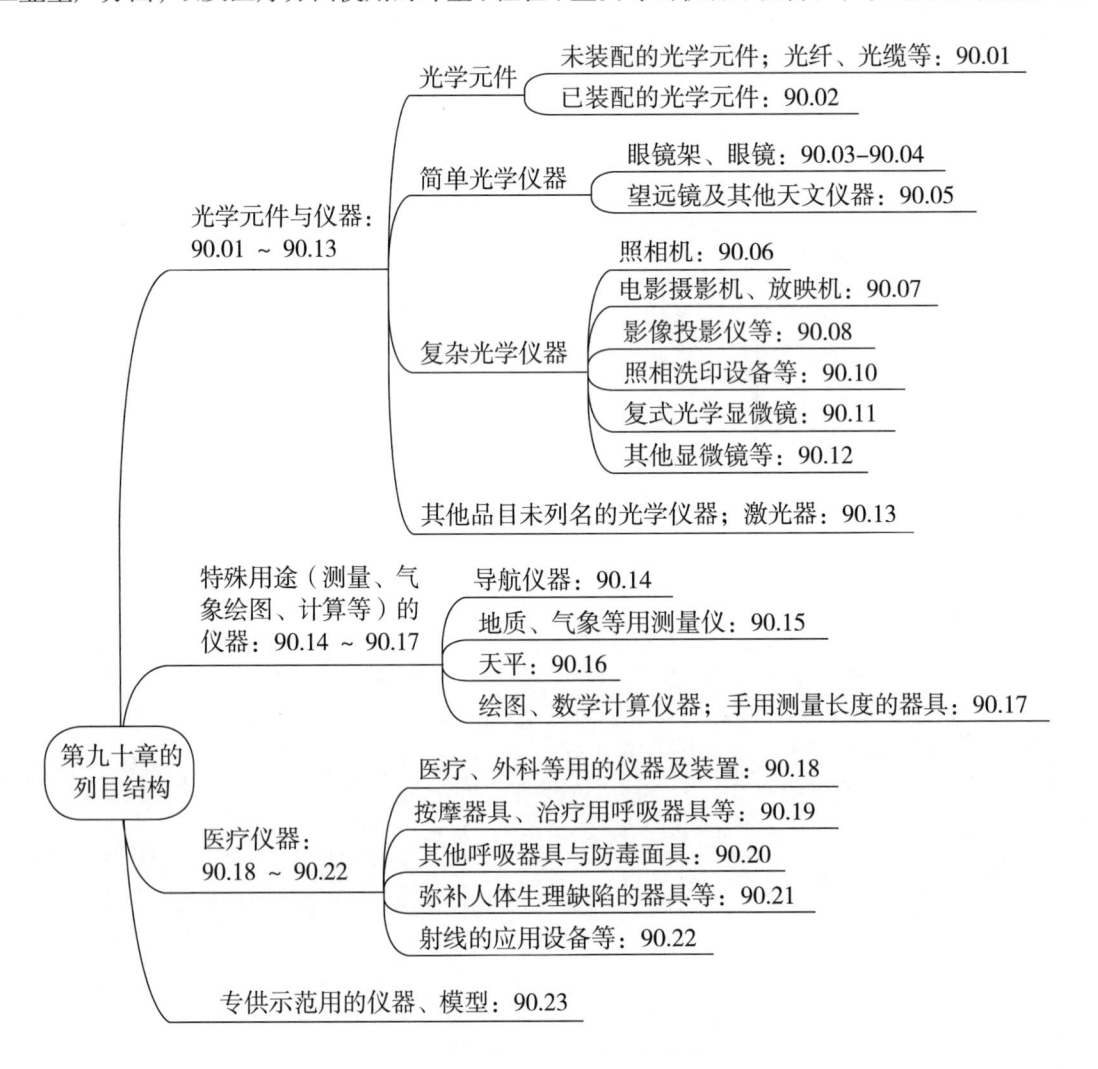

```
第九十章的列目结构
├─ 光学元件与仪器：90.01~90.13
│  ├─ 光学元件
│  │  ├─ 未装配的光学元件；光纤、光缆等：90.01
│  │  └─ 已装配的光学元件：90.02
│  ├─ 简单光学仪器
│  │  ├─ 眼镜架、眼镜：90.03-90.04
│  │  └─ 望远镜及其他天文仪器：90.05
│  ├─ 复杂光学仪器
│  │  ├─ 照相机：90.06
│  │  ├─ 电影摄影机、放映机：90.07
│  │  ├─ 影像投影仪等：90.08
│  │  ├─ 照相洗印设备等：90.10
│  │  ├─ 复式光学显微镜：90.11
│  │  └─ 其他显微镜等：90.12
│  └─ 其他品目未列名的光学仪器；激光器：90.13
├─ 特殊用途（测量、气象绘图、计算等）的仪器：90.14~90.17
│  ├─ 导航仪器：90.14
│  ├─ 地质、气象等用测量仪：90.15
│  ├─ 天平：90.16
│  └─ 绘图、数学计算仪器；手用测量长度的器具：90.17
├─ 医疗仪器：90.18~90.22
│  ├─ 医疗、外科等用的仪器及装置：90.18
│  ├─ 按摩器具、治疗用呼吸器具等：90.19
│  ├─ 其他呼吸器具与防毒面具：90.20
│  ├─ 弥补人体生理缺陷的器具等：90.21
│  └─ 射线的应用设备等：90.22
└─ 专供示范用的仪器、模型：90.23
```

```
                                          机械性能测试机等：90.24
                                          测量温度、湿度、气压的仪器及器具：90.25
                                          液体、气体的流量、压力等的仪器及装置：90.26
                   测量、检验用的仪器：    理化分析仪器：90.27
                   90.24 ~ 90.31          液体、气体、电量的计量仪器：90.28
                                          转数计、计数器；速度计等：90.29
   第九十章的                              电量的测量仪器：90.30
   列目结构                                本章其他品目未列名的测量仪器：90.31

                   自动控制调节用的仪器及设备：90.32
                   其他品目未列名的仪器用通用零件、附件：90.33
```

注：续上页。

本章包括的主要内容有四部分：

第一部分：品目 90.01 ~ 90.13，主要包括光学元件与仪器。这部分是按照"光学元件 → 简单光学仪器 → 复杂光学仪器"的顺序列目的。

第二部分：品目 90.18 ~ 90.22，主要包括医疗仪器。这部分是根据医疗仪器的用途、工作原理、功能来列目的。其中，品目 90.22 所列的 X 射线或其他射线的应用设备即使不用于医疗也归入本品目。

第三部分：品目 90.24 ~ 90.31，主要包括其他测量、检验用的仪器与装置。这部分主要是根据仪器的检测物理量、化学量等参量来列目的。这些仪器与装置大多用于实验室进行研究或科学分析。

第四部分：品目 90.32 为自动控制调节用的仪器与装置。归入该品目的商品必须符合第九十章注释七的相关规定。

问题 255：仪器仪表零件的归类原则有哪些？

仪器仪表零件的归类原则是第九十章的注释二。其条文如下：

二、除上述注释一另有规定的以外，本章各品目所列机器、设备、仪器或器具的零件、附件，应按下列规定归类：

（一）凡零件、附件本身已构成本章或第八十四章、第八十五章或第九十一章各品目（品目 84.87、85.48 或 90.33 除外）所包括的货品，应一律归入其相应的品目；

（二）其他零件、附件，如果专用于或主要用于某种或同一品目项下的多种机器、仪器或器具（包括品目90.10、90.13或90.31的机器、仪器或器具），应归入相应机器、仪器或器具的品目；

（三）所有其他零件、附件均应归入品目90.33。

条文解析

第一自然段明确了运用第九十章注释二的前提条件，即在第九十章注释一中已排除的零件、附件不再运用该注释。例如，本章注释一（六）的条文如下：

（六）第十五类注释二所规定的贱金属制通用零件（第十五类）或塑料制的类似品（第三十九章）；但专用于医疗、外科、牙科或兽医的植入物应归入品目90.21；

该条文明确了第十五类注释二所规定的贱金属制成的通用零件不能归入本类，仍归入第十五类；若这些通用零件是塑料制成的，则应归入第三十九章。例如，固定眼镜片或眼镜腿所用的铜制螺钉属于本章注释一（六）已排除的零件，不能归入第九十章，应按铜制品归入第七十四章。

但也有例外，如果这些通用零件是专用于医疗、外科、牙科或兽医的，则仍应归入品目90.21，不能排除到第十五类。例如，外科手术用钛制螺钉，如图5.1所示，应按医疗用矫形或骨折用器具归入品目90.21项下，不能按钛制品归入品目81.08项下。

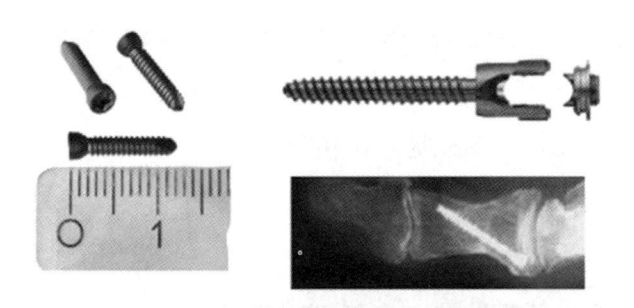

图5.1　外科手术用钛制螺钉

只有在第九十章注释一中未排除的条件下，才可按下列顺序确定零件、附件的归类。

（1）章注释二（一）：第九十章或其他章已列名的零件、附件的归类

属于第九十章、第八十四章、第八十五章或第九十一章已具体列名的零件、附件按列名归类。这一点要求我们要完全了解上述各章的列目结构和它们所包括的具体商品，哪些是具体列名的商品，哪些是未列名的商品。例如，显微镜用的目镜，属于本章品目90.02已列名

的商品，应按列名归入品目90.02项下，不能误按显微镜的零件归入品目90.11项下。电子显微镜用的真空泵属于第八十四章品目84.14已列名的商品，不能误归入第九十章。检测仪器所使用的稳压电源属于第八十五章品目85.04已列名的商品，不能误归入第九十章。

（2）章注释二（二）：专用零件、附件的归类

当不属于第九十章或其他章已列名商品的情况下，根据其结构、功能等因素判定该商品是否具有专用性，只有在具有专用性的条件下，才可将该商品与所属仪器或器具一并归类。对于这些专用的零件、附件在确定子目时又分两种情况：

① 所在品目项下有零件、附件子目的情况。对于品目项下有零件、附件子目的情况，可将该商品归入相应的零件、附件的子目。例如，照相机用的快门组件属于照相机的专用零件，品目90.06项下有零件、附件的子目9006.9，所以将该组件归入子目9006.9项下。

② 所在品目项下与整机对应的同级子目中无零件、附件子目的情况。对于品目项下无零件、附件子目的情况，由于第九十章除品目90.33外，无其他专用零件、附件的品目，此时可将该零件与整机归入同一个子目。第九十章品目项下无零件、附件子目的品目有：品目90.04、品目90.16、品目90.18、品目90.19、品目90.20、品目90.21、品目90.23等。

【实例1】B型超声波诊断仪外壳

该商品为B型超声波诊断仪的外壳，由塑料制成，如图5.2所示。

图5.2 B型超声波诊断仪外壳

该塑料外壳不属于第九十章注释一已排除的商品范围，同时也不属于第九十章或其他章已列名的商品。该商品具有特定的外形和尺寸，具有专用性，所以依据第九十章注释二（二），将该商品按B型超声波诊断仪的专用零件归类。B型超声波诊断仪的整机归入品目90.18项下，而品目90.18项下与整机对应的同级子目中无零件、附件的子目，此时可将该零件与整机归入同一子目9018.1210，或者说，子目9018.1210既包括B型超声波诊断仪的整机，也包括B型超声波诊断仪的专用零件。

（3）章注释二（三）：其他零件、附件

对于不属于其他章或第九十章已列名的商品，同时也不能判定其专用于某种仪器或装置的零件、附件，而是通用于第九十章多个品目的零件、附件，此时则按第九十章其他品目未列名的零件、附件归入本章的兜底品目90.33。

【实例2】信号变送器

信号变送器用于测量温度、压力、加速度等多种物理量的多功能测量仪器。它可将输入的非标准信号转变成标准信号后输出至计算机进行分析。

该信号变送器本身不能独立工作，属于测量仪器的零件，它不属于第九十章、第八十四章、第八十五章具体列名的商品。它可用于温度、压力、加速度等多种物理量的测量，这说明它可用于第九十章多个品目所列的仪器，同时不能判定其专用于哪个品目，所以依据第九十章注释二（三），将该商品归入子目9033.0000。

问题256：未经过光学加工的光学元件与已经过光学加工的光学元件有何区别？如何归类？

光学元件应具有一定的光学效应，即不仅能使光线全透过，还可使所透的光线发生某种变化，例如，反射、衰减、过滤、衍射、校准等。

光学元件的光学加工要经过两个步骤：

① 将表面加工成所需要的形状。

② 表面抛光。

只有经过上述两个步骤加工的光学元件才能视为"已经过光学加工的光学元件"。

未经过上述两个步骤加工的光学元件，或只是将表面加工成所需要的形状并未经过表面抛光的光学元件，均视为"未经过光学加工的光学元件"。

在实际归类时，要区分玻璃制光学元件和非玻璃制光学元件。

（1）玻璃制光学元件

已经过光学加工的玻璃制光学元件按光学元件归入品目90.01项下。

未经过光学加工的玻璃制光学元件按玻璃制品归入品目70.14项下。

（2）非玻璃制光学元件

对于非玻璃制光学元件（如石英、氟石、塑料、金属等），只要具有一定的光学效应，不论是否经过光学加工，一律按光学元件归入品目90.01项下。

问题 257：未装配的光学元件与已装配的光学元件有何区别？如何归类？

（1）未装配的光学元件

未装配的光学元件（Unmounted optical element）是指未永久安装（Not permanently mounted）支架、框架的光学元件，包括未装框架的和装有临时性框架的。装有临时性框架是为了运输方便，仍属于未装配的光学元件。

未装配的光学元件（例如，未安装框架的凸透镜、凹透镜、三棱镜等，如图 5.3 所示）归入品目 90.01 项下的相关子目。

图 5.3　透镜与三棱镜

（2）已装配的光学元件

已装配的光学元件（Mounted optical element）是指已安装支架、框架的（Fitted in a support or frame）的光学元件。

已装配光学元件的归类有两种情况：

① 已装配的光学元件，而且满足"作为仪器或装置的零件、配件"，应归入品目 90.02 项下的相关子目，例如，图 5.4 的照相机用广角镜头满足这些条件，应归入子目 9002.1139。

图 5.4　照相机用广角镜头

② 已装配的光学元件，不满足"作为仪器或装置的零件、配件"，应按其他品目未列名

的光学仪器及器具归入品目90.13项下的相关子目，例如，图5.5的已装框架和把手的放大镜，不属于仪器或装置的零件、配件，不满足上述条件，所以不能误归入品目90.02，应归入子目9013.8010。

图5.5　已装框架和把手的放大镜

问题258：什么是偏振材料？偏振材料与偏光片有何区别？如何归类？

偏光片（Polarizer）是指可以使天然光变成偏振光的光学元件，如图5.6所示。从图中可以看出，只有平行于透光轴的光线才能透过，其他方向的光线均被遮挡。

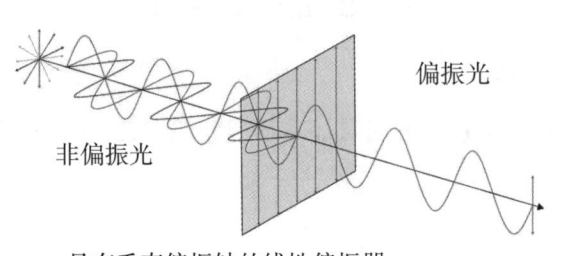

图5.6　偏振片的作用

子目9001.2只包括片状的偏振片材料（Polarizing material），即偏振片原料，依据品目90.01的《品目注释》，这类板片状的材料经裁切成形后制成偏振元件（Polarizing element），或者说，偏振片元件（即成品）是用子目9001.2的偏振片原料经进一步加工（切割后）而制成的，偏振片元件（即成品）应归入子目9001.9项下。

上述归入不同子目的两种商品在行业上均称为偏振片，所以在对偏振片进行归类时，要判断是偏振片原料还是偏振片成品。通常情况下，不能直接安装使用的，视为子目9001.2项下的偏振片原料；不经任何加工可直接安装使用的，视为子目9001.9项下的偏振元件。

问题 259：品目 90.06 的照相机与品目 85.25 的数码照相机有何区别？

品目 90.06 项下的照相机是使用感光胶片（胶卷）的照相机，如图 5.7 所示。

图 5.7　胶卷照相机

品目 85.25 项下的数码照相机（又称数字照相机）不需要化学感光胶片，而是采用半导体材料制成的感光元件（CCD 或 CMOS）来监测图像，然后用电子电路扫描感光片将信息转换成二进制码并存储在芯片上。即用感光元件代替感光胶片，同时还增加了监视器，可立即看到所拍照片的效果。数码相机的成像过程如图 5.8 所示。

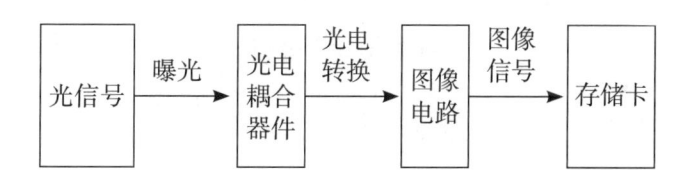

光信号 →曝光→ 光电耦合器件 →光电转换→ 图像电路 →图像信号→ 存储卡

图 5.8　数码相机的成像过程

问题 260：影像投影仪与投影机有何区别？如何归类？

影像投影仪（Image projector）又称为幻灯机或透射幻灯机，是用于投影静止透明物体（幻灯片或透明画片）影像的设备，如图 5.9 所示。

影像投影仪属于纯光学的仪器，应归入子目 9008.5031。

图 5.9　影像投影仪

投影机（Projector）是一种可把通常在电视机或监视器显示的图像投影到银幕或墙壁等外表面上的设备，如图 5.10 所示。这种投影机输入的是图像的电信号，输出的是投射到银幕或墙壁上的光信号。

图 5.10　投影机

投影机归入子目 8528.6 项下的相应子目。

问题 261：子目 9010.1 的照相洗印设备与子目 9010.5 的照相洗印设备有何区别？

子目 9010.1 项下的照相洗印设备必须满足卷状（In roll）的要求，或者说，这些设备只适用于卷状的胶卷或卷状的相纸。

子目 9010.5 项下的照相洗印设备是非卷状的，或者说，这些设备只适用于成张的胶片或相纸。

问题 262：复式光学显微镜与电子显微镜有何区别？如何归类？

显微镜包括光学显微镜和电子显微镜两大类。

光学显微镜（Optical microscope）是利用光学原理，把人眼所不能分辨的微小物体放大成像，以供人们观察微细结构信息的光学仪器。

电子显微镜（Electron microscope）是以电子束为照明源，通过电子流对样品的透射或反射及电磁透镜的多级放大后在荧光屏上成像的大型仪器。

二者的具体区别如下：

（1）原理不同

光学显微镜是利用凸透镜的放大成像原理，将人眼不能分辨的微小物体放大到人眼能分辨的尺寸。电子显微镜主要是利用二次电子信号成像来观察样品的表面形态，即用极狭窄的电子束去扫描样品，通过电子束与样品的相互作用产生放大的效应。两者原理的对比见图5.11。图5.12 为电子显微镜实物。

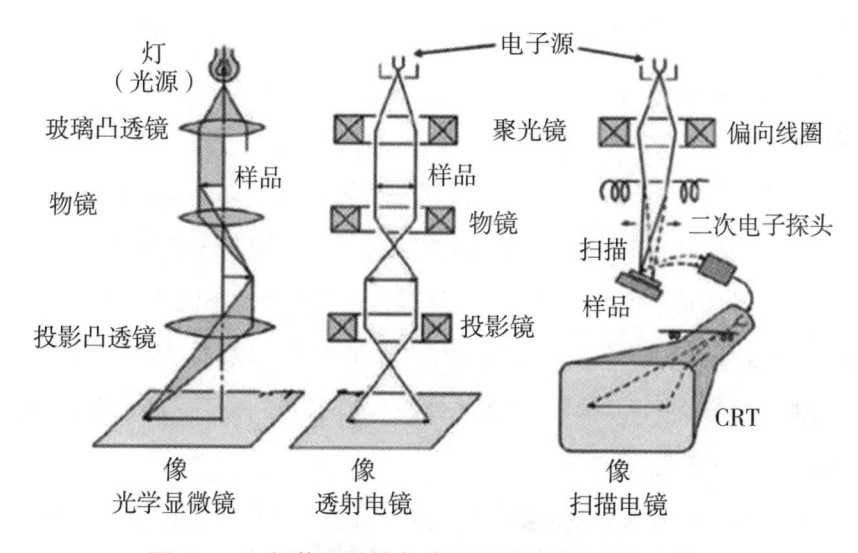

图 5.11 光学显微镜与电子显微镜原理的比较

图 5.12 电子显微镜

（2）组成不同

光学显微镜的光学系统主要包括物镜、目镜、反光镜和聚光器四部分，广义上还包括照明光源、滤光器、盖玻片和载玻片等。电子显微镜主要包括镜筒、真空装置和电源柜三部分。

（3）分辨率不同

光学显微镜的分辨率为 0.2 微米，透射电子显微镜的分辨率为 0.2 纳米，也就是说，透射电子显微镜在光学显微镜的基础上放大了 1000 倍。

（4）应用领域不同

光学显微镜主要用于光滑表面的微米级组织观察与测量，因为采用可见光作为光源，所以它不仅能观察样品表层组织，表层以下一定范围内的组织同样也可被观察到，并且光学显微镜对于色彩的识别非常敏感和准确。电子显微镜主要用于纳米级的样品表面形貌观测，由于扫描电镜是依靠物理信号的强度来区分组织信息的，所以扫描电镜的图像都是黑白的，扫描电镜无法得到彩色图像。

（5）归类不同

光学显微镜在《协调制度》中又称为复式光学显微镜（Compound optical microscope），之所以称为复式，是因为其含有多个凸透镜。复式光学显微镜归入品目 90.11。在确定子目时，要明确是立体显微镜还是其他显微镜。立体显微镜是用双眼从不同角度观察物体而得到立体图像的双目显微镜。由于成像的立体感是利用两眼的光路形成的，所以立体显微镜一定是双目显微镜，但双目显微镜不一定就是立体显微镜。若不是立体显微镜，还要判断其是否具有缩微照相、摄影或投影功能。

电子显微镜（包括透射式显微镜和扫描式电子显微镜）归入子目 9012.1000。

问题 263：什么是透射式电子显微镜？什么是扫描式电子显微镜？如何归类？

电子显微镜是用电子束代替光束，用电子透镜代替光学透镜，使物质的细微结构放大成像的仪器。常用的有透射式电子显微镜和扫描式电子显微镜。

（1）透射式电子显微镜

透射式电子显微镜（Transmission electron microscope，TEM）简称透射电镜，是把经加速和聚集的电子束投射到非常薄的样品上，电子与样品中的原子因碰撞而改变方向，从而产生立体角散射后得到图像的显微镜，如图 5.13 所示。在这种显微镜中电子需要穿过样品，因此样品必须非常薄。样本的厚度从几纳米到几微米不等。

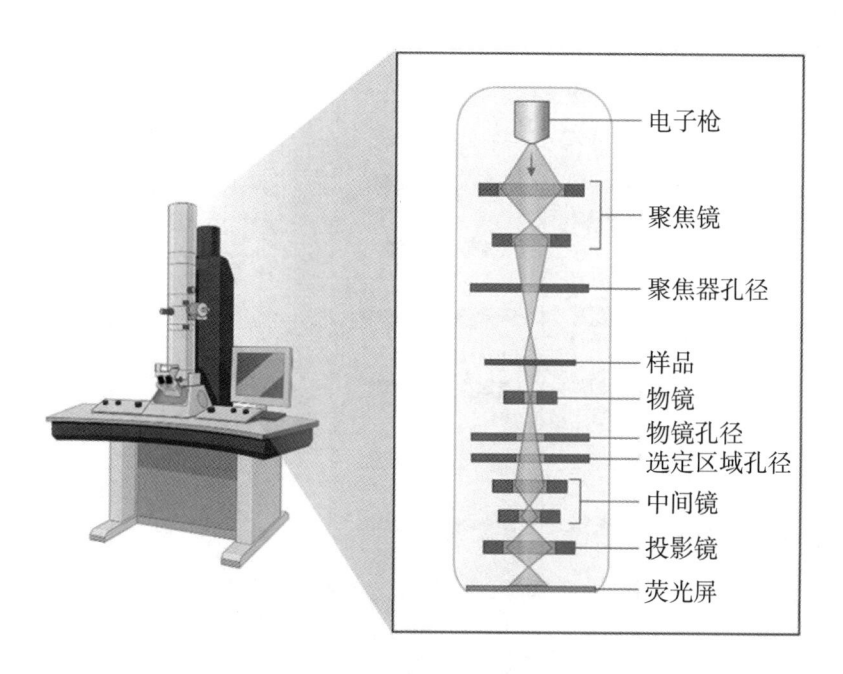

图 5.13　透射式电子显微镜及其原理图

（2）扫描式电子显微镜

扫描式电子显微镜（Scanning electron microscopy，SEM）简称扫描电镜，是一种通过用聚焦电子束扫描样品的表面来产生样品表面图像的电子显微镜，如图 5.14 所示。扫描电镜中的电子与样品中的原子相互作用，产生包含关于样品表面测绘学形貌和组成信息的各种信号，信号与光束的位置组合而产生图像。扫描电子显微镜可实现的分辨率优于 1 纳米。由于在这种显微镜中电子不必透射样本，因此其电子加速的电压不必非常高。

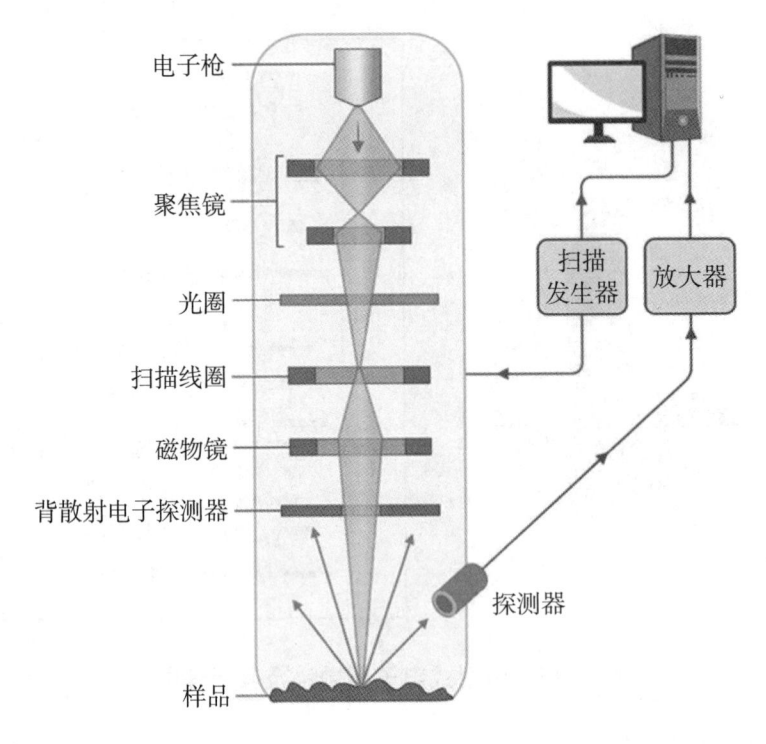

图 5.14　扫描式电子显微镜原理图

透射式电子显微镜和扫描式电子显微镜均归入子目 9012.1000。

问题 264：什么是立体显微镜？什么是显微照相用显微镜？如何归类？

（1）立体显微镜

立体显微镜（Stereoscopic microscope）又称实体显微镜、体式显微镜、解剖镜，在观察物体时能产生正立的三维空间影像，如图 5.15 所示。它的图像立体感强，成像清晰和宽阔，适用范围非常广。

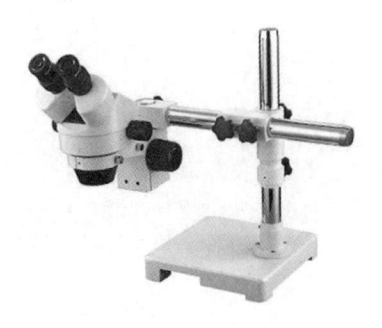

图 5.15　立体显微镜

立体显微镜适用于电子工业生产线的检验、印刷线路板的检定、印刷电路组件中出现的焊接缺陷（印刷错位、塌边等）的检定、单板PC的检定、真空荧光显示屏（VFD）的检定等，配测量软件可以测量各种数据。

立体显微镜归入子目9011.1000。

（2）显微照相用显微镜

显微照相用显微镜（Microscope for photomicrography）是指可用目视观察标本，同时还可将放大了的影像拍摄下来的显微镜。这类装置通常包括显微镜与照相机两部分，多数情况下两者是固定装配在一起的，如图5.16所示，图中最上面为照相机，中间为观察用的目镜。

图5.16　带有照相机的显微镜

显微照相用显微镜归入子目9011.2000。

问题265：手术用的显微镜与眼科用双目显微镜有何区别？如何归类？

手术显微镜主要用于手术监视、采集手术视频及图像、示教等。手术显微镜的使用，不但使医生能够看清手术部位的精细结构，还可以进行凭肉眼无法完成的各种显微手术，大大拓展了手术治疗范围，提高了手术精密度和病人治愈率，如图5.17所示。目前，常见的外科手术显微镜有：口腔手术显微镜、泌尿外科手术显微镜、耳鼻喉手术显微镜和神经外科手术显微镜等。

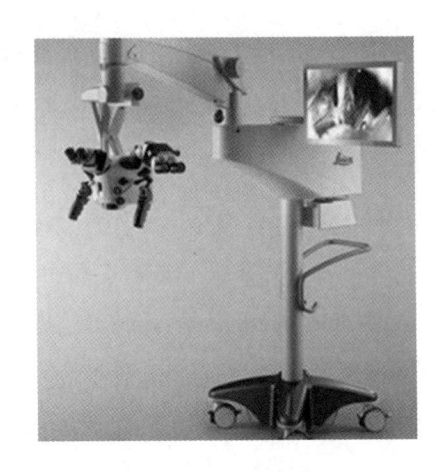

图 5.17 手术显微镜

手术显微镜的主要功能是将微小的结构放大,所以应按光学显微镜归入品目 90.11 项下的相关子目。

双目显微镜(Ophthalmic binocular-type microscope)在医学界又称为裂隙灯显微镜(Slit lamp microscope),是一种在眼科检查中使用的具有强光的显微镜。它可以让眼科医生更清晰地观察到患者眼睛前部和眼睛内部的不同结构,是确定眼睛健康和检测眼部疾病的关键工具,如图 5.18 所示。裂隙灯显微镜一般由裂隙灯、显微镜和仪器台三部分组成,整个仪器安装在可调节的机座上,裂隙灯用于照明,显微镜用来观察眼球前段解剖构造、组织厚薄、病变深浅等。

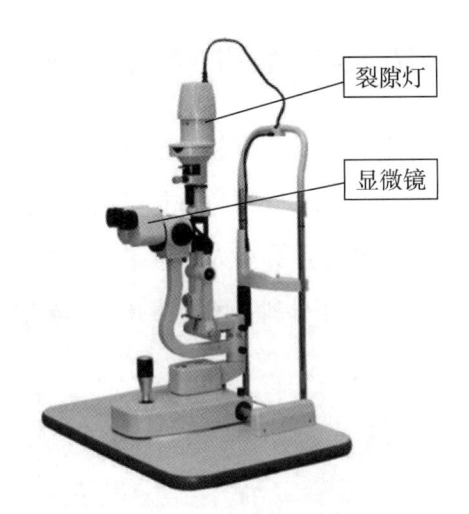

图 5.18 裂隙灯显微镜

双目显微镜的主要功能是用于眼科检查与诊断,属于医疗仪器的范围,所以应按医疗仪器归入子目 9018.5000。

问题 266：激光器主要由哪些部分组成？主要类型有哪些？如何归类？

激光（Light Amplification by Stimulated Emission of Radiation，LASER）即"通过过受激辐射而产生、放大的光"，指透过刺激原子导致电子跃迁释放辐射能量而产生的具有同调性的增强光子束。

激光器是一种产生激光束的装置。激光束与其他光束的不同之处在于它的光线是单色的（单一颜色）、相干的（具有相同的频率和波形）和准直的（沿相同方向行进），即它具有发散度极小、亮度（功率）很高、单色性好、相干性好等特点。

（1）激光器的组成

激光器的组成（结构）：激励源（泵浦源）、工作物质、光学谐振腔。如图 5.19 所示。

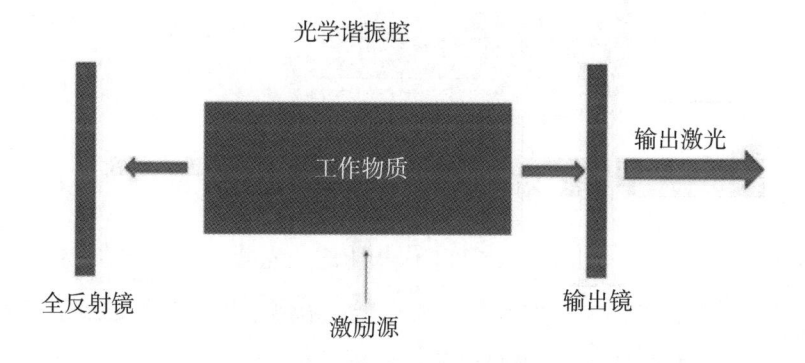

图 5.19　激光器的组成

① 激励源（Pumping source）又称泵浦源，把能量供给低能级的电子，激发使其成为高能级电子，能量供给的方式有电荷放电、光子、化学作用等。它的作用是为工作物质中形成粒子数反转分布和光放大提供必要的能量来源。可以说，激光的能量是由激励源的能量转变来的。

② 工作物质（Gain medium）又称增益介质或激活媒质，是被激发、释放光子的电子所在的物质，其物理特性会影响所产生激光的波长等特性。它是产生激光的物质基础。

③ 光学谐振腔（Optical cavity/optical resonator）是由两面互相平行的镜子构成的腔室，一面全反射，一面半反射。它的作用是把光线在反射镜间来回反射，目的是使被激发的光多次经过增益介质以得到足够的放大，当放大到可以穿透半反射镜时，激光便从半反射镜发射出去。因此，此半反镜也被称为输出耦合镜（Output coupler）。两镜面之间的距离也对输出的激光波长有着选择作用，只有在两镜间的距离能产生共振的波长时才能产生激光。

355

（2）激光器的主要类型

激光器按工作物质可分为固体激光器、气体激光器和液体激光器。

① 固体激光器（Solid laser）是以固体为工作物质的激光器，通过把能够产生受激辐射作用的金属离子掺入晶体或玻璃基质中构成发光中心而制成的，如图5.20所示。它具有器件小、坚固、使用方便、输出功率大的特点。基质材料为红宝石晶体的激光器称为红宝石激光器，红宝石激光器是典型的固体激光器，是1960年人类发明的第一台激光器。在钇铝石榴石（YAG）晶体中掺入三价钕离子的激光器称为掺钕钇铝石榴石激光器。

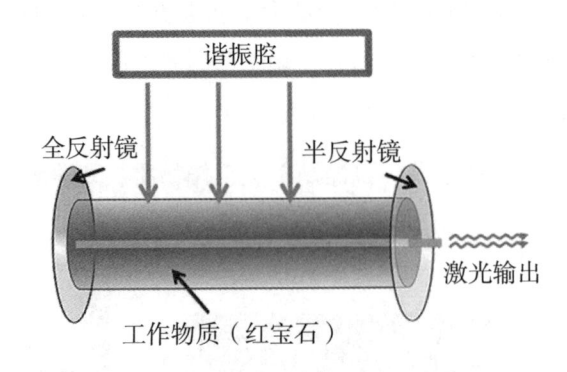

图 5.20　固体激光器的工作原理

② 气体激光器（Gas laser）是以气体为工作物质的激光器。主要种类有各种原子、离子、金属蒸气、气体分子激光器。常用的有氦氖激光器、氩离子激光器、氪离子激光器，以及二氧化碳激光器、准分子激光器等，其形状像普通的放电管一样，具有结构简单、工作介质均匀、光束质量好、能长时间较稳定地连续工作等特点。它的波长覆盖了从紫外到远红外的频谱区域。图5.21为氦氖气体激光器工作原理图。

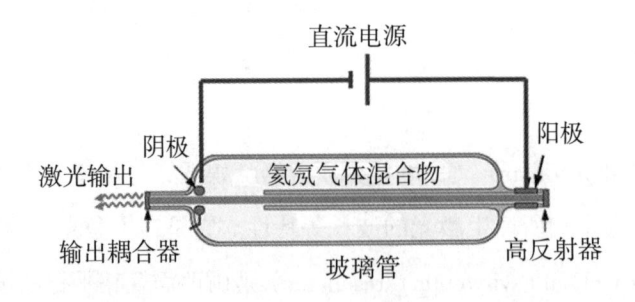

图 5.21　氦氖气体激光器的工作原理

③ 液体激光器（Liquid laser）是以液体为工作物质的激光器。液体激光器又称染料激光器，因为这类激光器的激活物质是某些有机染料溶解在乙醇、甲醇或水等液体中形成的溶液。

为了激发它们发射出激光，一般采用高速闪光灯作激光源，或者由其他激光器发出很短的光脉冲。液体激光器发出的激光对于光谱分析、激光化学和其他科学研究具有重要的意义。其主要类型包括螯合物激光器、无机液体激光器和有机染料激光器。其中，较为重要的是有机染料激光器。它的最大特点是发出的激光波长可在一段范围内调节，而且效率也不会降低，因而它能起到其他激光器不能替代的作用。

固体激光器、气体激光器、液体激光器均归入子目 9013.2000。

问题 267：什么是激光雷达？如何归类？

激光雷达（Light detection and ranging）是指由发射系统、接收系统、信息处理等部分组成的一种激光测距仪，有的还包括测角功能，如图 5.22 所示。

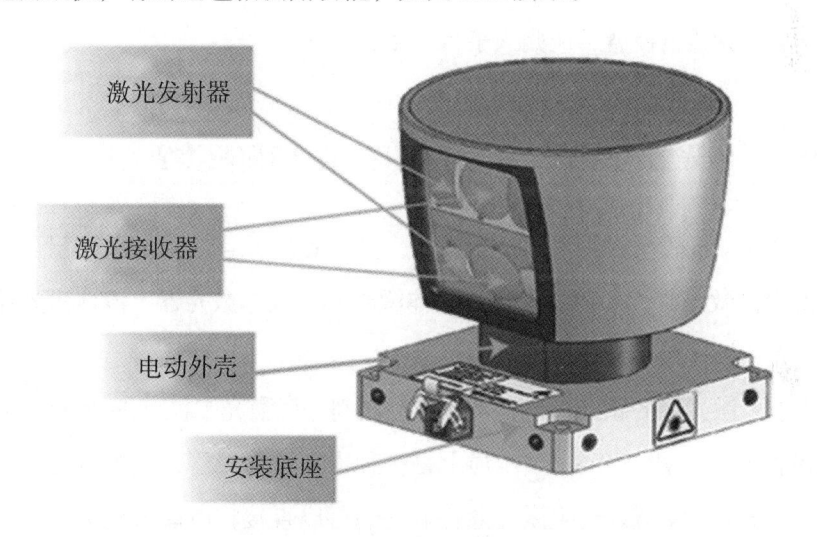

图 5.22　激光雷达

激光雷达通过测定光在发射器与目标物体之间的传播距离，分析目标物体表面的反射能量大小、反射波谱的幅度、频率和相位等信息，来呈现出目标物体精确的三维结构信息。

目前激光雷达厂商主要使用波长为 905 纳米和 1550 纳米的激光发射器。其中，波长为 1550 纳米的光线不容易在人眼液体中传输，意味着采用该波长的激光雷达不会造成视网膜损伤，更长的波长也更容易穿透粉尘雾霾，采用更高的功率，也会探测更远的距离。但是，制造波长为 1550 纳米的激光雷达要使用昂贵的砷化镓材料，生产成本较高；制造波长为 905 纳米的激光雷达可用硅材料（成本低），但要避免造成眼睛的永久性损伤，必须严格限制激光发射器的功率。

激光雷达广泛应用于自动驾驶、智能制造等新兴行业。

激光雷达与普通雷达的测量原理类似，但它们还是有较大区别的。激光雷达（Light detection and ranging，LiDAR）与普通雷达（Radio detection and ranging，RADAR）的区别是它们的波长不同：激光雷达的工作波段为红外和可见光波段，波长为 0.76 微米～1 纳米。激光雷达厂商主要使用波长为 905 纳米和 1550 纳米的激光发射器；普通雷达的工作波段是无线电波，即波长大于 1 纳米、频率小于 300 千兆赫兹的电磁波，所以，它们的归类也不同。

激光雷达主要是测量距离的设备，所以按测距仪归入子目 9015.1010。

单独报验的激光发射器，或以本国子目激光雷达为部件进一步集成的检测或导航设备不归入子目 9015.1010。其中，单独报验的激光发射器归入子目 8541.41（激光二极管）或子目 9013.2（激光器）；以激光雷达为部件进一步集成的检测或导航设备通常按"其他导航设备"归入子目 9014.8 项下。

普通雷达属于无线电设备，应归入子目 8526.1 项下。

问题 268：激光器与激光二极管有何区别？如何归类？

激光器与激光二极管两者均可以产生激光，但是两者还是有着本质上的区别。

从本质上看，激光器（如前面介绍的固体激光器、气体激光器、液体激光器等）是完整的仪器，而激光二极管是半导体器件。

从原理上看，激光器的跃迁形成在两个能级之间，而激光二极管的跃迁则是在能带之间。

激光二极管（Laser diode，LD）本质上是一种半导体二极管，其中直接用电流泵浦的二极管可以在二极管的 PN 结处产生激光条件。它们可以直接将电能转化为光能。在电压的驱动下，掺杂的 p-n 跃迁允许电子与空穴复合。由于电子从较高能级下降到较低能级，产生了以发射光子形式的辐射。这是一种自发辐射。当该过程继续并进一步产生具有相同相位、相干性和波长的光时，便产生受激发射的激光。图 5.23 为激光二极管的工作原理，图 5.24 为激光二极管实物。

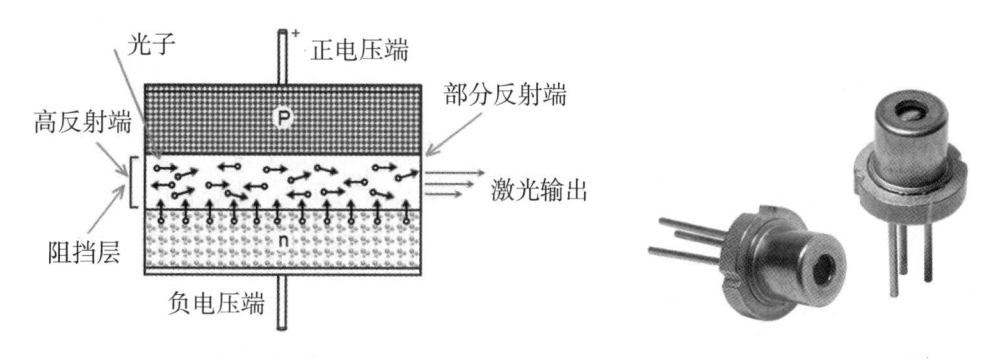

图 5.23 激光二极管的工作原理　　　图 5.24 激光二极管

激光二极管广泛用于计算机上的光盘驱动器、激光打印机中的打印头、条形码扫描仪、激光测距仪、激光医疗仪器、光纤通信中的光端机、舞台灯光、激光切割焊接和激光武器等。激光器按仪器归入子目 9013.2000，激光二极管按半导体器件归入子目 8541.4100。

问题 269：天平的感量是什么类型的指标？品目 84.23 的天平与品目 90.16 的天平有何区别？

天平的感量（Sensitivity）是指天平的指针从平衡位置偏转到标尺 1 分度所需的最大质量。或者说，感量是指天平的指针偏转一个分格时所加载砝码的质量。感量是衡量天平称量精度的指标，感量与灵敏度成反比。感量数值越小，说明天平的灵敏度越高。感量为 50 毫克，表示天平所能称量的最小质量是 50 毫克。

品目 84.23 的天平与品目 90.16 的天平的主要区别是天平的称量精度（即感量）不同。

品目 84.23 的天平感量大于 50 毫克，已超出精密仪器的范围，所以未按精密仪器归入品目 90.16。

品目 90.16 的天平感量小于或等于 50 毫克，属于精密仪器的范围，所以不能按衡器归入品目 84.23 项下。

问题 270：医疗器械主要包括哪些种类？

医疗器械是指直接或间接用于人体的仪器、设备、器具、体外诊断试剂及校准物、材料，以及其他类似或者相关的物品，包括所需要的计算机软件。医疗器械包括医疗设备和医用耗材。在此，我们只讨论医疗设备。

医疗设备种类繁多，有不同的分类方法。

（1）按临床用途分类

医疗器械分为三大类：诊断设备、治疗设备和辅助设备。根据具体用途并考虑其功能原理还可再做进一步细分，也不排除各类设备之间的交叉，如有的治疗设备中带有监测诊断功能，而有的诊断设备也逐渐发展出一些治疗功能。

① 诊断设备是指用于临床诊断的仪器设备，如生物电检测设备、医学成像设备、监护设备、光学诊断设备、临床检验设备等。其中，生物电检测设备又包括心电图机、脑电图机、肌电图机等；医学成像设备包括普通 X 射线诊断设备、X 射线计算机断层扫描仪、核医学成像设备、超声诊断设备、磁共振成像设备和热成像仪等；监护设备包括床边监护仪、动态心电监护仪、胎儿监护仪、麻醉深度监护仪等；光学诊断设备包括内镜、光学显微镜和眼科光学仪器（如自动眼压计、自动验光机、视野测定仪、眼底照相及图像分析设备等）；临床检验设备包括电解质分析仪、生化分析仪、血气分析仪、血细胞分析仪，以及各类免疫分析和分子诊断仪器等。

② 治疗设备是指用于临床治疗的仪器设备，如各种放射性治疗设备、激光治疗设备、体外冲击波碎石机、呼吸机、麻醉机、高压氧舱等。

③ 辅助设备是指不直接用作疾病诊断和治疗的设备。如医学信息系统及与此相应的医院自动化管理系统、图像存储与传输系统、远程医疗系统、消毒灭菌设备、中心供氧和制氧设备系统、吸引设备、废物处理设备、手术台等。

（2）按风险管理分类

根据 2014 年第 650 号中华人民共和国国务院令公布的修订后的《医疗器械监督管理条例》，国家对医疗器械按风险程度实行分类管理。

第一类是指通过常规管理足以保证其安全性、有效性的医疗器械，风险程度低。

第二类是指对其安全性、有效性应当加以控制的医疗器械，风险程度中等。

第三类是指植入人体，用于支持、维持生命，对人体具有潜在危险，对其安全性、有效性必须严格控制的医疗器械，风险程度较高。

（3）按物理原理分类

医疗器械分为医用电子设备、医用机械设备、医用光学设备、医用放射设备和医用核物理设备等。

问题 271：医疗仪器的列目结构有何规律？

医疗仪器一般归入品目 90.18 ~ 90.22 项下，列目结构如下：

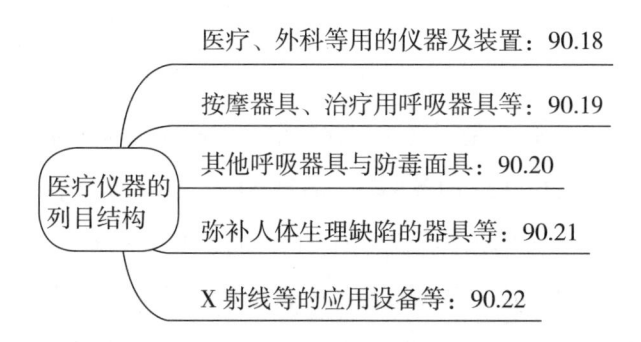

```
                      ┌── 医疗、外科等用的仪器及装置：90.18
                      ├── 按摩器具、治疗用呼吸器具等：90.19
医疗仪器的列目结构 ────┼── 其他呼吸器具与防毒面具：90.20
                      ├── 弥补人体生理缺陷的器具等：90.21
                      └── X 射线等的应用设备等：90.22
```

分析上述各品目所含商品的范围，会发现品目 90.18 是按商品的用途（医疗、外科、牙科或兽医用）列目的；品目 90.19 ~ 90.21 是按商品的功能（机械疗法器具、按摩器具、呼吸器具、弥补生理缺陷的器具等）列目的；品目 90.22 是按商品的工作原理（即应用 X 射线等各种射线来工作）列目的。由于分类方式不同，为避免交叉，在品目 90.18 的《品目注释》中已将品目 90.19 ~ 90.22 的商品排除，所以在对医疗器械归类时，首先根据商品的工作原理判断是否为 X 射线或 α 射线、β 射线、γ 射线或其他离子射线的应用设备，如果符合应归入品目 90.22 项下；如果不符合，则再根据其功能判断是否属于品目 90.19 ~ 90.21 的商品；如果属于其中的某个品目，则归入相应品目。如果是不属于品目 90.19 ~ 90.21 的商品，则再按其用途（医疗、外科、牙科或兽医用）归入品目 90.18 项下。

医疗器械的归类流程如图 5.25 所示。

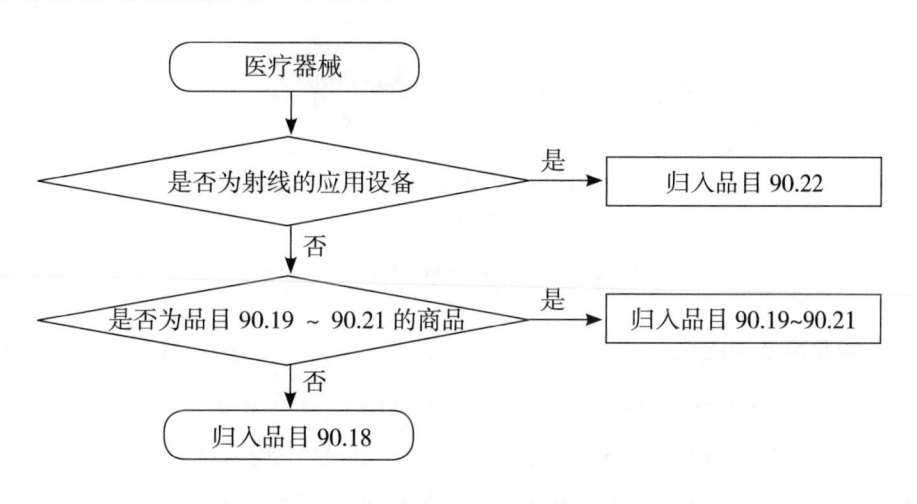

图 5.25 医疗器械的归类流程

问题 272：B 超、核磁共振成像装置、CT 均属于通过图像进行诊断的医疗仪器，为何归入不同的品目？

B 超、核磁共振成像装置、CT 均属于通过图像进行诊断的医疗器械，但由于它们的工作原理不同，归类也不同。

CT（即 X 射线断层检查仪）是利用 X 射线扫描人体得到截面图像的诊断仪器，符合品目 90.22 的条文，所以应按品目 90.22 的条文归入品目 90.22，并归入子目 9022.1200。

B 超和核磁共振成像装置的工作原理均不符合品目 90.22 的条文，B 超（全称为 B 型超声波诊断仪）是采用超声脉冲回波技术成像的，核磁共振成像装置是利用氢原子核的共振原理成像的。由于两者都是用于医疗的仪器，所以，按医疗用的仪器归入品目 90.18 项下。其中，B 超归入子目 9018.1210，核磁共振成像装置归入子目 9018.1310。

问题 273：B 型超声波诊断仪与彩色超声波诊断仪有何区别？如何归类？

超声成像是采用超声脉冲回波技术，利用超声波在组织界面处的反射特性，显示人体组织或脏器的成像技术，图 5.26 是超声成像的原理示意图。目前应用较广的超声检查仪是 B 型超声波检查仪。

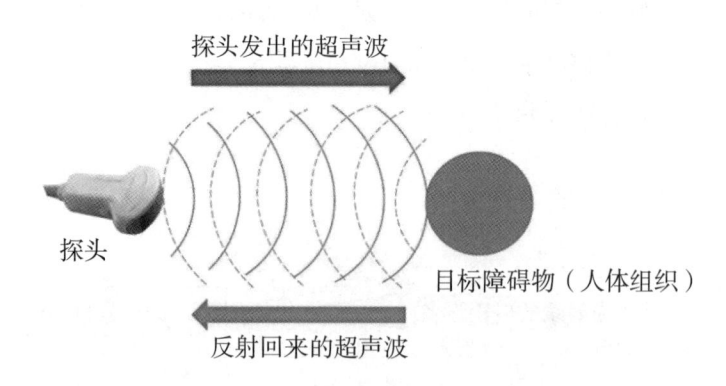

图 5.26　超声成像原理示意图

（1）B 型超声波检查仪

B 型超声波检查仪（B-ultrasonic diagnostic equipment）简称 B 超，是利用超声脉冲回波原理，在显示器上以辉度调制方法形成的回波光点分布图来代表多条声束扫查体内某一切面时的超声断层图像或称声像图的一种超声波图像诊断装置，如图 5.27 所示。

图 5.27 B 型超声检查仪

由于它采用的辉度调制（Brightness modulation），其第一个字母是 B，故称为 B 型。工作时，它将回波信号放大处理后送到显示器的栅极 Z 轴上进行辉度调制，使显示器的光点亮度随着回波信号大小而变化。

B 型超声波检查仪得到的图像是黑白的二维图像，如果用伪彩色编码显示，则可得到伪彩色图像，此时，也称为 B 型彩色超声波检查仪。

B 型超声检查仪的基本组成包括控制脉冲发生器、超声换能器、超声发射与接收装置、接收放大器、检波器、视频显示器、扫描驱动器和位置检测器以及信号调整器。

B 型超声波检查仪归入子目 9018.1210。

（2）彩色超声波诊断仪

彩色超声波诊断仪（Color ultrasonic diagnostic equipment，Color ultrasound machine）是指应用多普勒超声波血流彩色显像技术工作的超声波诊断仪器，如图 5.28 所示。

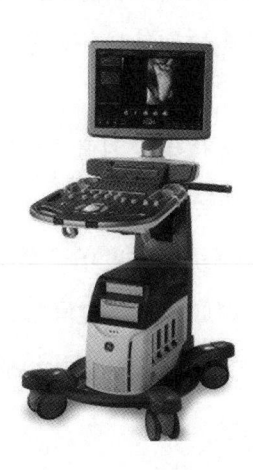

图 5.28 彩色多普勒超声诊断仪

多普勒效应（Doppler effect）指当一定频率的超声波由声源发射并在介质中传播时，如遇到与声源相对运动的界面时，则其反射的超声波频率随界面运动的情况而发生变化，这种现象就是多普勒效应。当界面靠近声源时，频率变高，波长变短；当界面远离声源时，频率变低，波长变长。

血流彩色显像技术是将多普勒的声束扫描线上的血流信号作为彩色编码，这样多条扫描线就构成了血流图。人体中的血液是流动的，通常设定流向探头的血流为红色，背离探头的血流为蓝色，湍流为绿色。颜色的辉度与速度成正比。这样用彩色编码技术显示血流影像，能够显示较完整的血管网，特别是对微小血管和弯曲迂回的血管更易显示，能有效显示低速血流和平均速度为零的灌注区，能对腹腔内脏器占住病变中的滋养血管、肿瘤血管和某些部位血流灌注提供重要信息。

彩色超声波诊断仪归入子目 9018.1291。

问题 274：核磁共振成像装置主要由哪些部分组成？如何归类？

核磁（Nuclear magnetic）指带有正电荷的磁性原子核自旋产生的磁场。

核磁共振（Nuclear magnetic resonance）的实质是处于均匀磁场中的原子核系统以一定的角频率沿磁场方向做拉莫尔进动，当受到频率相同的射频脉冲激励时，原子核的能级间会发生共振跃迁。当外在激励信号停止激励后，原子核释放能量又恢复到平衡状态的过程。

磁共振成像（Magnetic resonance imaging，MRI），又称自旋成像，是利用原子自旋特点，在强磁场环境中对原子发射特定频率的射频脉冲，原子吸收射频脉冲能量，当射频脉冲停止后，原子将吸收的能量以电磁波形式释放出来，释放出的电磁波信号此时携带检测者的成像信息，使用信号探测器（线圈）检测电磁波信号，采集到的信号最终经图像重建计算机处理后得到磁共振图像。

磁共振成像系统能够提供清晰的人体组织图像，系统检测并处理氢原子在强磁场中受到共振磁场激励脉冲的激发后所生成的信号。

核磁共振成像装置主要由磁体子系统、梯度场子系统、射频子系统、数据采集和图像重建子系统、主计算机和图像子系统、射频屏蔽与磁屏蔽、MRI 软件等组成。图 5.29 为核磁共振成像系统组成框图，图 5.30 为核磁共振成像装置的组成结构。

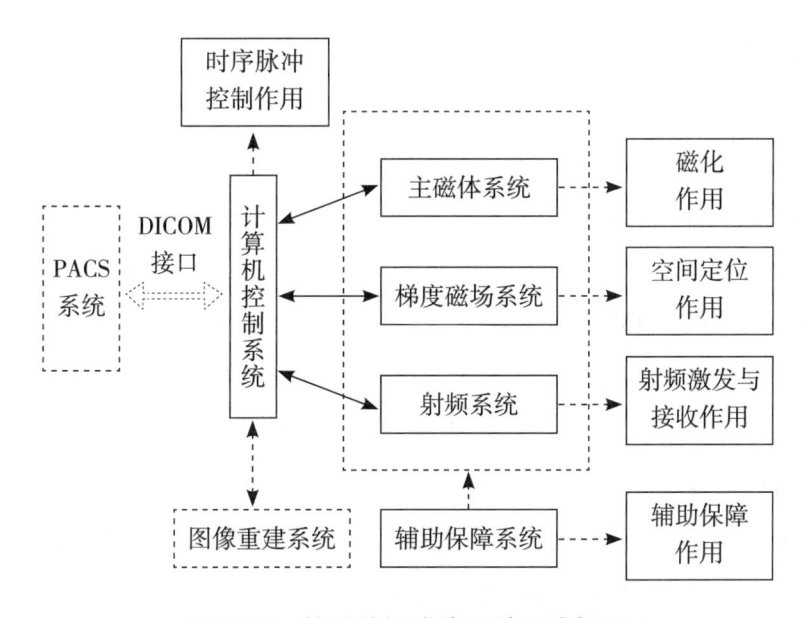

图 5.29 核磁共振成像系统组成框图

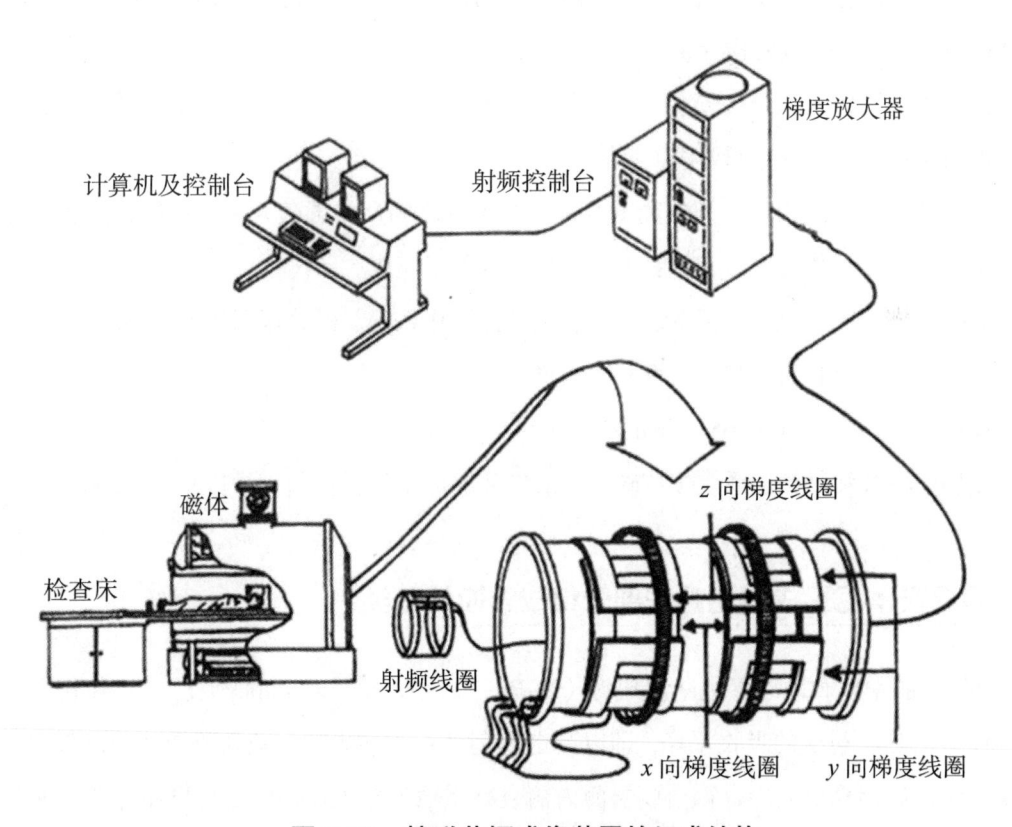

图 5.30 核磁共振成像装置的组成结构

磁体子系统用以产生均匀稳定的静磁场 B_0 的主磁场。磁体按类型可分为：永磁型、常导型和超导型。永磁型的不用制冷剂，运行成本低，但是场强低、重量大、热稳定性差。常导型（又称电磁体）的耗电并产生热量（故需冷却），场强低。超导型的主线圈用超导材料制成，以液氦冷却至 –269 ℃（4 开尔文，超导温度），无电阻，磁场恒定，场强高而均匀，空间分辨力好，但成本高。从磁场强度来分，磁体可分为低磁场（B <0.35 特斯拉）、中磁场（B 在 0.5 ~ 1.0 特斯拉之间）、高磁场（B >1.5 特斯拉）。磁场强度的单位为特斯拉（Tesla, T）或高斯（Gauss, G），1 特斯拉 =10000 高斯。

梯度场子系统是指与梯度磁场有关的电路单元和相关系统，提供给系统线性度满足要求的、可快速开关的梯度场，以便动态地修改主磁场，实现成像体素的空间定位。它由梯度线圈（由 X、Y、Z 三套构成）、梯度控制器、梯度电源、梯度冷却系统、涡流补偿系统等组成。

射频子系统的主要功能是能根据不同扫描序列的要求组合编排并发射各种翻转角的射频脉冲，使磁化的氢质子等磁性核能吸收该能量产生共振同时能接收成像区域内磁共振弛豫信号。它主要包括射频脉冲发射单元和接收单元两部分。

数据采集和图像重建子系统用于信号的采集与图像的重建。信号采集的核心是 A/D 转换器，转换精度和速度是重要指标。

主计算机和图像子系统主要功能是控制用户与磁共振子系统之间的通信，并通过运行扫描软件来满足用户的所有应用要求。

射频屏蔽与磁屏蔽用于把外界和磁共振扫描系统之间严格屏蔽开来的系统，防止彼此之间的干扰和危害。磁共振的屏蔽一般采用铜片或铜板来完成。

磁共振成像系统的软件包括系统软件、磁共振操作系统、磁共振图像处理系统。

核磁共振成像成套装置归入子目 9018.1310。

磁体子系统归入品目 85.05 项下的相关子目。

梯度场子系统和射频子系统按核磁共振成像装置的专用零件归入子目 9018.1390。

问题 275：CT 主要由哪些部分组成？如何归类？

CT 的全称是 X 射线计算机断层成像（X-Ray Computed Tomography），是一种利用人体内的各种组织对 X 射线的吸收差异，即以测定 X 射线在人体内的衰减系数为基础，采用一定的数学方法，经计算机处理，得出该层面内的衰减系数值在人体内的二维分布矩阵，并转变为图像画面上的灰度分布，从而实现建立断层的现代医学成像技术，如图 5.31 所示。

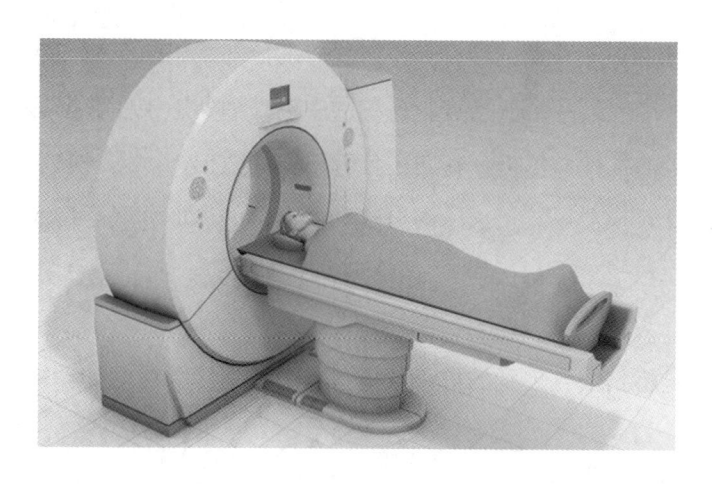

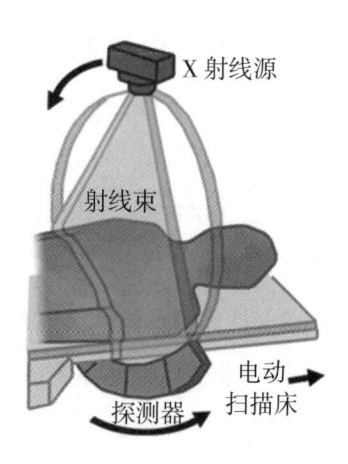

图 5.31　CT 设备与 CT 的工作原理

CT 设备主要包括三部分：数据采集系统，计算机及图像重建系统，图像显示、记录和存储系统。

（1）**数据采集系统**

数据采集系统包括 X 射线高压发生器、X 射线管、准直器、滤过器、探测器、扫描架、扫描床等。其中：

X 射线高压发生器包括高压发生器和稳压装置，其主要作用是给 X 射线管提供必要的管电压和管电流，以及提供旋转阳极 X 射线管所需的阳极启动电压。

X 射线管又称 X 射线球管，是产生 X 射线的器件。

准直器的作用是决定扫描层厚度和吸收散射 X 射线，以提高图像质量。它分为前准直器（X 射线球管侧的准直器）和后准直器（探测器侧的准直器）。前准直器决定层面宽度和射线束的扇形角度；后准直器主要起到减少散射线，配合前准直器完成切层厚度的作用。

滤过器是滤过 X 射线的装置。它主要有两个功能，一是吸收低能 X 射线，降低人体吸收的剂量；二是调整探测器所接收到的 X 射线束流的均匀性。因为低能 X 射线对 CT 图像的形成没有任何作用，却增加了对受检者的照射剂量，滤过后射线束的平均能量升高，射线变"硬"，从而使穿过滤过器和受检者的透射线束的能量分布达到均匀硬化。

探测器是将 X 射线的能量转化为电信号（模拟）信号的装置。由探测器检测到模拟信号，在计算机控制下，经缓冲、积分放大后进行模数转换，变为原始的数字信号。

扫描架由两部分组成：旋转部分和固定部分。旋转部分主要由 X 射线管及其冷却系统、准直器、扫描控制系统、滤过器、数据获取系统（包括探测器阵列）、滑环部分、高压发生器等组成；固定部分主要由旋转支架、旋转控制电机及其伺服系统、机架主控电路板等组成。

其中，冷却系统用于 X 射线管的冷却和电子线路的冷却。X 射线管的冷却采用绝缘油与空气进行热交换，电子线路的冷却采用水冷或风冷；扫描控制系统的中央处理器连接在数据总线和控制总线上，接收来自于主计算机的各种操作指令和向主计算机输送数据；数据获取系统包括探测器、缓冲器、积分器和 A/D 转换器等。扫描床由可移动及升降的床面和底座构成，供受检测者使用。

（2）计算机及图像重建系统

计算机及图像重建系统的功能是将扫描收集到的信息数据进行贮存运算，由主计算机、阵列计算机和软件组成。

（3）图像显示、记录和存储系统

图像显示、记录和存储系统包括显示器、光驱、多幅照相机、激光照相机、洗片机等。

CT 设备在《税则》中称为"X 射线断层检查仪"，归入子目 9022.1200。

X 射线管归入子目 9022.3000。

扫描架及其内部的部件、扫描床按 CT 设备的专用零件归入子目 9022.9090。

问题 276：什么是闪烁摄影装置？如何归类？

闪烁摄影装置（Scintigraphic apparatus[①]）是一种用于获得人体内 γ 射线分布图像的装置。

闪烁摄影装置主要包括三种类型：γ 照相机、单光子发射型计算机断层装置（Single photon emission computed tomography，SPECT）和正电子发射型计算机断层装置（Positron emission tomography，PET），它们均属于核医学影像设备。

在使用这类装置前需要给病人口服或注射能被所要诊断的器官迅速吸收的放射性化合物（示踪剂），然后用 γ 计数器对人体进行扫描，记录示踪剂渗透目标器官（如大脑）时所产生的辐射量，从而确定吸收放射性同位素的部位。计算机对所测定的辐射进行分析后生成图像，显示出器官吸收放射性同位素的部位。

闪烁摄影装置归入子目 9018.1400。

闪烁摄影装置本身没有射线源，只是对含有放射性的化合物进行探测，所以它不属于射线的应用设备，不能误按射线的应用设备归入品目 90.22 项下。

[①] 该英文在《品目注释》中品目 90.18 的翻译为"闪烁扫描设备"，其实两者是同一商品。

问题 277：γ 照相机、单光子发射型计算机断层装置与正电子发射型计算机断层装置有何区别？如何归类？

γ 照相机只对体内放射性核素进行平面静态成像或平面动态成像，目前临床中已基本不用，被发射型计算机断层成像（Emission computed tomography，ECT）设备所替代，因为 ECT 设备可将人体脏器和组织以三维方式显示出来。ECT 设备按工作原理不同又分为两种类型：单光子发射型计算机断层装置与正电子发射型计算机断层装置。

三种设备的主要功能与组成结构如下：

(1) γ 照相机

γ 照相机（Gamma camera）是可对人体内脏器中的放射性核素分布进行一次成像，同时还可动态观察、显示、记录放射性药物在人体脏器内代谢情况的装置。γ 照相机的基本结构包括闪烁探头、探头支架、病床和操作控制台，如图 5.32 所示。探头支架上安装闪烁探头，探头上下运动和前后倾角运动，病床左右移动，这样可使探头视野充分对准患者的脏器部位。操作控制台上安装有能量选择器、显示选择器、控制器、定时器、定标器、摄影显示器等。

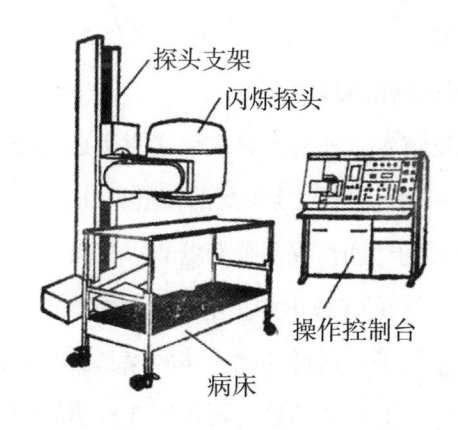

图 5.32 γ 照相机的基本结构

(2) 单光子发射型计算机断层装置

单光子发射型计算机断层装置是核素扫描仪或 γ 照相机与计算机断层成像设备相结合的装置。它的数据采集方式类似第二代 X 射线 CT 的数据采集方式，不同的是，扫描型 SPECT 通过人体内放射性药物释放出来的 γ 射线，直接在相应断层面的切向位置通过几十个线性阵列探测器来接收 γ 射线强度信息数据，供计算机进行图像重建，得到断层的图像，而 X 射线 CT 是通过人体外 X 射线源穿过人体后，在相对位置上的几十个线性阵列探测器接收 X 射线的衰减信息数据。图 5.33 是 SPECT 的基本构造和工作原理。

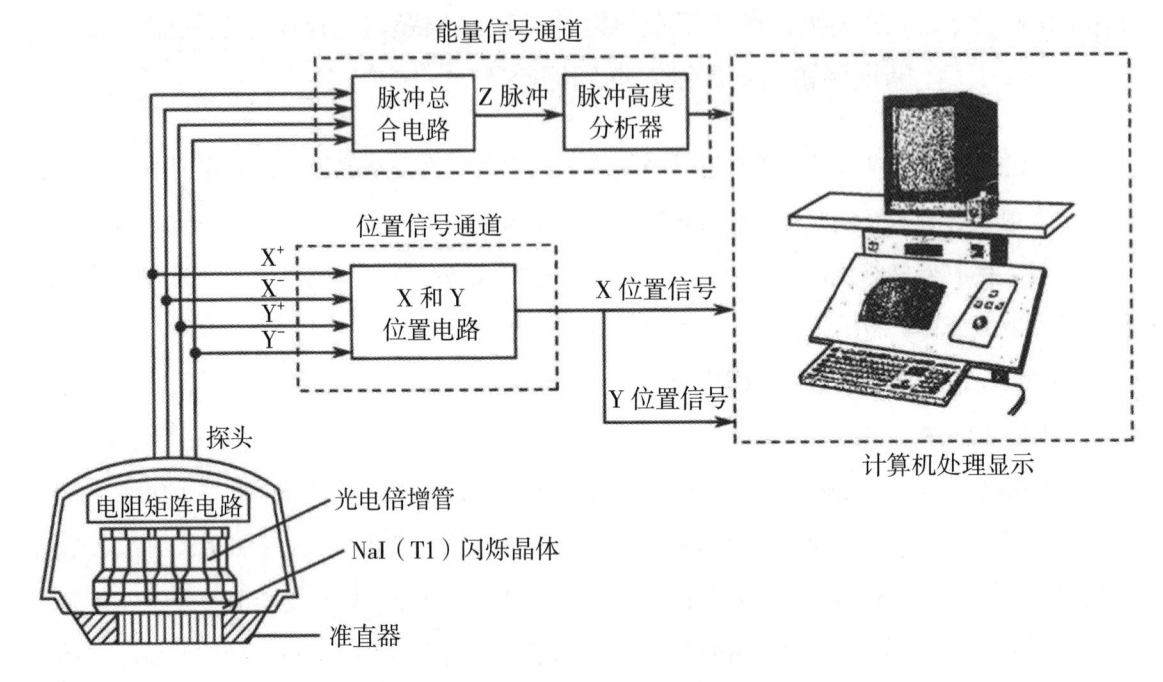

图 5.33 SPECT 的基本构造和工作原理

SPECT 通常由探头、机架、病床、控制台、计算机及外围设备构成。

（3）正电子发射型计算机断层装置

正电子发射型计算机断层装置工作时，将人体代谢所必需的物质（如葡萄糖、蛋白质、核酸、氧等）标记上能发射正电子而半衰期很短的核素（^{18}F、^{15}O、^{13}N、^{11}C）制成显像剂（如 ^{18}F–FDG）注入人体，由于 FDG 的代谢情况与葡萄糖非常相似，可聚集在消耗葡萄糖的细胞内，尤其是生长迅速的肿瘤组织，^{18}F 衰变放出的正电子将与组织中的负电子发生湮灭反应，产生能量相等、方向相反的两个 γ 光子，通过环绕人体的探测器阵列，利用符合测量技术测量出这两个 γ 光子，就可获得正电子的位置信息，再用图像重建软件进行处理后可得到正电子在人体内分布情况的断层图像，如图 5.34 所示。

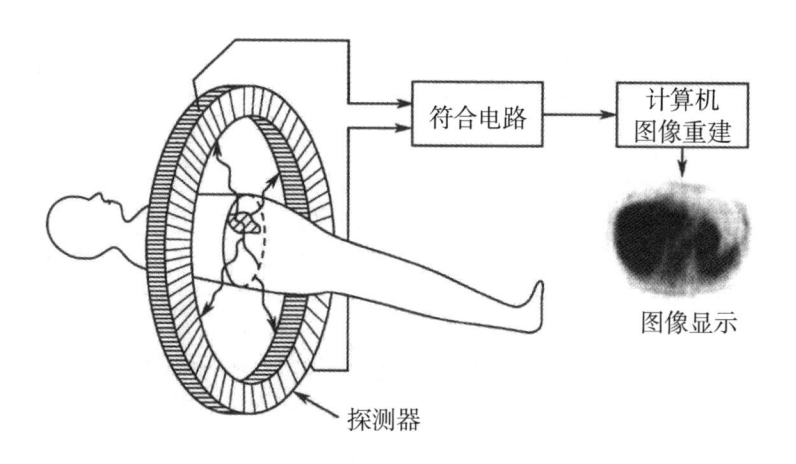

图 5.34　PET 的基本构造

临床上 PET 通常与计算机体层成像（CT）组合在一起，即 PET/CT。正电子发射体层摄影可以显示体内脏器或病变组织的生化和代谢信息。肿瘤细胞代谢活跃、增殖旺盛，摄取显像剂能力是正常细胞的数倍，结果会形成图像上明显的浓集点，因此，在肿瘤早期尚未产生解剖结构变化前，用 PET/CT 即可发现其他影像学不易发现的微小病灶。

PET 由扫描机架（含探测器）、主机柜、操作控制台、检查床等组成。

γ照相机、单光子发射型计算机断层装置与正电子发射型计算机断层装置三种类型均属于闪烁摄影装置，应归入子目 9018.1400。

问题 278：什么是心电图记录仪？什么是脑电图记录仪？什么是肌电图记录仪？如何归类？

（1）心电图记录仪

心电图记录仪（Electro-cardiograph，ECG）是指能接收心脏产生的微弱电流，并记录心电图的仪器。其工作原理是将电极连接到人体心电信号采集点上，电极经导联线与心电图主机构成电路，采集到的心电电流经主机放大处理后，再由描记或记录装置显示出对应心电信号的曲线。图 5.35 为心电图记录仪的工作原理，图 5.36 为心电图记录仪实物。

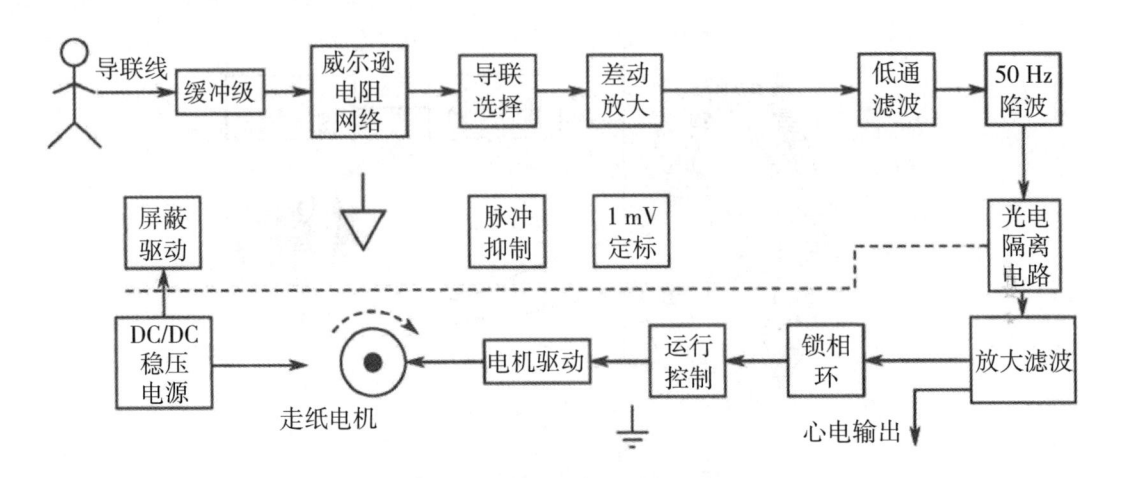

图 5.35　心电图记录仪的工作原理

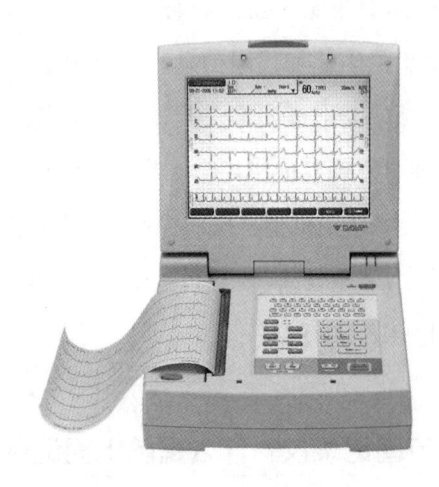

图 5.36　心电图记录仪

心电图记录仪主要由主机、记录器、导联线、电极、电源线、地线等组成。

心电图记录仪归入子目 9018.1100。其中，导联线、电极、电源线、地线如果单独报验时，应归入第八十五章的相应品目。

（2）脑电图记录仪

脑电图记录仪（Electroencephalogram，EEG）是记录大脑两半球电活动曲线（即脑电图）的仪器。

典型的脑电图记录仪通常按记录通道不同，可分为 8 通道和 16 通道两种类型，它们可同时记录多道脑电信号。图 5.37 为 16 通道脑电图记录仪的工作原理，图 5.38 为正在测试中的脑电图记录仪。

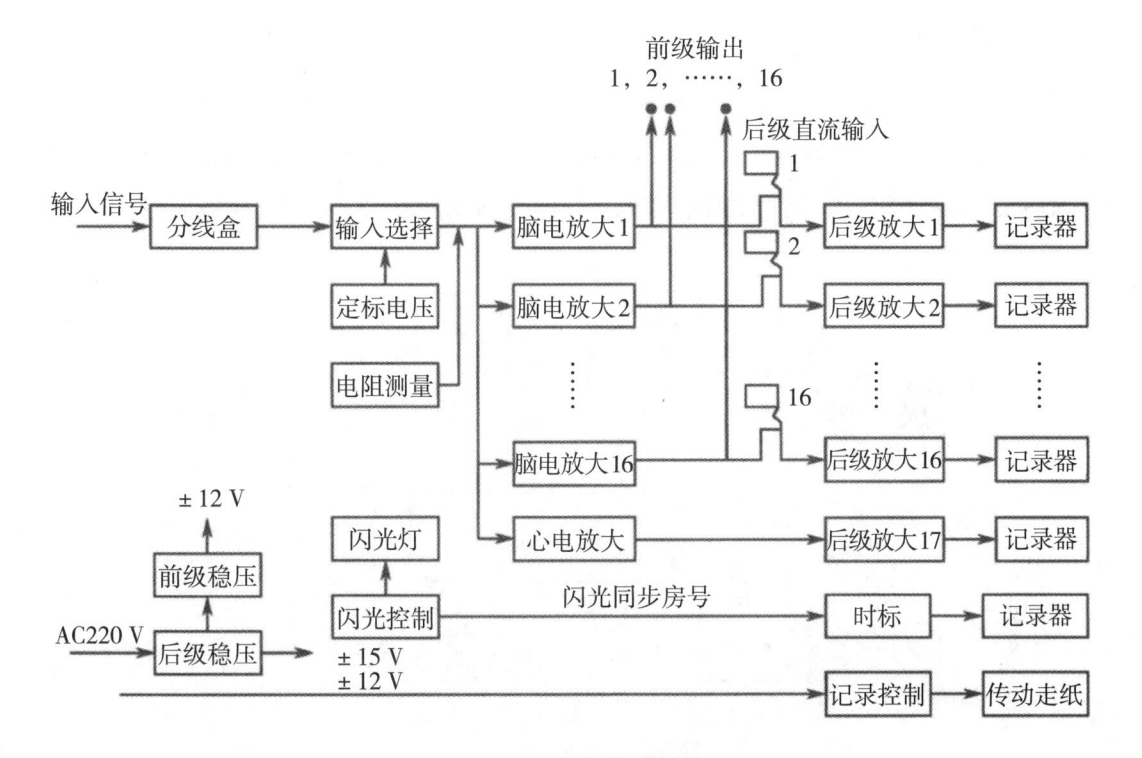

图 5.37　16 通道脑电图记录仪的工作原理

图 5.38　测试中的脑电图记录仪

脑电图仪的工作原理与心电图的工作原理基本相同，都是将微弱的生物电信号通过电极拾取，放大器进行放大，然后通过记录器绘出图形的过程。脑神经元（脑部的神经细胞）是利用电流传递信息的，在头皮上接上电极，就能够读取脑部的电活动。脑神经元的电活动以波的形式表现出来，其所记录的图形就是脑电图。脑电图广泛应用在脑部疾病诊断、认知心理学和语言能力研究等领域。

脑电图记录仪主要由输入部分、前置放大器、主放大器、记录器和电源等组成。

脑电图记录仪属于电气的诊断装置，应归入子目 9018.1990。

(3) 肌电图记录仪

肌电图记录仪（Electromyogram，EMG）是用来记录肌肉生物电图形的仪器。它通过对这些电图形的测量分析，掌握神经、肌肉的功能状态，对运动神经元或肌肉疾病进行诊断，对神经肌肉系统进行研究以及提供临床诊断结论。图5.39为肌电图记录仪组成框架。

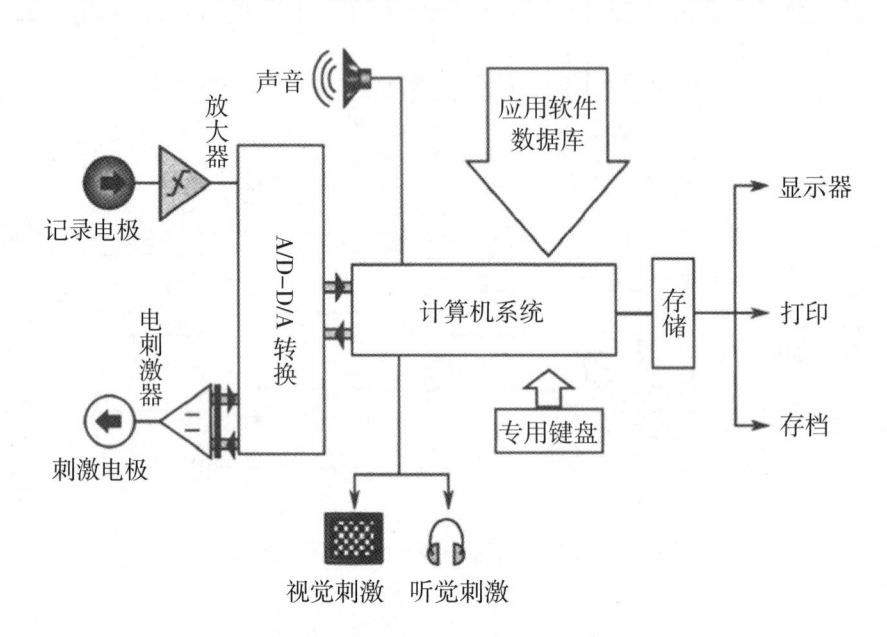

图 5.39　肌电图记录仪组成框架

肌电图记录仪主要由放大器、刺激器、显示器、监听器、打印机、稳压电源等组成。肌电图记录仪属于电气的诊断装置，应归入子目9018.1990。

问题279：什么是自动体外除颤仪（AED）？如何归类？

自动体外除颤仪（Automated external defibrillator，AED）又称自动体外电击器、自动电击器，是一种便携式的对心脏进行除颤治疗设备。除颤是指对于危及生命的心律不整、心室颤动、无脉性心室频脉常见的治疗手段。AED可通过胸部向心脏传递电击，电击可阻止不规则的心跳（心律失常），并在心脏骤停（Sudden cardiac arrest，SCA）后恢复正常的节律。图5.40为公共场所安放的AED，图5.41为不同类型的AED。

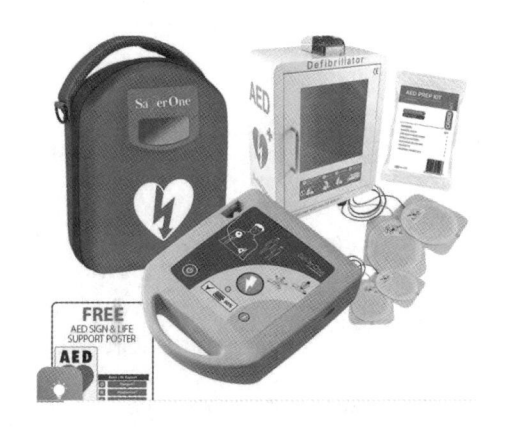

图 5.40　公共场所安放的 AED　　图 5.41　不同类型的 AED

AED 是可供非专业人员使用的用于抢救心脏骤停患者的医疗设备。在心跳骤停时，只有在最佳抢救时间的"黄金4分钟"内，利用 AED 对患者进行除颤和心肺复苏，才能有效制止猝死。

自动体外除颤仪属于专用于医疗的装置，应归入子目 9018.9099。

问题 280：什么是肾脏透析设备？什么是人工心肺机？如何归类？

（1）肾脏透析设备

肾脏透析设备又称为血液透析（Hemodialysis）装置，是利用半透膜原理，通过扩散、对流将体内的各种有害、多余的代谢废物和过多的电解质移出体外，从而达到净化血液的目的，并实现纠正水、电解质及酸碱平衡紊乱的设备。

其工作原理：透析用浓缩液和透析用水通过透析液供给系统配制成合格的透析液，通过血液透析器，与血液监护警报系统引出的患者血液进行溶质弥散、渗透和超滤作用；作用后的患者血液通过血液监护警报系统返回患者体内，同时透析用过的液体作为废液由透析液供给系统排出；不断循环往复，从而达到治疗的目的，完成整个透析过程。图 5.42 为血液透析设备的组成结构。

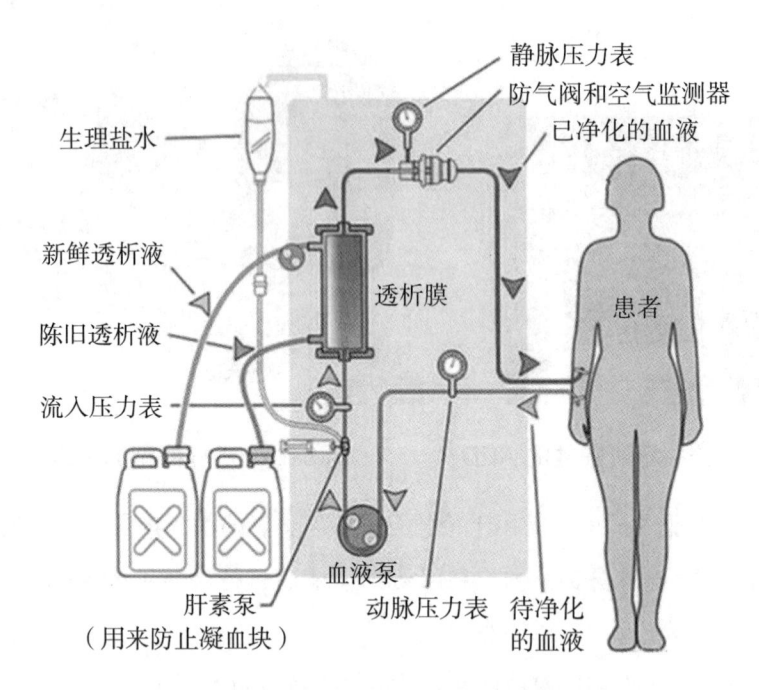

图 5.42　血液透析设备的组成结构

血液透析设备主要包括血液监护警报系统和透析液供给系统两部分。

① 血液监护警报系统包括血泵、肝素泵、透析器、动静脉压监测和空气监测等。

血泵用来将血液引出并推动血液在体外循环管路中流动，通常为蠕动泵。

肝素泵用于持续向患者血液中注射肝素，以防止发生凝血，它相当于临床上应用的微量注射泵。

透析器是透析装置中最重要的组成部分，利用半透膜的原理，以弥散、对流等方式清除血液内的有害物质。体外血液循环通路和透析液通路均经过此处，并在此完成血液中多余水分和废物的清除。透析器通常由外壳、纤维膜、O型环、封口胶、端盖组成。

动、静脉压监测包括动脉压监测和静脉压监测，其中，动脉压监测用来监测透析器内压力的变化（以防止血栓和凝固，因为有血栓、凝固发生时，动脉压就会上升）；静脉压监测用来监测血液回流的压力（以防止血液流动不足）。

空气监测用来监测血液流路以及静脉滴壶中的空气气泡，以避免发生空气栓塞。

② 透析液供给系统包括温度控制系统、配液系统、除气系统、电导率监测系统、超滤监测系统和漏血监测系统等。

温度控制系统包括加热和温度检测两部分，一般将反渗透水加热至36℃~40℃，使透析液温度控制在37℃左右。

配液系统用于配制合格的透析液，以碳酸盐透析为例，其混合比例为：

A液：B液：纯水＝1：1.83：34。

除气系统用于除去水和浓缩液中存在的空气。

电导率监测系统用于检测A液和B液中的浓度，一般配置2～3个电导率监测模块检测A液和B液的浓度。

超滤监测系统利用跨膜压的压力控制或容量控制来达到超滤、去除血液中水分的目的。

漏血监测系统用于监测是否发生漏血的情况，以防止透析器破膜现象。

肾脏透析设备归入子目9018.9040。

（2）人工心肺机

人工心肺机是利用血泵（即人工心脏）的作用，通过管路将上、下腔静脉原来要回流至心脏的血引流到体外的氧合器（即人工肺），完成充氧并排出二氧化碳，然后将充氧后的血液经导管输送回动脉系统的设备，如图5.43所示。

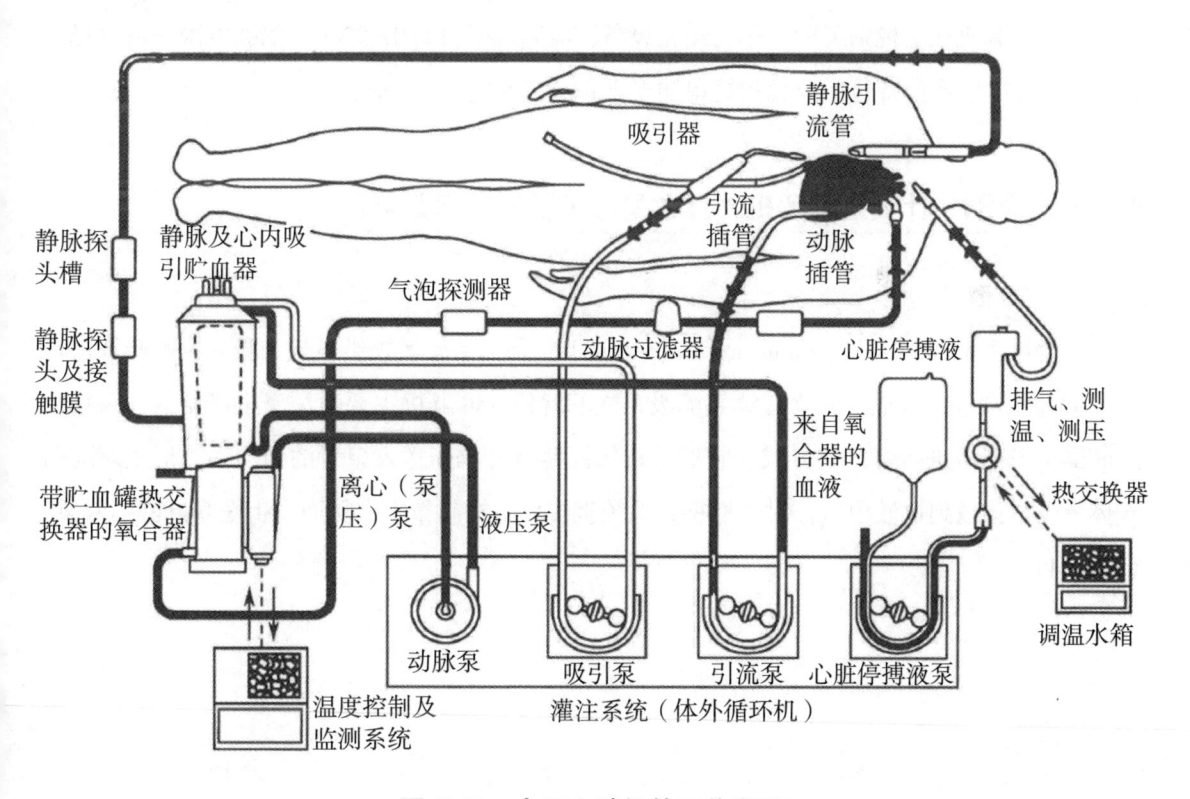

图5.43 人工心肺机的工作原理

人工心肺机的工作原理：整个管路系统中的静脉血液是被阻止进入右心房内的，各血管汇合的静脉血液由一台血泵输送到人工气体交换装置的氧合器中，经过充氧处理后的血液由另一台血泵通过主动脉的分支管送入动脉系统中，然后进入各毛细管同组织细胞进行物质交换，而主动脉瓣膜则由血液反作用压力成闭合状态，阻断了血液反向进入左心室。此时，心脏的主动脉、腔动脉与体外装置基本上形成了一个封闭的循环回路，具备了心脏与肺脏的功能，所以又称为体外循环系统。

人工心肺机主要包括血泵、氧合器、变温器、贮血室和滤过器等。

血泵是驱使血液在体外单向流动，回输入体内动脉，代替心脏排血功能，供应全身血液循环的装置。

氧合器是代替肺使静脉血氧合并排出二氧化碳。

变温器是调节体外循环中血液温度的装置。

贮血室是内含滤过网和去泡装置的容器，用作贮存预充液、心内回血等。

滤过器用于滤过体外循环过程中可能产生的气泡、血小板凝块、纤维素、脂肪粒、硅油栓，以及患者体内脱落的微小组织块等。

人工心肺机在《税则》中又称为输血设备，应归入子目 9018.9060。依据本国子目注释，该子目所称的输血设备包括成套的简单输血设备和成套的人工心肺设备。

问题 281：什么是麻醉机？什么是呼吸机？如何归类？

（1）麻醉机

麻醉机（Anesthetic apparatus and instrument），是指给患者提供氧气、吸入麻醉药及进行呼吸管理的设备，这里主要指持续气流吸入式麻醉机。麻醉机主要适用于全身麻醉，采用吸入麻醉法对患者进行麻醉的方式。它通过机械回路将麻醉药送入患者的肺泡中，形成麻醉药气体分压，弥散到血液中后，对中枢神经系统直接发生抑制作用，从而产生全身麻醉的效果，如图 5.44 所示。

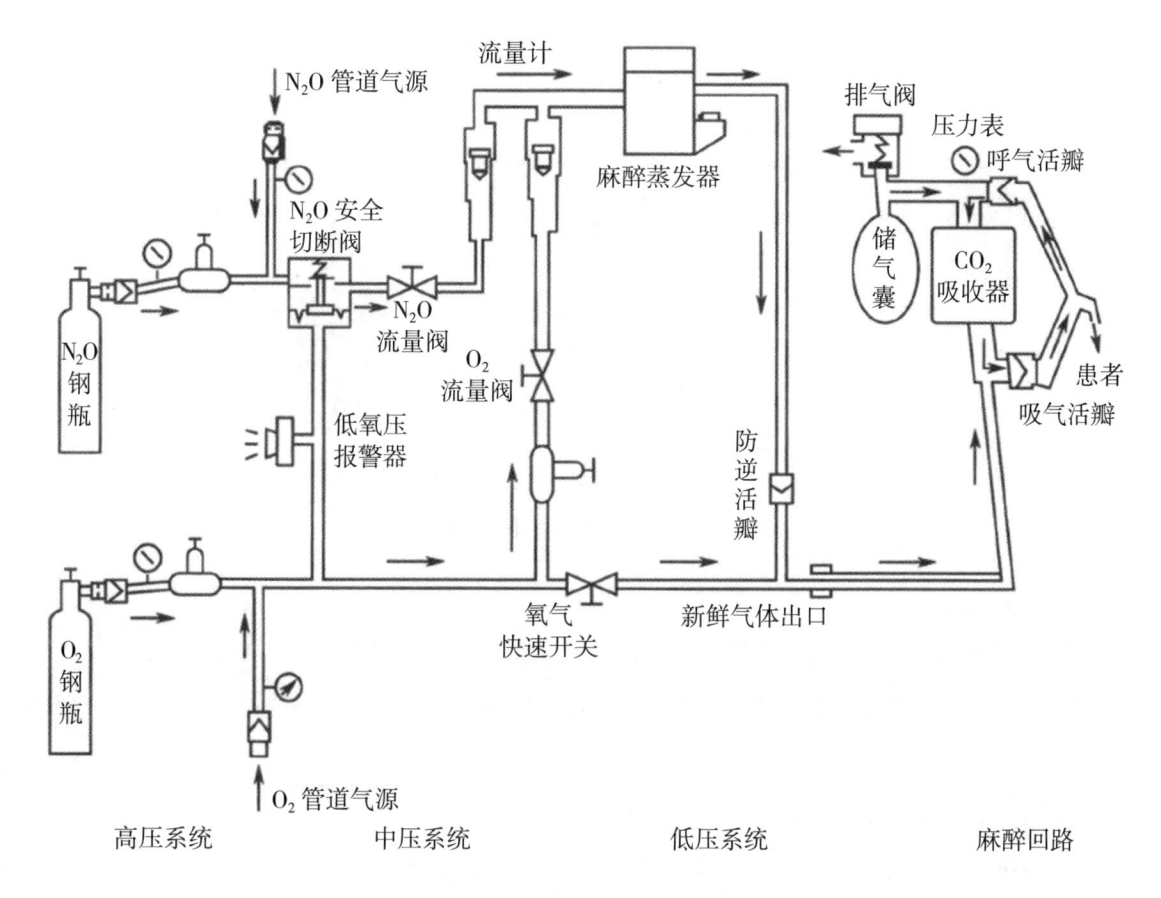

图 5.44 麻醉机系统的基本结构

麻醉机主要由供气装置、流量计、麻醉呼吸器、麻醉蒸发器、监测和报警装置、残余气清除装置和各种附件与接头等组成。

麻醉机归入子目 9018.9070。

（2）呼吸机

呼吸机（Ventilator）是可以替代人或辅助人的呼吸功能的仪器。它能增加肺通气量，改善呼吸功能，减少呼吸消耗，节约心脏储备能力，能帮助病人吸收氧气、排出二氧化碳。

呼吸机的工作流程：压缩气源经过减压、过滤、空气/氧气配比混合，再经过稳压后送到吸气阀。在吸气相按约定通气模式和参数向患者送气，同时监控气道参数，若满足切换条件则切换到呼气相，打开或不完全打开呼气阀完成呼气过程。在呼气末期，自动检测气道参数和患者状态，适时进入下一个呼吸周期，如图 5.45 所示。

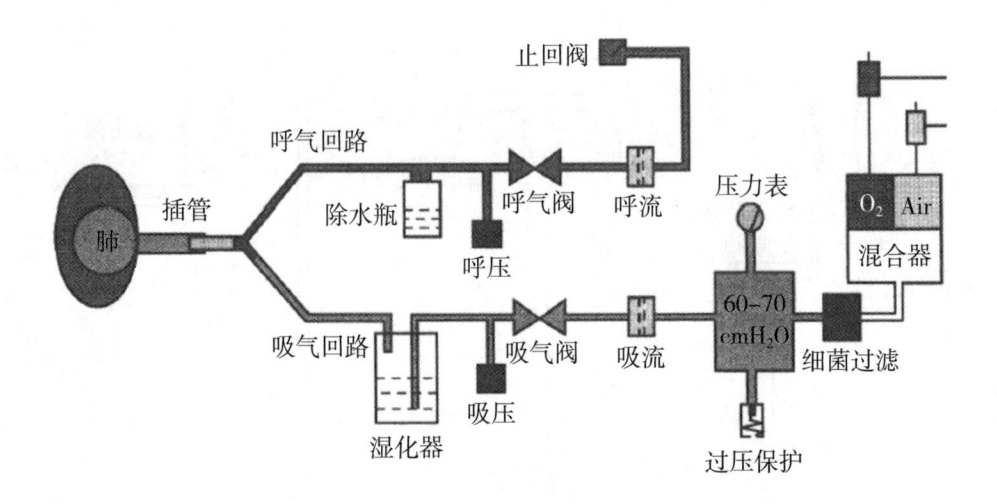

图 5.45　呼吸机主机的工作流程

呼吸机主要由供气、呼气、控制三部分组成。

供气部分提供吸气压力，将不同含氧浓度的新鲜气体压入肺内。

呼气部分是依靠呼气阀控制，吸气时关闭，以防止漏气。呼气阀只在呼气时打开，使之呼气。

控制部分用于控制呼吸机的各种模式和功能。

呼吸机归入子目 9019.2010（有创呼吸机）或子目 9019.2020（无创呼吸机）。

有创呼吸机是指需要把患者的气管切开并使用插管连接的呼吸机。它主要针对昏迷的、无自主呼吸或不能耐受无创呼吸机的患者。

无创呼吸机指不需要切开患者气管，不用插管，而是通过面罩与管道连接的呼吸机。它主要针对清醒的、具有自主呼吸功能的患者。

问题 282：内窥镜主要有哪些种类？如何归类？

内窥镜（Endoscope）简称内镜，是指通过插入人体自然腔口来直接观察人体器官内部腔体来进行诊断与治疗的装置。图 5.46 为使用中的内窥镜示意图。

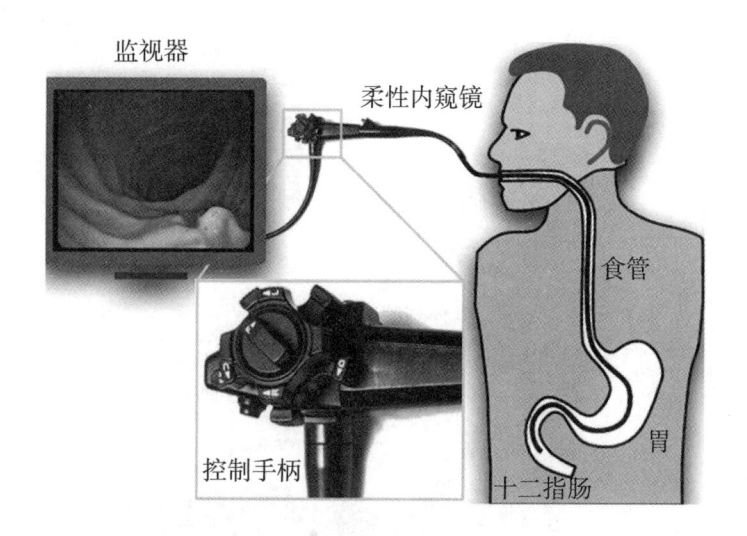

图 5.46 使用中的电子内窥镜示意图

内窥镜按构造不同（是否可以弯曲）可分为硬性内窥镜和软性内窥镜。按工作原理不同可分为纤维内窥镜、电子内窥镜、超声内窥镜、无线内窥镜。

硬性内窥镜不能弯曲，如直肠镜、宫腔镜等，它们主要包括传像、照明、气孔三大部分。传像部分用于将体内的图像传导至体外，主要包括物镜、中继系统、目镜等。照明部分采用冷光源用光导纤维穿入镜内为观察提供光源。气孔部分用来送气、送水、通活检钳。

软性内窥镜可以弯曲，如胃镜、十二指肠镜、结肠镜、胆道镜、小肠镜、支气管镜、鼻咽喉镜、输尿管镜等。

目前常见的内窥镜包括纤维内窥镜、电子内窥镜、超声内窥镜和胶囊内窥镜等。

（1）纤维内窥镜

纤维内窥镜（简称纤镜），以胃肠内镜为例，它主要由头端部、可弯曲的插入管（直径为 7.9～12.8 毫米）和连接管（将光源和头端部连接起来）组成。头端部由目镜、远端弯角、抽吸和送水的各种控制件及工作钳孔等组成。纤镜可弯曲的套管中密封有传像束和导光束，它们将头端和末端连接在一起。导光束将来自光源的光传输到内镜的末端以照明视物。传像束将图像作为反射光传回到目镜。导光束和传像束由 30000～50000 根光学纤维构成，它们在弯曲时也能进行双向光传输。

纤维内窥镜的管子内有给水、给气、吸引、活检孔等，具有照相、活检、刷片、治疗等功能。图 5.47 为光纤内窥镜及镜头的结构。

纤维内窥镜归入子目 9018.9030。

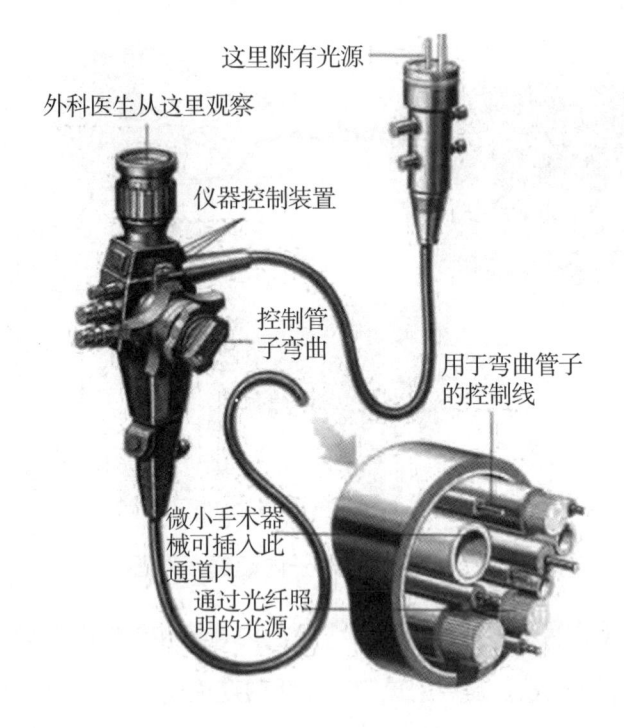

图 5.47 光纤内窥镜及镜头的结构

（2）电子内窥镜

电子内窥镜是继第一代硬性内窥镜和第二代光导纤维内窥镜之后的第三代内窥镜，其成像有赖于镜头前端装设的微型 CCD 图像传感器，它犹如一台微型摄像机，将光信号经图像传感器转换为电信号，然后传输给信号处理器进行处理，经处理后呈现在监视器的屏幕上。图 5.48 为电子内窥镜的整体构造。

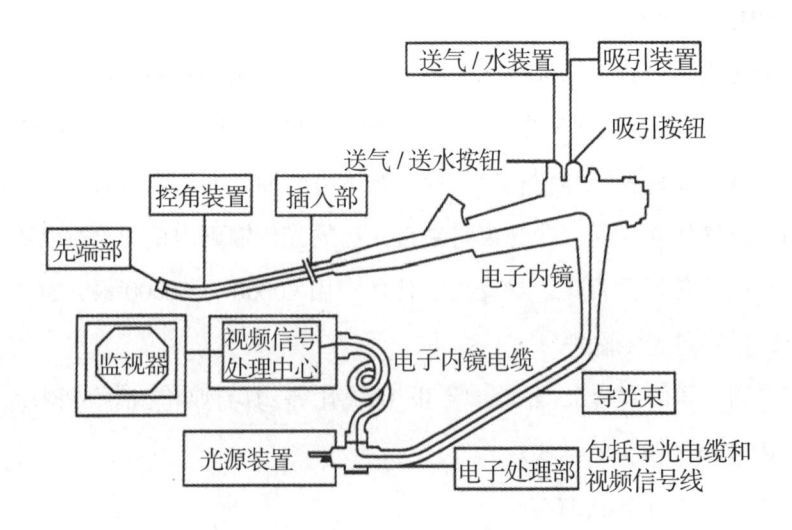

图 5.48 电子内窥镜的整体构造

电子内窥镜在结构上与纤维内窥镜相似，如可使镜前端弯曲部转动的转动旋钮，以及给水、给气、吸引、活检孔等均相似。不同的是纤维内窥镜由光导纤维束传送图像，检查者通过目镜进行观察；电子内窥镜则在镜前端装有CCD图像传感器，代替了纤维内窥镜的导像束，它比纤维内窥镜具有更高的分辨率，图像更清晰，色泽更逼真，并可供多人同时观看。图5.49为电子内窥镜与纤维内窥镜先端部的比较。

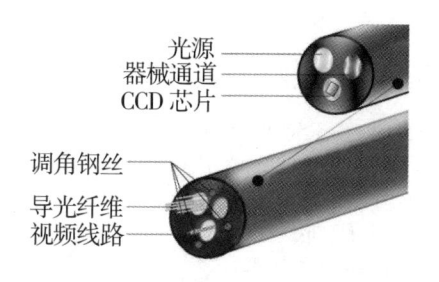

图 5.49　电子内窥镜与纤维内窥镜先端部的比较

电子内窥镜归入子目9018.9030。

（3）超声内窥镜

超声内窥镜（Endoscopic ultrasonography，EUS）是将微型高频超声显像探头安装在内窥镜前端的设备。当内窥镜插入消化道后，在观察腔内黏膜改变时，进行实时超声扫描显像，可详细观察黏膜下的组织结构特征，以及周围邻近器官。图5.50为超声内窥镜的先端部。

图 5.50　超声内窥镜的先端部

超声内窥镜由四部分组成：

① 内窥镜系统：图像处理装置、光源、监视器等。

② 超声系统：超声信号处理装置、微探头驱动器、超声电缆线。

③ 内窥镜与微探头系统。

④ 周边设备：注水装置及注水三通管等。

超声内窥镜属于内窥镜的范围，同时它也是超声波扫描装置，应按超声扫描装置归入子目9018.1299。

（4）胶囊内窥镜

胶囊内窥镜又称无线内窥镜，是一个由微型摄像机和传送器组成的可吞食的小型内窥镜。它只有药丸大小，当被吞食后，可将患者胃肠道图像传送到体外的接收器。

最基本的胶囊内窥镜系统由体内和体外两部分组成。体内部分就是胶囊内窥镜，体外部分就是数据记录仪和电脑工作站。

胶囊内窥镜主要包括胶囊外壳、光学组件、照明装置、摄像模块（图像传感器+数据处理与控制模块）、无线传输模块（无线收发信机+天线）、电源模块（电源+电源开关），以及其他各种底座和连接线等，如图5.51所示。

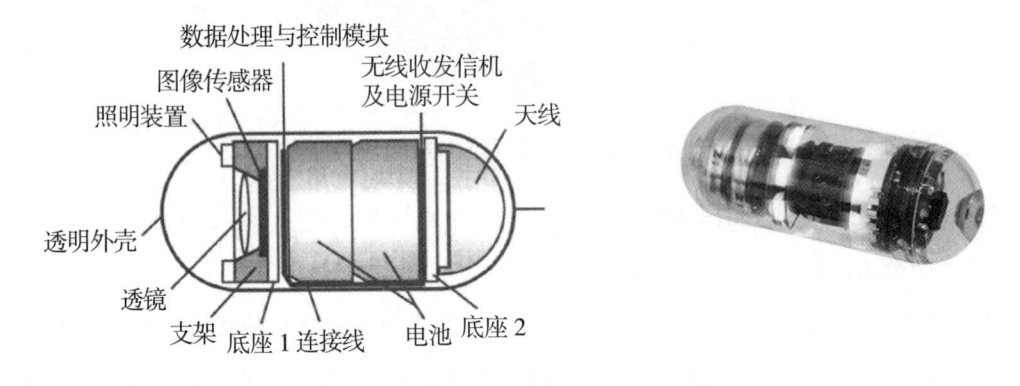

图5.51 胶囊内窥镜的组成结构与实物

数据记录仪又称影像接收仪，主要由设备外壳、无线电收发信机、天线阵列、数据处理与控制模块、存储模块、电源模块等组成。

电脑工作站是影像与报告处理的工作站，主要由一台计算机、专用影像与报告处理软件、输出设备等组成。

胶囊内窥镜归入子目9018.9030。

由胶囊内窥镜和数据记录仪、电脑工作站组成的胶囊内窥镜系统按功能机组一并归入子目9018.9030。

问题283：什么是手术机器人？如何归类？

手术机器人（Robotic surgery, Surgical robots）是指由机械臂、控制台、成像系统等部分组成，能以微创方式实施复杂的外科手术的一种医疗设备。手术机器人主要包括骨科手术机器人、腔镜手术机器人、神经外科手术机器人、放射介入手术机器人等，如图5.52所示。

图 5.52 手术机器人

手术机器人通常不能独立操作，而是协助外科医生以更精确、更灵活和更可控的方式进行复杂的手术。

手术机器人归入子目 9018.9080。

问题 284：品目 90.19 的呼吸器具与品目 90.20 的呼吸器具有何区别？

从中文字面上看两者都是呼吸器具，但是两者对应的英文、功能、用途不同。

品目 90.19 的呼吸器具对应的英文是"Respiration apparatus"，其功能是抢救及治疗，主要用于患者，如溺水者、触电及气体中毒（例如，一氧化碳中毒）者、体弱的新生儿、手术后休克的患者、小儿麻痹症患者、急性气喘及肺不扩张者等。详见"问题 281"。

品目 90.20 的呼吸器具对应的英文是"Breathing appliance"，其功能是在特定条件下帮助人工正常呼吸，适用人群包括飞行员、潜水员、登山运动员，以及消防队员等。图 5.53 为消防员使用的呼吸器具。

图 5.53　消防员使用的呼吸器具

问题 285：弥补人体生理缺陷的器具主要包括哪些商品？如何归类？

弥补人体生理缺陷的器具主要包括：外科用的矫形器具、夹板及其他骨折用具；人造的假肢、假牙、其他人造器官（如人造血管、人造心脏瓣膜、人造关节等）；为了弥补生理缺陷或残疾所穿戴的助听器、起搏器、导盲器、血管支架等。

矫形或骨折用器具归入子目 9021.1000。

假牙归入子目 9021.2100，固定假牙的固定件归入子目 9021.2900。

人造关节归入子目 9021.3100，人造血管、人造心脏瓣膜等其他人造器官归入子目 9021.3900。

助听器归入子目 9021.4000，助听器的专用零件（必须是其他品目未列名的）归入子目 9021.9090。

起搏器归入子目 9021.5000，起搏器的专用零件（必须是其他品目未列名的）归入子目 9021.9090。

血管支架归入子目 9021.9011。

问题 286：什么是血管支架？什么是医用可解脱弹簧圈？什么是人造心脏瓣膜？如何归类？

（1）血管支架

血管支架（Stenting）是一种置入血管的金属制网状支架。它能将狭窄的血管撑开，防止血管阻塞。血管支架由支架和导管输送系统组成。通过导管输送器将支架输送至病变部位，植入支架以达到支撑狭窄闭塞段血管，保持管壁血流通畅的目的。血管支架主要分为冠脉支架、脑血管支架、肾动脉支架、大动脉支架等。支架通常由金属材料、覆膜材料和生物材料制成，部分支架表面涂覆治疗药物。支架按照在血管内展开的方式可分为自展式和球囊扩张式两种。图 5.54 为球囊扩张式血管支架。

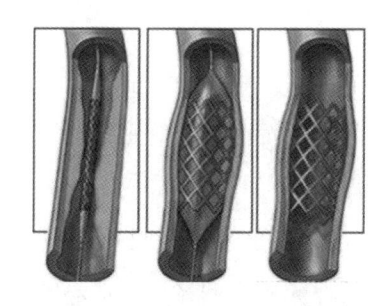

图 5.54　球囊扩张式血管支架

血管支架归入子目 9021.9011。

（2）医用可解脱弹簧圈

医用可解脱弹簧圈（Medical Releasable Coil）是用于治疗动脉瘤的医疗器械，属于栓塞材料，主要用于人体颅内带有动脉瘤血管介入治疗术中，也可用于神经脉管畸形引起的栓塞治疗术中，旨在阻塞、堵塞神经血管及外围血管的异常血流。1991 年首次报道 GDC[①] 栓塞治疗颅内动脉瘤。GDC 远端为铂金的弹簧圈，与不锈钢导丝相连，可直接送入动脉瘤内。当通入直流电后，弹簧圈吸引带负电荷的血液成分（红细胞、白细胞、血小板等）发生电凝，在动脉瘤内形成血栓，同时弹簧圈与不锈钢导丝相连部分因电解而溶断，弹簧圈解脱留于动脉瘤内。GDC 弹簧圈极柔软，在动脉瘤内进退盘旋顺应性好，投放位置不满意可再调整，不易发生载瘤动脉闭塞。图 5.55 为弹簧圈填充血管瘤的过程。

图 5.55　弹簧圈填充血管瘤的过程

---

① GDC 是由白金制成的极精细极柔软的记忆微弹簧圈。

可解脱弹簧圈分为电解脱、电离解脱、机械解脱、水解脱等。

医用可解脱弹簧圈并不是弥补人体缺陷的器具，而是治疗血管瘤的器械，所以应归入子目 9018.9099。

医用可解脱弹簧圈不同于置入血管内的血管支架，不能错误地将可解脱弹簧圈归入品目 90.21 项下。

（3）人造心脏瓣膜

心脏瓣膜是保证心脏推动血液循环定向流动的生物阀门。心脏瓣膜的病变会影响人体正常血液循环，严重时甚至危及生命。

人造心脏瓣膜（Heart valve prothesis）是指用机械或者生物组织材料加工而成的一种用来治疗心脏瓣膜疾病或缺损的心脏植介入医疗器械。人造心脏瓣膜植入人体心脏内，代替主动脉瓣、肺动脉瓣、三尖瓣、二尖瓣等心脏瓣膜，使血液单向流动，是具有天然心脏瓣功能的人造器官。图 5.56 展示了机械心脏瓣膜和生物心脏瓣膜。

人造心脏瓣膜属于弥补人体生理缺陷的器具，应归入子目 9021.3900。

机械心脏瓣膜 　　　　　　　生物心脏瓣膜

图 5.56　两种人造心脏瓣膜

问题 287：人工耳蜗与助听器有何区别？如何归类？

人工耳蜗又称为人工电子耳，是一种植入式听觉辅助设备，其功能是使重度失聪的病人（聋人）产生一定的声音知觉。它与助听器等其他类型的听觉辅助设备不同，人工耳蜗的工作原理不是放大声音，而是对位于耳蜗内、功能尚完好的听神经施加脉冲电刺激来使听障人士听到声音。图 5.57 为人工耳蜗解剖示意图。

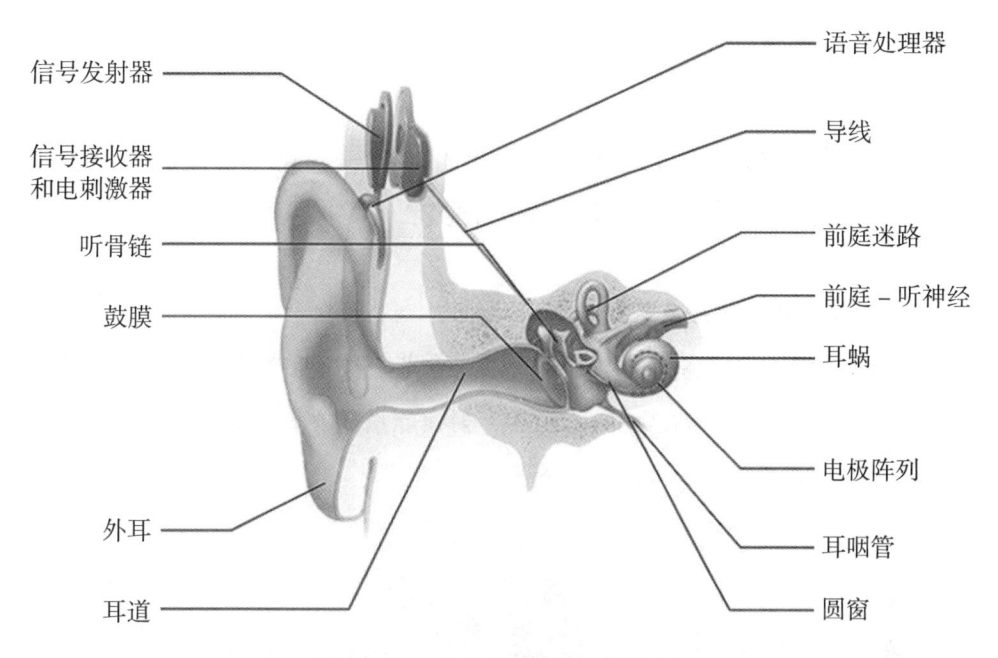

图 5.57 人工耳蜗解剖示意图

人工耳蜗设备一般由植入部分和体外部分组成。体外部分由麦克风、语音处理器,以及用于向植入部分发送指令的信号发射器组成。植入部分由信号接收及解码模块、刺激电极阵列组成。

人工耳蜗属于弥补人体生理缺陷的设备,应归入子目 9021.9090。

助听器是听障人士使用的辅助工具,是通过放大声音来补足患者听力受损的器具。它一般由接收器、放大器、受话器(耳机)、音量调节钮以及电源等组成,如图 5.58 所示。

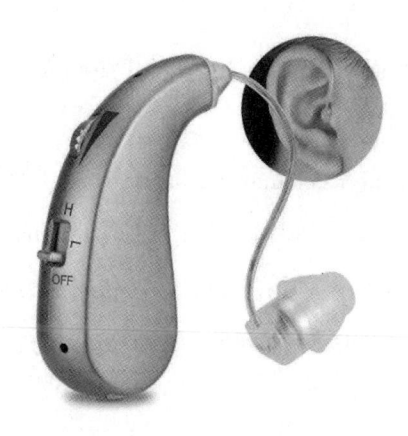

图 5.58 助听器

助听器归入子目 9021.4000,助听器的专用零件(必须是其他品目未列名的)归入子目

9021.9090。

问题 288：什么是钴 60 远距离治疗机？什么是医用电子直线加速器？什么是重离子射线设备？如何归类？

（1）钴 60 远距离治疗机

钴 60（^{60}Co）远距离治疗机是一种利用 ^{60}Co 放射性核素衰变释放出的 γ 射线从体外治疗疾病的设备。其 γ 射线的平均能量为 1.25MeV，射线能量高、剂量输出功率大、穿透力强，主要适用于头颈部肿瘤的治疗，如图 5.59 所示。

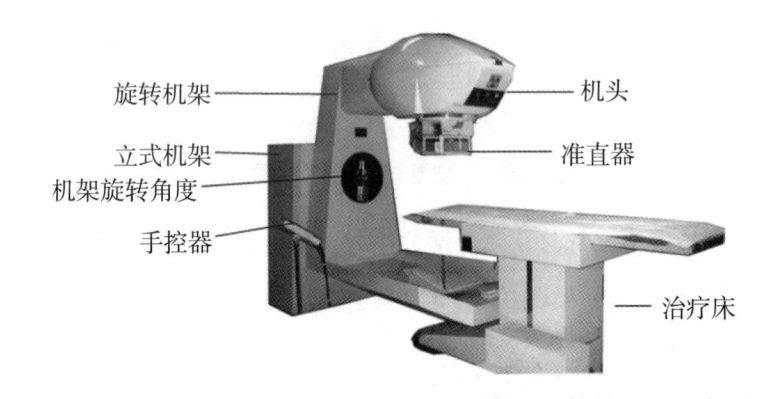

图 5.59　钴 60 远距离治疗机的组成结构

钴 60 远距离治疗机一般由钴源、源容器及防护机头、遮线器装置、准直器系统、控制台、治疗床等组成。

钴 60 远距离治疗机属于医用 γ 射线的应用设备，应归入子目 9022.2110。

（2）医用电子直线加速器

医用电子直线加速器（Linear accelerator for medical use）是利用百万电子伏特（MeV）高的能量沿直线加速物质的电子，撞击钨片靶区而产生高能量的 X 射线（相对于一般放射诊断 X 射线机能量的数百倍、千倍）的一种治疗装置。它利用高能量、高穿透率的 X 射线来清除患者体内较深处的肿瘤细胞，利用穿透率较低的电子射线治疗较浅部或体表的肿瘤细胞，如图 5.56 所示。

医用电子直线加速器主要由加速管、微波功率源、微波传输系统、电子枪、束流系统、真空系统、恒温水冷却系统、电源及控制系统、照射头、治疗床等组成，如图 5.60 所示。

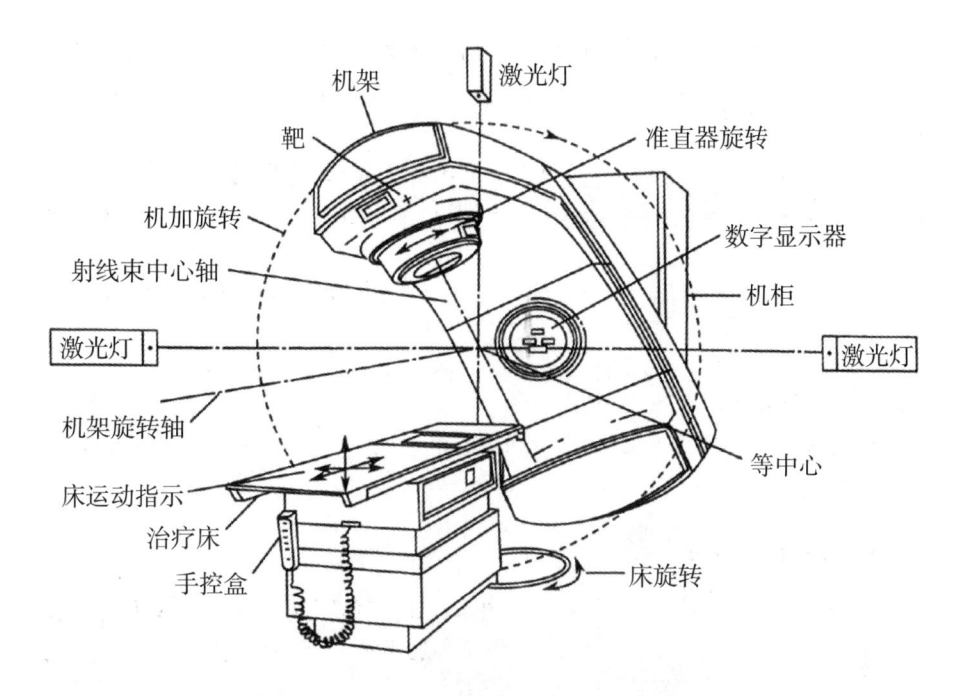

图 5.60　医用电子直线加速器的结构

医用电子直线加速器属于 X 射线的应用设备，应归入子目 9022.1400。

（3）重离子射线设备

重离子射线又称重粒子线，通常是指质量数大于 4 的离子射线。

重离子射线设备主要是指用重离子射线治疗癌症的设备。目前用于治疗癌症的放射线主要有光子线和粒子线。光子线是高能量的光子，粒子线是被加速的粒子。光子线包括 X 射线、γ 射线，粒子线包括质子线和重粒子线（或称重离子线），如图 5.61 所示。

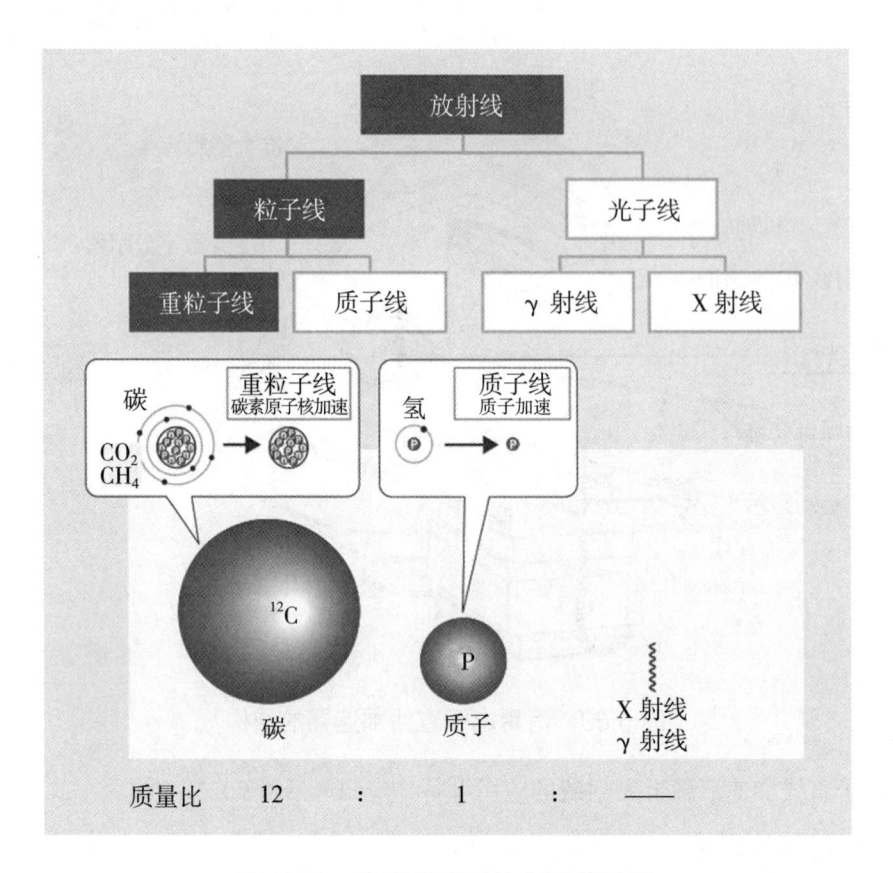

图 5.61 治疗癌症用的主要放射线

重粒子射线射入人体内后,不会像传统放疗中常用的光子线一样在体表部分释放大量能量,而是以非常快的速度在几乎不损失能量的情况下穿透体表部分,直接达到预定深度,在此位置速度迅速降低,大部分能量释放形成剂量峰值,然后停止,图 5.62 是重粒子线与 X 射线治疗肿瘤的比较。与 X 射线和质子线相比,重粒子线的生物学效应(肿瘤杀灭效果)可以达到前者的 2 ~ 3 倍。

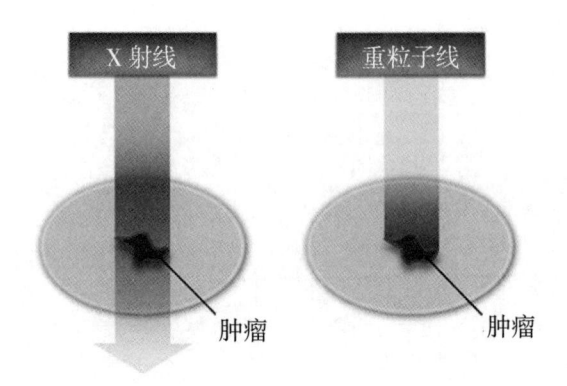

图 5.62 重粒子线与 X 射线治疗肿瘤的比较

重离子射线设备属于除 X 射线或 α 射线、β 射线、γ 射线外的其他离子射线的医疗用设备，所以应归入子目 9022.2190。

问题 289：什么是 γ 刀系统？如何归类？

γ 刀（γ Knife）系统是利用 γ 射线几何聚焦原理，在精确的立体定向技术辅助下，将经过规划的大剂量 γ 射线于短时间内集中照射于体内的预选靶点，一次致死性地摧毁靶区组织，以达到类似外科手术治疗目的的一种治疗仪器。图 5.63 是 γ 刀系统立体定向放射治疗的情况。

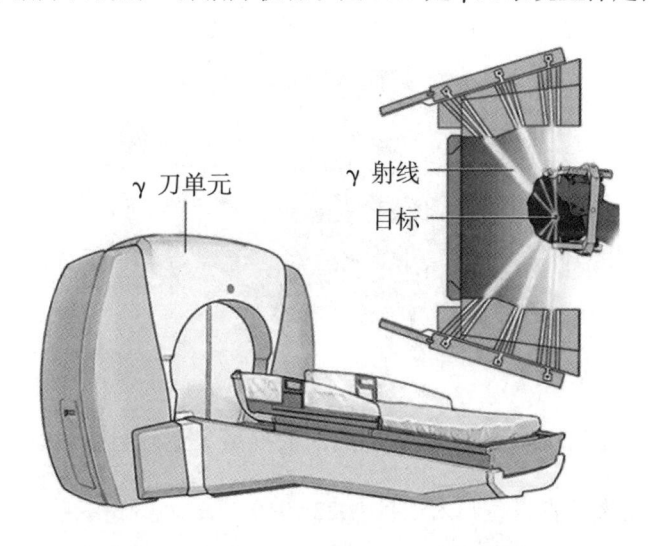

图 5.63　γ 刀系统立体定向放射治疗的情况

γ 刀系统主要由放射治疗子系统、立体定位子系统、电气控制子系统和治疗计划子系统组成。

放射治疗子系统由放射源装置、头盔和屏蔽装置组成，通过放射源产生的 γ 射线实现治疗功能。

立体定位子系统用于确定靶点位置，并在治疗时固定病人头部，使靶点准确地定位在射线焦点上。

电气控制子系统用于整个治疗过程的电气控制。

治疗计划子系统是一套计算机图像处理、剂量规划的装置。

γ 刀系统属于医用 γ 射线的应用设备，应归入子目 9022.2110。

问题 290：什么是低剂量 X 射线安全检查设备？如何归类？

低剂量 X 射线安全检查设备（Low-dose X-ray security inspection system）又称微剂量 X 射线安全检查设备，是指用低剂量的 X 射线对人或行李物品进行扫描检查的设备。所谓低剂量是指对人或物品相对安全的剂量。图 5.64 为用于行李物品的低剂量 X 射线检查设备，它的单次检查剂量为 1.8 微戈瑞。

图 5.64　用于行李物品的低剂量 X 射线检查设备

低剂量 X 射线安全检查设备归入子目 9022.1910。

这说明品目 90.22 不仅包括医疗用 X 射线的应用设备，也包括非医疗用的 X 射线的应用设备。

问题 291：什么是教习头？如何归类？

教习头是用胶头皮、色发等制成的供美容、美发使用的教具。如图 5.65 所示。

教习头归入子目 9023.0010。

图 5.65　教习头

问题 292：什么是机械性能试验机？什么是电子万能试验机？如何归类？

（1）机械性能试验机

机械性能试验机是指测定材料在一定环境条件下受力或能量作用时所表现出的特性的试验设备。

材料的机械性能是指材料在不同环境（温度、湿度、介质等）下，承受各种外加载荷（拉伸、压缩、弯曲、扭转、冲击、交变应力等）时所表现出来的力学特征。机械性能的主要指标包括强度、硬度、塑性和冲击韧性。

材料的机械性能又称为力学性能，所以机械性能试验机又称力学性能试验机。

机械性能试验机归入品目90.24项下，该品目的试验机允许测试各种材料（例如，金属、木材、混凝土、纺织纱线及织物、纸或纸板、橡胶、塑料、皮革等）。该品目主要包括金属材料测试用的万能试验机、硬度计、金属材料疲劳试验机、纺织品织物试样耐磨试验机、纸张破裂强度试验仪、纸张耐磨试验机、塑料测试用塑度计、混凝土预制板强度试验机等。

这些试验机可直接测出试验结果，试验结果既有直接从仪器上读出的，也有通过分离的显微镜检查而获得的（例如，观测金属被测材料上的球印试验压痕）。有些试验机带有记录试样应力、张力变化的装置。

品目90.24不包括用于材料分析或检测黏性、孔隙性、膨胀性、表面张力等特性的仪器或器具（应归入品目90.27），检验材料瑕疵、裂缝、断裂或其他缺陷的仪器归入品目90.31。

（2）电子万能试验机

电子万能试验机主要用于各种金属、非金属、复合材料的拉伸、压缩、弯曲、剪切、剥离撕裂，以及金属薄板塑性应变比值，拉伸硬化指数值等多项试验，但其主要功能是测金属材料的性能，如图 5.66 所示。

图 5.66　电子万能试验机

电子万能试验机归入子目 9024.1010。

问题 293：什么是硬度计？如何归类？

硬度计是测量材料硬度的仪器或装置。

硬度是材料在一定条件下抵抗本身不发生残余变形物压入的能力。它是衡量材料（如金属材料）软硬程度的一项重要的性能指标，是材料弹性、塑性、强度和韧性等力学性能的综合指标。硬度试验根据其测试方法的不同可分为静压法（如布氏硬度、洛氏硬度、维氏硬度等）、划痕法（如莫氏硬度）、回跳法（如肖氏硬度），以及里氏硬度（电磁原理，硬度值是冲击回跳速度与冲击速度之比表示）、显微硬度、高温硬度等多种方法。利用上述方法测量材料硬度的仪器分别称为布氏硬度计、洛氏硬度计、维氏硬度计、里氏硬度计等。

目前应用较多的是布氏硬度计和洛氏硬度计。

布氏硬度是指材料抵抗采用硬质合金球压头施加试验力所产生永久压痕变形的度量单位。

测试时，用一定直径的硬质合金球施加试验力压入试样表面，保持规定时间后，卸除试验力，然后测量试样表面压痕的直径，如图 5.67 所示。图 5.68 为布氏硬度计。

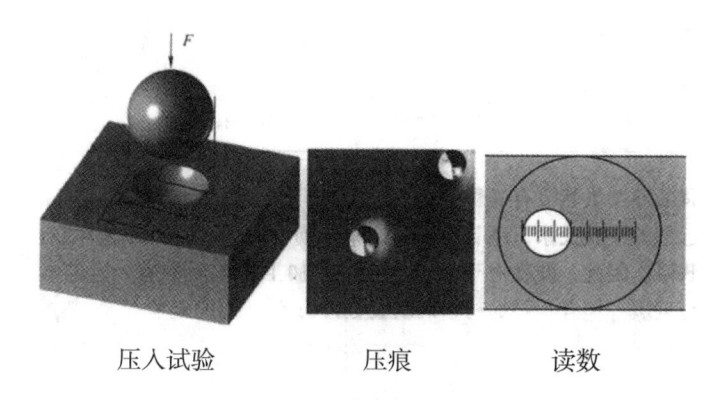

图 5.67 布氏硬度试验原理

图 5.68 布氏硬度计

洛氏硬度是指材料抵抗对应某一标尺的金刚石圆锥体压头施加试验力所产生永久压痕变形的度量单位，图 5.69 为洛氏硬度试验过程示意图。

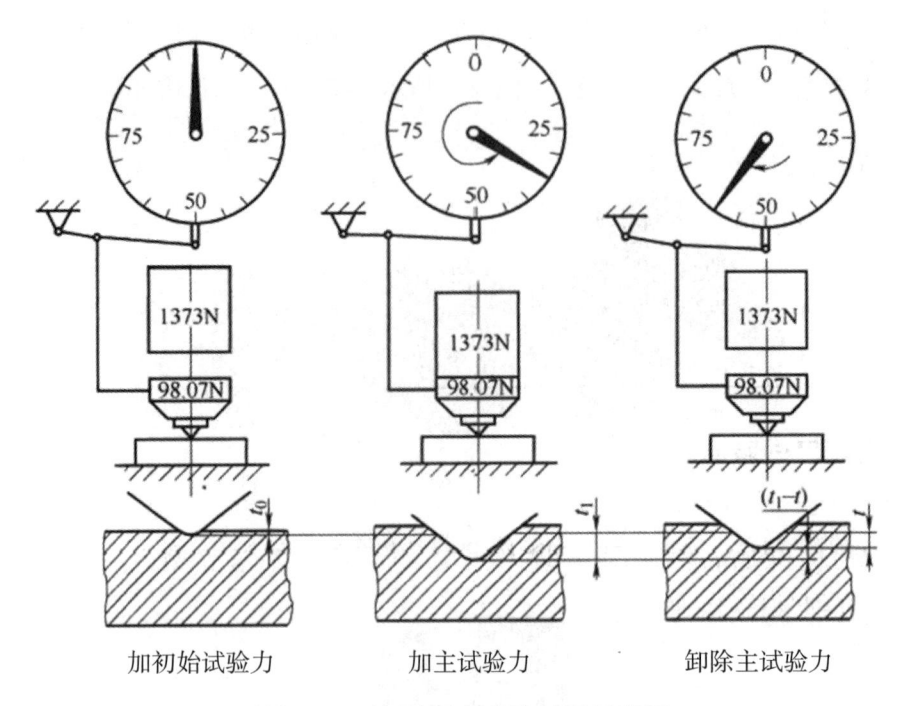

图 5.69　洛氏硬度试验过程示意图

硬度计归入子目 9024.1020。

问题 294：热电偶与热电偶温度计有何区别？如何归类？

热电偶（Thermocouple）是一种温度传感器，是将温度信号转换成电动势信号的装置。

热电偶的测量原理：将两种不同材料的导体 A 和 B 两端连接起来，构成一个闭合回路，当导体 A 和 B 连接的工作端温度发生变化时，闭合回路中便产生电动势，而且电动势的大小与温度有关。图 5.70 是带有热电偶和显示仪表的温度测量装置示意图，该测量装置就是利用这一原理来工作的。

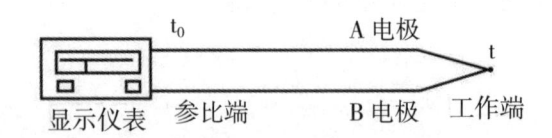

图 5.70　带有热电偶和显示仪表的温度测量装置示意图

图 5.71 为工业中测量温度的热电偶。它的下端为工作端（检测端），上端为接线盒，与相关的仪器相连。它自身无法显示温度数值，只是将检测的电信号传送至控制装置或信号处

理装置，以便于控制装置采集信息和显示读数。

图 5.71 热电偶

热电偶只是将热能转换为电信号，并且输出的是热电动势信号，并不是完整的测量温度的温度计或高温计，所以不能按具有独立功能的温度计归类。它是专用于测量温度的零件，应归入子目 9025.9000。

图 5.72 为热电偶温度计（Thermocouple thermometer），它利用热电偶作为感温元件，除热电偶外，还包括信号处理电路（将热电偶检测出的电压信号放大）、温度显示装置（可直接显示测量出的温度数值）、操作按键及外壳等。

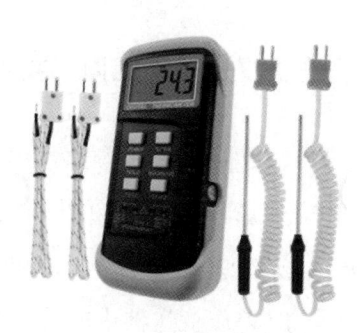

图 5.72 热电偶温度计

从组成结构和功能上判断两者的区别：热电偶只包括两种不同导体构成的闭合回路及接线装置等，只是将温度转换为与之对应的电信号，并且输出的只是电动势信号；热电偶温度计包括热电偶、信号处理电路、显示装置、外壳等，或者说，热电偶是热电偶温度计的组成部分之一。热电偶温度计不仅能检测温度还能显示检测的温度数值。

热电偶并不是完整的测量温度的温度计，所以不能按具有独立功能的温度计归类，而应按专用于测量温度的零件归入子目 9025.9000；热电偶温度计按完整的温度测量装置归入子目 9025.1910（工业用）或 9025.1990（非工业用）。

问题 295：品目 90.26 的列目结构有何规律？

品目 90.26 是按检测参量与检测对象列目的。其中，子目 9026.1 的检测参量为流量或液位，检测对象只能是液体。子目 9026.2 的检测参量只有压力，检测对象是液体或气体。子目 9026.8 的检测参量是其他参量，检测对象是液体或气体。三个子目的比较见表 5.1。

表 5.1　品目 90.26 项下各子目的比较

子目	检测参量	检测对象
9026.1	流量或液位	液体
9026.2	压力	液体或气体
9026.8	其他变化量	液体或气体

由于品目 90.26 所列商品检测的对象只能是液体或气体，所以用于检测固体材料物位的仪器不能归入该品目，通常应按其检测原理归入品目 90.22 或品目 90.31 项下。

问题 296：什么是压力/差压变送器？如何归类？

压力/差压变送器由压力传感器、数据处理电子电路和仪器壳体等部分组成，其功能是将液体、气体和蒸气的压力、差压等变量转换为统一的标准信号，作为指示记录仪、调节器或控制装置的输入信号，以实现对上述变量的显示、记录或自动控制。压力/差压变送器可作为自动控制设备的组成部分。压力/差压变送器中的传感器在压力/差压的作用下，产生微弱的电量变化信号（如电容变量、电阻变量、电感变量），电子电路对变化信号进行放大、运算、校正，最后输出与压力/差压成比例的标准电流信号或标准数字信号，主要用于测量气体或液体的压力或压力差等参数。其组成框架如图 5.73 所示。

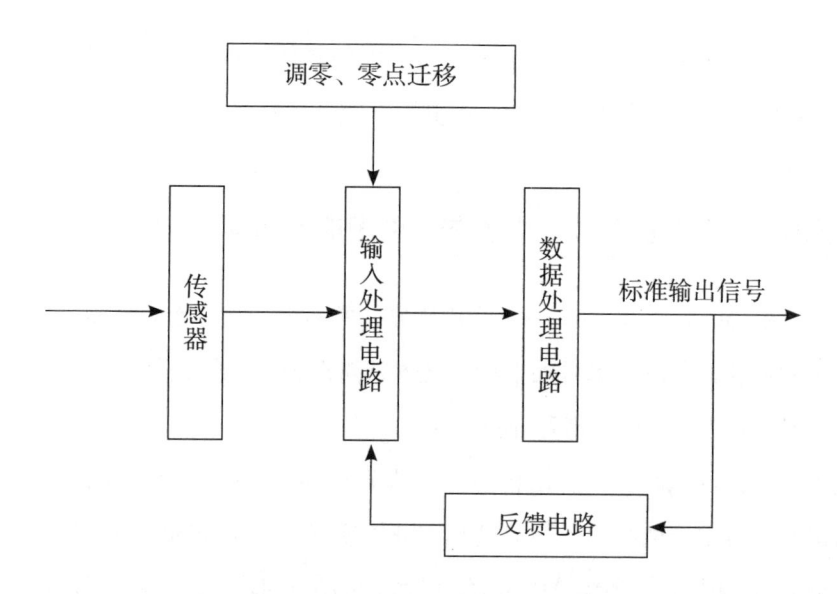

图 5.73　压力 / 差压变送器组成框架

压力 / 差压变送器归入子目 9026.2010。

压力传感器是测量压力并提供远传电信号的装置，应归入子目 9026.2090。

问题 297：液体流量计与液量计有何区别？如何归类？

流量是指单位时间内流体（液体、气体）流经管道或设备某处横截面的体积，又称瞬时流量，单位是立方米 / 秒。

流量计用于测量单位时间内流过某一截面的液体的体积的仪器，例如，测量河流流量的仪器为流量计。流量计归入品目 90.26 项下的相关子目。

液量计用于测量一段时间内输送液体的量，属于计量液体总量的仪器，例如，居民家中用的水表就属于液量计（通常计量一个月内使用的水量）。液量计归入品目 90.28 项下的相关子目。

问题 298：转数计与速度计有何区别？如何归类？

转数计（Revolution counter）用于计算某一机械零件（如机械轴）总的转数，它主要由一个和指针或鼓筒指示器相啮合的驱动轴构成，并通常带有复位回零的装置。它的单位是转数或圈数，与时间无关。转数计归入子目 9029.1010。

速度计（Speed indicator）用来显示单位时间内的转数。它的单位是转/分、千米/时、米/秒等）。速度计归入子目9029.2010（车辆用）或子目9029.2090（其他）。

问题299：什么是色谱仪？由哪些部件组成？如何归类？

色谱仪（Chromatograph instrument）是用于复杂的多组分混合物的分离、分析的仪器。色谱仪的实质是利用色谱分离技术再加上检测技术，对混合物进行先分离后检测，从而实现对多组分的复杂混合物进行定性、定量分析。

色谱法（Chromatography）又称层析法，是基于不同物质在流动相和固定相之间的分配系数不同而将混合组分分离的技术。当流动相（液体或气体）流经固定相（多孔的固体或覆盖在固体支持物上的液体）时，各组分因沿固定相移动的速度不同而分离。用作固定相的有硅胶、活性炭、氧化铝、离子交换树脂、离子交换纤维等，或是在硅藻土、纤维素等无活性的载体上附着适当的液体，也可使用其他物质。该技术可用于微量样品的分析和大量样品的纯化制备。

层析可分为多种类型。根据流动相的不同，分为气体层析、液体层析两种。气体层析所用的仪器为气相色谱仪，液体层析所用的仪器为液相色谱仪（常见的是高效液相色谱仪）。

（1）气相色谱仪

气相色谱仪（Gas chromatography）是用气体作为流动相的色谱仪，基于不同物质物化性质的差异，在固定相（色谱柱）和流动相（载气）构成的两相体系中具有不同的分配系数（或吸附性能），当两相做相对运动时，这些物质随流动相一起迁移，并在两相间进行反复多次的分配（吸附—脱附或溶解—析出），使得那些分配系数只有微小差别的物质，在迁移速度上产生了很大的差别，经过一段时间后，各组分之间达到了彼此分离。被分离的物质依次通过检测装置，给出每个物质的信息，一般是一个色谱峰。通过出峰的时间和峰面积，可以对被分离物质进行定性和定量分析。图5.74为气相色谱仪的检测原理。

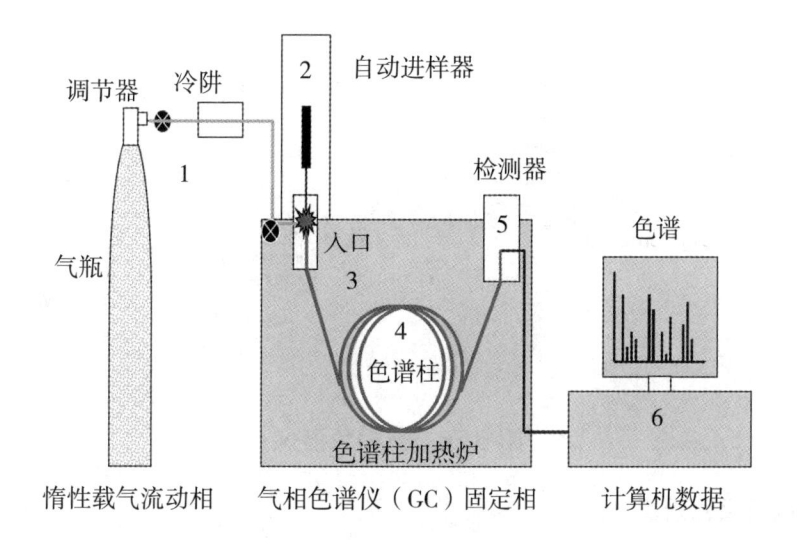

图 5.74　气相色谱仪的检测原理

一台典型的气相色谱仪主要由载气系统、进样系统、分离系统（色谱柱）、检测系统和数据处理系统组成，其检测的流程如图 5.75 所示。

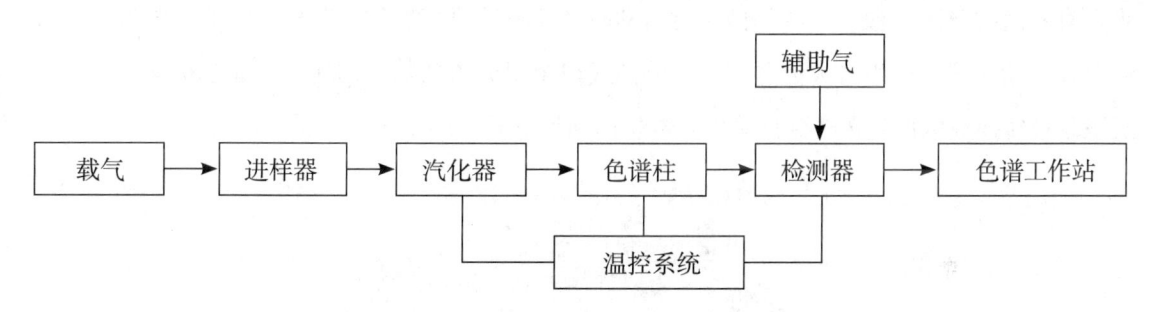

图 5.75　气相色谱仪的检测流程

载气系统包括气源、气体净化器和气路控制系统。

进样系统包括进样器和汽化室，它的功能是引入试样，并使试样瞬间汽化。

分离系统主要由色谱柱组成，是气相色谱仪的心脏，它的功能是使试样在柱内运行的同时得到分离。

检测器的功能是对柱后已被分离的组分的信息转变为便于记录的电信号，然后对各组分的组成和含量进行鉴定和测量，相当于色谱仪的眼睛。

数据处理系统目前多采用配备操作软件包的工作站，用计算机控制，既可以对色谱数据进行自动处理，又可对色谱系统的参数进行自动控制。

图 5.76 是气相色谱仪。

图 5.76　气相色谱仪

（2）高效液相色谱仪

高效液相色谱仪（High performance liquid chromatography，HPLC）是一种分离和检测液体样品的色谱仪。它以高压液体为流动相，在储液器中的流动相被高压泵打入系统，样品溶液经进样器进入流动相，被流动相载入色谱柱（固定相）内。由于样品溶液中的各组分在两相中具有不同的分配系数，在两相做相对运动时，经过反复多次的吸附—解吸的分配过程，各组分在移动速度上产生较大的差别，被分离成单个组分依次从柱内流出。通过检测器时，样品浓度被转换成电信号传送到记录仪，数据以图谱形式打印出来。如图 5.77 所示。

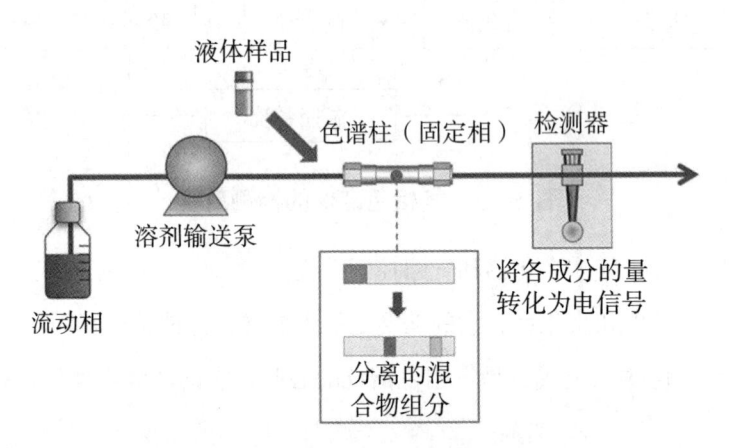

图 5.77　高效液相色谱仪的检测原理

高效液相色谱仪主要由高压输液泵、进样装置、色谱柱、检测器、数据记录和处理系统组成，如图 5.78 所示。

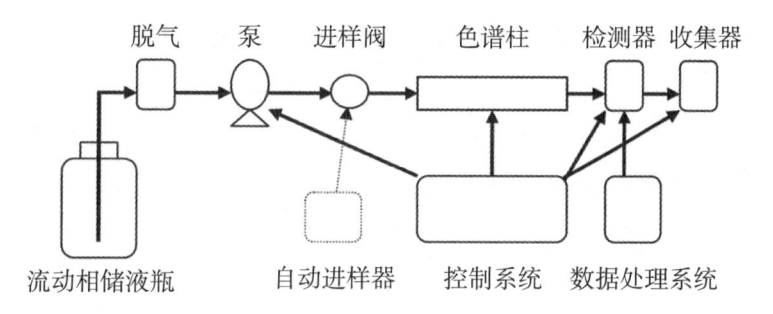

图 5.78　高效液相色谱仪基本组成

其中，高压输液泵、色谱柱、检测器是仪器的关键部件。

高压输液泵用于输送流动相通过整个色谱系统。

色谱柱相当于色谱仪的心脏，起分离不同组分的作用，主要由术管、压帽、卡套（密封环）、滤片、接头、螺钉等组成。

检测器的作用是把洗脱液中组合的浓度转变为电信号，并由数据记录和处理系统绘出谱图来进行定性和定量分析。

图 5.79 为某型号的高效液相色谱仪，图 5.80 为自动进样器。自动进样器可实现几十或上百个样品的自动进样，可连续调节，重复性较高，适用于大量样品的常规分析。

图 5.79　高效液相色谱仪　　　图 5.80　自动进样器

气相色谱仪与液相色谱仪的比较见表 5.2。

表 5.2　气相色谱与液相色谱的比较

比较项目	色谱类型	
	气相色谱仪	液相色谱仪
流动相	气体（N_2、H_2、He 等），称为载气	液体（甲醇、乙腈、水等），称为洗脱液
固定相	固体或液体	固体或液体
进样方式	气体	液体
所检样品的性质	沸点低、热稳定性好、小分子有机物等	沸点高、热稳定性差、大分子有机物等
所检样品在系统中的状态	气态或液态	液态
运行成本	低	较高

气相色谱仪归入子目 9027.2011，液相色谱仪归入子目 9027.2012。

色谱柱、检测器属于色谱仪的专用零件，归入子目 9027.9000。

对于进样器（包括自动进样器）的归类要判断其是否属于仪器的组成部分，若是仪器的组成部分之一，建议按色谱仪的专用零件归入子目 9027.9000；若是相互独立的，建议按搬运装置归入子目 8428.9090。

问题 300：什么是电泳仪？如何归类？

电泳（Electrophoresis，EP）是指分散介质中的带电粒子在电场作用下向着与自身相反电荷的电极移动（即带负电荷的粒子向电场的正极移动，带正电荷的粒子向电场的负极移动）的现象。

电泳仪是指利用电泳现象对混合物进行分离分析的仪器。

电泳仪工作原理：在溶液中能吸附带电质点或本身带有可解离基团的物质颗粒，如蛋白质、氨基酸等，在一定的 pH 值条件下，于直流电场中必然会受到电性相反的电极吸引而发生移动。不同物质的颗粒在电场中的移动速度除与其带电状态和电场强度有关外，还与颗粒的大小、形状和介质黏度有关。图 5.81 为电泳仪的工作原理，图 5.82 为电泳仪用电源与检测单元。

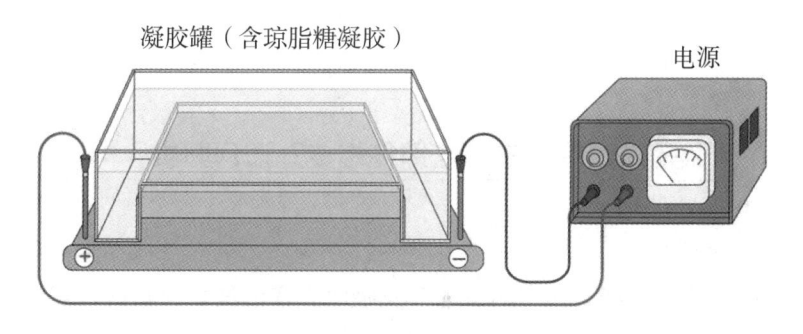

图 5.81　电泳仪的工作原理

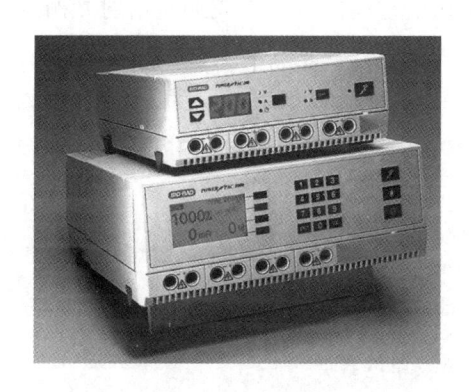

图 5.82　电泳仪用电源与检测单元

电泳分析方法主要有醋酸纤维素薄膜电泳、凝胶电泳、等电聚焦电泳、双向电泳和毛细管电泳等。电泳仪广泛用于蛋白质、多肽、氨基酸、核苷酸、无机离子等成分的分离和鉴定，甚至还用于细胞与病毒的研究。

电泳仪一般由电泳电源、电泳槽、附加装置（包括检测单元）等组成。

电泳电源是建立电泳电场的装置，它通常为稳定（输出电压、输出电流或输出功率）的直流电源，而且要求能方便地控制电泳过程中所需电压、电流或功率。

电泳槽是样品分离的场所，是电泳仪的一个主要部件之一。槽内装有电极、缓冲液槽、电泳介质支架等。电泳槽的种类很多，如单垂直电泳槽、双垂直电泳槽、卧式多用途电泳槽、圆盘电泳槽、管板两用电泳槽、薄层等电聚焦电泳槽、琼脂糖水平电泳槽、盒式电泳槽、垂直可升降电泳槽、垂直夹心电泳槽、U形管电泳槽、DNA 序列分析电泳槽、转移电泳槽等。

附加装置主要是指恒温循环冷却装置、伏时积分器、凝胶烘干器等，有些还有分析检测装置。

由电泳电源、电泳槽、检测单元等构成的电泳仪归入子目 9027.2020。

电泳电源归入品目 85.04 项下的相应子目，电泳槽、检测单元按电泳仪的专用零件归入

9027.9000。

问题 301：什么是光谱仪？由哪些部件组成？如何归类？

光谱仪（Spectrometer）在《协调制度》中又称分光仪，是一种检测和分析光波以测量物质在光谱上的物理特性的仪器。它可测量放射及吸收光谱的波长，是进行光谱分析和光谱测量的仪器。由于它可将成分复杂的光分解为光谱线，所以称为分光仪。光谱仪主要用于化学结构的分析。图 5.83 为光谱仪的检测原理，首先通过衍射光栅将光源分解为不同波长的光，并通过准直器选择特定波长的光照射至样品上，然后由光电检测器检测通过样品的光，并将光信号转换为相应的电信号。

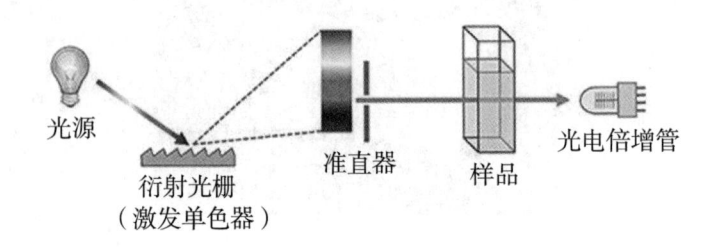

图 5.83　光谱仪的检测原理

光谱仪通常由光源、色散系统、探测器、计算机四部分组成。

光源用来提供待测光谱范围内的光辐射，或激发待测光谱。

色散系统为光谱仪的核心部件，用来将复色光分解为单色光。

探测器用来检测光谱范围内光辐射。

计算机用于控制、显示、记录、分析检测结果。

光谱仪按其所使用的光源不同可分为多种，目前使用较多的有红外光谱仪、紫外—可见光分光光度计。

（1）红外光谱仪

红外光谱仪（Infrared spectrometer）又称红外吸收光谱（Infrared absorption spectrum），是利用物质的分子吸收红外辐射后，并由其振动或转动引起偶极矩的净变化，产生分子振动和转动能级从基态到激发态的跃迁，得到分子振动能级和转动能级变化产生的振动－转动光谱，因为出现在红外区，所以称为红外光谱。利用红外光谱进行定性分析、定量分析，以及测定分子结构的仪器称为红外吸收光谱仪，简称红外光谱仪。红外光的波长通常为 2.5～25 微米。

红外光谱仪目前主要分为两类：傅立叶（Fourier）变换红外光谱仪和色散型红外光谱仪，前者应用更广。

傅立叶变换红外光谱仪工作原理：红外光源发出的光首先通过一个光圈，然后逐步通过滤光片、进入干涉仪（光束在干涉仪里被动镜调制）、到达样品（透射或反射），最后聚焦到检测器上。每一个检测器包含一个前置放大器，前置放大器输出的信号（干涉图）发送到主放大器，在这里被放大、过滤、数字化。数字化信号被送到 AQP 板做进一步的数字处理：干涉图变换成单通道光谱图，如图 5.84 所示。图 5.85 为红外光谱图。

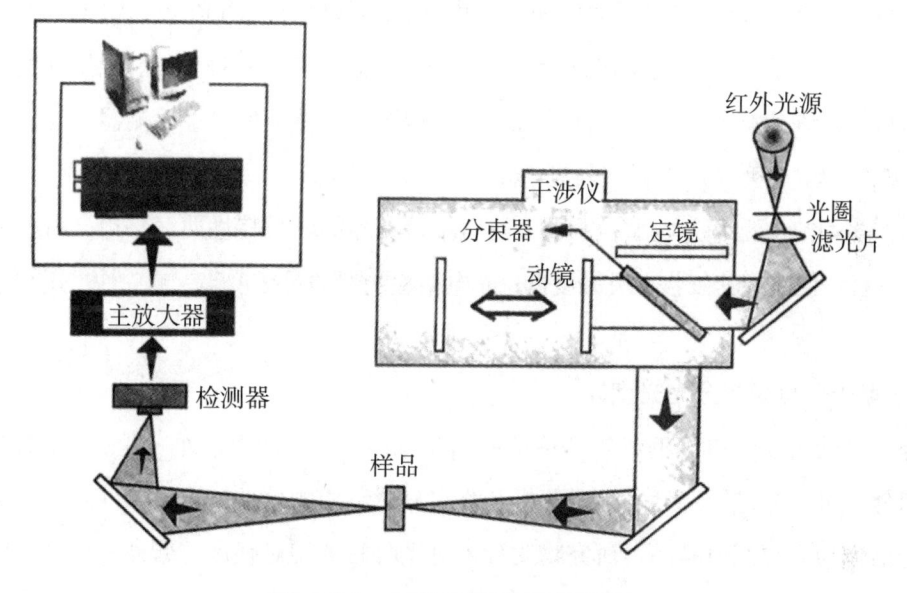

图 5.84 红外光源仪工作原理

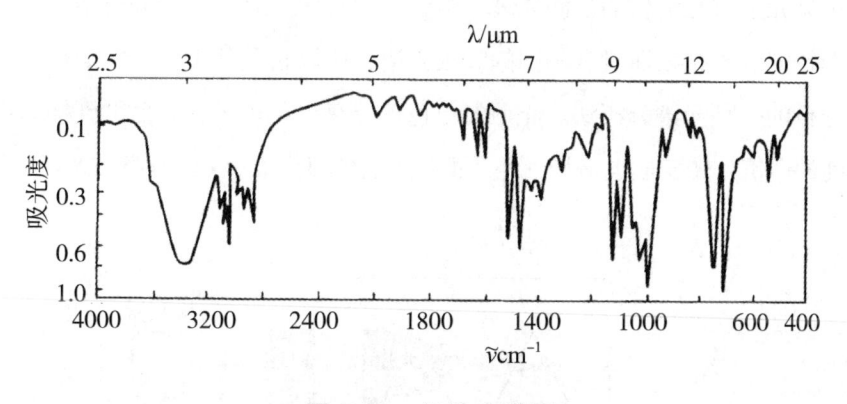

图 5.85 红外光谱图

红外光谱是分子能选择性吸收某些波长的红外线，引起分子中振动能级和转动能级的跃迁，检测红外线被吸收的情况可得到物质的红外吸收光谱，故又称为分子振动光谱或振转光谱。

纵轴 T 代表透过率（Transmittance）或吸光度；横轴 cm^{-1} 是波数（Wave number）的单位，波数是指在波传播的方向上单位长度内的波周数目，即波长（λ）的倒数。

傅立叶变换红外光谱仪没有色散元件，主要由红外光源、干涉仪（包括分束器）、检测器、数据处理和记录装置构成。

红外光源是能够连续发射高强度红外光的物体，最常用的有能斯特灯和硅碳棒。

干涉仪是光谱仪的心脏，光束进入干涉仪后一分为二：一束（T）透过到动镜，另一束（R）反射到定镜。透射光从动镜反射回来到达分束器一部分透射返回光源（TT），另一部分反射到样品（TR）。反射光从定镜反射回来到分束器，一部分反射回光源（RR），另一部分透射到样品（RT）。在干涉仪的输出部分有两部分，它们被加和：TR+RT。根据动镜的位置，这两束光得到加强或减弱，产生干涉，得到一干涉图。干涉图信号经检测器转变成电信号，通过计算机经傅立叶变换后即得红外光谱图。

检测器多用热电型和光电型检测器。热电型检测器的波长特性曲线平坦，对各种频率的响应几乎一样，但响应速度慢、灵敏度低；光电型检测器的灵敏度高、响应快，适合于高速测量。

（2）紫外—可见光分光光度计

紫外—可见光分光光度计（UV-Vis spectrophotometer）又称为紫外—可见光吸收光谱仪，是利用紫外—可见光进行定性、定量分析及测定分子结构的仪器。它以紫外线—可见光区域的连续光谱作为光源照射样品，研究物质分子对光吸收的相对强度。紫外—可见光区指波长在 200～380 纳米的近紫外光区和波长在 380～780 纳米的可见光区。

紫外—可见光吸收光谱仪的检测原理：由于不同物质具有不同的分子结构，对不同波长的光会产生选择的吸收，因而具有不同的吸收光谱，所以它是基于分子内电子跃迁产生的吸收光谱进行分析的一种光谱分析法。光源经单色器分解出单色光，并照射到样品室，然后检测器将检测到的光信号转变成电信号，经数据处理后在显示器显示，如图 5.86 所示。

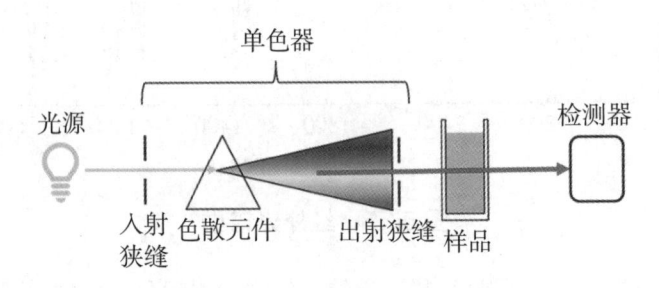

图 5.86 紫外—可见光吸收光谱仪的检测原理

紫外—可见分光光度计主要由光源、单色器（又称为分光系统）、吸收池（又称样品室）、检测系统、信号指示系统五部分组成。图 5.87 为双光束紫外—可见分光光度计的结构。

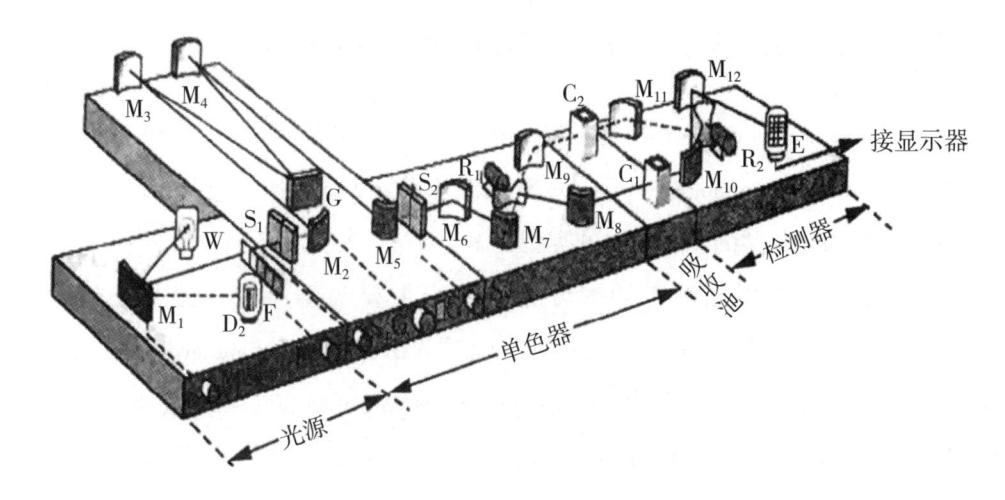

图 5.87　双光束紫外—可见分光光度计的结构

光源的作用是提供激发能，使待测分子产生吸收。

单色器的作用是使光源发出的光变成所需要的单色光，通常由入射狭缝、准直器、色散元件、聚焦透镜和出射狭缝组成。

吸收池用来盛放被测样品，它必须由在测定波长范围内无吸收的材质制成，如石英吸收池和玻璃吸收池。

检测系统的功能是检测信号，并将光信号转变成可测量的电信号。在简易的可见分光光度计中，使用光电池或光电管做检测，在中高档紫外—可见分光光度计中常用光电倍增管做检测器。

信号指示系统包括检流计、数字显示仪、计算机等，既可以用于仪器的自动控制、实现自动分析，又可用于记录样品的吸收曲线，进行数据处理。

图 5.88 为紫外—可见分光光度计。

图 5.88　紫外—可见分光光度计

红外光谱仪和紫外—可见分光光度计均属于光谱仪的范围，应归入子目 9027.3000。

问题 302：分光仪与分光光度计有何区别？如何归类？

分光仪（Spectrometer）是一种检测和分析光波以测量物质在光谱上物理特性的仪器。

分光光度计（Spectrophotometer）是一种用波长定量测量光强度的仪器，它的内部包含光谱仪，用于检测通过仪器的光量和波的类型。

分光光度计按使用光源不同，可分为五个主要类型：红外分光光度计（Infrared spectrophotometer）；紫外—可见分光光度计（UV-VIS spectrophotometer）；可见分光光度计（VIS spectrophotometer）；原子吸收分光光度计（Atomic absorption spectrophotometer）；荧光分光光度计（Fluorescence spectrophotometer）。

分光仪与分光光度计均归入子目 9027.3000。

问题 303：紫外线、可见光、红外线的波长范围是如何划分的？

紫外线、可见光、红外线的波长各不相同，如图 5.89 所示。

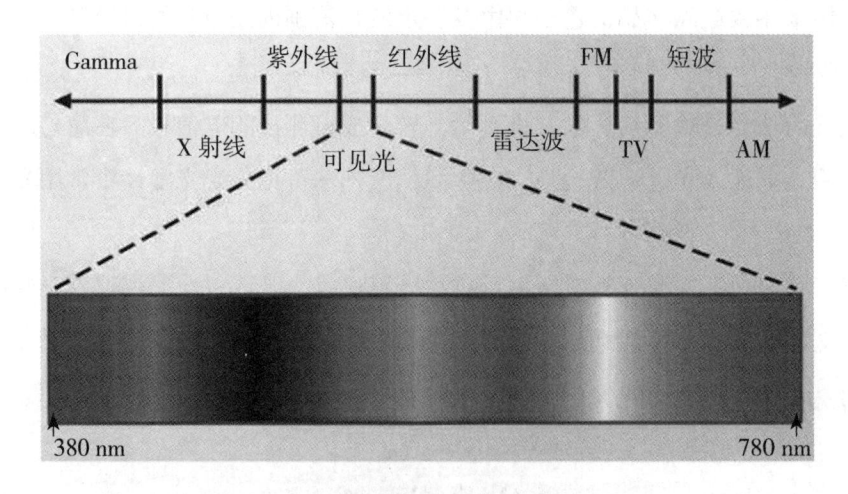

图 5.89 可见光及部分射线的光谱图

紫外线的波长范围为 10～380 纳米；可见光的波长范围为 380～780 纳米；红外线的波长范围为 0.78～1000 微米。其中，红外线又分为近红外线（0.78～2.5 微米）、中红外线（2.5～50 微米）和远红外线（50～1000 微米）。而化学分析用的红外光谱仪最常用的波段是 2.5～25 微米（对应的波数是 4000 cm^{-1}～400 cm^{-1}）。

问题 304：什么是质谱仪？什么是质谱联用仪？如何归类？

（1）质谱仪

质谱仪（Mass spectrometer，MS）是用于测量样品中存在的一种或多种分子的质荷比(m/z)的仪器。它可依据质荷比的分布曲线来测量样品组分的准确分子量。

质谱仪的工作原理：先将待测（分析）的样品在离子源的电离室内离子化，随后进入加速室。由于不同离子在电场或磁场运动行为的不同，所以利用电磁学原理使带电的离子按质荷比大小有顺序地实现分离，由检测器检测其相对强度，得到相应的质谱图，从而对样品进行定性、定量分析，如图 5.90 所示。

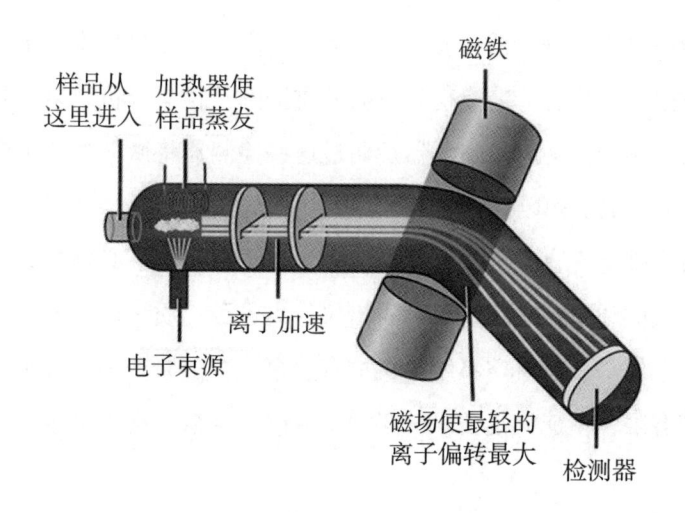

图 5.90 质谱仪的工作原理

根据得到的质谱图可进行有机物、无机物的定性、定量分析，复杂化合物的结构分析，同位素比的测定及固体表面的结构和组成的分析。

质谱仪主要包括进样系统、离子源、质量分析器、真空系统和检测器等，如图 5.91 所示。

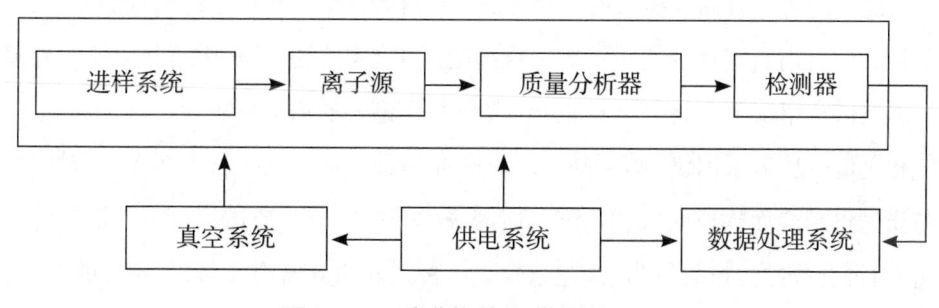

图 5.91 质谱仪的组成框架

进样系统的作用是按电离方式的需要高效重复地将样品引入离子源中的适当部位，并且不能造成真空度的降低。

离子源是质谱仪的核心部件，其功能是提供合适的能量使样品离子化，并使离子具有一定的能量。常用的离子源有电子轰击源、化学电离源、快速原子轰击源、激光电离源、电喷雾离子源等。各种不同的离子源采用不同的离子化途径，适用于不同的样品离子化，以满足质谱分析要求。电子轰击源和化学电离源是质谱仪常用的离子源。

质量分析器是将离子源中所形成的各种离子按质荷比（m/z）进行分离的装置，也是质谱仪的核心部件。质量分析器主要有磁分析器（包括单聚焦和双聚焦两种）、飞行时间质量分析器、四极杆质量分析器、离子捕获分析器和离子回旋共振分析器等类型。不同类型的质谱仪最主要的区别通常在于离子源和质量分析器不同。

检测器的功能是将质量分析器按质荷比分离后的离子流信号依次收集、放大、显示，并将其输入计算机数据处理系统，最终得到所需的质谱图及相应分析结果。质谱仪常采用电子倍增器或微通道板检测器作为离子检测器。通过这些检测器将微弱的离子信号转化为较强的电信号，以满足显示、记录和数据处理的需要。

真空系统是为了维持高真空度水平能有效避免离子散射、不必要的离子碰撞而引起的能量变化，降低本底效应和记忆效应。因为质谱仪的离子源、质量分析器及检测器都必须处于高真空状态下才能工作。一般真空系统由机械真空泵、扩散泵或涡轮分子泵组成。机械真空泵能达到的真空度有限，不能满足要求，必须依靠高真空泵。高真空泵常见有扩散泵和涡轮分子泵。

质谱仪归入子目 9027.8110（集成电路生产用氦质谱检漏台）或子目 9027.8190（其他质谱仪）；不能误按质谱联用仪归入子目 9027.8120。

（2）质谱联用仪

质谱联用仪是质谱仪与色谱仪、光谱仪、磁谱仪等组合而成的检测仪器。质谱联用仪将色谱、光谱、磁场等对混合物出色的分离技术和质谱对单一物质精准的检测分析能力相结合，可以使样品的分离、定性及定量一次完成检测。主要包括色谱—质谱联用仪、光谱—质谱联用仪、磁质谱联用仪等。其中，最常用的是气相色谱—质谱联用仪。

气相色谱—质谱联用仪（Gas chromatograph-mass spectrometer，GC-MS）是气相色谱仪经接口与质谱仪结合而构成的气相色谱—质谱法的分析仪器。质谱仪是一种很好的定性鉴定用仪器，但对混合物的分析无能为力。色谱仪是一种很好的分离用仪器，但定性能力较差。色谱—质谱的联用，则结合了色谱对复杂基体化合物的高分离能力与质谱较强的定性能力，发挥了各自的优点，使分离和鉴定同时进行。图 5.92 为气相色谱—质谱联用仪。

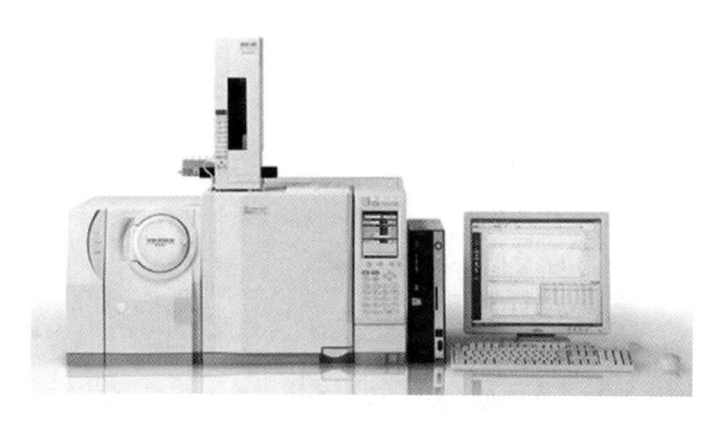

图 5.92　气相色谱—质谱联用仪

气相色谱—质谱联用仪主要由三部分组成：色谱部分、质谱部分和数据处理系统。色谱部分与一般的色谱仪基本相同，包括柱箱、汽化室和载气系统，但不再有色谱检测器，而是利用质谱仪代替色谱检测器。检测时，一个混合物样品进入色谱仪后，在合适的色谱条件下，被分离成单一组分并逐一进入质谱仪，经离子源电离得到具有样品信息的离子，再经分析器、检测器即得到每个化合物的质谱。这些信息由计算机储存，可根据需要得到混合物的色谱图、单一组分的质谱图和质谱检索结果等。

从以上原理可知，质谱联用仪中的色谱部分主要用于样品的分离，并不具有检测功能，可进行检测、分析的是质谱部分，即质谱部分起到主要作用，所以质谱联用仪归入子目 9027.81 项下，而不归入子目 9027.2 项下，并最终将质谱联用仪归入子目 9027.8120。

问题 305：什么是热重分析仪？什么是差示扫描量热仪？如何归类？

（1）热重分析仪

热重分析仪（Thermogravimetric analyzer），又称热天平，是利用热重分析法进行分析的仪器。热重分析法是在升温、恒温或降温过程中，观察样品的质量随温度或时间变化的分析技术。图 5.93 是它的工作原理。

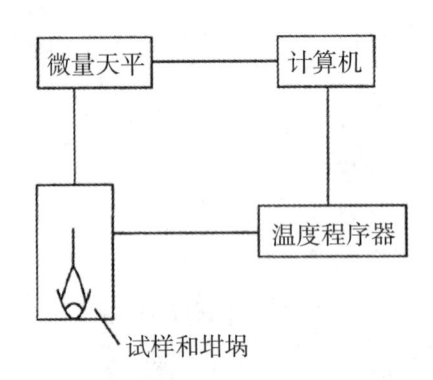

图 5.93　热重分析仪工作原理

热重分析仪主要由微量天平、加热炉、程序控温系统、气氛控制系统、测量和记录系统组成。

微量天平用于称量样品的质量，主要有天平梁、悬臂梁、弹簧、扭力天平等类型。

加热炉的加热线圈采取非感应的方式绕制，以克服线圈和样品间的磁性相互作用，也有不用炉丝加热，而用红外加热的，一般高温炉可达 1500 ℃，低温炉温度可降至 –70 ℃，一般用液氮来制冷。

程序控温系统按设定的程序控制加热温度。

气氛控制系统可使得样品在静态、流通的动态等各种气氛条件下进行测量。

测量和记录系统可把测量的物理量转变为电信号，由计算机直接对电信号进行记录和处理，并同时显示分析曲线以及结果。

图 5.94 为热重分析仪。

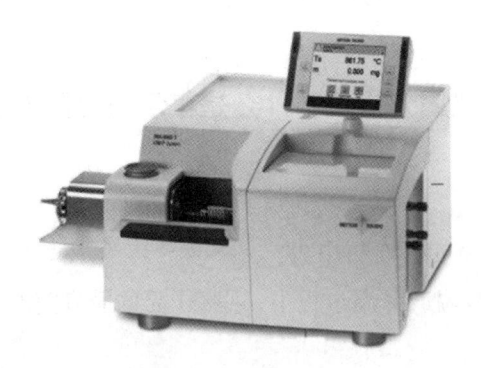

图 5.94　热重分析仪

热重分析仪归入子目 9027.8990。

（2）差示扫描量热仪

差示扫描量热仪（Differential scanning calorimeter，DSC）是一种依据差示扫描量热分析原理进行热分析的仪器。它给物质提供一个匀速升温、匀速降温、恒温或以上任意组合温度环境及恒定流量（或流量为零）的气氛环境，并在此环境下测量样品与参比物的热流差或热功率差随温度及时间的关系。根据测量方法的不同，又分为功率补偿型 DSC 和热流型 DSC 两种类型，前者较为常用。功率补偿 DSC 是在程序控温下，使样品和参比物的温度相等，测量每单位时间输给两者的热能功率差与温度的关系的一种方法。图 5.93 为功率补偿式 DSC 的组成结构，主要包括电炉、加热器、支持器、温控系统和记录器等。

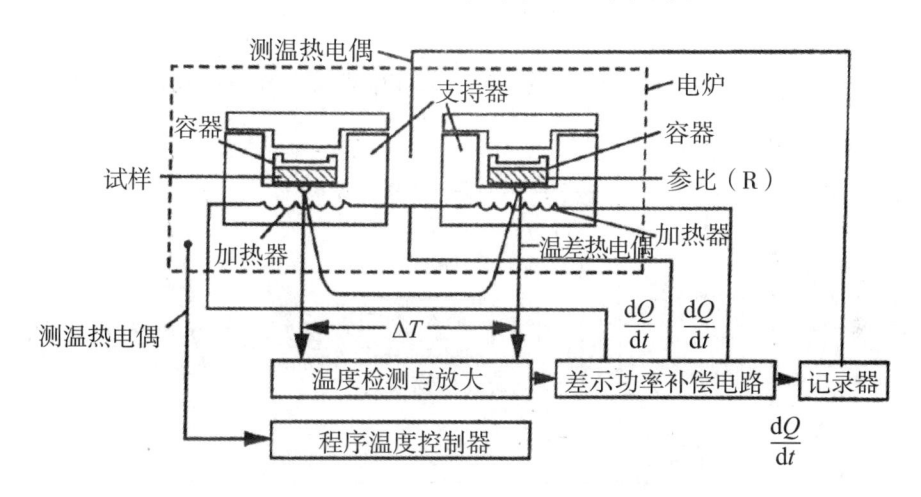

图 5.95　功率补偿式 DSC 的组成结构

DSC 是在控制温度变化情况下，以温度（或时间）为横坐标，以样品与参比物间温差为零所需供给的热量为纵坐标所得的扫描曲线。

差示扫描量热仪主要应用于高分子材料的固化反应温度和热效应、物质相变温度及其热效应测定，高聚物材料的结晶、熔融温度及其热效应测定，高聚物材料的玻璃化转变温度测定。图 5.96 为差示扫描量热仪。

图 5.96　差示扫描量热仪

差示扫描量热仪归入子目 9027.8990。

问题 306：什么是旋光仪？如何归类？

旋光仪（Polarimeter）在《协调制度》中又称为偏振计，是用来测定化合物旋光度的仪器。它通过对样品旋光度的测量，可以分析确定物质的浓度、含量及纯度等。

旋光仪广泛应用于制药、制糖、化工、石油等工业生产和科研、教学部门化验分析或过程质量控制。

旋光仪主要包括起偏镜、检偏镜、盛液管（又称旋光管）和刻度盘，如图 5.97 所示。其中旋光管用于盛放待检样品。

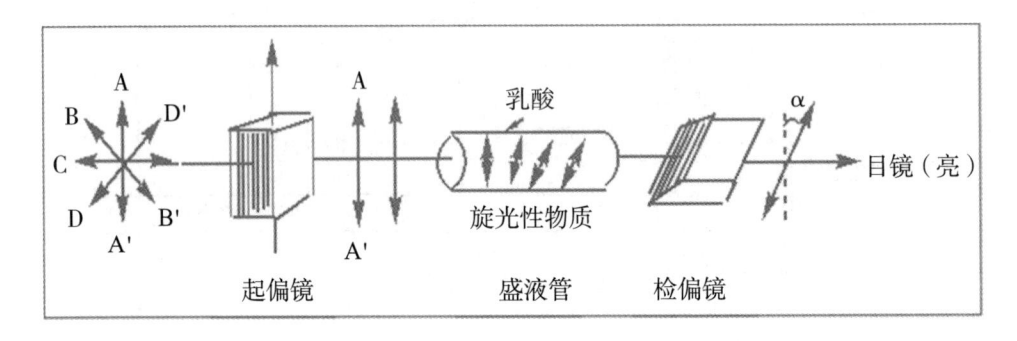

图 5.97 旋光仪的组成结构与工作原理

图 5.98 为旋光仪。

图 5.98 旋光仪

旋光仪属于使用光学射线的仪器，应归入子目 9027.5090。

问题 307：什么是流式细胞仪？什么是基因测序仪？什么是酶免疫分析仪？如何归类？

（1）流式细胞仪

流式细胞仪（Flow cytometer）是对细胞进行自动分析和分选的装置。它可以快速测量、存贮、显示悬浮在液体中的分散细胞的一系列重要的生物物理、生物化学方面的特征参量，并可以根据预选的参量范围把指定的细胞亚群从中分选出来，如图 5.99 所示。

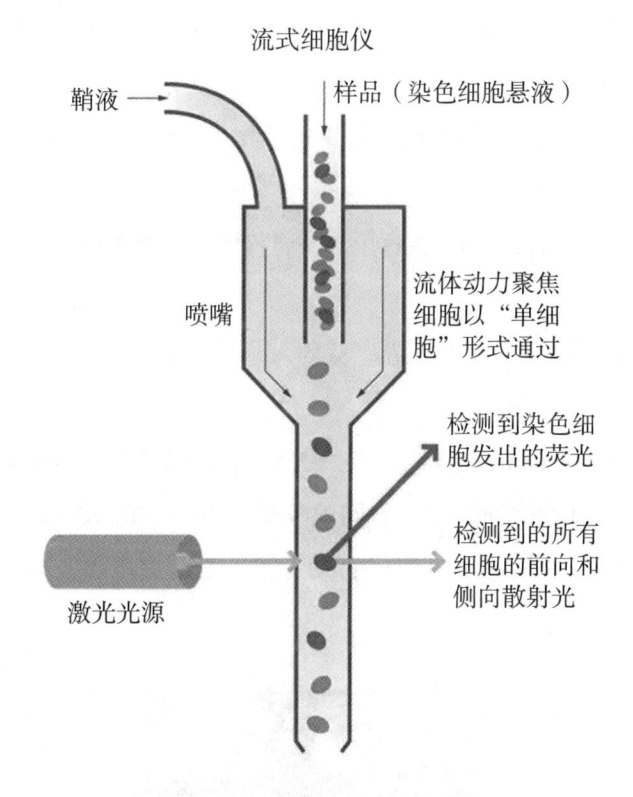

图 5.99 流式细胞仪的检测原理

流式细胞仪包括三个主要系统：流体系统、光学系统和电子系统，如图 5.100 所示。

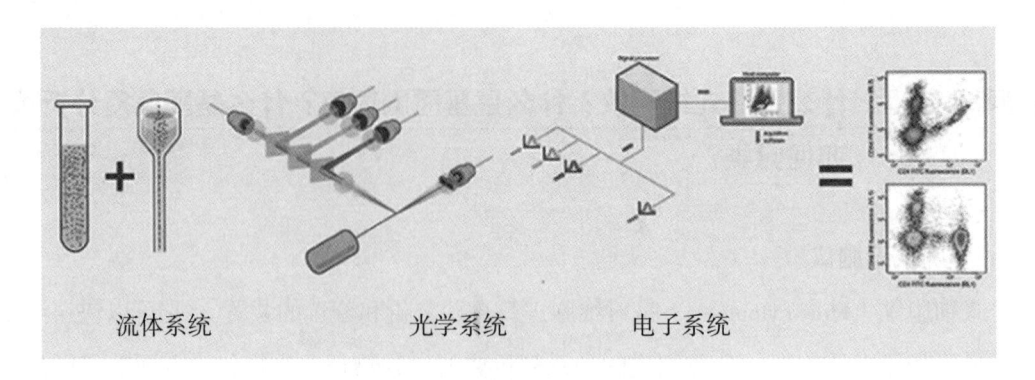

图 5.100　流式细胞仪的组成结构

流体系统负责将样品从样品管转移到流动池。一旦通过流动池（并通过激光束），样品将被分选出来（在细胞分选仪中）或移到废液中。

光学系统包括激发光源、透镜和滤光片（用于收集和移动仪器周围的光），以及用于产生光电流的检测系统。

电子系统是流式细胞仪的大脑。在这里，来自检测器的光电流经过数字化处理和保存后，用于后续的分析。

流式细胞仪属于使用光学射线的仪器，应归入子目 9027.5090。

（2）基因测序仪

基因测序仪（Gene sequencer）是一台对 DNA 片段的碱基顺序或大小进行测定和定量的仪器。它可对 DNA 分子中腺嘌呤（A）、胸腺嘧啶（T）、胞嘧啶（C）和鸟嘌呤（G）四种碱基的排列顺序进行测定和解读，还可以自动灌胶、自动进样和自动数据收集，如图 5.101 所示。

图 5.101　基因测序仪

基因测序仪主要包括电泳装置和高压电泳仪。

基因测序仪的基本原理：基因测序分析的关键是用凝胶电泳技术按大小将各种不同长度

的 DNA 片段有序地分离开并显示出来。DNA 片段在高压电场的作用下，依次穿过凝胶板下端的检测区。检测系统在电泳过程中实时进行信号扫描采集，检测窗口有激光器发出的光束，激光束以与凝胶板垂直的方向射向凝胶，在凝胶中电泳的 DNA 片段上的荧光基团吸收激光束提供的能量而发射出特征性波长的荧光，该荧光被一个灵敏度极高的光电管检测并转化为电信号，这些信号传入计算机储存。计算机将其收集到的荧光信号的波长、强度、空间坐标等建立一个多维矩阵数据库，其软件以该数据库为基础模拟显示电泳分离后的 DNA 排列图像并自动读出 DNA 序列。

基因测序仪属于使用光学射线的仪器，应归入子目 9027.5010。

（3）酶免疫分析仪

酶免疫分析仪又称酶联免疫检测仪或酶标仪，酶联免疫吸附试验（Enzyme-linked immunosorbent assay，ELISA），是将酶的催化作用与抗原、抗体的免疫反应相结合进行微量分析的仪器。

酶免疫分析仪是一种用于定量检测样品中抗原的仪器。抗原是一种毒素或其他外来物质，例如，流感病毒或环境污染物，它会导致脊椎动物免疫系统产生防御反应。ELISA 可以分析细胞裂解物、血液样本、食品等的特定目标物质。所以，ELISA 被用于许多研究和测试领域，以检测和量化各种样品类型中的抗原。

酶免疫分析仪的工作原理：它实际上就是一台变相的专用光电比色计或分光光度计，其基本工作原理与主要结构和光电比色计基本相同。可简单地分为半自动和全自动两大类，但其工作原理基本上一致，其核心都是一个比色计，即用比色法来分析抗原或抗体的含量。酶标仪测定的原理是在特定波长下，检测被测物的吸光值，如图 5.102 所示。

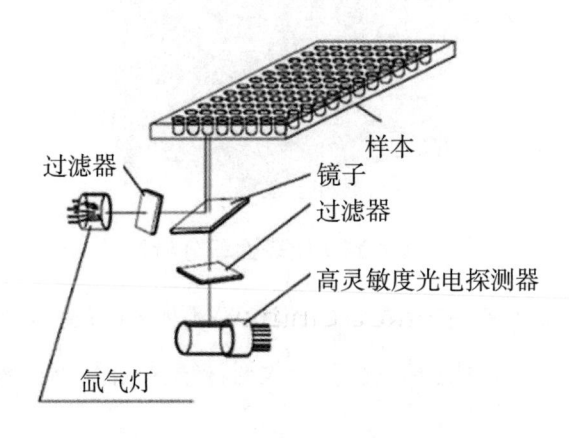

图 5.102　酶标仪的测定原理

全自动酶免疫分析仪主要包括加样针、样品盘、试剂架、孵育器、条码机、洗板机、酶标仪。其中，加样针用于样品和试剂的分配；孵育器可温育板位并且能独立温控；洗板机是专门清洗酶标板的设备。

图 5.103 为酶免疫分析仪。

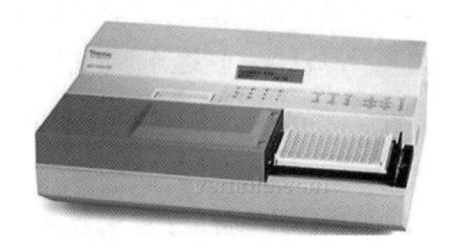

图 5.103　酶免疫分析仪

酶免疫分析仪属于使用光学射线的仪器，应归入子目 9027.5090。

问题 308：什么是比表面积分析仪？如何归类？

比表面积分析仪（Specific surface area analyzer）是一种通过测量材料表面的面积或孔径来检测材料对气体吸附能力的仪器，是一种检测粉末或颗粒的比表面积和孔隙率的仪器，如图 5.104 所示。

图 5.104　比表面积分析仪

比表面积是指单位质量物料所具有的总面积，分为外表面积、内表面积两类。

比表面积分析仪常用于检测医药、陶瓷、吸收剂、橡塑、水泥、催化剂、复合材料、多孔织物、纳米材料等。

比表面积分析仪属于检测多孔性（孔隙率）的仪器，应归入子目 9027.8990。

问题 309：什么是血糖仪？如何归类？

血糖仪（Blood glucose meter）是用于测量血液中糖分含量的仪器。目前常见的血糖仪测血糖的方法有葡萄糖氧化酶电极测量法和葡萄糖脱氢酶电极测量法两大类。

葡萄糖氧化酶电极测量法的原理是通过测量血液中葡萄糖与试纸中的葡萄糖氧化酶反应产生的电流量测量血糖。目前市面上的主流机型大多采用葡萄糖氧化酶测量法。

葡萄糖脱氢酶电极测量法的原理是通过测量血液中葡萄糖与试纸中的葡萄糖脱氢酶反应产生的电流量测量血糖。图 5.105 为血糖仪。

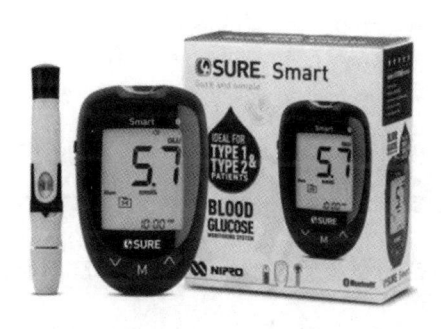

图 5.105　血糖仪

血糖仪属于理化分析仪器，在行业上属于医疗仪器的范围，但不能误按医疗仪器归入品目 90.18 项下，应归入子目 9027.8990。

问题 310：电量测量仪器或装置所测量的参量主要有哪些？

电量的测量仪器或装置所测量的参量主要包括电压、电流、电阻、电容、电功率、频率、波长、相位角及功率因数、磁通量等。

品目 90.30 在《品目注释》中所列的主要电参量包括电流、电压、电阻及电导率、功率、电容及电感、频率、波长或射频、相位角及功率因数、两个电量的比值、磁场或磁通、材料的电磁特性、同步测试、瞬变电量等。

电参量还可按测量的类型分为：

（1）电能量的测量，包括电压、电流、电功率、电场强度等。

（2）电信号特性的测量，包括波形、频率、周期、时间、相位、噪声等。

（3）电路参数的测量，包括电阻、电容、电感、阻抗、品质因数、电子器件参数等。

（4）电子设备及仪器性能的测量，包括增量、衰减量、灵敏度、信噪比等。

问题 311：电子测量的方法主要有哪些？与测量方法对应的相关测量仪器有哪些？

电子测量的方法按测量性质不同可分为四类：

（1）时域测量：测量与时间有函数关系的量，如图 5.106 所示。

（2）频域测量：测量与频率有函数关系的量，如图 5.107 所示。

（3）数据域测量：对数字逻辑量进行的测量。

（4）随机量测量：对噪声、干扰信号等的测量。

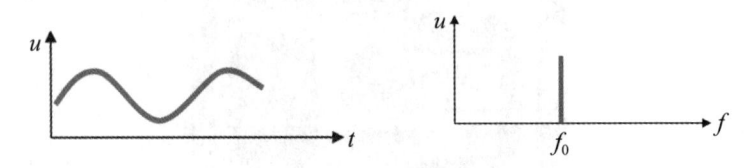

图 5.106　时域测量（示波器）　　图 5.107　频域测量（频谱仪）

时域分析以时间为自变量，示波器是时域分析的典型仪器。

频域分析在频域内描述信号特性，频谱分析仪是频域分析的典型仪器。

数据域分析以离散时间或事件为自变量，逻辑分析仪是数据域分析的典型仪器。数据域测量用于测试数字量或电路的逻辑状态随时间而变化的特性。被测对象是数字脉冲电路或工作于数字状态下的数字系统，激励信号是二进制编码的数字信号。数据域测量的目的是确定系统是否存在故障，并确定故障的位置。

与上述测量方法对应的相关测量仪器见表 5.4。

表 5.4　与测量方法对应的相关测量仪器

测量方法	测量仪器	主要测量范围
时域测量	电子电压表	对正弦电压或周期性非正弦电压的峰值、有效值、平均值测量
	示波器	实时测量不同波形信号的电压值、周期、相位、频率、脉冲信号的前沿、脉冲、时间延迟等
频域测量	频率特性测试仪	测量电子线路的幅频特性、带宽、回路的 Q 值等
	频谱分析仪	测量电路的频谱、功率谱等振幅传输特性和相移特性
	网络分析仪	对网络特性进行测量

续表

测量方法	测量仪器	主要测量范围
数据域测量	数字信号发生器	提供串行、并行数据及任意数据流信号
	逻辑分析仪	监测数字系统的软、硬件工作程序
	数据通信分析仪	数据通信网络传输设备的误码、延时、告警和频率的测量
随机域测量	噪声系数分析仪	对噪声信号进行测量
	电磁干扰测试仪	对电磁干扰信号进行测量

问题 312：检测电量常用的仪器有哪些？如何归类？

检测电量常用的仪器有万用表、示波器、频谱分析仪、网络分析仪、逻辑分析仪、测试集成电路的电量检测设备等。

（1）万用表

万用表（Multimeter）是一种多功能、多量程的测量仪表，一般可测量直流电流、直流电压、交流电流、交流电压、电阻和音频电平等，有的还可以测电容量、电感量和半导体的一些参数。万用表分为模拟式（又称指针式）万用表和数字式万用表。图 5.108 为模拟式万用表，图 5.109 为数字式万用表。

图 5.108　模拟式万用表　　图 5.109　数字式万用表

万用表归入子目 9030.31（不带记录装置）或子目 9030.32（带记录装置）。

所谓"带记录装置"是指带有存储器或打印机（可将测量的数据记录下来）。

其中，子目 9030.3110 或子目 9030.3310 的五位半量程测量仪表是指显示板上右五位数中的每一位均可显示 0～9 中的任一个数字，而左起第一位只能显示 1 或不显示，如图 5.110 所示。在这种情况下，它的量程范围为 00000～199999。

图 5.110　五位半量程测量仪表

（2）示波器

示波器（Oscilloscope）是用来显示电信号波形的形状、大小、频率等参数的仪器，如图 5.111 所示。它能够把电信号的变化规律转换成可直接观察的波形，并且根据信号的波形对电信号的多种参量进行测量，如信号的电压幅度、周期、频率、相位差、脉冲宽度等。它利用示波管内电子束在电场中的偏转，显示随时间变化的电信号波形。若是双踪示波器还可以测量两个信号之间的时间差，数字存储示波器可以将输入的电信号存储起来以备分析和比较。

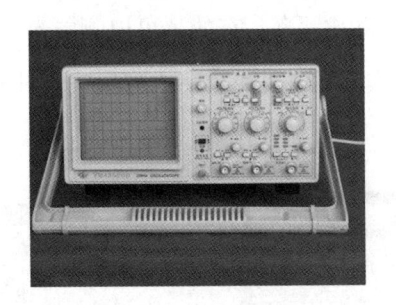

图 5.111　示波器

示波器一般由电子枪、偏转系统、荧光屏、垂直（Y轴）放大电路、水平（X轴）放大电路、扫描与同步电路和电源供给电路等部分组成。

在实际应用中，只要能通过适当的传感器把其他的电量（如电流、电功率、阻抗等）或非电量（如温度、位移、速度、压力、光强、磁场、频率等），以及它们随时间变化过程转化为电压的变化，示波器就能用来观察和研究这些量的变化规律。

示波器归入子目 9030.2010（测试频率小于 300 兆赫的通用示波器）或子目 9030.2090（其他示波器）。

（3）频谱分析仪

频谱分析仪（Spectrum analyzer）简称频谱仪，是在其频率范围内测量输入信号的频谱（幅值—频率关系）的仪器。频谱分析仪能显示不同频率的信号幅度频谱，主要作用是测量信号的功率谱，所以说它是用来分析信号频域特性的仪器。

频谱分析仪的频率显示在水平（X）轴上，幅度（通常为电压值）显示在垂直（Y）轴上，支持确定信号是否在要求范围内的分析，可显示杂散信号、复杂波形、罕见的短期事件和噪声。若配合合适的传感器，它还可以测量声波、光波等其他信号的频谱，如图 5.112 所示。

图 5.112　频谱分析仪

频谱分析仪主要测试参量包括相位噪声、脉冲信号、信道和邻道功率、正弦信号的绝对幅值和相对幅值、脉冲噪声、噪声和频率稳定度等参数，以及调幅、调频、脉冲调幅等调制信号的特性、电磁兼容性（EMC）等。

频谱分析仪按分析处理方法可分为模拟式频谱仪、数字式频谱仪和模拟/数字混合式频谱仪。

频谱分析仪按工作原理可分为扫描式频谱仪、非扫描式频谱仪。

图 5.113 为扫描式超外差频谱分析仪内部结构。

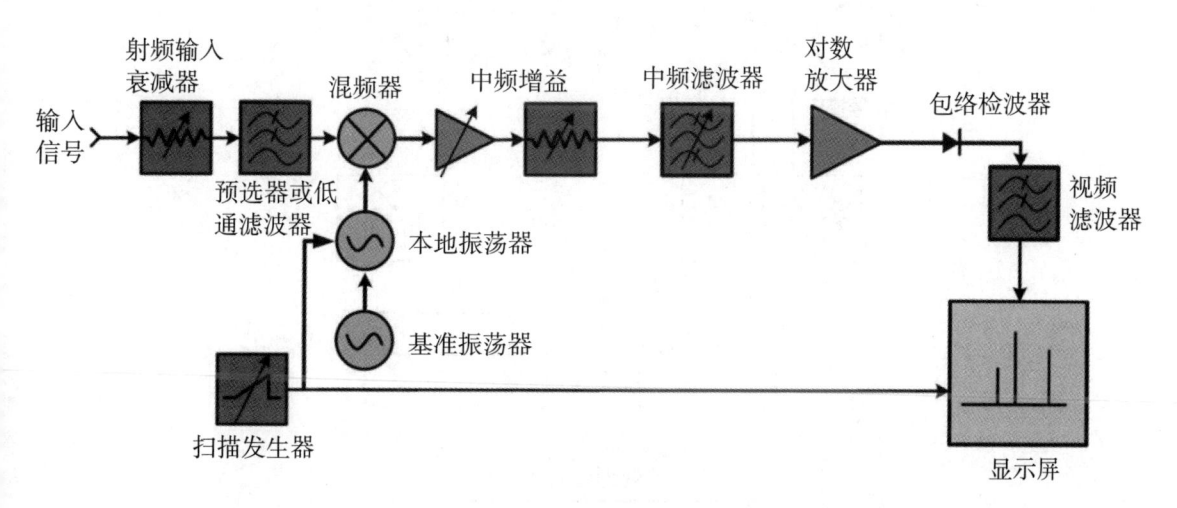

图 5.113　扫描式超外差频谱分析仪内部结构

频谱分析仪的工作原理：被测信号经过滤波衰减后，与本振信号进入混频器混频转换成中频信号，因为本振信号频率可变，所以都可以被转换成固定中频，经放大后进入中频滤波器（中心频率固定），最后进入一个对数放大器，对中频信号进行压缩，然后进行包络检波，所得信号即视频信号。为了能平滑显示，中频信号在包络检波之前通过可调低通滤波器（即视频滤波器），视频信号在阴极射线管内垂直偏转，即显示出该信号的幅度。

频谱分析仪归入子目 9030.4（通信专用的）或子目 9030.8（非通信专用的）。

（4）网络分析仪

网络分析仪（Network analyzer）是通过正弦扫频测量获得线性网络的传递函数和阻抗函数的仪器。它是一种用来分析双端口网络的仪器，可以测量衰减器、放大器、混频器、功率分配器等电子电路，以及元件的特性，如图所 5.114 所示。

图 5.114　网络分析仪

网络分析仪主要由信号源、信号分离装置、接收器或检测器和处理显示单元组成。其组成框架如图 5.115 所示。

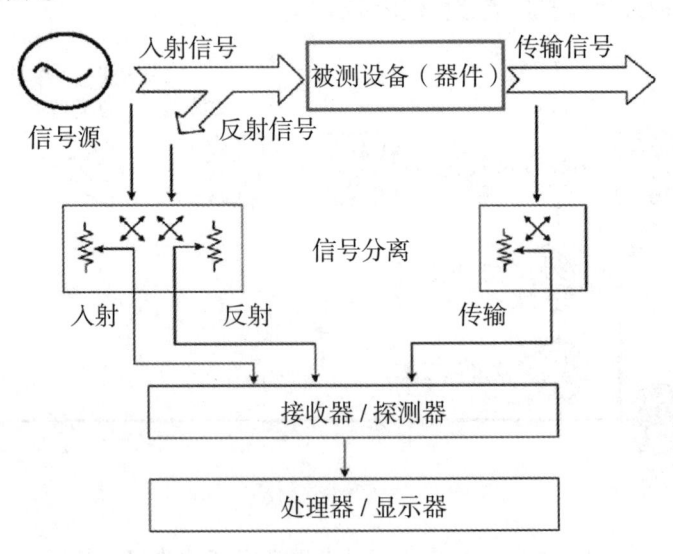

图 5.115　网络分析仪的组成框架

信号源（Signal source）用来提供激发被测设备（Device under test，DUT）的输入信号。

信号分离装置（Signal separation）用于区分不同的信号，如入射、反射和传输信号。当这三种信号被分离后，就可以简单测量它们的相位和幅度，并且识别其变化情况。这些可以通过使用功率分配器、高阻抗探头或电桥以及定向耦合器来完成。

接收器或检测器（Receiver/Detector）用于将射频电压更改为较低的中频或直流信号，以实现更精确的测量。

处理显示单元（Processor/Display）用于处理中频信号并在阴极射线管屏幕上显示信息，是分析仪的最后一部分。

网络分析仪属于通信专用的测试仪器，应归入子目 9030.4090。

（5）逻辑分析仪

逻辑分析仪（Logic analyzer）是一种可捕获和显示来自数字系统或数字电路的多个信号的测量仪器，是用来测量数据域的仪器。

逻辑分析仪能对数字逻辑电路和系统在实时运行过程中的数据流或事件进行记录和显示，并通过各种控制功能实现对数字系统的软硬件故障分析和诊断。它能够用表格形式、波形形式或图形形式分别显示具有多个变量的数字系统的逻辑状态、时序关系或实时运行过程，也能用汇编语言格式显示运行时的数字系统的软件，来实现对数字系统的硬件和软件进行跟踪测试。它对包含大量软硬件的数字设备和系统调试是很适用的，可以大大提高系统的调试效率。

逻辑分析仪的基本组成包括数据捕获和数据显示两部分，如图 5.116 所示。

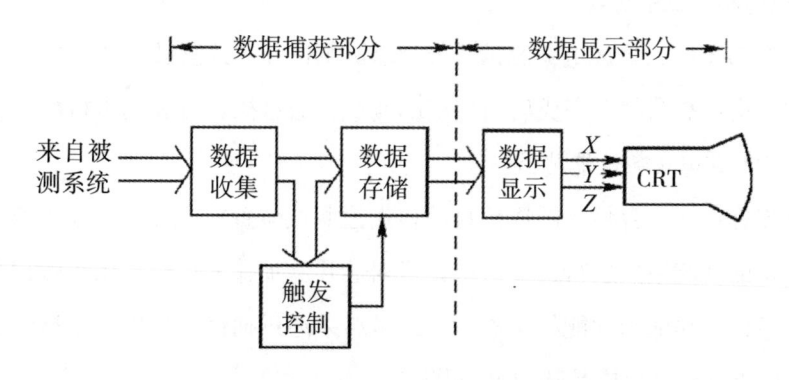

图 5.116　逻辑分析仪的组成框架

数据捕获是要捕获观察分析的数据并将其存储，由数据收集、数据存储和数据触发控制三部分组成。

数据显示是用多种形式显示这些数据。

逻辑分析仪归入子目 9030.8990。

（6）测试集成电路的电量检测设备

详见"问题 314"。

问题 313：通信专用检测电量的仪器主要有哪些？如何归类？

通信（Telecommunication）是指通过有线、无线、光学或其他电磁系统传输、发射或接收标志、信号、文本、图像和声音或智能信息的过程。

常见的通信类型包括电报、电话、广播、电视、卫星、计算机网络和公共互联网等。

所谓"通信专用"的检测仪器是指只能用于通信检测电量的仪器，不包括通用的检测电量的仪器。

通信专用检测电量的仪器主要包括网络分析仪、网络寻线测试器、用于长途电话线路增音的增益测量仪、用于测试高频线路噪声的噪声计等。

通信专用检测电量的仪器归入子目 9030.4 项下。归入该子目的电量检测仪器及装置必须是通信专用的检测仪器（即限制了仪器的用途），至于检测何种电参量并未限制。

问题 314：测试集成电路的电量检测设备主要有哪些？如何归类？

（1）集成电路测试的分类

① 按生产环节不同，集成电路测试可分为晶圆测试和芯片测试。

晶圆测试是指在晶圆制造完成后封装前的测试，通过探针台和测试机配合使用，对晶圆上的芯片进行功能和电参数性能测试。

晶圆测试流程：探针台将晶圆逐片自动传送至测试位置，芯片的 Pad 点通过探针、专用连接线与测试机的功能模块进行连接，测试机对芯片施加输入信号、采集输出信号，判断芯片在不同工作条件下功能和性能的有效性。测试结果通过通信接口传送给探针台，探针台据此对芯片进行打点标记，形成晶圆的 Map 图。

芯片测试又称最终测试、成品测试，是指芯片完成封装后的测试，通过分选机和测试机配合使用，对集成电路进行功能和电参数性能测试，保证出厂的每颗集成电路的功能和性能指标能够达到设计规范要求。

芯片测试流程：分选机将被检测集成电路逐个自动传送至测试工位，被检测集成电路的引脚通过测试工位上的金手指、专用连接线与测试机的功能模块进行连接，芯片测试机对集成电路施加输入信号、采集输出信号，判断集成电路在不同工作条件下功能和性能的有效性。测试结果通过通信接口传送给分选机，分选机据此对被测试集成电路进行标记、分选、收料或编带。

② 按测试内容不同，集成电路测试主要可分为参数测试和功能测试。

参数测试包括DC（直流）参数测试和AC（交流）参数测试。其中，DC参数测试包括开、短路测试、漏电流测试、最大电流测试、输出驱动电流测试和阈值电压测试；AC参数测试包括传输延迟测试、建立和保持时间测试、功能速度测试、访问时间测试、刷新和暂停时间测试、上升和下降时间测试。

功能测试是为了验证集成电路的功能而进行的测试。

（2）集成电路测试的三大设备

集成电路测试的三大设备包括测试机、探针台、分选机。

① 测试机。集成电路测试机（IC Tester）又称ATE（Automated test equipment），是一种自动测试设备，它向集成电路输入电信号，并对输出信号与预期值进行比较，以此来判断是否符合设计要求，如图5.117所示。测试机要测试的参数包括时间、温度、电压、电流、电阻、电容、频率、脉宽、占空比等。

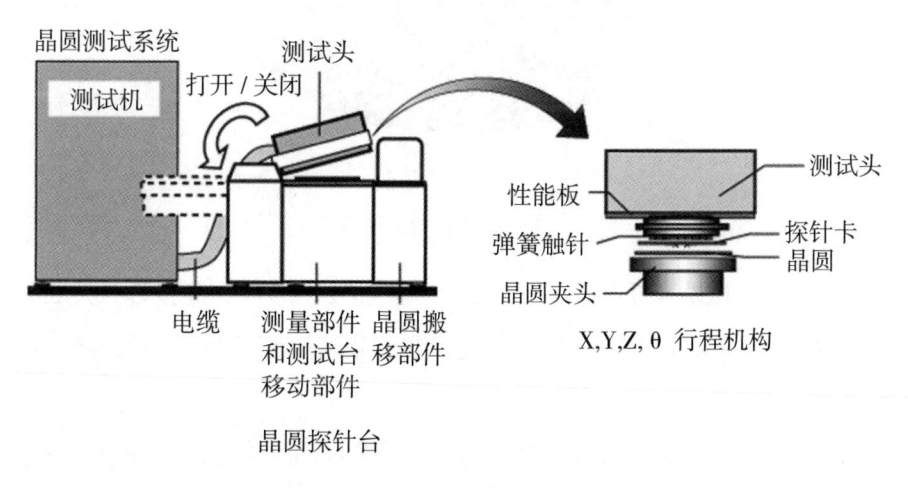

图 5.117　测试机与探针台

测试机按测试晶圆或集成电路的设备归入子目9030.8200。

②探针台。探针台（Wafer prober）是用于晶圆与探针卡上指定位置进行接触的设备。在电气测试中，来自测试机的测试信号通过探针或探针卡传输到晶圆上，然后再将信号返回到测试机，如图 5.117 中间的设备。其上面的主要部件就是探针卡，如图 5.118 所示。探针卡与晶圆对接，进行电极接触，用来测试电气性能。探针台精度要求非常严苛，重复定位精度要求达到 0.001 微米等级。

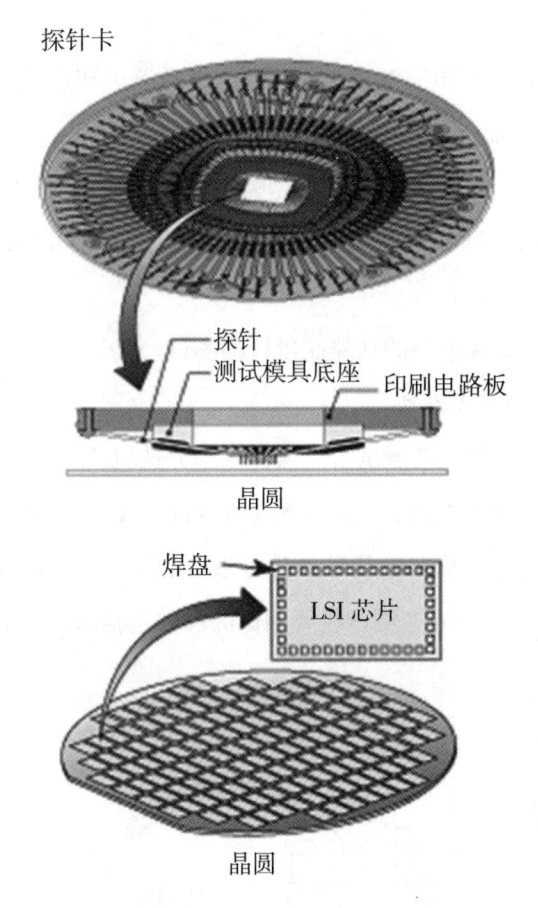

图 5.118　探针卡

探针台主要由测试头（上面有探针卡）、晶圆搬移部件、测量部件和测试台的移动部件构成，该探针台无法独立完成测试功能，属于集成电路测试专用的零件，应归入子目 9030.9000。

③分选机。分选机（Test handler）是用来分拣（合格品与非合格品）、搬移测试芯片的设备，如图 5.119 所示。

图 5.119　分选机

分选机按其他品目未列名的具有独立功能的设备归入子目 8479.8999。

问题 315：什么是集成电路的检测分选编带机？如何归类？

集成电路的检测分选编带机是一种对半导体或集成电路产品进行检测、分选和编带的半导体专用设备，根据外观检测结果对半导体器件或集成电路进行分类拣选（淘汰不合格品，将合格产品进行编带下料），是半导体器件或集成电路封测过程中不可或缺的工艺设备，如图 5.120 所示。

该机器的测试功能只包括外观缺陷检测（并不是电量的检测）、分类拣选（淘汰不良品）和编带三种基本功能，其主要功能是编带包装，所以应归入子目 8422.4000。

图 5.120　集成电路的检测分选编带机

问题 316：子目 9031.1 的机械零件平衡试验机与子目 9031.2 的试验台有何区别？

子目 9031.1 的机械零件平衡试验机是用于回转类零件平衡试验用的设备，实验的对象是零件。

子目 9031.2 的试验台并不一个简单的台子，它必须包括检测仪器，通用于机器综合性能的测试，实验的对象通常是一台机器。

从检测参数、结构上分析两者也有所不同，详见表 5.5。

表 5.5　子目 9031.1 的机械零件平衡试验机与子目 9031.2 的试验台的比较

	机械零件平衡试验机	试验台
被试验对象	回转类零件，如转子、叶轮、曲轴、连杆、传动轴、摆轮、飞轮等	整台机器，如发动机、电动机、发电机、泵、速度计或转速计等
检测参数	平衡性	未限定（一般为机器的综合性能）
组成结构	一般包括动力装置、支架（或支座）、测量或校正仪器等	一般包括台架和测量或校正仪器等

问题 317：什么是轮廓投影仪？什么是光栅测量装置？什么是坐标测量仪？如何归类？

（1）轮廓投影仪

轮廓投影仪（Profile projector）又称光学比较器（Optical comparator），是一种用光学原理检查制造零件的设备，所以它是一种光学测量仪器。测量时将放大的零件（例如，齿轮及齿条、螺纹等）轮廓投影在屏幕上，用于检查它们的形状、尺寸和表面。它们将光源发出的光通过聚光镜聚拢，照射到被测件上，再经过数次反射，将被测件的轮廓影像投射到屏幕上，如图 5.121 所示。

图 5.121　轮廓投影仪

轮廓投影仪属于纯光学的检测仪器（不能包括 CCD 摄像装置），应归入子目 9031.4910。

（2）光栅测量装置

光栅测量（Grating measurement）装置是利用光栅的光学原理工作的测量装置，主要由标尺光栅、光电读数头和数显表组成，通常标尺光栅固定在机器活动部件上，光栅读数头固定在机器固定部件上，指示光栅装在光栅读数头中，如图 5.122 所示。光栅测量装置常用于机床和加工中心等，用于检测直线位移和角位移。

光栅测量装置归入子目 9031.4920。

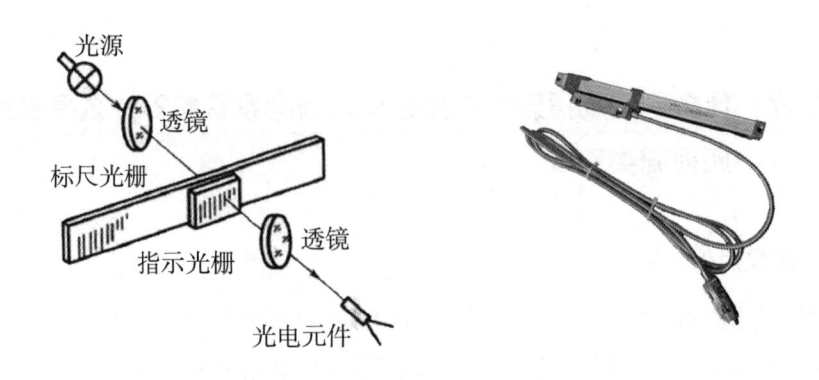

图 5.122　光栅测量原理与光栅测量装置

（3）坐标测量仪

坐标测量仪（Coordinate measuring machine，CMM），又称为三坐标测量机，是一种通过用探针感应物体表面上的离散点来测量物体几何形状的设备，其组成结构如图 5.123 所示。CMM 中使用了各种类型的探头，主要包括触发式探头、位移测量探头、接近探头以及多传感器探头等。根据机器的类型不同，探头位置可以由操作员手动控制，也可以由计算机控制。

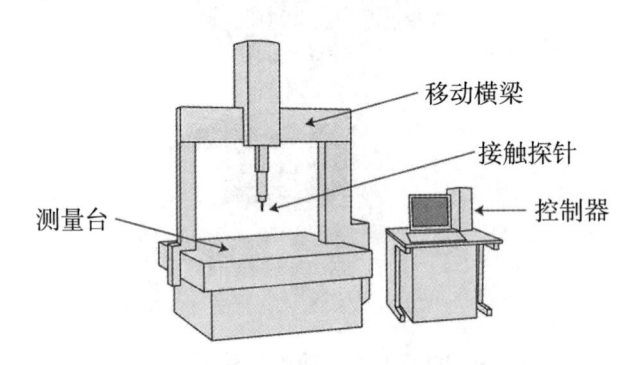

图 5.123　坐标测量仪的组成结构

坐标测量仪归入子目 9031.8020。

问题 318：常见的无损探伤检测仪有哪些种类？如何归类？

无损检测（Nondestructive testing，NDT）是利用声、光、磁和电等特性，在不损害或不影响被检对象使用性能的前提下，检测被检对象是否存在缺陷或不均匀性，并给出缺陷大小、位置、性质和数量等信息，进而判定被检对象的合格与否、剩余寿命等的技术手段的总称。

常见的无损探伤检测仪有 X 射线无损探伤检测仪、超声波探伤仪、磁粉探伤仪和涡流探伤仪。由于它们的工作原理不同，所以，其归类也不相同。

（1）X射线无损探伤检测仪

X射线无损探伤检测仪是利用X射线的电磁辐射来检测物体内部缺陷的装置。

其检测原理：X射线能够激发某些材料发出荧光，射线在穿透物体过程中按一定的规律衰减，利用衰减程度与射线激发荧光的关系可检查物体内部的缺陷。X射线如果遇到裂缝、洞孔，以及气泡和夹渣等缺陷，就会在底片上显示出暗影区。这种方法能检测出缺陷的大小和形状，还能测定材料的厚度。

X射线无损探伤检测仪属于X射线的应用设备，应归入子目9022.1920。

（2）超声波探伤仪

超声波探伤仪是利用超声波与被检测材料相互作用，就反射、透射和散射的波进行研究，并确定其是否存在缺陷的仪器。

其检测原理：超声波在被检测材料中传播时，材料的声学特性和内部组织的变化对超声波的传播产生一定的影响，通过对超声波受影响程度和状况来探测材料性能和结构变化的情况。超声检测方法通常有穿透法、脉冲反射法、串列法等。

超声波探伤仪属于其他品目未列名的检测仪器，应归入子目9031.8031。

（3）磁粉探伤仪

磁粉探伤仪是利用磁粉检测铁磁性材料表面及近表面缺陷的仪器。

其检测原理：有表面和近表面缺陷的工件磁化后，当缺陷方向和磁场方向成一定角度时，由于缺陷处的磁导率的变化使磁力线逸出工件表面，产生漏磁场，可以吸附磁粉而产生磁痕显示。

磁粉探伤仪属于其他品目未列名的检测仪器，应归入子目9031.8032。

（4）涡流探伤仪

涡流探伤仪是利用电磁感应原理来检测物体缺陷的仪器。涡流探伤仪只适用于检测导电材料。

其检测原理：以电磁感应原理为基础，即检测线圈通以交变电流，线圈内交变电流的流动将在线圈周围产生一个交变磁场，这种磁场称为原磁场。把一导体置于原磁场中时，在导体内将产生感应电流，这种电流叫做涡流。导体中的电特性（如电阻、磁导率等）变化时，将引起涡流的变化，利用涡流的变化检测工件中的不连续性。

涡流探伤仪属于其他品目未列名的检测仪器，应归入子目9031.8033。

问题 319：品目 90.32 的自动调节或控制装置应满足哪些条件？

品目 90.32 的自动调节或控制装置应满足第九十章注释七，该注释的条文如下：

七、品目 90.32 仅适用于：

（一）液体或气体的流量、液位、压力或其他变化量的自动控制仪器及装置或温度自动控制装置，不论其是否依靠要被自动控制的因素所发生的不同的电现象来进行工作的，它们将要被自控的因素调到并保持在一设定值上，通过持续或定期测量实际值来保持稳定，修正任何偏差；以及

（二）电量自动调节器及自动控制非电量的仪器或装置，依靠要被控制的因素所发生的不同的电现象进行工作的，它们将要被控制的因素调到并保持在一设定值上，通过持续或定期测量实际值来保持稳定，修正任何偏差。

条文解析

该条文明确只有符合注释七（一）和七（二）才能归入品目 90.32。

注释七（一）明确了液体或气体的流量、液位、压力或其他变化量和温度的自动控制仪器及装置的条件。

（1）属性：它们是自动控制的仪器及装置（Instruments and apparatus for automatically controlling）；

（2）调整的要素（参数）：液体或气体的流量、液位、压力或其他变化量和温度；

（3）结果：将被控制的要素（参数）调到并保持在一设定值（A desired value）上，从英文原义分析，这里的设定值不一定是一个固定值，而是个理想值，或称期望值；

（4）调整方式：不论其是否依靠要被自动控制的要素所发生的不同的电现象来进行工作，通过持续或定期测量实际值来保持稳定，修正任何偏差（Stabilised against disturbances）。

其中，"不论其是否依靠要被自动控制的要素所发生的不同的电现象来进行工作"说明它可以依靠电现象工作，也可以不依靠电现象工作，例如，利用双金属片自动调节温度的恒温器就不是依靠电现象工作的；"持续或定期测量实际值来保持稳定"要求必须用到检测装置，即传感器，必须有一个实际值与期望值比较的过程才能保持稳定。

注释七（二）明确了电量和非电量的自动调节器的条件。

（1）属性：它们是自动调节器（Automatic regulators）。

（2）调整的要素（参数）：电量和非电量。

（3）结果：将被控制的要素（电量和非电量）调到并保持在一设定值上。

（4）调整方式：依靠要被控制的因素所发生的不同的电现象进行工作，通过持续或定期测量实际值来保持稳定，修正任何偏差。或者说，要通过传感器检测实际值，然后通过比较实际值与期望值来保持被控要素的稳定。

另外，依据品目 90.32 的《品目注释》，品目 90.32 项下的自动调节或控制装置主要由测量装置、控制装置、启停或操作装置三部分组成。

测量装置（Measuring device）用于测定受控参数的实际值，并将测得的结果传输给控制装置。测量装置主要包括各种传感器、双金属条、浮子等。

控制装置（Control device）用于比较测定值和设定值（期望值），并根据比较的结果发出相应的控制信号给启停或操作装置，以便动态调整受控制的要素。

启停或操作装置（Starting, stopping or operating device）根据控制装置发出的指令信号启动执行机构。这些装置通常是电气连接装置或电磁元件（如接触器、开关或断路器、继电器等），或者是液压元件或气压元件（如电磁换向阀、气动阀等）。

这三部分有时相互独立并由电线等相连，有时又做成一个整体。

问题 320：子目 9032.1 的恒温器主要由哪些部分组成？子目 9032.2 的恒压器主要由哪些部分组成？

（1）恒温器的组成

恒温器（Thermostat）是一种可检测系统温度并可使其保持在所设定值的温度调节装置，如图 5.124 所示。恒温器主要包括以下三部分：

① 温度传感器，通常为热敏电阻或热电偶（图中未显示）。

② 调节装置，用于设置期望温度并与温度传感器传来的温度进行比较。

③ 触发或启动装置（图中未显示）。

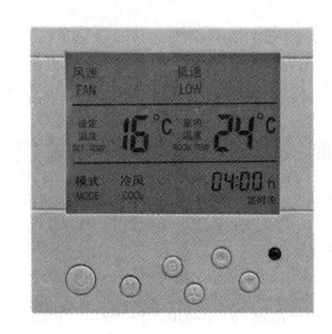

图 5.124　空调器用的恒温器

（2）恒压器的组成

恒压器（Manostat）是一种用于在容器内自动保持恒定压力的装置。

恒压器主要包括以下三部分：

① 压敏装置，即压力传感器，用于检测系统中的压力。

② 控制装置，用于比较实际压力与设定压力，并发出指令给接触器或阀门。

③ 执行装置，主要指控制伺服电路的电接触器或小型阀门。

问题 321：子目 9032.81 的"液压或气压的"是什么含义？

子目 9032.81 的"液压或气压的"是指自动控制装置中的启停或操作装置的驱动方式是液压驱动的，还是气压驱动的。

参考文献

1. 温朝柱.机电商品归类方法与案例评析［M］.北京：中国海关出版社有限公司，2019.
2. 海关总署关税征管司.进出口税则商品及品目注释［M］.北京：中国海关出版社有限公司，2022.
3. 蔡杏山.电子工程师自学速成——入门篇［M］.北京：人民邮电出版社，2016.
4. 蔡杏山.电子工程师自学速成——提高篇［M］.北京：人民邮电出版社，2016.
5. 王宗杰.熔焊方法及设备［M］.北京：机械工业出版社，2016.
6. 李丽霞.图解液压技术基础［M］.北京：化学工业出版社，2013.
7. 宁辰校.液压与气动技术［M］.北京：化学工业出版社，2017.
8. 陈永.金属材料常识普及读本［M］.北京：机械工业出版社，2016.
9. 申智源.TFT-LCD技术：结构、原理及制造技术［M］.北京：电子工业出版社，2012.
10. 田民波.图解OLED显示技术［M］.北京：化学工业出版社，2020.
11. 赵斌.电气控制与PLC原理及应用［M］.西安：西安电子科技大学出版社，2017.
12. 韩鸿鸾.数控铣工/加工中心操作工（中级）［M］.北京：机械工业出版社，2007.
13. 王忠诚.电子元器件与电路一月通［M］.北京：电子工业出版社，2015.
14. 陈新亚.汽车为什么会"跑"图解汽车构造与原理［M］.北京：机械工业出版社，2012.
15. 麻友良.汽车电器与电子控制系统［M］.北京：机械工业出版社，2019.
16. 郝扎特.汽车构造与原理三维图解：底盘、车身与电器［M］.北京：机械工业出版社，2018.
17. 郭彬.汽车传感器与检测技术［M］.北京：北京大学出版社，2010.
18. 黄费智，黄理经.汽车底盘和车身电控技术［M］.北京：机械工业出版社，2015.
19. 黄志坚.电动汽车结构·原理·应用［M］.北京：化学工业出版社，2018.
20. 周忠喜.医用治疗设备［M］.北京：人民卫生出版社，2011.

21. 郑彦云.医疗器械概论［M］.北京：人民卫生出版社，2020.

22. 冯奇.医用光学仪器应用与维护［M］.北京：人民卫生出版社，2019.

23. 王成.医疗设备原理与临床应用［M］.北京：人民卫生出版社，2017.

24. 冯玉红.现代仪器分析实用教程［M］.北京：北京大学出版社，2008.

25. 朱晓青.传感器与检测技术［M］.北京：清华大学出版社，2020.

26. 梁森，等.自动检测技术及应用：第3版［M］.北京：机械工业出版社，2018.